Albert Pfister

Die Amerikanische Revolution

1775-1783 Entwicklungsgeschichte der Grundlagen zum Freistaat wie zum Weltreich

Verlag
der
Wissenschaften

Albert Pfister

Die Amerikanische Revolution

1775-1783 Entwicklungsgeschichte der Grundlagen zum Freistaat wie zum Weltreich

ISBN/EAN: 9783957000231

Auflage: 1

Erscheinungsjahr: 2014

Erscheinungsort: Norderstedt, Deutschland

© Verlag der Wissenschaften in Vero Verlag GmbH & Co. KG. Alle Rechte beim Verlag und bei den jeweiligen Lizenzgebern.

Webseite: http://www.vdw-verlag.de

Die

Amerikanische Revolution

1775—1783

Entwicklungsgeschichte der Grundlagen zum Freistaat
wie zum Weltreich

unter Hervorhebung des deutschen Anteils

Für das deutsche und amerikanische Volk geschrieben

von

Albert Pfister

Erster Band

Mit einer Karte

Stuttgart und Berlin 1904
J. G. Cotta'sche Buchhandlung Nachfolger

Vorwort

Der angelsächsische Stamm hat sich in der neueren Geschichte der Menschheit als derjenige gezeigt, dem politisches Verständnis und Befähigung zur Staatenbildung besonders im Blute liegen. Vom ersten Tag an, da ein paar englische Familien ihren Fuß auf den Strand von Nordamerika setzten, betrachteten sie sich als politisches Gemeinwesen, dessen Leben und Tätigkeit in alle Zukunft hinein durch scharf umgrenzte, aus der eigenen Mitte herausgewachsene Gesetze geregelt ist. Und wie es bei besonders energischen, wurzelechten Organismen zu geschehen pflegt: die ursprüngliche Einheit zerspaltete sich in eine Menge von Ablegern, alle mit eigener Rinde umfaßt, alle aber noch durch einen Faden verknüpft mit dem Ausgangspunkt, von welchem die ursprünglichen Staatengründer als Kolonisten hergekommen, mit dem Mutterland. Dünn war der Faden und lässig war er gehalten; fühlbar und hemmend wurde er erst, als er dicker gemacht und straffer angezogen werden sollte. Wenn er nicht zerriß, so war es aus mit dem eigenen Staatswesen, mit dem aus eigener Kraft Geschaffenen.

Die Gewitterstürme des Kriegs und der Revolution haben zu den meisten Staatengebilden den Grund gelegt; hernach erst wickelte sich die Rechtsform heraus. In Amerika nahmen die Dinge den entgegengesetzten Verlauf: das politisch durchaus sichere Volkstum hatte sich seinen Rechtsboden schon geschaffen und der Krieg einer Revolution diente nur dazu, die alte Selbstregierung vor fremden Eingriffen zu schützen und volle nationale Freiheit herzustellen.

Das ganze Bewußtsein des amerikanischen Volkes aber, das in dieser revolutionären Tätigkeit ans Licht trat, stieg empor aus den Tiefen der ersten Jugendgeschichte. Als notwendiges historisches Ergebnis wuchs die Revolution heraus aus dem Entwicklungsgang von den ersten Anfängen an. Schon der erste Gesetzgeber der kleinsten Kolonistengemeinde trug die Revolution mit sich herum; und diese weiten Länderräume, diese in unendliche Ferne sich dehnenden Wälder und Wiesen und Berge und Täler, diese hafenreichen Küsten, diese tausend Flüsse und Bäche waren ihre Nährmutter. Deshalb habe ich zunächst den Versuch gemacht, in kurzer Übersicht dem Heranwachsen des Kolonistenvolkes nachzugehen, um erst dann in den Verlauf der Revolution selbst einzutreten, die mitten im Entwicklungsgang der menschlichen Dinge steht und grundlegenden Einfluß auf die Bildung der Geister und auf die weitere politische Gestaltung in der ganzen Welt ausgeübt hat.

Wenige weltgeschichtliche Ereignisse nehmen eine so geräumige Bühne in Anspruch wie die amerikanische Revolution; in wenigen treten so viele Figuren auf als Vertreter der verschiedensten Völker. Aus diesen Gründen ist es mir darum zu tun gewesen, zum ersten einen klaren Durchblick zu schaffen durch den Wechsel der Schauplätze und durch die Folge von Vorgängen, welche sich auf diesen abspielen; zum andern zugleich die Gesetze aufzufinden, nach denen sich die Dinge gerade so abwickeln mußten, wie sie sich abwickelten, nach denen die wichtigsten Ereignisse sich gerade an den Örtlichkeiten zutrugen, an denen sie sich zutragen mußten.

Die Quellen, aus denen ich für meine Arbeit schöpfte, sind die seit lange bekannten amerikanischen, englischen, deutschen, und französischen Werke, einschließlich der Writings of Washington und der Diplomatic Correspondence. Außerdem habe ich einem literarischen Freunde in Chicago, Herrn Otto C. Schneider, Präsidenten des American Institute of Germanics, Northwestern University Evanston-Chicago, wertvolle briefliche Mitteilungen, manchen Wink und manche Aufklärung zu verdanken. Durch seine Vermittlung habe ich auch Einblick in eine gehaltvolle Zeitschrift erhalten: „Der deutsche Pionier". Dazu kommen unter anderen neueren Erscheinungen die Schriften von Bittinger, Schuricht, Rosengarten, Evans, Seidensticker, Rattermann, Knortz. — Weiter haben mir viel Aufklärung und zahlreiche Anhaltspunkte gegeben: Senate Documents. N. 229 Legislative history of General Staff of the Army of the United States 1775—1901. — Winsor, Narrative and critical history of America. — Eduard J. Lowell, Die Hessen und die anderen deutschen Hilfstruppen. Sonstige Schriften sind am einschlägigen Platze im Text genannt.

Ich habe versucht, mich so gut als möglich in Gedanken und Empfindungen der Amerikaner hineinzuversetzen. Trotzdem fürchte ich, daß ich manche Fehler gemacht habe, daß gewiegteren Kennern amerikanischer Geschichte und amerikanischen Lebens nicht so viele Mängel mituntergelaufen wären. Manche mögen mich ja im Wissen übertreffen, keiner in der Hingabe an das gewählte Thema, in der Liebe zum Volk von Amerika, in dem Glauben an die große Bestimmung Amerikas als Weltreich. — Noch habe ich es mir angelegen sein lassen, dem eine besondere Stelle anzuweisen, was von den **aus deutschem Blut stammenden Amerikanern** vollführt, oder was an Leistung von geborenen Deutschen auf amerikanischen Boden hinübergetragen worden ist.

Die Ländergebiete von Mitteleuropa, als Hauptsitz der deutschen Rasse, ausgenommen, wohnen nirgends auf dem Erdenrund so viele **Menschen deutschen Ursprungs** beisammen als in den Vereinigten Staaten von Amerika; nirgends hat deutsches Blut so viel beigesteuert zur Herstellung der Grundsuppe des Volks als in der großen Republik. Unvollständig muß deshalb eine deutsche Geschichte sein, wenn sie nicht einen Blick wirft auf den Anteil, den das deutsche Element in den Geburtsjahren der Republik an der Verwirklichung der Menschenrechte und der Freiheit genommen hat; wenn sie nicht den Wandel in Betracht zieht, den das deutsche Element an sich erfahren hat durch Berührung mit dem politisch reiferen, nach Wort und Tat entschiedener auftretenden Zweig der angelsächsischen Rasse, der sich sein Vaterland in Amerika gegründet, und dem es von Wert sein muß, zu erfahren, welcher Art und Abstammung der Mitkämpfer war beim Erringen der Freiheit, welcher Art der Begleiter auf dem Wege zum Weltreich.

Ich gehe dabei von der Meinung aus, daß zwei Völker, die nach ihren Geschicken und nach ihren Zielen zur Freundschaft miteinander bestimmt sind, aus ihrer Entwicklungsgeschichte die Achtung herleiten müssen, welche die sittliche Grundlage für jede Art freundschaftlicher Gesinnung ist.

Stuttgart, im Sommer 1904

Der Verfasser
Dr. Albert Pfister
Generalmajor z. D.

Inhalt des ersten Bandes

Erster Zeitraum
Die getrennten Kolonien

Seite

I. **Neuengland** 3

    Wesen der ersten Besiedlungen 3—10. — Puritaner 11. 12. — Ihre Anfänge 13. 14. — Ihre Ausbreitung 15. 16. — Bedrohung des Freibriefs 17. 18. — Aufhebung des Freibriefs 19—22. — Massachusetts wird verdächtig 23. 24. — Rhode Island, Connecticut 25. 26. — New Hampshire. Ausdehnungslust 27. 28. — Herausbildung des Volkscharakters 29—32.

II. **Die südlichen Kolonien** 33

    Anfänge von Virginia 33—36. — Gegensätze 37. 38. — Revolution 39. 40. — Feudalstaat Karolina 41. 42. — Seine Verfassung 43. 44. — Mißerfolge und Vergleiche 45. 46. — Georgia 47. 48. — Grundzüge im Süden 49. 50.

III. **Die Kolonien der Mitte** 51

    Weltstellung der Mittelkolonien 51. 52. — Fürstentum Maryland 53. 54. — Anfeindung der Toleranz 55. 56. — Niederländer und Schweden am Hudson und Delaware 57. 58. — Niederländer in New York 59. 60. — New York als englisches Fürstentum 61. 62. — New York als Kronkolonie 63. 64. — Deutsche Bedrängnisse 65. 66. — Deutsche Auswanderer 67. 68. —

Deutsche Führer; Weiser 69. 70. — Konrad Weiser 71. — Pfälzer im Mohawktal 72—74. — Freiheitsgedanken in New York 75. 76. — New Jersey 77. 78. — Delaware. Pennsylvania 79—84. — Deutsche Auswanderer in Germantown 85. 86. — Deutsche Anfänge 87. 88. — Sektenwesen 89. 90. — Der gastliche Boden von Pennsylvania 91. 92. — Deutsche Gesellschaft und deutsche Bestrebungen 93. 94. — Macht des Bodens über die Bewohner 95. 96. — Die dreizehn alten Kolonien 97.

IV. **Grenzen und Kriege** 97

Grenzwachen 98—102. — Kampf um den Ohio 103—106. — An der Hudsonstraße 107—110. — Wachsende Energie der Engländer 111. 112. — Ticonderoga 113. 114. — Duquesne 115. 116. — Quebec, Montcalm und Wolfe 117—122. — Quebec 122. 123. — Neue Grenzen 125. 126. — Kriegserinnerungen 127. 128.

V. **Das amerikanische Volk, sein wirtschaftlicher und geistiger Zustand** 128

Verkehrsschranken 128—130. — Gewerbeschranken 131—134. — Steuerpläne 135. 136. — Landbau 137. 138. — Sklaverei 139—144. — Städte 145—148. — Straßen 149. — Kirche 150—152. — Hochschulen 153. 154. — Volksschulen 155 bis 157. — Buchdruck; Zeitungen 158. 159. — Deutsch-amerikanische Presse 160—162. — Geistige Grundzüge 163. 164. — Gunst der Vorsehung 165. 166. — Volksgeist 167—170.

Zweiter Zeitraum

Die vereinigten Kolonien

I. **Weltlage** 173

Niederlande, Spanien, Österreich 174. 175. — Deutsches Reich, Preußen 176. 177. — Frankreich 177—181. — Französische

Inhalt des ersten Bandes IX

Kundschafter 182—185. — England; Persönlichkeit Georgs III. 185—190. — Steuerpläne 191—194. — Europäische Einflüsse 195. — Die Stücke Amerikas 196—198. — Militärische Maßnahmen 199. 200. — Patrioten 201—203.

II. **Los von England!** 203

Englische Reichseinheit 204—208. — Im englischen Parlament 209—212. — Bewegung in Amerika 213—216. — Rückzug Englands 217. 218. — Neuer Zwang 219—224. — Widerstand von Massachusetts 225—228. — Garnison in Boston 229—232. — Bostoner Metzelei 233—237. — Englische Blindheit 237—240. — Bostons Frevel 241. 242. — Benjamin Franklin 243. 244. — Züchtigung Bostons 245 bis 249. — Kontinentalkongreß 250—253.

III. **Der erste Schuß und seine Wirkungen** 254

Tag von Lexington 255—260. — Schützengefecht 261. — Die Kunde von Lexington 262. 263. — Vor Boston 264—266. — Aufgebote in den Kolonien 267. — Deutscher Anteil 268 bis 272. — Kongreß 273—279. — General Washington 280—288.

IV. **Die beiderseitigen Streitkräfte und die möglichen Kriegsschauplätze** 289

Gemeinschaftliches 289—291. — Englische Armee 292—297. — Deutsche Miettruppen 298—309. — Tories 310. 311. — Indianer 312—314. — Englische Kriegführung 315. 316. — Amerikanische Streitkräfte 317. 318. — Werbung der Feldarmee 319—324. — Hindernisse bei der Anwerbung 325. 326. — Offiziere; Generalstab 327—332. — Fremde Offiziere 333. 334. — Formation; Uniform; Fahne 335. 336. — Fechtweise 337. — Miliz 338—340. — Indianer 341. — Flotte 342. — Kriegsschauplätze 343. 344. — Hudsonlinie 345—347.

V. **Zustände und Taten im Feld** 348

Bunkershill 348—354. — Washington vor Boston 355 bis 360. — Washington und Gage 361. 362. — Einzug Washingtons in Boston 363. 364. — Expedition nach Kanada 364—372. — Verteidigung von Charleston 372—375.

VI. **Unabhängigkeit** 376

Freiheitsgefühl 376—379. — Seine Förderung 380—382. — Abstimmung und Erklärung 383. 384. — Inhalt der Erklärung 385—388. — Aufnahme in Frankreich 388. 389. — In Deutschland und bei Friedrich dem Großen 390. 391. — Bei Friedrich dem Großen 392—396. — Resultate der Erklärung 397. 398. — Englische Kriegsvorbereitungen 399. 400.

Erster Zeitraum
Die getrennten Kolonien

I. Neuengland

Es wird erzählt, während ihres Herumstreifens auf den Inseln des mexikanischen Meerbusens haben die Spanier unbestimmte Kunde von einem Lande oder einer Insel erhalten, Bimini geheißen. Außer mancherlei anderen Vorzügen, so berichteten kluge Indianer von den Lucayen und Karaiben, besitze dies Land eine Quelle voll wundersamer Eigenschaften, welche denjenigen, der in ihrem Wasser sich bade oder davon trinke, wieder jung mache und ihm die alte Jugendkraft zurückgebe.

Eine Wunderglaubenszeit war es ja, die Kolumbus mit seiner Entdeckung eingeleitet hatte, eine Zeit, die nur ihresgleichen findet in den verschollenen Tagen der Kreuzzüge.

> Eines Morgens, bräutlich blühend,
> Tauchte aus des Ozeanes
> Blauen Fluten ein Meerwunder,
> Eine ganze neue Welt —

Warum sollte Don Juan Ponce de Leon, der alte reckenhafte Mohrenkämpfer, jetzt Statthalter von Portorico, nicht an das Dasein der Insel Bimini mit ihrem Jugendbrunnen glauben? Zur Osterzeit 1512 zog er aus, um mit einer kleinen Flotte, die er sich geschaffen, über das blaue Meer zu fahren und die Wunderinsel zu suchen, deren Born dem zusammengeschrumpften Leib des Alten neue Frische geben sollte. Er fand auch die Küste eines Landes, mit Blumen übersät und von herrlichen Düften durchhaucht, recht die Heimat der ewigen Jugend. Frohen Herzens sog Don Juan die Blütendüfte ein und „Florida" nannte er das Frühlingsland. An den Flüssen und Bächen zog er entlang, von Quelle zu Quelle, durch blumige Wiesen und blühende Haine, aber nach dem Jungbrunnen spähte er vergebens.

I. Neuengland

> Auf der Insel Bimini
> Quillt die allerliebste Quelle;
> Aus dem teuren Wunderborn
> Fließt das Wasser der Verjüngung.

So singt Heinrich Heine weiter, indem er in seiner Dichtung „Bimini" der Völkerahnung Ausdruck gibt. Und Völkerahnung sollte in der Tat nicht trügen. Aber nicht am blütenreichen Strand des Landes Florida, nicht in der weichen Luft des Südens rieselt der ersehnte Brunnen; nein, von der rauhen Küste Neuenglands geht der verjüngende Hauch aus. Und nicht für den einzelnen greisen Menschen ist die Verjüngung bestimmt, nein, die ganze alte Welt sollte er mit Jugendkraft durchdringen und ihr neuen Schwung geben. Ja, unmittelbar aus dem Boden der neuen Welt sprudelt der Jungbrunnen hervor; aus dem endlosen Walde, von den weiten Flächen kommt der verjüngende Atem, aus der Mitte des jungen Volkes, das von Vorvätern herstammt, die mit starkem Arm und voll Glauben an sich selbst die neue Scholle sich zur Heimat umgeschaffen haben.

Derselbe Widerstreit, der im 17. Jahrhundert die **englische Welt in die Parteien der Kavaliere und Rundköpfe** gespalten, hat auch im 18. Jahrhundert die Nation in feindliche Lager geführt. Durch den Kampf im Weg der amerikanischen Revolution ist endgültig die angelsächsische Rasse geteilt und der Zweig von ihr abgebrochen worden, der die liberalen Grundsätze und die Selbstregierung auf seine Fahne geschrieben hat.

So erscheint die Revolution der Amerikaner wesentlich als Bürgerkrieg zwischen der zähen Energie des auf den amerikanischen Boden verpflanzten Liberalismus und dem Prinzip der unverantwortlichen Gewalt, welche über die Leiber, Geister und Besitztümer anderer Menschen ohne deren Zustimmung verfügt und jeden Widerstand für Rebellion erklärt.

Während in Virginia enttäuschte Goldsucher entmutigt am Strand saßen und an der Hudsonmündung ein paar holländische Pelzhändler mit den Indianern Waren tauschten, stieg in Massachusetts ein fertiger Staat aus dem Meerschiff heraus

und schuf mit Weib und Kind eine durch eigene Gesetze ge=
leitete Heimat. Zwischen dieser Geburt der ersten Grundlagen
für die Demokratie von Neuengland zu Ende 1620 und der
Unabhängigkeitserklärung vom 4. Juli 1776 zusammen mit der
Verfassungsurkunde vom Jahr 1787 liegt die Entwicklungs=
geschichte des Kolonistenvolkes, das, die Selbstregierung für ein
natürliches Recht haltend, sich allmählich durcharbeitet zur Frei=
heit und zur Einheit nationalen Willens.

Wer die Entstehungsgeschichte der dreizehn amerikanischen
Kolonien kennen gelernt hat, der wird in der Revolution des
Jahres 1775 den folgerichtigen, natürlichen Schluß einer Reihe
von Entwicklungsperioden sehen. Lange Zeit, länger als ein
Jahrhundert, haben sich die Kolonisten schützend vor ihre Frei=
heit hingestellt mit Reden, Beschwerden, juristischen Ausführungen
und demütigen Bitten. Daß sie, als das Wort versagte, zum
Schwert griffen, galt in ihren Augen nicht als Aufstand, son=
dern als das Recht des mit Vergewaltigung bedrohten eng=
lischen Bürgers; er nahm für sich das Recht der Revolution
in Anspruch.

Wer hatte denn das Maß der Volkssünden festgesetzt,
als die englische Regierung mit Zwangsmaßregeln gegen die
einschritt, die sie ihre Untertanen nannte? Wer anders als
diese Regierung selbst mit dem König an der Spitze? Und als
in Amerika das Maß der Regierungssünden abgewogen
wurde, kamen die Vertreter des Volkes zu dem Schluß, daß
Gewaltmaßregeln gegen diese Regierung und gegen diese Ver=
sündigungen zu ergreifen seien.

Der endliche Kampf um die Unabhängigkeit, der Krieg vom
Jahre 1775 bis zum Frieden 1783, war demnach ein lange
vorbereitetes Ereignis. Nur das ist zu verwundern, daß das
Ergreifen des Schwertes in allen dreizehn Kolonien zu gleicher
Zeit geschah. Denn im Grunde hatten diese dreizehn staatlichen
Existenzen niemals etwas Gemeinschaftliches unter sich gehabt
außer der Sprache. Klugerweise pflegte die Regierung in Lon=
don jede einzelne Kolonie als gesondertes Staatswesen zu be=
handeln; erst kurz vor der Revolution mußte die englische Ober=
herrschaft etwas für alle Kolonien Gemeinschaftliches herzustellen,

— die allen ohne Unterschied geltende Aufhebung oder doch Bedrohung des teuren Gutes der Selbstregierung. Dadurch erweckte die von Europa ausgehende Regierung für alle Kolonien dieselben Erinnerungen und dieselben Befürchtungen. Dadurch bekamen die seither streng Getrennten etwas Vereinigendes, etwas, das die verschiedenen Provinzen zusammenknüpfte, etwas, das zugleich in jeder einzelnen Kolonie die mancherlei politischen und religiösen Bekenntnisse zusammenband, dagegen die entschiedenen Royalisten, die Kavaliere oder Tories, aussonderte.

Wie die einzelnen kolonialen Gemeinwesen wuchsen, wie ein getrennter Sinn, umhegt von den Grenzen der einzelnen Kolonien, entstand, wie in diese Besonderheiten das Gemeinschaftliche, die Notwendigkeit des Zusammenscharens, erst hineingetragen werden mußte, das dürfte für die Gesamtdarstellung als Vorgeschichte der Revolution zu verstehen sein.

Der Goldhunger war es, die Freude an waghalsigem Spiel, abenteuerlicher Geist, was die Spanier über das Meer hinüber an den Strand des mexikanischen Meerbusens trieb, was die Franzosen Fuß fassen ließ an den unwirtlichen Gestaden von Kanada, was die Engländer veranlaßte, die Küste von Virginia zu betreten. Und noch ein anderes kam dazu, was damals in allen Köpfen spukte — das unermüdliche Suchen nach einer **Durchfahrt**, welche hinüberleiten sollte zu den **ostindischen Gewürzinseln**. Man konnte sich nicht vorstellen, daß fast von einem Pol zum andern durch die neuentdeckte amerikanische Welt jener Zugang zugemauert sein sollte. Da und dort tastete man herum; schon begann der Gedanke einer **nordwestlichen Durchfahrt** eine Rolle zu spielen; die Entdecker des Lorenzstromes dachten nicht anders, als daß sie jetzt direkt ins Stille Meer segeln könnten, und als die französischen Missionare und Wäldläufer jene Binnenmeere in der Mitte des nordamerikanischen Kontinents weiter und weiter sich dehnen sahen, da hielten sie es für sicher, daß sie bald in einer Bai des Stillen Meeres werden landen können. Und der als der erste in den Mündungstrichter des Hudson einfuhr, betrachtete sich als auf direktem Weg nach Ostindien befindlich;

als auf schwankem Kanot die ersten Mississippifahrer im Golf von Mexiko ankamen, war es eine schwere Enttäuschung für die, welche die Mündung des gewaltigen Stromes in die Süd= see (Stilles Meer) als etwas Sicheres angenommen hatten.

Entdeckerruhm und die Begierde nach Gold führten also die unternehmungslustigen Männer aller Nationen übers Meer. Etwas Wertvolles holen und dann heimkehren, das lag in der Absicht aller dieser Abenteurer und Glücksritter. Im Gegensatz dazu bietet es einen ganz besonderen Reiz, zuerst das Auge auf diejenigen zu richten, welche nichts holen, nichts erbeuten woll= ten, denen bloß das eine Ziel vorschwebte: Gründung einer Heimat für alle Zeit.

Die zu Ende des Jahres 1620 den Boden von Neuengland betraten, waren die ersten, welche diese Scholle als ihre wahre und wirkliche Heimat betrachteten; denn sie hatten keine andere, sie kamen ja von keiner Heimat, nur von einem Zufluchtsorte her. Sie waren die ersten, welche das staatliche Gemeinwesen, das am Zufluchtsorte sowohl wie auf dem Schiffe sie verband, vom Bord aus hinübertrugen auf den Strand, den sie mit ihren Familien betraten. Sie liebten vom ersten Augenblicke das Land, es war ihnen teuer als der Boden, auf dem sie ihr Leben, ungestört von weltlichen und geistlichen Widersachern, durch die sich selbst gegebenen Gesetze geregelt, hinzubringen, auf dem sie auch ihr Grab zu finden hofften.

Wenige Jahre nach der Tat des Kolumbus hatte die eng= lische Flagge als die erste von allen europäischen im Angesicht des Festlands von Nordamerika geweht. Allein die Küste er= schien wenig einladend und mehr als hundert Jahre vergingen, bis man in England zu dem Entschluß kam, auf der neuent= deckten Küste festen Fuß zu fassen. Es war allmählich höchste Zeit geworden. Denn in der Besitznahme von Nordamerika waren in der letzten Zeit mächtige Rivalen aufgetreten. Vom mexikanischen Meerbusen aus hatten die Spanier nordwärts ins Festland hineingegriffen, ganz Nordamerika pflegten sie unter dem Namen „Florida" zu begreifen. So kam der spanische

Nebenbuhler von Süden her. Im Norden aber hatten sich Franzosen festgesetzt, nannten ihr Land „Franzeska" oder „Kanada" oder „Neu-Frankreich" und strebten vom Lorenzstrome und von den großen Seen dem Süden zu.

So schien es, als ob zwischen **Spaniern im Süden** und **Franzosen im Norden** nur ein schmaler Streifen, kaum eine Lücke übrig bleibe, welche den Engländern und allenfalls den Niederländern erlaubte, auch etwas von dem germanischen Element nach der neuen Welt zu verpflanzen. Es gewann den Anschein, als ob das romanische Element, ausgehend von Spanien, Frankreich, Portugal, das dominierende in Amerika werden sollte, als ob die germanischen Völker bestimmt seien, hier nur die bescheidene Rolle von Zugelassenen zu spielen.

Erst das Selbstbewußtsein, das durch die Taten unter der Regierung Elisabeths in das englische Volksgemüt einzog und sich dort mit einer unbändigen Abenteuerlust verband, erst dies Selbstbewußtsein schuf zu Ende des 16. Jahrhunderts den Willen, sich nicht ausschließen zu lassen von den Segnungen, die für alle Völker von der neuen Welt auszugehen schienen. Doch liegt in den Unternehmungen Raleighs, seiner Verwandten und Freunde noch nichts Festes, Fruchtbringendes; sie stellen sich mehr als ein unsicheres Herumtasten an der Küste dar, das einen leichten Gewinn gerne mitgenommen hätte, aber durch jede Schwierigkeit sich wieder vertreiben ließ. Eines war erreicht, freilich nur ein Name: zwischen die Benennung „Kanada" im Norden und „Florida" im Süden schob sich die Bezeichnung der Engländer „**Virginia**" hinein.

Um an die Ausbeutung Virginias zu gehen, bildeten sich 1606 in London zwei Handelsgesellschaften, die Plymouth- und die Londonkompanie. Man dachte zunächst an den Handel mit Fellen und Pelzwerk, mit wertvollen Hölzern und Tabak, selbstverständlich auch an Gold- und Silberfunde. Nach dem Brauche der Zeit brachte der König von England die Küsten des beanspruchten Landes Virginia unter die zwei Gesellschaften zur Verteilung. Der Londonkompanie fiel das südliche Stück von 34 bis 38°, der Plymouthkompanie das nördliche von 41 bis 45° zu. Im Brauche der Zeit lag es auch, daß die Landanweisungen sich verstanden westwärts verlängert bis zur Küste des Stillen Ozeans, die man sich nicht allzu entfernt dachte.

Das zwischenliegende Stück von 38 bis 41° blieb neutral, zum Teil den Niederländern und Schweden überlassen, und es dauerte länger als ein halbes Jahrhundert, bis es auch der englischen Herrschaft anheimfiel, bis alle Ansiedlungsversuche, die von der germanischen Rasse ausgingen, unter der englischen Flagge sich zusammengefaßt sahen. Und gerade dies zwischenliegende Stück der Küste erwies sich nachmals als das am meisten von der Natur begünstigte.

Die beiden englischen Gesellschaften traten also von 1606 ab als die Grundherren weiter Landstriche auf. Von allen Silber- und Goldfunden sollten sie den fünften Teil, ein Weniges von der übrigen Beute der Krone überlassen. Die Unternehmer blieben auch nicht müßig; es wurden Flotten ausgerüstet, die Glücksritter landeten, bauten da und dort ihre Hütten, auch kleine Befestigungen und leiteten Tauschhandel mit den Eingeborenen ein. Gierig suchten sie nach Gold, konnten aber keines finden. Und das Fehlen des Goldes war ein Segen, denn jetzt erst besah man sich den Grund und Boden, auf dem man stand, genauer und begann ihn und seine durch Bebauung zu gewinnenden Erträgnisse als die wahren Bürgen für die zukünftige Wohlfahrt zu betrachten.

Bisher hatte sich jeder Ansiedler, jeder auf die Ausbeutung des Landes Ausgehende als ein Angestellter der Handelskompanie betrachtet. Auf eigenen Füßen stehende Kolonisten traten erst allmählich und in kleiner Anzahl aus Land. Noch dachten die Leute kaum daran, ein auf eigene Gesetzgebung und Selbstregierung sich stützendes staatliches Gemeinwesen zu gründen.

So hätte sich wohl auch die Tätigkeit der Handelsgesellschaften als der Grundherren durch die Jahrzehnte ohne besondere staatliche Ergebnisse für die Weiterentwicklung des Menschengeschlechtes hingeschleppt, die Aufgaben der Ansiedlungen mit germanischem Blut hätten sich, wenigstens für einige Zeit, nicht wesentlich von denen spanischer Art unterschieden, wenn nicht ein staatenbildender Faktor ersten Ranges, ein auf Selbstregierung gegründeter Staat von Landleuten an der Küste von Nordamerika sich geltend gemacht und als staatliches Vorbild weit in die Ferne gewirkt hätte.

Dem edelsten Blut angelsächsischer Landleute entstammend, haben die Puritaner an der Küste von Neuengland eine Reihe von Gemeinwesen gegründet, von denen die Stämme für weitere staatliche Bildungen ausgegangen sind, mit sich tragend den Geist der Selbstregierung und bürgerlichen Freiheit, den Keim staatlicher Unabhängigkeit.

Das Wesentliche an der ganzen Physiognomie dieser vielen kleinen Neuenglandkolonien liegt in dem Umstand, daß ursprünglich jede einzelne Niederlassung, jedes Dorf eine eigene, für sich selbst bestehende Demokratie darstellte. Dadurch, daß alle Volljährigen, Reiche und Arme, Gelehrte und Ungelehrte mit der Zeit als Teilhaber an der gesetzgebenden Versammlung auftraten, erhielt sich die politische Bildung dieses gesamten Volkes ungemein frisch. Durch den Brauch, daß allen Berechtigten von alters her das Wort in den Verhandlungen dieser winzigen Demokratien offen stand, erschien das Dreinsprechen und eine gewisse rechthaberische Art als selbstverständlich und politische Reife bereitete sich in allen Schichten vor. Gerade weil die Behauptung der Freiheit Unruhe und Kampf brachte, liebte man sie in den eifersüchtig bewachten kleinen Gemeinwesen Neuenglands. Geistige Beweglichkeit und Schlagfertigkeit wurden zu einem Gemeingut.

Zugleich aber wuchs in jeder dieser Neuenglandkolonien eine eigenartige Meinung empor; jede fühlte sich wohl in ihrer Getrenntheit von den anderen; jede bewachte eifersüchtig ihre Rechte und Freiheiten; jede erfuhr auch andere Behandlung vom Mutterlande aus. Aber man gewöhnte sich, nicht allzuviel nach der alten Heimat zu blicken. Diese Neuengländer gehörten ganz und gar dem Boden an, den sie der Wildnis abgewonnen; gierig blickten sie nach den blauen Bergen und dunklen Wäldern des Westens; der Überschuß der Bevölkerung floß dahin und ein unnennbarer Landhunger bildete sich in allen Schichten der Bevölkerung heraus.

Das Emporwachsen solchen Landhungers, solchen Hinaus=
strebens in die Ferne mag seinen Grund auch darin gehabt
haben, daß der Boden, auf dem die Puritaner ursprünglich
landeten, keineswegs zu den bevorzugten Gebieten in der
neuen Welt gehörte. Vielfach zerrissen und rauh zeigten sich
die Küsten; dem Inneren des Landes fehlte jener fette Grund,
der Virginia und Karolina, auch Pennsylvania und das Ohio=
tal auszeichnet. Wohl gab es herrliche Täler voll Wiesengrün
und ausgedehnte Wälder, aber im allgemeinen war es doch
eine magere Scholle, auf der die Puritaner sich anzubauen be=
gannen. Demgemäß gewöhnten sie sich daran, mit harter
Arbeit dem Boden seine Erzeugnisse abzugewinnen, alles von
der eigenen Leistung zu erwarten, wenig als Geschenk der Natur
hinzunehmen. — —

Die von der englischen Regierung geforderte Gleichförmig=
keit in Glaubenssachen hatte den Puritanern zu Ende des
16. Jahrhunderts vielfache Verfolgung gebracht. Unter energi=
schen, geistesgewaltigen Führern suchten sie an Stelle der starren
Formen der staatlichen Hochkirche eine Art der Gottesverehrung
zu setzen, die erbaulicher auf die Seelen und anregender auf
den Geist zu wirken geeignet war. Von der Staatsgewalt
verdrängt, fand ein Teil von ihnen Zuflucht in den Nieder=
landen, wo duldsamere Ansichten in Glaubenssachen herrschten.
„Pilgrime" nannten sich die aus dem Vaterland Vertriebenen
und nunmehr Heimatlosen.

Aufmerksamen Auges aber durchsuchten sie die Erdenräume,
um einen Platz zu finden, den sie als ihre Heimat betreten
und betrachten könnten. Da horchten sie auf, als zu Anfang
des 17. Jahrhunderts von dem neuen Lande in Virginia be=
richtet wurde, von seinen Wäldern und Wiesen. Bald traten
sie mit der Plymouthkompanie in Unterhandlung wegen Über=
lassung eines Stücks von Nordvirginia, das man seit 1614
Neuengland zu nennen pflegte. Es waren Männer von
nicht gewöhnlicher Charakterstärke, welche die Schwierigkeiten
des Unternehmens, das sie einleiteten, recht wohl kannten.
Unter den eifrigsten Führern schiffte sich ein Teil der Pilgrime
im Herbst 1620 auf dem Schiff die „Maienblume" ein und

am 9. November traten die starken Herzen an den Strand, auf dem bald die freie Gemeinde aufblühen sollte.

Bedeutungsvoll für die Zukunft des neuen Landes ist es gewesen, daß Flüchtlinge es waren, die erstmals als Staatenschöpfer seinen Strand betraten. Und weitere Flüchtlinge folgten: Flüchtlinge vor der weltlichen und geistlichen Gewaltherrschaft, Royalisten, Quäker, Katholiken; solche, welche die Flucht ergriffen vor dem Hunger, dem bleichen, schlotternden Elend und der Mißhandlung durch Fürsten und Grundherren in Deutschland und Irland; Flüchtlinge waren es bis zu den Salzburger Protestanten, die 1732 nach der jüngsten von den dreizehn Kolonien, nach Georgia, strömten; Flüchtlinge bis zu den Männern, die man die Achtundvierziger nannte, die in der Mitte des 19. Jahrhunderts den einer rücksichtslosen Reaktion verfallenen Boden Deutschlands verlassen mußten. So sind die englischen Kolonien und nachmaligen Vereinigten Staaten ein Flüchtlingsland geworden, das diejenigen mit unendlicher Liebe begrüßten, welche hier sich und ihren Kindern eine Heimat gründen und vom ersten Tag an auf eigenen Füßen stehen wollten.

Aus solcher Volksaussaat, aus Männern von so starkem Geist und so hohem moralischen Wert sind die ersten Generationen amerikanischen Volkes hervorgegangen. Wenige Nationen mag es geben, deren zukünftige Größe schon von Anfang an durch die Stärke der Wurzeln in dem Maße verbürgt war, wie das beim Volk von Nordamerika der Fall ist.

Die Küste des weiten Landes von Virginia und desjenigen, das man anfing, Neuengland zu heißen, ist reich an bequemen Häfen, an majestätisch großen Buchten und erweiterten Flußmündungen. Man erzählte von den schönen Landeplätzen in der Chesapeakebai, in welche sich der Jamesriver, der Potomak und der Susquehanna ergießen, von dem fruchtbaren Lande an der Mündung des Delaware und Hudson. Auf das Hudsonufer mit dem herrlichen Flußhafen hatten es auch ursprünglich die Lenker des kleinen Volks auf der „Maienblume" abgesehen. Aber widrige Winde trieben sie auf ihrer Fahrt, welche 63 Tage dauerte, weiter nordwärts. Dort streckt sich, wie ein zum

Winken ausholender Arm, Cap Cod weit ins Meer hinaus und umschließt eine mächtige Bucht. Hinter dem schützenden Wall des Landes ging die „Maienblume" am 9. November 1620 sicher vor Anker.

Wie eine Robinsonade klingt das älteste Tagebuch, das zunächst von den Kundschaftern erzählt, welche von den vorsichtigen Pilgervätern an den wildfremden Strand gesetzt wurden. „Bald gelangten wir in ein tiefes, mit allerlei Baumgebüsch und hohem Gras umwachsenes Tal, wo wir nur mühevoll durchdringen konnten. Ein Reh sprang auf und Quellen frischen Wassers sprudelten hervor, was uns herzliche Freude machte. Wir setzten uns nieder und tranken unser erstes Wasser in Neuengland. Niemals zuvor hatten wir Wasser mit solcher Lust getrunken."

Zum Beweise dafür aber, daß die Ansiedler, es waren 102 Personen, Männer (41), Weiber und Kinder, sich jetzt schon als wirklichen, nicht erst als zukünftigen Staat betrachteten, schlossen sie, bevor sie das Schiff verließen, in gemeinschaftlicher Versammlung einen bindenden Vertrag untereinander. — „Im Namen Gottes, Amen. Da wir, deren Namen unterschrieben sind, die loyalen Untertanen unseres Königs Jakob, zur Ehre Gottes, zur Ausbreitung des christlichen Glaubens und zum Ruhm unseres Königs und Landes eine Reise unternommen haben, um die erste Kolonie in dem nördlichen Teile von Virginia anzulegen, so verbinden wir uns durch Gegenwärtiges feierlich und wechselseitig in der Gegenwart Gottes und unser aller zu einer bürgerlichen, politischen Körperschaft, zu unserer besseren Ordnung und Erhaltung, sowie zur Förderung unserer oben angegebenen Absichten und werden kraft dessen von Zeit zu Zeit alle gerechte und gleiche Gesetze, Befehle, Beschlüsse und Verfügungen ergehen lassen und ausführen, welche für das allgemeine Beste der Kolonie werden nötig erachtet werden und denen wir hiermit gebührenden Gehorsam und schuldige Unterwerfung geloben." — Der Grundstock der Demokratie von Neuengland; das Urbild einer Selbstregierung und der Unabhängigkeit von Nordamerika.

Halb nach altgermanisch-sächsischen, halb nach biblischen Vorbildern trafen die Ansiedler ihre ersten Einrichtungen für das bürgerliche Leben und die Wehrhaftigkeit. Am 25. Dezember 1620 ist der Grund zum ersten Hause der Niederlassung Plymouth gelegt worden.

Ein Gouverneur, durch allgemeines Stimmrecht gewählt, ein Rat von Fünfen, eine gesetzgebende Versammlung, welche die vollberechtigten männlichen Mitglieder der Kolonie umschloß, das war die erste Regierung, welche die Männer von Neuplymouth sich gaben. Erst später, als die Familienväter über einen weiten Raum sich ausgebreitet hatten, wurde die Vertretung durch Abgeordnete eingeführt. Der Keim der volkstümlichen konstitutionellen Freiheit, die im wesentlichen sich gleich geblieben ist bis auf den heutigen Tag.

Obwohl die wirtschaftliche Lage der Ansiedler auf dem rauhen Boden, bei strengen Wintern, nichts weniger als glänzend war, drängten doch bald weitere Einwandererhaufen, durchaus Puritanerfamilien, nach. Eine Reihe von Städten an der Massachusettsbai, Boston, Salem und andere, wurden angelegt.

Bis daher hatten die Kolonisten, nur auf das Naturrecht sich stützend, ohne königliche Sanktion ihre Selbstregierung auf fremdem Boden durchgeführt, gänzlich unbeachtet von der Welt und vom Mutterlande. Jetzt aber begann man sich in England für den kühnen Außenposten zu interessieren. Eine Befestigung der Existenz dieser Kolonie wurde daher für notwendig gehalten. Es geschah das durch den von Karl I. 1629 ausgestellten Freibrief, der ein halbes Jahrhundert in Wirkung blieb und wacker verteidigt wurde. Er gewährte volle gesetzgebende und ausübende Gewalt, zunächst der Handelskompanie, welche aber ihre Rechte auf die in einen Staat zusammengetretenen Kolonisten übertrug. Nach langer Debatte entschied sich die Handelskompanie dafür, daß Freibrief und Regierung, obwohl ursprünglich mit dem Sitz in London oder Bristol oder Plymouth gedacht, über das Meer hinüber nach Neuengland zu verpflanzen seien. Nun erst hielten sich die Ansiedler für ein gesichertes, auserwähltes Volk und ihr Land für das der Verheißung, den

Bewohnern bürgerliche und religiöse Freiheit gewährend. Es umfaßte damals das Gebiet von Massachusetts den ganzen Landstrich, der heute als Neuengland bezeichnet wird, vom Norden des späteren Staates Maine bis zum Connecticut.

Die Nichtbeteiligung der Regierung des Mutterlandes an allen inneren Angelegenheiten der Kolonie war gesichert; die Kolonie konnte sich als Freistaat entwickeln und trug in sich schon jetzt den Keim der künftigen Unabhängigkeit. Aus dem Freibrief leiteten die Kolonisten das Recht her: ihren Gouverneur und ihre Abgeordneten zu wählen, Ober- und Unterbeamte zu ernennen, gesetzgebende, ausführende und gerichtliche Autorität auszuüben, sich mit den Waffen gegen jeden Angriff zu verteidigen und jede ihrer eigenen Gesetzgebung zuwiderlaufende Verfügung als eine Beeinträchtigung ihrer Rechte zurückzuweisen. Demnach beschränkten sich die Untertanenpflichten gegen den König und das Parlament Englands auf ein paar Äußerlichkeiten und in Wirklichkeit war mit der Kolonie der Puritaner ein republikanisches Gemeinwesen entstanden. Nur das knüpfte innerlich an das Mutterland, daß die Verfassungen, welche sich die Kolonisten Neuenglands aus eigenem Entschluß gaben, nach dem Muster der englischen Gesetze und Bräuche zugeschnitten waren.

Unter den Puritanern in England erzählte man sich von der Freiheit Amerikas und Tausende schifften sich mit ihrer Habe nach Massachusetts ein, wo insbesondere die Stadt Boston aufzublühen begann.

Schon hatten die alten Kolonien, die Republiken Plymouth und Massachusetts ihre staatengründenden Söhne weiter nach Westen geschickt und die Freistaaten Connecticut und Newhaven gegründet, welche in den Jahren nach Erlaß des Freibriefes, 1633 bis 1636, emporwuchsen. In seiner herrenlosen Schönheit lockte der Boden mit wachsendem Zauber von Wald zu Wald, von Höhe zu Höhe, von Wiesental zu Wiesental immer weiter dem Westen zu.

Durch seine Menschenleere war den ersten Ansiedlern das Land besonders aufgefallen; erst allmählich zeigten sich einzelne Häuptlinge der Indianer, Mohegans (Mohikaner), Pequods,

Naragansetts und andere. Den wenigen am Meeresstrand sich anbauenden weißen Männern überließen die Eingeborenen gegen geringfügige Geschenke weite Landstriche. Erst als der Strom landhungriger Ackerbauer immer mehr zunahm, als die Wälder Stück um Stück krachend niedersanken, als die Einfriedigungen der Äcker und Wiesen das Land zerteilten und in jedem grünen Tal die Rauchsäulen aus den Blockhütten der Hinterwäldler aufstiegen, erst da fühlten sich die roten Männer bedrängt. Sie vergaßen der Friedensverträge und begannen trotzig und drohend den Weißen entgegenzutreten. Die ausgesetztesten Pflanzungen wurden überfallen, und nachdem einmal Blut geflossen, war kein Ende der entsetzlichen Schlächtereien abzusehen. Den Tod von Weibern und Kindern, von hinterlistig Überfallenen zu rächen, traten die Farmer in Schlachthaufen unter erfahrenen Führern zusammen und vernichteten einzelne von den Stämmen der Wilden vollständig.

An den Grenzen machten sich andere Nebenbuhler geltend, welche nicht selten geneigt waren, zugleich als Feinde aufzutreten: im Westen von Connecticut die Holländer, welche sich an der Mündung des Hudson in Manhattan, Neuamsterdam, festgesetzt hatten und im Norden von Maine, das noch ein Stück von Massachusetts bildete, die Franzosen, welche von Neufrankreich aus, von dem Land am Lorenzstrom, sich südwärts auszudehnen strebten.

Schon beim Indianerkrieg hatten die menschenarmen englischen Kolonien gefühlt, welcher Kraftzuschuß darin lag, wenn sie ihre kleinen Truppenkorps vereinigten und mit gesammelter Kraft auf den Gegner losgingen. So kam man in diesen puritanischen Freistaaten auf den Gedanken einer Union. Jede der vier genannten Kolonien, das verhältnismäßig volkreiche Massachusetts und die kleinen Freistaaten von Plymouth, Connecticut, Newhaven, sollte zwei Abgeordnete wählen, um die Kriegs- und Friedensangelegenheiten zu beraten, Krieg und Truppenaushebung zu beschließen.

Diese Betrachtungen haben zum ersten Zusammenschluß zwischen bisher Getrennten geführt. Im Jahr 1643 konstituierten sich die vier Staaten als Vereinigte Kolonien von

Neuengland. Fast ein halbes Jahrhundert hat ihr Zusammenstehen gedauert.

Als Vorkämpfer der Freiheit aber gegen die Ansprüche des englischen Parlaments erwies sich Massachusetts. „Ein Befehl aus England," führt die Kolonie aus, „ist unseren verbrieften Rechten nachteilig in diesem abgelegenen Teile der Welt." — „Wenn das Parlament in England uns Gesetze vorschreiben wollte, da wir doch keine Abgeordneten im Unterhause haben, noch wegen der ungeheuren Entfernung einer Vorladung folgen können, so wären wir ja weniger frei als die Engländer." — „Kolonien sind die Grundlagen großer Staaten und nur Stolz und Torheit können sie für etwas Geringfügiges halten."

So lauteten die Ausführungen derjenigen, welche ihr amerikanisches Vaterland und die selbstverständlich mit ihm verbundene Freiheit über alles lieben gelernt hatten. Eifersüchtig wachten sie über jedes einzelne Recht und begannen den Kampf, der schließlich zur Unabhängigkeit geführt hat, schon nach der Mitte des 17. Jahrhunderts in höchst zielbewußter Weise und zunächst mit vollständigem Erfolg. Während des ganzen Zeitraumes des englischen Bürgerkriegs erfreuten sich die Kolonien der ungestörtesten Weiterentwicklung. Das Mutterland hatte genug mit sich zu tun; kein Mensch kümmerte sich dort allzuviel um die in dem abgeschiedenen Winkel Sitzenden.

Ein Umschlag trat erst ein mit der Restauration, mit der Zurückführung der Stuarts auf den englischen Thron. Das Parlament erhob den Anspruch und bestand auf ihm, daß die Oberherrschaft über die Kolonien ihm gebühre. Zunächst war es der Handel der Kolonien mit dem Mutterland und weiter noch der Verkehr von einer Kolonie zur andern, was dem Vorteil der englischen Kaufmannschaft zum Opfer gebracht wurde. Diese Maßregeln schon streuten den Samen der Zwietracht aus, stellten Kavaliere und Rundköpfe feindlich einander gegenüber. Anderes kam dazu. Es schien, als halte man die derbe und kecke Sprache der Männer von Massachusetts für besonders gefährlich. Während die kleineren Kolonien von Neuengland sich der Gunst des Königs und des Parlaments erfreuten, war es bald klar, daß man damit umging, die älteste und volkreichste Kolonie, die faktisch als Republik bestand, der königlichen Gewalt zu unterwerfen.

Durch die seitherige Art der Selbstregierung war dem einzelnen Bürger im Laufe der Zeit ein ungemein großes Maß von Befugnissen eingeräumt worden, um unmittelbar an der Bildung des Staatswillens Anteil nehmen zu können. Damit wurden die Verfassungsgrundlagen, die alle von dem alten Freibrief sich ableiteten, zum Allgemeinbesitz und gingen in das Bewußtsein des den Staat darstellenden Volkes über. So gestaltete sich die Macht der öffentlichen Meinung in Massachusetts fast als eine Verschwörung der gesamten Bürgerschaft gegen die königlichen Kommissare, deren Aufgabe es war, die Angelegenheiten der Kolonie im Sinne einer in alle inneren Fragen eingreifenden Oberherrschaft der Krone und des Parlaments zu ordnen.

Es ist richtig, die anderen religiösen Bekenntnisse sahen sich durch den Puritanismus unterdrückt, der Untertaneneid wurde nicht geleistet, bei Verwaltung der Justiz nicht des Königs gedacht, ebensowenig bei Erlassung der Gesetze und Verordnungen. Allein die Kolonisten hielten dafür, daß es einen Verrat an den Verdiensten ihrer Väter bedeute, wenn sie nur in einem einzigen Stück nachgaben.

Volksversammlungen wurden gehalten, in welchen kühlen Blutes darüber geredet wurde: wer ihnen denn beigestanden sei, das Land urbar zu machen, die Wälder zu roden? Ob irgend eine Oberherrschaft Hilfe geschickt habe, als es galt, den entsetzlichen Greueln der Indianerkriege zu begegnen? Erst jetzt, da sie sich mit ihrem eigenen Schweiß und Blut heraufgearbeitet haben, falle es der Regierung in London ein, freie Kolonisten in eine fühlbare Abhängigkeit zu bringen. — Eine Bittschrift ging an den König ab, worin ausgeführt war, daß die Gründer der Kolonie einen Freibrief erhalten haben, der ihnen volle Macht gebe, das hier wohnende Volk durch unter sich selbst gewählte Männer und nach solchen Gesetzen zu regieren, als man zu erlassen für geeignet halten würde. „Gott weiß es, unser höchster Wunsch ist, hier, in diesem abgelegenen Winkel der Welt ein ruhiges Leben zu führen. Wir kamen nicht in diese Wildnis, um uns Schätze zu sammeln, und wenn andere kämen, um dergleichen zu suchen, würden sie sich sehr täuschen."

Die Kolonie war sich bewußt, welche Gefahr sie lief. Eben jetzt, im Jahr 1664, kamen englische Kriegsschiffe an die Küste, um die holländischen Besitzungen am Hudson, Neuamsterdam, für England zu gewinnen. Und Massachusetts zählte damals noch nicht 40 000 Einwohner, während die jungen Staaten, die von Massachusetts ausgegangen waren und mit ihm Neuengland bildeten, alle zusammen nicht einmal diese Zahl erreichten. So schwach an Bevölkerung waren die kühnen Freistaaten, welche erstmals den Ruf erhoben: Amerika den Amerikanern! Die Macht Englands reicht nicht übers Meer!

In der Tat, das englische Ministerium, auch durch andere, näher liegende Konflikte beschäftigt, wagte nicht, ernstlich und mit Gewalt gegen Massachusetts vorzugehen. Eine Zeit der Ruhe folgte auf die bewegten Jahre, bis der Despotismus, der unter Karl II. in seinen letzten Regierungsjahren und unter Jakob II. in England regierte, das große Ärgernis, das die Freiheit Amerikas bot, zu beseitigen sich unterfing. Schon 1679 kamen wieder königliche Kommissare in Boston an. Aber die Republik blieb unbeugsam. In einzelnen Äußerlichkeiten gab sie nach; so wurde das königliche Wappen am Deputierten= hause angebracht und der Untertaneneid vorgeschrieben, allein vom Verzicht auf den Freibrief durfte nirgends die Rede sein.

Hatten Willkür auf der einen Seite und knechtische Fügsam= keit auf der andern beim Vorgehen gegen die Freiheiten der Städte in England zum Ziele geführt, warum sollte man denn Halt machen vor einem Häufchen armer Farmer und Hinter= wäldler? Trotz aller Bitten und Vorstellungen erfolgte nach einer wunderlichen Art von Gerichtsverfahren im Jahr 1684 die Aufhebung des Freibriefes von Massachusetts, das in Zukunft nicht durch selbstgeschaffene Verordnungen, sondern durch königliche Beamte und Gesetze regiert werden sollte. Die ersten „Rotröcke" landeten; ein den Kolonisten durchaus neuer An= blick (Talvj).

Das war der Gewaltakt, der die Freiheit von Massachusetts begrub, der auch den ersten Teil der Geschichte dieser Kolonie zum Abschluß brachte, eine Geschichte reich an Glück, wie an Not. Man gedachte der Schwierigkeiten der ersten Gründung; wie die Pilgrimväter ans Land gestiegen, wie sie anfangs mit Hunger, Krankheit und Elend aller Art kämpften; wie endlich der Freistaat emporblühte unter der Wirkung selbsterlassener Gesetze, wie alles Glück der Erde in diesem Winkel vereinigt schien; wie der Handel wuchs, die Fluren sich dehnten, wie die Söhne hinauszogen, neue Freistaaten zu gründen; wie die Schrecken der Indianerkriege mit grausigem Heulen dies Glück unterbrachen; wie man sich zugleich zu wehren hatte gegen die wachsenden Ansprüche der Königsgewalt. Und zu den Erinnerungen aus dieser reichen Geschichte kam jetzt noch das Bewußtsein, daß der Freistaat verloren gegangen, daß es gelte, die Unabhängigkeit und Selbstregierung wieder zurückzugewinnen.

In keiner Weise läßt sich das gewalttätige Vorgehen der englischen Regierung rechtfertigen. Streng genommen erscheint Neuengland, insbesondere aber Massachusetts, gar nicht als unter den Begriff „Kolonie" fallend. Massachusetts war wesentlich ein Freistaat, dessen Gründer freiwillig England verlassen hatten, auf gut Glück und auf eigene Kosten der neuen Welt entgegensteuernd. Wo sie gelandet hatten, gründeten sie ihren Staat, ohne jegliche fremde Unterstützung. Wenn sie überhaupt Untertanen waren, so waren sie solche der Plymouther Handelsgesellschaft, welche ihren Freibrief vom Jahr 1629 auf die Ansiedler übertrug. Ja, wenn die englische Regierung die Kolonie in der Massachusettsbai angelegt, mit Pflanzern versehen, sie gefördert und gegen ihre Feinde geschützt hätte, dann wäre es zu verantworten gewesen, die sich Auflehnenden unter die Gewalt, von der sie ausgegangen, zurückzuführen.

So wie die Sachen wirklich lagen, war das Gemeinwesen von Massachusetts, so gut wie die benachbarten, ein Naturstaat von Privatleuten, welche freiwillig in allen Angelegenheiten, die nicht ihre innere Selbstregierung betrafen, die Oberhoheit des Mutterlandes und gewisse Vorrechte der Krone anerkannten.

Das also waren die Vorgänge, welche eine besonders tiefe Furche in der Jugendgeschichte des aufkeimenden

Freistaates Massachusetts zogen und für die Zukunft bedeutungsvoll wurden.

Bisher galt es recht als das Wesen der Freiheit von Massachusetts, daß der Gouverneur alljährlich aus der Wahl der Bürger hervorging. So verhielt es sich auch mit den übrigen Magistratspersonen und den Richtern. Jetzt wurde der Gouverneur vom König auf beliebige Zeit ernannt. Ohne seine Zustimmung konnte nichts mehr geschehen; die Generalversammlung der Volksrepräsentanten konnte er einberufen, vertagen, auflösen, wie es ihm beliebte. In einem einzigen Punkt bezeichnet die Aufhebung des alten Freibriefes einen Fortschritt: es wuchs um diese Zeit der bürgerliche Charakter des Staates über den religiösen hinaus; zunehmende Aufklärung und Duldung streiften allmählich den Sektenhader, die Verfolgungssucht, den Wahnsinn des Hexenglaubens ab. — Bis daher hatte immer noch die Kolonie Plymouth ein gesondertes Leben neben Massachusetts geführt. Jetzt (1690) wurde der kleine Freistaat in den größeren einverleibt.

In England hatten sich die Rücken längst gebeugt vor der Tyrannei und der borniertern Brutalität Jakobs II.; in den amerikanischen Kolonien jedoch gedachte man die Freiheit, welche in der ferngelegenen Heimat verloren gegangen war, möglichst zu bewahren. Die Leute aber, die vom König als Beamte nach Massachusetts geschickt wurden, kannten nur das eine Ziel, sich selbst zu bereichern und das Volk der Kolonisten zu unterdrücken. Es schien, als solle das ganze Land ins Verderben gestürzt werden; den sich mit Beschwerden Aufbäumenden hielten die Unterdrücker frech entgegen: „Es liegt nicht im Interesse Seiner Majestät, daß ihr euch wohl befindet."

In heimlichen Zusammenkünften trafen sich die Häupter der Puritaner, um sich gegenseitig ihr Leid zu klagen und den Geist der Freiheit lebendig zu erhalten. So fing der Kampf an zwischen dem republikanischen und monarchischen Prinzip, ein Kampf, in welchem die Rundköpfe, Whigs, Republikaner und Fortschrittler es unternahmen, sich zu behaupten gegen die Kavaliere, Tories und Privilegierten, mit denen sich die Bischöfe, die Aristokratie und der König verbanden.

Im April 1689 kam die Neuigkeit von der Landung des Prinzen Wilhelm von Oranien an der Küste Englands samt seiner Deklaration nach Boston. Sogleich stand das Volk von Massachusetts auf; der Gouverneur mußte sich unterwerfen, das Kastell und die Festungswerke von Boston wurden durch Bürgermiliz besetzt. Mit der Beseitigung des Stuartkönigtums hielt man die Tage der Freiheit für wiedergekommen. Auf den alten Freibrief kam man zurück. Allein das große Ereignis der englischen Revolution, das der Staatengruppierung in Europa ein ganz anderes Gesicht gab und in England selbst die königliche Autorität beschränkte, erwies sich in seinen Folgen für die Kolonien nicht günstig.

In seinem verschlossenen Gemüt wahrte der neue englische König Wilhelm III., der seinen Schwiegervater Jakob II. vom Throne gestoßen, nicht Wärme genug, um dem demokratischen Charakter, den seine Umwälzung zweifellos für England hatte, eine weitere Ausdehnung zu geben. Für England bedeutete die Vollgewalt des Parlaments Vermehrung und Garantie der Freiheit; für die Kolonien aber nahm das Anwachsen der Macht des Parlaments das Wesen einer Fremdherrschaft an. Die Rechte der Engländer sahen sich erhöht; zur Macht gelangten die wohlhabenden englischen Bürger, die kommerziellen Klassen. Ihrem Interesse wurden mehr und mehr die Freiheiten und der Wohlstand der Kolonien zum Opfer gebracht. Damit aber die Kolonien Ausbeutungsobjekte blieben, mußte man sie in strenger kommerzieller und zugleich politischer Abhängigkeit erhalten. In Wirklichkeit trat demgemäß bei der Regierung seit den Tagen der Revolution mehr und mehr der eifrige Wunsch zu Tag, sämtliche Kolonien der Selbstregierung zu berauben und unter direkte Verwaltung der Krone zu bringen.

Die Bewegung in Massachusetts zu Gunsten der alten Rechte verlief im Sand; der alte Freibrief blieb für immer aufgehoben und der neue enthielt gerade das Recht des Königs, den Gouverneur auf beliebig lange Zeit zu ernennen und ihn mit Gerechtsamen auszustatten.

Die einzige Opposition, welche den Kolonisten übrig blieb, bestand in der beständigen Verweigerung der wiederholt von der Regierung verlangten festen Besoldung des Gouverneurs. Und der Volkswille trug hier den Sieg davon, trotzdem man in London wußte, daß die republikanischen Ideen von Jahr zu Jahr mehr um sich greifen und der auf Unabhängigkeit hinzielende Sinn keinen gefährlicheren Sitz habe als Massachusetts.

In der Tat war die von England ausgeübte Herrschaft nicht durchgreifend und nicht gleichförmig genug, um eine einheitliche Wirkung auf die zerstreut lebenden Kolonisten auszuüben. Die Weite des Raums, die Möglichkeit, in noch größere Ferne fast nach allen Richtungen hin auszuweichen, schuf der Freiheit immer wieder eine Stätte. Dadurch wuchs auch jene **Viellebigkeit** empor, welche ein ganz besonderes Kennzeichen dieser großräumigen, durch Kolonistenblut begründeten Staatswesen ist. Jede Ortschaft, jedes neue Städtchen auf dem wiesigen Plan am Rand des Urwaldes erschien als kleine Demokratie für sich, jedes derartige Gemeinwesen hatte seine Kirche, seine von zahlreichen Kinderscharen besetzten Schulbänke.

Schon lange waren ja die Regierenden mißtrauisch gegen Massachusetts. „Es ist," sagten Kenner des Landes, „die gefährlichste von allen Pflanzungen für Großbritannien; die Mäßigkeit, der Fleiß und die Ordnungsliebe der Einwohner, die Zweckmäßigkeit der Gesetze und Einrichtungen sichern einen außerordentlichen Zuwachs an Leuten, Reichtümern und Macht." Und in der Mitte des 18. Jahrhunderts hörte man urteilen: „Die Abhängigkeit, in welcher sich die Kolonie von Massachusetts der Souveränität der Krone gegenüber befinden soll, steht auf sehr unsicheren Füßen und ist, wenn nicht wirksame Mittel zur richtigen Zeit angewendet werden, in großer Gefahr, gänzlich umgestürzt zu werden."

Die alte herbe Puritanerweise hatte sich im Laufe der Generationen freilich etwas abgeschliffen, aber von dem Erbe, das die starken, von England ausgestoßenen Männer übermacht hatten, war genug geblieben, um Selbstregierung und innere Unabhängigkeit als die höchsten Güter für alle Zeiten erscheinen zu lassen. —

In einem Staatswesen, das so ganz von religiösen Ideen erfüllt war wie Massachusetts, mußten im Laufe der Jahre auch abweichende Ansichten an die Oberfläche treten. Aber ebenso sicher war es, daß es in dem Puritanerstaat grundsätzlich nur eine einzige Meinung geben durfte, eben diejenige, um derentwillen die Väter so viel gelitten und endlich diese freie amerikanische Erdscholle aufgesucht hatten. Was anderer Ansicht war, mußte weichen. Von Massachusetts aus blickte man zunächst nach Westen und an der Küste hin nach Süden. Hier im Süden dehnte sich ein buchtenreicher Strand mit schönen Inseln, lauter Gebiet, das noch von keiner Regierung geeignet war, das aber von dem Stamm der Naragansetts den Weißen gern überlassen wurde. So kamen die ersten Siedler, die, in ihrem Gewissen sich bedrückt fühlend, aus Massachusetts wichen, in das neue Land und gründeten 1636 die Stadt Providence und kurz darauf den Freistaat Rhode Island. Ein kräftiger Sprößling hatte die Mutter Massachusetts verlassen und baute eine eigene kleine Republik, die zunächst ein gänzlich unbeachtetes Dasein führte.

Erst im Jahr 1744 erhielt die Kolonie einen Freibrief, der sie als eine selbständige Kolonie mit Vollmacht zur Selbstregierung versah, so zwar, daß die selbst gegebenen Gesetze Gültigkeit hatten ohne königliche Sanktion. Und nun ereignete sich das Überraschende, daß die Sprößlinge aus dem Staat puritanischer Unduldsamkeit zuerst die Fahne vollständiger Religionsfreiheit aufpflanzten, gleich als hätten sie der amerikanischen Welt zeigen wollen, daß ein bürgerlich freier Staat recht wohl bestehen könne bei noch so großer religiöser Meinungsverschiedenheit.

Rhode Island wurde in der Folge Zufluchtsort für religiös Bedrängte sowohl als für Sekten der wunderlichsten Art. Immer neue Ansiedler zog die schöne Küstenlandschaft mit ihren herrlichen grünen Inseln an. Im Jahr 1660 belief sich die Bevölkerung des kleinen Staates auf 2500 Seelen. Während die Tyrannei Jakobs II. und die gleichmachenden Maßregeln, die von dem durch die Revolution zur Macht gelangten Parlament ergriffen wurden, den alten mächtigen Mutterstaat Massachusetts mit vollständiger Unterdrückung bedrohten, wußte sich der noch schwache und kaum beachtete Sprößling, seinen Freibrief in der Tasche, ziemlich unbelästigt durch alle Fährlichkeiten durchzuschleichen.

Fern im Westen von Massachusetts fließt der Connecticut von Nord nach Süd durch ein Tal voll so herrlicher Wiesen und Waldstücke, als man nur sehen kann. Für kleine, unternehmungslustige Schwärme von Hinterwäldlern hatte jenes Tal längst als erstrebenswertes Ziel gegolten. Um das Jahr 1636 waren kleine Republiken gegründet in Hartford am Connecticut und in Newhaven nahe seiner Mündung. Zu den aus Massachusetts nachdrängenden Puritanern hatten sich holländische Siedler gesellt, die von Manhattan ostwärts zogen und so an den Connecticut gelangten. Noch waren die ersten Ansiedler damit beschäftigt, ihre Hütten aufzublocken und die wilde Fruchtbarkeit des jungfräulichen Bodens erstmals mit dem Pfluge zu zwingen und zu regeln, als sie schon die Schrecken eines Indianerkriegs zu bestehen hatten. Ihr Bundesgenosse dabei war Unkas, der Häuptling der Mohegans (Mohikaner); mit seiner Hilfe und mit Unterstützung aus Massachusetts gelang es im Jahr 1637, den feindlichen Stamm der Pequods zu vernichten und die schwachen Reste zu verjagen. Wenige Jahre nach dem Indianerkrieg traten die kleinen Freistaaten im Tal des Connecticut in den Verband der Vereinigten Kolonien von Neuengland und vom Jahre 1662 datiert der Freibrief, der die einzelnen Stücke zu der geschlossenen Kolonie Connecticut zusammenfügt. Die in dem Brief verliehenen Rechte begründeten einen von der königlichen Gewalt unabhängigen Freistaat, dem nur der Name eines solchen fehlte.

Ausgesprochener noch als in anderen Gebieten von Neuengland organisierten sich in Connecticut Städte und Dörfer als gesonderte Demokratien und erfreuten sich lange des Segens der Selbstregierung. Erst die Tyrannei Jakobs II. und seiner Kommissare machte 1687 der Freiheit ein Ende. Die Revolution aber, die Wilhelm von Oranien auf den Thron hob, stellte die hauptsächlichsten Erfordernisse der Volksherrschaft wieder her. So oft auch in den nachfolgenden Jahrzehnten der Versuch gemacht wurde, die Oberherrschaft der Krone gegenüber der Selbstregierung zur Geltung zu bringen, so oft beriefen sich die Kolonisten auf ihre verbrieften Rechte und Freiheiten, auf die Heiligkeit des königlichen Wortes, auf die angeborenen Menschenrechte. Und in der Tat, zumeist wurde das, was man dem für besonders gefährlich und meuterisch gehaltenen Massachusetts abschlug, dem minder mächtigen und bescheidener auftretenden Connecticut zugebilligt.

Der Grund und Boden, welcher die späteren Kolonien und Staaten Maine und New Hampshire bildet, wurde ursprünglich von der Krone an hohe Persönlichkeiten verschenkt, welche das Land, um einen Nutzen aus ihm zu ziehen, mit Fischern, Holzfällern und Sägmüllern bevölkerten. Die reiche Kolonie Massachusetts kaufte den Grundherren im Laufe der Zeit ihre Rechte ab und vereinigte die Gebiete mit der eigenen alten Kolonie. Maine blieb ein Bestandteil von Massachusetts, bis es mit dem Jahr 1820 als eigener Staat in die Union eintrat.

Anders verliefen die Dinge in New Hampshire. Seine Küste wurde schon sehr frühzeitig aufgesucht; 1623 taten sich die Fischer zusammen und gründeten die Städte Dover und Portsmouth. Bis zum Jahr 1679 blieb die Kolonie mit Massachusetts vereinigt und regierte sich im wesentlichen selbst. In diesem Jahr wurde New Hampshire von Massachusetts getrennt und als eigene Kolonie organisiert und zwar als **königliche Kolonie**. Es war dies das erste Beispiel in Neuengland.

Die Volksversammlung in Portsmouth aber im März 1680 sprach sich gegen die königliche Gewalt aus und setzte eine Volksherrschaft ein, ähnlich wie eine solche in Massachusetts bestand. Darüber beklagten sich nun die Grundherren, denen ursprünglich der Boden geschenkt worden war. Mit der Revolution in England ist aber die Richtung aufgekommen, welche beim Streit zwischen spekulativen Kaufleuten und landbauenden Kolonisten sich auf die Seite der ersteren zu schlagen pflegte. Und die Grundherren von New Hampshire waren mit der Zeit höchst genau rechnende Kaufleute geworden. Jahrzehntelange Prozesse gingen daraus hervor. Wenn in der Folgezeit, zu Anfang des 18. Jahrhunderts, doch die Volksherrschaft in New Hampshire wieder mehr zur Geltung gelangte, so ist das nicht dem Entgegenkommen oder dem Wohlwollen, sondern nur der Gleichgültigkeit der englischen Regierung zu verdanken und zugleich dem natürlichen Entwicklungsgang des politischen Lebens in einem abgelegenen Erdenwinkel, fern von der Londoner Oberbehörde.

Unter den vier selbständigen Kolonien Neuenglands waren gegen Ende des 17. Jahrhunderts New Hampshire und Rhode Island die am schwächsten bevölkerten. Sie zählten wahrscheinlich eine jede etwas mehr als 6000, doch nicht voll 10000 Einwohner; Massachusetts 50000 und Connecticut 20000 Einwohner. Man pflegte in England zu sagen, daß sich die Bevölkerung in den beiden letztgenannten Kolonien alle zwanzig Jahre verdopple. So konnte es auch geschehen, daß die Besiedlung der übrigen Kolonien wesentlich von Massachusetts und Connecticut ausging.

Die beiden Kolonien bilden den Grundstock, aus dem ganze Schwärme von Ansiedlern immer weiter nach Westen zogen. Der „ferne Westen" lag ja damals vergleichsweise noch nahe; erst allmählich schob er sich an den Hudson und an die großen Seen; dann weiter an den Fuß und in die Täler der Alleghannies und zuletzt über diese hinüber ins Tal des Ohio. Damit war zunächst die äußerste Grenze erreicht.

Wenn dem Landmann in Neuengland die Stube für die stetig wachsende Kinderschar gar zu enge schien, dann verließ er wohl das alte verräucherte Blockhaus und die Nachbarschaft, die schon alles anbauwürdige Land in Beschlag genommen hatte, griff zum Wanderstab, und nach Westen blickend, führte er die Seinigen weiter. Ihre geringe Habe führten die Leute mit sich und trieben ihr Vieh vor sich her. So zogen sie tagelang fort, bis sie von irgend einem Hügel lachenden Wiesenplan und das Gipfelmeer des Urwalds vor sich sahen.

Mächtig zog die feierliche Schönheit des Landes an und bald war an sprudelnder Quelle oder an dem plätschernd über die Kiesel schlüpfenden Bach, oder an dem ruhig strömenden schiffbaren Fluß eine Stelle gefunden, die zum Bau des neuen Hauses einlud. Krachend sanken unter den Axthieben des Vaters und der ältesten Söhne die Riesen des Waldes nieder; bald stand der Mais mannshoch da und in breiten Wellen wogte der Weizen in dem wohlumfenzten Feld, indessen auf üppiger Weide die Herde brüllte. Der kräuselnde Rauch, von dem neuen Blockhaus aufsteigend, lockte neue Ansiedler herbei; einzelne zogen weiter, andere bauten sich in der Nähe an; ein weitläufiges Dorf entstand. In gemeinschaftlicher Arbeit erbaute man Kirche und Schule und das Gemeindehaus, in welchem die Regierung für den ganzen kleinen Freistaat ihren Sitz hatte. Schon früher war ein festes Blockhaus mit Palisaden errichtet worden als letzte Zuflucht bei einem etwaigen Überfall der Indianer.

Die Schrecken des Indianerkriegs waren es ja, welche einen beständigen Schatten auf das junge Glück der vorgeschobenen Niederlassungen warfen. Wie konnten sich diese Hinterwäldler viel kümmern um die Versuche der Regierung, die Volksrechte zu beschneiden oder dem Handel Fesseln anzulegen? Für sie stand die Sorge obenan, durch welche Mittel sie das Leben von Weib und Kind vor dem Messer der Wilden schützen könnten. Alles andere, Kampf um die Herrschaft und um den Handel, hatte ja nur auf den Küstenstrich Bezug, kaum ein paar Meilen vermochten die Wirkungen ins Binnenland zu bringen.

Verträge mit den Häuptlingen sicherten die ersten Ansiedlungen. Aufopfernde Missionare zogen in die Wildnis, bald traf man auch kleine Gemeinden von „betenden Indianern". Die Mehrzahl aber von den wilden vielnamigen Stämmen hatte sich nach Norden zum Lorenzstrom und gegen Westen nach den großen Seen und in die Alleghannies zurückgezogen. Dann und wann sah man einen von den unheimlichen rothäutigen Gesellen um die Ansiedlungen der Hinterwäldler streifen; bald kamen ihrer mehrere dazu, ein Häuptling trat vor und verlangte Entschädigung für die in Beschlag genommenen Ländereien, für die gestörte Jagd. Ein Vertrag kam zu stande, der gegen wertlose Geschenke oder geringe Geldsummen ein riesiges Gebiet den Ansiedlern überließ. Bald mochten sich die Eingeborenen über ihre Nachgiebigkeit den Eindringlingen gegenüber grämen; sie kamen sich übervorteilt vor. Gewalttaten von seiten der Ansiedler konnten den Ausschlag geben. Jetzt klang der Kriegsruf aus den dichtverschlungenen Wäldern in die Ferne. Ängstlich horchten die Ansiedler aus ihren Blockhäusern hinaus, wenn der Windstoß das Geheul der Wilden zu ihren Ohren trug. Urplötzlich war der Indianerkrieg los und die Erinnerung an seine Scheußlichkeiten und Schrecken ließ das Blut in den Adern erstarren.

In solcher Zeit pflegte man Weiber und Kinder ins feste, gemeinschaftliche Blockhaus zu flüchten. Die Männer scharten sich zusammen, um dem Feind entgegenzutreten. Oft genug aber hatten die Ansiedler nicht Zeit, ihr Teuerstes zu flüchten und sich zu versammeln; vereinzelt wurden ihre Wohnstätten überfallen, deren rauchende Trümmer die verstümmelten Leichen ihrer einstigen Bewohner überdeckten.

Oftmals blieb auch das Kriegsbeil jahrzehntelang begraben; Farmer und Indianer standen in freundschaftlichem Verkehr und trieben Tauschhandel. Den vollen Schrecken des Indianerkriegs lernten die amerikanischen Hinterwäldler erst wieder kennen, als ihre Feinde, die Franzosen und Engländer, den roten Mann in Dienst nahmen, mit Waffen und Führern versahen und gegen die Dörfer und kleinen Städte an der Grenze hetzten.

Die beständige Wachsamkeit aber, deren sich die ersten Ansiedler befleißigen mußten, das Entbehren alles dessen, was wie Schutz von seiten einer Regierung aussah, das notwendige Stehen auf eigenen Füßen, das scharfe Ausblicken nach allem, was fördern konnte, die Gewöhnung, stets nach dem unmittelbaren eigenen Vorteil zu fragen, alles das brachte viele eigentümliche Züge im Kolonistenblut von Neuengland zuwege. Dazu kam der Eindruck, den die Weite des Raums und die Größe der Szene, die überwältigende Schau des Landes machten. Die Wirkung von all dem äußerte sich in einer ungemein entwickelten geistigen Rührigkeit, auf der andern Seite aber zugleich in der Sucht, alles dem eigenen Vorteil untertan zu machen. Alle unnötigen künstlichen Einschränkungen zu beseitigen, unbedenklich und rücksichtslos den eigenen augenblicklichen Vorteil und die persönliche Betätigung herauszukehren, das lag im Wesen der Einwanderer, die, von Neuengland ausgehend, allmählich einen wesentlichen Bestandteil in allen übrigen

Staaten zu bilden anfingen und später als **Yankees** bezeichnet wurden. Ein tüchtig Stück von der Energie, der Zähigkeit, Schweigsamkeit, von dem zielbewußten Streben der Urväter, verbunden mit etwas ungeselliger Grämlichkeit, ist in ihnen zurückgeblieben.

Aus dem Gedeihen der Kolonien von Nordamerika, insbesondere von Neuengland, wird häufig der Schluß gezogen, als ob die englische Regierung vor anderen die Kunst verstehe, blühende Kolonien anzulegen. Nichts kann falscher sein. Die Regierung Englands war im Laufe des 17. Jahrhunderts keineswegs in der Lage, überhaupt Kolonien zu gründen. Sie befand sich teils in Verwirrung und Bedrängnis, teils war sie durchaus unwürdigen Händen anvertraut, zumeist hatte sie mit den Dingen in England selbst, mit Naheliegendem alle Hände voll zu tun. Selbst als die Revolution von 1688 einen tiefgehenden Wandel schuf, blieb doch — mit Ausnahme eines gewissen Ausbeutungssystems — wenig Aufmerksamkeit für die Kolonien übrig.

Das Anlegen von Kolonien durch die Regierung aber schließt eine Betätigung der obersten Regierungsbehörde in sich, vermöge der sie den Kolonisten einen bestimmten Platz anweist, sie nach diesem verbringt, ihre Pflanzung fördert, sie unterstützt und gegen alle äußeren Gefahren sicher stellt. Von all dem tat die englische Regierung in Nordamerika, namentlich aber in Neuengland, nichts.

Das Verdienst der englischen Regierung liegt auf einem anderen Gebiet: sie ließ zunächst alles gehen, wie es wollte, ohne sich einzumischen, ohne Beamten- und Soldatenapparat in Bewegung zu setzen. Alles blieb dem eigenen Entschluß, der eigenen Tatkraft überlassen. Daher kommt es, daß die **Selbstregierung und die Freiheit Neuenglands** mit dem Augenblick beginnen, da der erste Ansiedler seinen Fuß auf den Strand setzt und seinen Spaten in den jungen Boden stößt. Daher kommt es auch, daß ein Geschlecht aus dem Boden herausgewachsen ist von harter Faust, von raschem Entschluß, mit kräftigem Geist, kurz angebunden.

In dem Versagen jeder Hilfe, jeder fördernden Unterstützung also lag das Verdienst des Mutterlandes; ein Frevel war es demnach von ihm, sich mit der hochmütigen Miene eines Oberherrn von dem Zeitpunkt an einmischen zu wollen, da es etwas zu holen gab. Das war aber just derselbe Zeitpunkt, in welchem die kleinen Republiken, auf die es abgesehen war, sich schon zu einem derartig ausgesprochenen, eigenen politischen Leben durchgerungen hatten, daß es nicht mehr auszulöschen war. Durch die Erinnerung daran, daß sie alles aus sich herausgeworden waren, allein aus sich heraus, ohne Zutun von außen, durch solche Erinnerung erwuchs ein unbegrenztes Selbstvertrauen in den starken, durch allerlei Not geprüften Herzen der Kolonisten von Neuengland. Und dies selbstbewußte, nur auf die eigene Kraft bauende Kolonistenblut breitete sich wie ein Sauerteig über ganz Britisch Nordamerika aus. Wie von einer Völkermutter zogen immer neue Ansiedlerströme, Wagen um Wagen, von Neuengland dem Westen zu; ja man behauptet, ein Dritteil aller Bewohner des riesigen Landes habe um die Mitte des 18. Jahrhunderts aus Abkömmlingen der alten Neuengländer bestanden.—

Die weite Entfernung, das trennende Weltmeer, die Eifersucht, mit der die Kolonisten über den Rest ihrer Freiheit wachten, die Lebhaftigkeit, mit der sie die verloren gegangene verbriefte Freiheit rühmten und ihre Verdienste um Ausbreitung des englischen Gebiets voranstellten, all das wirkte auf die Regierungsmaßregeln, die von London aus übers Meer herüberkommen sollten. Damit verband sich die friedfertige Gesinnung Robert Walpoles, des Leiters der englischen Politik in der ersten Hälfte des 18. Jahrhunderts; ja man schien bei den obersten Regierungsbehörden die Kolonien von Amerika fast vergessen zu haben. Solch glückliches Verborgenbleiben, solche Vernachlässigung aber förderte das Gedeihen der jungen Freistaaten ungemein.

In aller Stille wuchs die Volksherrschaft, welche Jakob II. und nach ihm das Parlament hatten eindämmen wollen, wieder empor in sämtlichen vier Neuenglandstaaten, besonders aber in den drei alten Kolonien: Massachusetts, Rhode Island und Connecticut. — Vollendete Demokratien kamen wieder zur Geltung.

in den beiden letzteren Gebieten. Ihre Freibriefe waren im wesentlichen noch in Kraft und die Kolonisten wählten alle ihre Beamten, vom höchsten bis zum niedersten, nach allgemeinem Stimmrecht; auch waren sie nicht gehalten, die Beschlüsse ihrer Abgeordnetenkammern dem König vorzulegen. Massachusetts hatte ja seinen Freibrief verloren; der König ernannte den Gouverneur; seine vom Volk alljährlich festgesetzte Besoldung betrug in der Regel 1000 Pfund Sterling. Dem Volke stand es auch zu, die obere wie die niedere Kammer (Senat und Repräsentantenhaus) aus seiner Wahl hervorgehen zu lassen; ebenso die Magistrate, Geistlichen und andere Beamte.

Der zunehmende Wohlstand, die Mischung mit anderen Elementen, heftige Streitigkeiten untereinander hatten freilich das Volk von Neuengland zu einem anderen gemacht, als es ursprünglich bei der Gründung der Kolonien durch die Pilgrim-väter gewesen war. Aber von der alten Sittenstrenge war immer noch genug übrig geblieben, um den Grundstock dieses Volkes als einen außerordentlich ehrenwerten und durchaus gesunden erscheinen zu lassen, geeignet, auf die Nachbarn und entfernteren Volksgenossen kräftigend und erhebend ein-zuwirken; — ein **Herrenvolk**, das mit gestähltem Charakter hervorging aus dem Kampf mit dem rauhen Boden und strengen Klima, aus der Verteidigung gegen Indianer und Franzosen, ein Volk, dessen Kinder aus den Volksschulen der freundlichen Dörfer und Städte und aus der Akademie einen reichen Schatz von Wissen mit sich ins Leben hinaus-trugen. Als intellektuelles Zentrum erscheint Boston, das nach der Mitte des 18. Jahrhunderts gegen 20000 Einwohner zählte und lange Zeit auf den Gebieten des Handels und der Industrie voranstand.

Freilich, der Begriff „Volk von Neuengland" bestand kaum; hier in diesen jungen Staaten lebte keine Gemeinsamkeit des Gefühls wie unter den großen Völkern der Alten Welt. Im allgemeinen waren die Kolonien, groß wie klein, mindestens ebenso eifersüchtig aufeinander, wie auf jeden Bevormundungs-versuch von Seiten Englands. Böse Grenzstreitigkeiten fanden statt zwischen dem übermächtigen Massachusetts und den kleineren

Sprößlingen. Aber Eines war es doch, was alle Splitter
zusammenband: die Tradition ihres republikanischen Ursprungs,
der republikanische Ton ihrer Manieren, der unbändige Stolz
auf ihre selbstgeschaffene Heimat und der feste Entschluß, unab=
hängig auf eigenen Füßen stehen zu wollen.

II. Die südlichen Kolonien

In einem gewissen Gegensatz zu den Freibriefkolonien von
Neuengland stehen die Eigentümer= und Kronkolonien
der südlichen und mittleren Gebiete. Sie erscheinen teils als
von London aus regierte Zubehörstücke des Königreichs England,
teils als kleine Monarchien, in denen die Eigentümer oder
Grundherren gewisse ihnen von der Krone überlassene Hoheits=
rechte ausüben. In den puritanischen Kolonien Neuenglands
trat als Wirkung des republikanischen Glaubensbekenntnisses
zu Tag, daß die politische Freiheit von demselben Datum er=
scheint wie die Einwanderung selbst. Die Bevölkerung der
mittleren und südlichen Kolonien mußte erst eine kurze Lehrzeit
durchleben, um den Sinn für politische Freiheit in sich reifen
zu lassen.

Unter den südlichen Kolonien nimmt Virginia, als die
älteste (Old Dominion) und leitende, für sich die Auszeichnung
in Anspruch, nächst Massachusetts am frühesten den Gedanken
der Freiheit genährt und am meisten für ihn getan zu haben.
Als Kronkolonie stellte Virginia in seiner Regierungsform ein
schwaches Abbild der englischen Konstitution dar. Der Gouver=
neur und der Rat (Senat, Oberhaus), wie auch die Richter
wurden von der Krone ernannt. Für diese Ämter war eine
Besoldung fixiert, die aus Erbzinsen und aus einer Tabaksteuer
herrührte. Nur die Abgeordnetenversammlung (Unterhaus)
wurde vom Volk gewählt. Mit Massachusetts verglichen, wo
auch der Senat aus der Volkswahl hervorging, wo alljährlich das
Einkommen des königlichen Gouverneurs durch die Abstimmung

der Kolonisten festgesetzt wurde, hatte der Regierungsapparat Virginias viel mehr königliche Vorrechte aufnehmen müssen. Es erscheint das als Folge der ganzen Entwicklungsgeschichte dieser ältesten Kolonie. —

Nach den Forschungsreisen und vorübergehenden Kolonisationsversuchen, die in Nordamerika von unternehmenden Abenteurern ausgegangen waren, blieb von der Kenntnis des fernen Landes fast nichts übrig als der Name „Virginia" und die Vorstellung eines fabelhaften Bodenreichtums. Allmählich reifte in England auch die Ansicht, daß eine Fahrt nach der Neuen Welt nicht nur das Zusammenraffen von Gold zum Ziel haben müsse, sondern daß es gelte, dort Wohnplätze für unternehmende Menschen zu gründen und die natürlichen Hilfsquellen des Landes auszubeuten.

Wie oben schon erzählt (S. 8), gründeten sich zwei Handelskompanien, zwischen denen die Küste von Nordamerika geteilt wurde. Die Londonkompanie erhielt die südliche Hälfte vom 34. bis 38. Grad. Ein Patent vom April 1606 setzte die Rechte von Krone und Kompanie fest und die ersten Schiffe stachen in See. Im Frühling 1607 hatten sie die Mündung eines majestätischen Flusses erreicht, den die Seefahrer zu Ehren ihres Königs, Jakobs I., Jamesfluß nannten. Sie befanden sich am Eingang in die wunderbare Chesapeakebai. Zu beiden Seiten des Flusses dehnte sich herrliches Land; eine Strecke fuhren sie aufwärts und legten den Grund zum ersten Wohnplatz, den sie Jamestown nannten. Einige Jahre gab es zu kämpfen mit Mangel und Elend, doch gelang es energischen Männern, die Anfänge der Kolonie durchzuschleppen.

Noch im Jahre 1609 war wenig Land angebaut; die meisten der von der Handelskompanie ausgewählten Kolonisten hatten gar nicht die Absicht, hier eine Heimat zu finden; mit rasch zusammengerafften Gütern gedachten sie heimzukehren. Vorübergehend erfaßte auch Goldfieber die armen Abenteurer. Allerlei Gesindel wurde von der Kompanie nachgeschickt und ein Gouverneur mit einem ganzen Stabe von Würdenträgern. Bald aber erkannten die Unternehmer ihren Irrtum und schickten geeignetere Kolonisten mit einer Heerde von 100 Stück Rindvieh. Im Jahre 1612 zählte man 700 Einwohner; mit den Indianern wurden, namentlich durch Vermittlung der Häuptlingstochter Pocahontas, Verträge geschlossen; der Boden ging, in abgegrenzte Stücke geteilt, in den Privatbesitz der Kolonisten über, welche in dem Tabakbau eine ausgiebige Quelle für ihren Wohlstand fanden.

Bisher waren den Kolonisten alle politische Rechte versagt geblieben; sie wurden einfach als Arbeiter im Dienst der Handelskompanie betrachtet, welche zur Vollstreckung ihrer Anordnungen einen Gouverneur mit seinen Beamten der Kolonie zusandte. Sobald sich aber die seitherigen Arbeiter als Eigentümer von Grund und Boden fühlten, erwachte in ihnen zugleich das Bedürfnis politischer Rechte. Demgemäß gestattete die Kompanie im Jahre 1619 bei der Kolonialversammlung in Jamestown erstmals eine volkstümliche Vertretung, in welche die 11 Ortschaften der Kolonie je zwei Vertreter schickten. Das waren die ersten bescheidenen Anfänge von Selbstregierung in einem Lande, das von seinen Bewohnern erst allmählich als Vaterland Virginia betrachtet wurde. Häusliche Bande aber sind notwendig, um den einzelnen unwiderruflich an den Boden zu ketten. Familiegründung allein läßt den Boden und den Anbauer für alle Ewigkeit in eins zusammenwachsen. Bisher waren Weiber und Kinder eine seltene Erscheinung in der Kolonie gewesen. In den Jahren 1620 und 1621 aber wurden Hunderte von braven, arbeitsamen und hübschen Mädchen hinübergesandt, welche die jungen Virginier gegen Zahlung von 120 bis 150 Pfund Tabak der Kompanie abnahmen. Die Auswanderung nahm zu; der Ruf des Landes und seiner Produkte verbesserte sich immer mehr; in einem einzigen Jahr wanderten 1200 Personen von England in die neue Kolonie. So erstand der Grundstock des Volkes von Virginia.

Am 24. Juli 1621 endlich erhielt die Kolonie eine verbriefte Konstitution: ein von der Kompanie ernannter Gouverneur und Senat (Rat); alljährlich Generalversammlung, bestehend aus dem Senat und den Volksabgeordneten, je zwei auf eine Ortschaft gerechnet. Dieser Generalversammlung stand gesetzgebende Gewalt zu; der Gouverneur hatte Veto; Gültigkeit erlangte ein Gesetz erst nach Genehmigung von der in London residierenden Kompanie. Dagegen sollten Befehle der englischen Regierung erst nach Genehmigung durch die Generalversammlung für die Kolonie bindend sein.

Kurze Zeit nach der Befestigung der Repräsentativverfassung und der Rechte der Kolonie löste sich die Handelskompanie auf und ihre Rechte gingen auf die Krone über; Karl I. bestätigte 1626 die volkstümliche Verfassung von Virginia. Die Anhänglichkeit an den König und an die englische Hochkirche zeigte sich in der Kolonie auch deutlich während der Rebellion des Parlaments gegen die Krone von 1642 an. Nicht wenige der vom Mißgeschick verfolgten Kavaliere suchten ein neues gedeihliches Fortkommen in dem Lande mit dem unerschöpflich reichen Boden und dem lockenden Himmel.

Als aber Cromwells Republik nach Ordnung des europäischen Streits auch auf die Kolonien die Hand legen wollte, waren die Führer des „Volkes von Virginia" klug genug, sich mit den neuen Machthabern auseinanderzusetzen und der Kolonie fast vollständige Unabhängigkeit zu sichern: alle volljährigen Bürger sind stimmberechtigt und der Gouverneur geht aus der Wahl des Volkes hervor.

Im Jahre 1650 zählte Virginia bereits 30000 Einwohner. Das Gedeihen hatte in den letzten Jahren unter der Volksherrschaft des allgemeinen Stimmrechts überraschende Fortschritte gemacht. In allen Kreisen Englands erzählte man sich: Virginia sei das beste Land für arme Leute. Die unerschöpfliche Fruchtbarkeit des Bodens gab reiche Ernten; das freundliche Klima, ohne die Rauheit des Nordens und zugleich der erschlaffenden Einwirkung der Tropen entbehrend, erwies sich ungemein zuträglich für die Einwanderer aus allen Himmelsstrichen. So schön schmückten sich nirgends die Wiesen, in hehrer, unangetasteter Pracht standen die Wälder; zahllose Bäche und Flüsse tränkten die Fluren, fast jeder Ansiedler lebte im Angesichte eines lieblichen Flusses, majestätische Ströme führten hinab zum Meer, zu den gesegneten Ufern der Chesapeakebai, und luden die Seeschiffe ein, stromaufwärts den

Schnabel zu richten, mitten in all die Pracht und den Segen hinein.

In mancher Beziehung stand diese alte Kolonie Virginia recht im Gegensatz zu der Puritanerkolonie Massachusetts. Hier in Neuengland ein rauher Boden, harte Winter, schwere Arbeit, um nur das nötige Getreide zu ernten und dem Vieh Nahrung zu schaffen. In Virginia aber bei leichter Arbeit ein gesicherter Wohlstand durch die Üppigkeit des Bodens.

Dabei verleugnete Virginia nirgends seinen Ursprung als Regierungskolonie. Während die freien Leute, die in eigenem Schiff auf eigene Kosten übers Meer gekommen waren, die Örtlichkeiten des neuen Landes nach Erinnerungen aus der Heimat, nach biblischen Vorbildern oder nach eigener Erfindung oder in der Eingeborenensprache benannten; während sie den neuen Boden sofort als ihre Heimat, als ihr einziges Vaterland betrachteten, fühlten sich die, welche man nach Virginia verpflanzt hatte, lange nicht heimisch; es kam ihnen vor, als seien sie hier nur vorübergehend zu Hause. Nach Personen aus der königlichen Familie benannten sie mit Vorliebe die Örtlichkeiten und brauchten lange Jahre, bis sie sich mit dem Boden zum Volk von Virginia verwachsen hatten.

In Massachusetts, in Neuengland überhaupt, setzte sich vom ersten Tag der Staatengründung an die Bevölkerung aus durchweg gleichartigen Elementen zusammen; lauter durch ihre Volljährigkeit stimmberechtigte Bürger, bei denen wirkliche Armut und wirklicher Reichtum gleicherweise unbekannt waren, lauter Leute von einerlei Zuschnitt bei ziemlich hoher Bildungsstufe und ziemlich mit denselben Ansprüchen an das Leben ausgestattet; in Religionsangelegenheiten puritanisch streng. — In Virginia waren keine von England Ausgestoßene, keine Flüchtlinge ans Land gestiegen, mit heißer Liebe nach der neuen Heimat greifend; nein, vornehme Leute hatten ihre Arbeiter und ihre Beamten geschickt, welche das Engländertum und die Anhänglichkeit an die anglikanische Kirche in die Kolonie hinübertrugen. Von Anfang an wurden die großen Pflanzer bevorzugt; sie nahmen Arbeitsleute in ihren Dienst und gesellten bald dazu ganze Haufen von Negersklaven. So kam eine herrschende Kaste auf, welche sich durch die Gewohnheit des Befehlens und durch Reichtum aus der Menge heraushob und der englischen Staatsreligion anhing.

Es wanderten zwar noch andere Elemente zu: unternehmungslustige, freiheitsdurstige Puritaner aus Massachusetts und Connecticut, Hugenotten aus Frankreich; zuzeiten wurden verurteilte Verbrecher von England in die Kolonie deportiert, arme Leute lösten sich durch lange Dienstbarkeit von den Schulden los, die ihnen aus den Überfahrtskosten erwuchsen. So bunt als möglich erschien die Grundsuppe des Volkstums. Und doch war es mit der Zeit durch demokratische Einrichtungen zum Volk von Virginia zusammengewachsen. Dies Zusammenwachsen aber erwies sich nicht mächtig genug, um die Keime für die Herausbildung zweier sich gegenseitig ausschließender Kasten zu unterdrücken, der Aristokratie und des Plebejertums. Und die Unterschiede blieben um so unausgeglichener, als die Volksschule mit ihren einebnenden Wirkungen fehlte.

So konnte es geschehen, daß in Virginia bei der Restauration des Stuartkönigtums 1660 der Geist der Loyalität, der die Empfindungen der Kolonie an die Gefühle des Mutterlandes knüpfte, von neuem erwachte. Royalisten und Volk standen sich gegenüber; nach dem Sieg der Royalisten wurden die alten Freiheiten beschnitten. In der Masse des Volkes begann es zu grollen. Dazu kam noch, daß die Stämme der Senecas und Susquehannas, geängstigt durch das Vorrücken der Kolonisten (Virginia zählte jetzt mehr als 40000 Bewohner), sich erhoben und viele Hinterwäldler ermordeten. Einige Kolonnen Miliz zogen aus, eine davon unter dem Kommando von John Washington, der im Jahr 1658 von Nordengland einwandernd sich am Potomac niedergelassen hatte, Urgroßvater von Georg Washington. Allein die Regierung und der Gouverneur Berkeley zeigten wenig Ernst in der Bekämpfung der blutigen Räuber. Da nahm das Volk endlich seine Sache selbst in die Hand. Unter einem bewährten Führer, dem durch seine Volkstümlichkeit beliebten Nathanael Bacon, sammelten sich im Frühjahr 1676 gegen 500 Mann, vertrieben die Indianer und stürzten zugleich die Regierung der Royalisten.

Neue Wahlen brachten eine neue Abgeordnetenkammer, welche die alten Freiheiten wiederherstellte, namentlich das allgemeine Stimmrecht. Die Abgaben wurden verringert, die Besoldungen des Gouverneurs und der Beamten geregelt. Am 4. Juli 1676 war die Regierung wieder in demokratischem Sinne aufgerichtet. Damit schien die erste Revolution Virginias beendet.

Allein der Gouverneur Berkeley sammelte gleichfalls Bewaffnete um sich, verstärkte sie durch Indianerhorden und erklärte den Vorkämpfer des Volks, den Führer Nathanael Bacon, der eben wieder gegen die Indianer an der Grenze stand, für einen Verräter und Rebellen. So begann der Krieg des Volkes gegen die Royalisten im Herbst 1676. Das Volk nahm die einzige Ortschaft Virginias, die einigermaßen einer Stadt glich, Jamestown, ein und trieb überall die Haufen der Royalisten zurück. Allein Bacon, die Seele der ganzen Bewegung, erlag dem tückischen Sumpffieber. Damit löste sich für die Scharen des Volkes das zusammenhaltende Band; die revolutionäre Seelenerhebung, welche im ersten Anlauf alle Hindernisse niedergeworfen hatte, begann zu erlahmen.

Es gelang denn auch dem Gouverneur Berkeley, die einzelnen Haufen der Miliz zu überwältigen und ihre Führer gefangen zu nehmen. Der angeblich königstreue, in Wirklichkeit von wilder Habsucht getriebene Bluthund verurteilte 22 derselben zum Tod am Galgen; andere verkamen im Gefängnis.

Es geschah hier erstmals, in den Jahren 1676 und Anfang 1677, daß einem Amerikaner der Name „Rebell" ins Gesicht geschleudert wurde; erstmals betraten englische Truppen den amerikanischen Boden; erstmals waren geborene Amerikaner als Märtyrer für die Freiheit ihres Volkes gestorben. Hundert Jahre später wiederholte sich das alles in großem Maßstab.

Die Reaktion in Virginia war eine vollständige; den Anhängern Bacons wurde das Wahlrecht entzogen; nur Hausbesitzer sollten zu Abgeordneten gewählt werden dürfen; die Kammer der Abgeordneten behielt nicht einmal das Recht der Besteuerung und der Kontrolle des Regierungshaushalts. Die Gouverneure und die anderen Beamten kamen nur noch aus

England herüber, um sich zu bereichern; die Kolonie selbst verarmte; auch die letzte Dorfdemokratie in dem abgelegensten Talwinkel ging ein; die bescheidenen Anfänge des Volksunterrichtes verkümmerten; streng wurde die königliche Autorität aufrecht erhalten.

Auch die englische Revolution des Jahres 1688 brachte keine der verlorenen Freiheiten und Rechte nach Virginia zurück. Alle Gewalt vereinigte sich in der Person des vom König ernannten und vom Parlament mit Instruktionen versehenen Gouverneurs. Die Mitglieder des Senats wurden von ihm ernannt und die Generalversammlung der Volksvertreter beim geringsten Versuch einer Opposition nach Hause geschickt.

Wenn das Volk in Neuengland wesentlich als ein städtegründendes zu betrachten ist, so liebte der Pflanzer von Virginia isoliert auf seinen großen Ländereien zu leben. In einem städtereichen Land hätte die Gewaltregierung der von England gesandten Höflinge den Volkscharakter verderben können; hier auf den zerstreuten Wohnsitzen der wohlhabenden Pflanzer erhielt sich ungebrochen der Sinn für Unabhängigkeit und Selbstregierung; die Weite des Raumes machte eine gleichmäßige Durchführung despotischer Maßregeln unmöglich. Man amüsierte sich damit, aus sicherer Ferne die Gewalthaber zu ärgern; unbeirrt ging jeder seinem Erwerb und Vergnügen nach.

Der Zauber des Landes lockte die Ansiedler immer weiter in die blauen Berge und in die lieblichen Täler hinein; aus Pennsylvania kamen zu Beginn des 18. Jahrhunderts irische, schottische, deutsche Einwanderer. Ohne irgendwelche Behörde zu fragen, nahmen sie Land in Besitz, schufen es zu wertvollen Pflanzungen um, ohne daß es ihnen jemals eingefallen wäre, Erbzins zu zahlen.

Im Jahre 1755 schätzte man die Bevölkerung Virginias auf 180000 Seelen. Immer mehr begann sich das Volk von Virginia zu fühlen und seine Heimat hoch zu halten als den Sitz von Wohlstand, gastfreier Sitte und einem nie erlahmenden Unabhängigkeitsgefühl. Fortwährend lebte man im Streit mit den königlichen Behörden. Aber dieser Streit übte eher eine belebende und schulende Wirkung aus als eine niederdrückende und einengende. Auf seiner Pflanzung regierte jeder einzelne doch als unabhängiger Herr.

Südwärts von der buchtenreichen Chesapeakebai, zu der die Flüsse Virginias eilen, liegt ein flacher, sandiger Strand mit wenigen natürlichen Häfen. Aber hinter dem öden Strande dehnt sich unabsehbar ein besonders wertvolles Gelände, ein köstlicher Boden, von dem man bald in Virginia wie in England allerlei Wunderbares erzählte. Mit Begierde verschlang die Menge, welche immer auf romantische Abenteuer aus ist, die Berichte von dem Reichtum, den Karolina berge, wie man das Gebiet südwärts von Virginia nannte nach König Karl I.

Kleine Entdeckungsgesellschaften gingen von Virginia aus und stellten die Landstriche fest, welche als die einladendsten erschienen: am Albemarlesund, am Roanokefluß und weiter südwärts bis Kap Fear. Wo der trotzige Geist des Engländers mit den kirchlichen oder bürgerlichen Gesetzen in Virginia in Konflikt kam, da gab es Flüchtlinge genug, welche in der noch keiner Herrschaft unterworfenen Wildnis eine Zuflucht fanden. Und zu diesen virginischen Squatters kamen solche aus Neuengland, welche Unternehmergeist oder ungeselliger Stolz und Absonderungslust an diese südlichen Gestade lockten.

Derart war die auf weiten Raum zerstreute, dünngesäete Bevölkerung in den Karolinas, als im Jahr 1663 König Karl II. das Land als Eigentum an eine Reihe von Höflingen und sonstige ihm nahestehende Männer verlieh, unter denen sich auch der Gouverneur Berkeley von Virginia befand. Die neuen Eigentümer und unmittelbaren Souveräne des Landes bildeten eine außerordentlich erlauchte Gesellschaft, die zunächst vorgab, den noch in der Finsternis wandelnden Heiden den Weg zum Himmel weisen zu wollen, indessen auch nicht müßig war, auf die Anhäufung von Reichtümern ihr Auge zu richten.

Ein wunderliches Königreich war es, dies Karolina; es zählte acht oder neun Eigentümer, war neben den wilden Indianerstämmen von wenigen Abenteurern englischen und amerikanischen Blutes bewohnt, die schrankenloser Freiheit sich erfreuten und nichts wissen wollten weder von einem einzigen König noch von vielen. Und zudem, der ganze Boden Karolinas galt als strittiges Land.

Weithin dehnte sich an der Küste und im Innern nach den Vorstellungen der Spanier das ihnen gehörige Wunderland Florida. Durch die Festung San Augustino glaubten sie deutlich ihr Herrschaftsgebiet gekennzeichnet zu haben. In der Tat hatte Spanien niemals das Recht Englands auf irgend einen Besitz in Amerika anerkannt; auch später, im Jahr 1667, geschah das nur in allgemeinen Ausdrücken; nie ist der Lauf eines Flusses, ein Längen= oder Breitengrad als deutlich ausgesprochene Grenze bezeichnet worden. Das war nicht so schlimm als es aussah. Denn von dem Spanien, das ehemals über Land und Meer mit fast unwiderstehlicher Macht gebot, das mit seiner Armada einst die Unabhängigkeit von England bedroht hatte, waren nur Anmaßung und zahllose Ansprüche übrig geblieben, hinter denen keinerlei Machtentfaltung mehr stand. Fast hundert Jahre waren verflossen, seit die Stürme und die englischen Seehelden die Armada vernichtet. Seit dieser Zeit war Spanien von Stufe zu Stufe herabgestiegen. In hilfloser Erstarrung lagen seine amerikanischen Besitzungen und mußten sich ungestraft beschimpfen und berauben lassen. Seeräuber und Bukanier trieben ein lohnendes Gewerbe auf Kosten der spanischen Schwerfälligkeit. Die Macht, welche ehedem Schrecken verbreitete, erregte mit ihrer Einsprache gegen die Rührigkeit der Nachbarn nur noch ein Lachen.

Von dieser Seite also drohte keine Gefahr; ja, im Jahr 1665 erfuhren die Rechte der Eigentümer von Karolina noch eine Erweiterung, indem ihnen alles Land von 36½° nördlicher Breite bis zu 29°, also tief nach dem heutigen Florida hinein, zugesprochen wurde und zwar, wie damals üblich, westwärts bis zum Stillen Meer. Ein mächtiges Reich sollte hier gegründet werden mit einem sorgfältig abgestuften Feudaladel: Grafen, Barone, Landgrafen, Kaziken; die Souveräne, als Eigentümer des Ganzen, bekamen das Recht über Krieg und Frieden, über Steuern und andere Auflagen; dabei sollte Religionsfreiheit herrschen.

In glänzenden Bildern malte sich eine herrliche Zukunft

für das Reich Karolina. Es galt nur, eine Regierungsform zu finden, Bürge für das Glück der Gegenwart, Vorbild für alle Zukunft. Einer der Souveräne, der Earl von Shaftesbury, in dessen Augen der Adel als „Fels" des Staates dastand, erkor sich den Philosophen John Locke zum Ratgeber für die Gesetze im neuen Glückseligkeitsreich.

Der scharfsinnige Philosoph vergaß, daß Gesetze und Regierungsformen ein Gewächs des Bodens sein müssen, wie sie es in Massachusetts tatsächlich waren. Im Gegensatz dazu wurde in England ein Gesetzbuch für ein amerikanisches Königreich zusammengezimmert, bevor dieses Königreich noch bestand. Die Grundgedanken fußten in dem Eindruck, den der üble Ausgang der demokratischen Revolution in England gemacht hatte. Demnach sollte die Würde der acht Souveräne erblich sein. Der Boden, in Grafschaften geteilt, war im wesentlichen an den Adel zu vergeben; die Lehnsleute oder Pächter, ohne jedes politische Recht, standen unter der Gerichtsbarkeit ihres Edelmanns und sollten auch für alle kommenden Generationen nicht aus dieser Lehnsverpflichtung heraustreten dürfen. Ein Parlament sollte bestehen, bei dem eine aristokratische Majorität gesichert war; die Kirche von England sollte als Staatsreligion gelten, aber jedes andere Bekenntnis geduldet sein.

So wunderlich waren die Umrisse der Regierungsform gekennzeichnet für ein großes Reich, dem für den Augenblick nichts fehlte als das arbeitende Volk, welchem die von den längst vorhandenen Gesetzgebern entworfene Konstitution zugedacht war. William Berkeley erhielt von seinen Mitsouveränen den Auftrag, Kolonisten herbeizuschaffen in kürzester Frist, aber so billig als möglich.

Indessen sahen sich die wenigen Ansiedler, die auf eigene Faust, und sich selbst Gesetze und Behörden gebend, am Albemarlesund saßen, durch die Ankunft der neuen Würdenträger, Grafen und Herren, überrascht, welche das neue Gesetzbuch des Reiches Karolina in der Tasche trugen. Wie sollten hier die hohlen Phrasen der in England fabrizierten Konstitution Anwendung, wie die hohen Würdenträger ihre Tätigkeit finden? Um dieselbe Zeit ereignete es sich, daß, wie schon erzählt, im benachbarten Virginia der Gouverneur Berkeley das Volk unter despotische Gewalt beugte. Nicht wenige flohen zu den Freunden, zu den zerstreuten Pflanzungen am Albemarlesund. Es mochten damals in Karolina 4000 Weiße angesiedelt sein, lauter Menschen, die von Haß gegen jeglichen Zwang erfüllt waren. Und jetzt, nach der Ankunft der Grundherren mit ihrem aristokratischen Gesetzbuch, machte sich ein Zwang nach dem andern fühlbar.

Eine Erscheinung ist es, welche gleichmäßig, ohne allen Unterschied, bei sämtlichen Ansiedlergruppen sich zeigt, die von England kommend am Strande Amerikas landeten. Dies allgemeine Kennzeichen ist das Verlangen nach einer Abgeordneten= versammlung, welche, vom Volk der Kolonisten frei gewählt, bestimmt ist, die Wünsche und Forderungen eben dieses Volkes zum Ausdruck zu bringen. Wenn auch zuweilen unterdrückt, war doch damals das Volk von England, etwa neben dem von den Niederlanden, das politisch am besten geschulte. Bei ihm waren die Wohltaten der Selbstregierung und der Volksrepräsentation, des Parlaments, längst erprobt worden. Männer von hohem politischen Verständnis, zu Führern geeignet, fanden sich damals schon in allen Gesellschaftskreisen Englands.

So wird es verständlich, wenn in Neuengland, sobald einmal der Grundstock zu einer Dorfschaft beisammen war, sofort auch ein kleines Abgeordnetenhaus und ein Gouverneur gewählt wurden, wenn Selbstregierung als die natürlichste Sache von der Welt erschien. So ist es auch erklärlich, daß unter den An= siedlern von Nordkarolina sofort ein Aufstand ausbrach, als die neuen Grundherren die freie Erwählung der Abgeord= neten des Volkes zu verweigern versuchten. Das Volk bestand auf seinem Recht, wählte seine Abgeordneten samt dem Gouver= neur und vertrieb die Gewalthaber, die auch dem Volke seinen kleinen Handel nicht hatten gönnen mögen. — Der Hergang ist immer derselbe bis zum Schluß aller Umwälzungen nach Erkämpfung der Unabhängigkeit: das Recht des Engländers, seine Abgeordneten frei zu erwählen und durch diese jegliche Re= gierungsform und namentlich die Art der Besteuerung zu regeln, ist von der Heimat in die Kolonie unversehrt mitgenommen

worden und derart in Fleisch und Blut der Kolonisten über=
gegangen, daß ein leises Rühren an diesen Rechten englischen
Ursprungs sofort die ganze Kolonie in Aufruhr bringt. Im
Grunde wird mit leidenschaftlicher Eifersucht und Hintansetzung
alles anderen keine eigene Erfindung verteidigt, sondern lebig=
lich die englische Mitgift.

In Karolina fand um das Jahr 1683 ein Vergleich statt
zwischen der Volksherrschaft und den Grundherren. Die Pflanzer
freuten sich ihrer im wesentlichen gewahrten Unabhängigkeit, die
Grundherren und Beamten gingen ihrem Gewinn nach. Von Ein=
führung der in England seinerzeit ausgebrüteten Adelskonstitution
war keine Rede mehr. Im Jahr 1688 vertrieben die Kolonisten
in friedlicher Rebellion den letzten der Grundherrngouverneure
und genossen fortan auf ihren zerstreuten Wohnsitzen tatsächliche
Unabhängigkeit.

In dem südlichen Karolina suchten die souveränen Grund=
herren dadurch auf ihre Rechnung zu kommen, daß sie einer
Gesellschaft von Ländereispekulanten den Auftrag erteilten, Aus=
wanderer auf Kosten der Herrschaft nach Karolina zu bringen,
um hier ihre Tätigkeit durch Handelsagenten auszunützen. Zu
Anfang 1670 landeten auch die ziemlich zahlreichen Kolonisten
und begannen sich häuslich einzurichten. Wie andern Orts, so
wiederholte sich hier derselbe Vorgang: das erste, was die An=
siedler zur Befestigung ihres Wohls und ihrer Sicherheit taten,
war die Wahl von Volksvertretern und die Einsetzung einer
Repräsentativregierung.

Von Verwirklichung des aristokratisch=feudalen Puppentheaters
konnte auf dem Boden, der keine Prachtentfaltung, wohl aber
tüchtige Arbeit verlangte, keine Rede sein. Das Spielzeug der
ausgeklügelten Verfassung wurde ungenützt beiseite geworfen,
wenn es auch noch Streit genug gab zwischen den Anhängern
der Grundherren und den Führern des Volkes. Die Arbeit
in der heißen Sonne zu erleichtern, kamen bald Neger aus
Barbadoes und Afrika. Südkarolina wuchs wesentlich zu
einem Pflanzerstaat mit Sklavenarbeit heran; 1683 wurde
der Grund zur Stadt Charleston gelegt.

Nach der Aufhebung des Edikts von Nantes ergoß sich auch

eine Welle flüchtiger Hugenotten nach Amerika. Bald erkannten die aus dem Süden Frankreichs Verbannten, daß ihnen die Kolonien mit wärmerem Klima besonders zusagten. So wurde Südkarolina ein Hauptzufluchtsort der Hugenotten. Dadurch sahen sich die freisinnigen Elemente in der Kolonie vermehrt, und sie kamen zur Herrschaft, als 1688 das Königspaar Wilhelm und Marie proklamiert und der mißliebige Gouverneur verbannt wurde.

Dennoch aber wollten die Streitigkeiten zwischen den Kolonisten und den feudalen Souveränen nicht enden; erst gegen das Ende des 17. Jahrhunderts kam es zu einem Ausgleich, nach welchem das Volk seine Abgeordneten als Haus der Repräsentanten frei wählte, während die Grundherren den Gouverneur und Senat ernannten. Mancherlei kirchliche Streitigkeiten blieben übrig in einem Lande, in dem die Hochkirche mit all ihrer Herrschsucht auf den Plan trat, während doch zwei Drittel aller Ansiedler zu den Dissentern gehörten.

Fast noch bunter hatten sich die Religionsgesellschaften in Nordkarolina, in dem „Heiligtum der Vagabunden" gestaltet. Presbyterianer, Independenten, Lutheraner und Quäker lebten ruhig nebeneinander, bis die Bigotterie der Grundherren darauf verfiel, die Kirche von England als herrschende einzuführen. Es geschah das in den ersten Jahren des 18. Jahrhunderts in einer Zeit, da Nordkarolina durch einen vom Gouverneur Südkarolinas ernannten Stellvertreter regiert wurde. Wie es scheint, bildeten anfänglich die beiden Karolinas gesonderte Kolonien, allmählich kam der Schwerpunkt nach Südkarolina und die nördliche Kolonie wurde dessen Anhängsel.

Das Auftreten der hannoverschen Dynastie in England und die friedliebende Politik des leitenden Ministers Walpole waren auch für die Karolinas von reichem Segen. Jede der beiden Kolonien, Nord- und Südkarolina, erhielt ihren eigenen königlichen Gouverneur; die Rechte der Grundherren wurden 1728 durch Kauf abgelöst, ihre Ansprüche und Gesetze vergessen; über die ganze alte, oft in wunderlichen Formen sich abwickelnde Jugendgeschichte der beiden Kolonien wuchs turmhoch der Wohlstand und das Selbstgefühl eines nach eigenen Gesetzen sich regierenden Gemeinwesens hinaus. In Südkarolina namentlich hatten auch Einwanderer aus der Schweiz und aus den Ländern am Rhein, vornehmlich aus der Pfalz, eine Heimat gefunden. In jeder der beiden Kolonien zählte man im Jahr 1755 ungefähr 50 000 weiße Bewohner.

Die Jugendgeschichte der amerikanischen Kolonien hat bis daher gezeigt, wie Abenteurer, die vor nichts zurückschrecken, starke Herzen, politischem und religiösem Zwang ausweichend, Handelsgesellschaften, dem Gewinn nachgehend, Höflinge, von verrückten feudalistischen Ideen erfüllt, Flüchtlinge, eine neue versteckte Heimat suchend, als Gründer von staatlichen Gemeinwesen aufgetreten sind. Anders waren die Absichten derjenigen, welche die Kolonie Georgia ins Leben riefen.

Das Volk der Kolonien hatte bis daher seine Bestandteile gezogen ebensowohl aus den bevorzugten Schichten wie aus dem Bodensatz der Bevölkerung Europas, ganz vorzüglich Englands. Man wußte, daß Unbemittelte und Gescheiterte durch ihre Energie in kurzer Zeit sich in Amerika neben die Wohlhabendsten gestellt, daß die beim Wettlauf nach den Gütern dieser Erde Niedergesunkenen hier sich aufgerafft hatten. Als ein wirkliches Armenhaus aber war von vornherein Georgia gedacht.

Mächtig begann sich der Geist des 18. Jahrhunderts zu regen. Längst war die Zeit der fahrenden Ritter zu Land und zur See vorüber, die Zeit der Konquistadoren, der Abenteurer und geadelten Piraten, der Flüchtlinge, die mit keckem Griff sich das neue Land aneigneten. Nach einem Glückseligkeitseiland blickte man aus, wo auch die Enterbten der menschlichen Gesellschaft ein Asyl finden könnten. Ein Mitglied des Parlaments, James Oglethorpe, ein edler, tapferer Mann, der sich im Türkenkrieg Lorbeeren geholt, versammelte eine Gesellschaft von wohlhabenden Menschenfreunden, um die Armen und Elenden, die Leute aus den Schuldtürmen auf einen Platz in der Sonne zu führen, nach einem Land, in welchem frühere Armut nicht zum Vorwurf gereicht.

Eine Fülle von Wohltätigkeitssinn vereinigte sich in der Korporation, der es oblag, den Strom der Hilfsbedürftigen zu lenken und zu regieren. Als Ort des zukünftigen Glücks überließ ein königliches Patent vom Jahr 1732 der Gesellschaft ein weites Gebiet an der Grenze von Südkarolina und zwar längs der Küste so weit südwärts, als es die Spanier, die in Florida saßen, dulden würden. Dem König zu Ehren erhielt die werbende Kolonie den Namen Georgia.

Schon im Jahr 1733 führte das eifrige Haupt der Gesellschaft die ersten Ansiedler übers Meer; Savannah wurde gegründet, und, geschützt durch Verträge, entwickelte sich bald ein reger Verkehr mit den Indianern. Das nächste Jahr brachte Salzburger Exulanten und, geführt von Graf Zinzendorf, die Gesellschaft der Mährischen Brüder, welche weiter binnenwärts in Ebenezer ihre Hütten bauten. Aus ganz England, aus den schottischen Hochlanden kamen weitere Ansiedler nach.

Der besorgten Menschenfreundlichkeit der ersten Gründer entsprachen die Gesetze, welche in der Kolonie die Negersklaverei und den Branntweinhandel verboten. Alle legislative und exekutive Gewalt ruhte lediglich in der Hand der Herren, welche die Gesellschaft in London gebildet hatten. Von ihnen ging auch jede Art von Besteuerung aus. An Vertreter des Volkes dachten diese Herren nicht, sondern wünschten die Menge rein zu ihrem eigenen Besten auf Generationen hinaus am Gängelband zu lenken. Und das wäre auch möglich gewesen, wenn der Schauplatz dieses patriarchalischen Regierens eine genau abgegrenzte Dorfmarkung in Nordengland, in Hannover oder in den Niederlanden gewesen wäre. Aber hier in Georgia stand ja der Ansiedler mitten in der Unendlichkeit des Raumes. Wie frisch wehte es vom Hochlande, von den immergrünen Wäldern her! Und diese ganze Weite fällt zusammen mit dem Begriff der neuen Heimat. Nirgends ein Markstein; nirgends der eingehegte und gesicherte Besitz eines Nachbars. Weit ist es zum Richter und zum Polizeimann. Will hier der Platz der Niederlassung nicht passend erscheinen, so tut es vielleicht ein anderer irgendwo in diesem unendlichen Raume besser. Jeder ist ja darin gleich, daß er tüchtige Arbeit verlangt.

Wo so mächtig der Hauch der Freiheit weht, wo aus dem eigenen Schaffen heraus, mit jedem Jahre, mit jedem Erfolge wachsend, Selbstbewußtsein und Keckheit sich entwickeln, da mußte auch bald das Volk auf seine Rechte zu sprechen kommen. Längst war freilich das Verbot der Sklaverei dem allgemeinen Bedürfnis zum Opfer gebracht worden; längst hatte man auch das Erben nach dem Mannesstamm, wie es die Gründer verlangt hatten, vergessen; der Schmuggel wußte dem Verlangen nach Branntwein zu genügen; aber doch über zwei Jahrzehnte behauptete sich zum Segen des Ganzen die Herrschaft der Wohltätigkeitsgesellschaft.

Erst im Jahre 1754 — die Kolonie mag damals 3000 weiße Bewohner gezählt haben —, als die Gesellschaft auf ihre Regierungsrechte verzichtet hatte und jede Art Gewalt in der Krone vereinigt war, ging eine Vertretung durch Abgeordnete aus der Wahl des Volkes hervor. In engem Anschluß an das feurige Volk von Südkarolina suchte die Kolonie Georgia in freiheitlicher Entwicklung und Selbstregierung rüstig voranzuschreiten.

Bei der Gründung dieser südlichen Kolonien waren ohne Zweifel Königtum und Adel stark beteiligt. Aber Königtum und Erbadel können nicht auswandern; sie eignen sich nur für die Scholle, auf der sie entstanden sind. Von der englischen Verfassung, deren Freiheiten die Kolonisten als ein hohes Gut mit übers Weltmeer trugen, kamen deshalb die normannischen Zutaten, das Königtum des obersten Lehnsherrn und der feudale Erbadel, in Wegfall. Was übrig blieb, ist wesentlich angelsächsisch-germanischer Art: die Gewalt des Volkes in der Versammlung der Volksvertreter und die Selbstverwaltung unter Hervorkehrung der Öffentlichkeit aller Angelegenheiten des Gerichts und der anderen Ämter. Die Selbständigkeit des einzelnen Bürgers, der Gemeinde und Gemarkung, des Bezirks und endlich des ganzen politischen Gemeinwesens, der Kolonie, das war es, worin das Streben dieser wesentlich aus angelsächsischem und sonstigem germanischem Blut hervorgehenden Ansiedler gipfelte.

Französische und spanische Kolonisten haben sich stets gerne an die Fürsorge der Krone oder Handelskompanie, an die Beamten des Königs und an seine Garnisonen angelehnt. Das ist den Leuten in den englischen Kolonien nie eingefallen; wo man einen königlichen Gouverneur und seine Beamten, etwa im Zoll- und Steuerdienst, ertragen mußte, da geschah es mit Widerwillen, und das erste Blut für die Freiheit in Virginia floß im Kampfe für die Selbstregierung.

Und noch ein anderes kam dazu. Der heitere Himmel, der ungemein ergiebige Boden dieser zum Teil subtropischen Gebiete förderte raschen Erwerb und Wohlstand, einen heiteren, sorglosen, etwas lockeren Sinn, der nichts wußte von dem oft grämlichen, pedantisch quälerischen Wesen des rundköpfigen Neuengländers, vielmehr seine Lust fand an mancherlei Zeitvertreib, an öffentlichen Festen, Hahnenkampf und Rennen.

Die Negersklaverei, auf der im letzten Grund in diesen südlichen Kolonien der ganze Wohlstand beruhte, machte sich durch eine besondere Art von Einwirkung geltend. Der Besitzer anderswo, der sein Feld mit eigener Hand baut und beackert, fühlt sich nicht wenig als Herr dieses Bodens. Anders ein Besitzer, der eine Herde Neger für sich arbeiten läßt, jedem Haufen mit seinem Aufseher ein besonderes Stück Arbeit zuweisend. Er glaubt sich in dieser kleinen, für sich bestehenden Welt mit einem gewissen Rang, einem aristokratischen Herrscherrang bekleidet dem gegenüber, der selbst den Pflug oder gar die Hacke führt. Umsoweniger mag er leiden, wenn ihm irgend eine Oberherrschaft in seine Angelegenheiten hineinredet; er wird demnach der leidenschaftlichste Verfechter der Unabhängigkeit.

Und er hat Gelegenheit, sich die nötigen Eigenschaften zum Verfechten anzueignen. Hier im Süden allein hat man Zeit; man hat Muße, auf die Jagd zu gehen, Volksversammlungen, Gerichtssitzungen, Debatten zu besuchen. Die Arbeit der Neger sichert ja doch die Tabak-, die Baumwoll-, die Reisernte. So machen sich die Pflanzer zu allerlei politischem Denken und Tun geschickt; bewegen sich auch vielfach in militärischen Ideen und Handlungen. Denn wer Scharen von Sklaven beherrschen, Widerwillige in Knechtschaft halten will, der muß sich mit dem Gedanken an meuterische Schilderhebung und an deren gewaltsame Bekämpfung vertraut machen. Und dies umsomehr, wenn, wie in Virginia, der äußere Feind, Franzosen und Indianer, so besonders nahe gerückt ist. Eine Pflanzschule ist deshalb Virginia geworden für Truppenführer wie Georg Washington, für Staatsmänner wie Thomas Jefferson und für Redner mit volkstümlichem Zauber wie Patrick Henry, der die Abneigung gegen England in der Folge in wilde Flamme zu verwandeln wußte.

Wo Sklaverei herrscht, kann die Arbeit des freien Mannes nicht gedeihen. Ja, die Arbeit kommt in Verruf, man beginnt, sich ihrer zu schämen. Deshalb konnte sich die Klasse der freien weißen Arbeiter, die immerhin noch zahlreich vertreten war, nicht auf der sittlichen Höhe und nicht in der Achtung erhalten, wie in den weiter nördlich gelegenen Gebieten, wo Negersklaverei nur in einigen wenigen Kolonien herrschte.

III. Die Kolonien der Mitte

In den beiden Gruppen von kolonialen Gemeinwesen, in Neuengland und in den südlichen Kolonien, ist es jedesmal ein einziger Staat, der als tonangebend und leitend betrachtet werden kann, hier Virginia, dort Massachusetts. Im Gegensatz dazu heben sich unter den mittleren Kolonien deren zwei hervor, welche an Bedeutung die anderen weit überragen, New York und Pennsylvania.

Als Ganzes betrachtet hängt die mittlere Gruppe durch einen Übergangsstaat, durch Maryland, mit den südlichen Kolonien zusammen; mit den nördlichen aber, mit Neuengland, außer der Festlandgrenze noch durch die Insel Long Island, die sich gerade der Küste von Connecticut vorlagert, aber mit der westlichsten Spitze noch in das Becken von New York hineinreicht. Der verlockende Inselboden wurde zunächst von Connecticut aus kolonisiert, lange Zeit auch gegen die Ansprüche New Yorks verteidigt; aber schließlich mußte die Insel doch von Connecticut dem mächtigeren New York überlassen werden.

Die Physiognomie dieser mittleren Gruppe von Kolonien

wird wesentlich bedingt dadurch, daß die Art des Entstehens und der Regierungsform, zu Anfang wenigstens, monarchische Kennzeichen trägt.

Durch die Gunst ihrer **Weltstellung übertreffen diese Kolonien der Mitte** weit alle benachbarten Gebiete. Neuengland streckt sich freilich ostwärts gegen Europa hin, bietet die nächste Landestelle von dorther und besitzt an seiner gegliederten Küste eine Reihe von schönen hafenreichen Buchten. Die südlichen Kolonien liegen günstig für den Handel mit Westindien und Südamerika. Die Gruppe der mittleren Staaten aber drängt sich zusammen zwischen den großen Binnenseen und jenem kostbaren Stück Erde, das in den **Mündungstrichtern des Susquehannah** mit der **Chesapeakebai**, des **Delaware** und besonders des **Hudson** eine Reihe von Landeplätzen besitzt, wie sie schöner und großartiger in der Welt kaum sich wieder finden. Mit der Zeit haben sich diese Häfen (New York, Philadelphia, Baltimore) für Europa zu den am meisten besuchten **Eingangstoren in die Neue Welt** herausgebildet; den anliegenden Städten und Bezirken haben sie als Mittelpunkte für Industrie und Verkehr ungeheuren Wert verliehen.

Als ein Bindeglied zwischen der mittleren und südlichen Gruppe der Kolonien ist, wie schon gesagt, Maryland zu betrachten. Natur des Bodens und wirtschaftliches Leben stellen es neben die südlichen Gebiete.

Schon war Gefahr vorhanden, daß in der Lücke zwischen den südlichen Kolonien und Neuengland Holländer und Schweden ihre Herrschaft ausbreiten, als im Jahr 1632 **Lord Baltimore** sich von Karl I. das Land nördlich des Potomac für die Anlegung einer Kolonie erbat. Die Patente von Virginia waren ja schon aufgehoben; so konnte der König frei über das Land verfügen und sprach dem Lord Baltimore im Freibrief vom 20. Juni 1632 das Gebiet der Kolonie Maryland (so genannt nach der Gattin Karls I., Henriette Marie) zu mit Stücken der späteren Kolonien Pennsylvania, New Jersey, Delaware.

Dieser Freibrief für Maryland zeichnet sich vor anderen

in hervorragender Weise aus. Er überließ erstmals an einen einzelnen Mann und seine Erben, als an einen absoluten Herrn und Eigentümer das gesamte Gebiet. Dieser absolute Herrscher, ob er gleich ein Günstling der königlichen Familie war, zeichnete sich aus durch Aufrichtigkeit des Charakters, durch Uneigennützigkeit und alle diejenigen Eigenschaften, welche ihm die Sympathien jeder Partei sicherten. Der Sohn arbeitete im Geist des Vaters, der schon über der Erteilung des Freibriefs starb, allerdings mit großem Kostenaufwand, weiter und wußte die Kolonie für mehrere Generationen an die Familie Baltimore zu ketten. Aus der Blütezeit des Feudalismus wird erzählt, daß ein Lehensherr, wenn er den Belehnten recht unabhängig stellen wollte, keinen weiteren Jahrestribut verlangte als einen Zaunkönig, den kleinsten aller Vögel. In ähnlicher Absicht legte die englische Krone dem Lord Baltimore, dem absoluten Herrn von Maryland, keine andere Verpflichtung auf als die jährliche Ablieferung von zwei indianischen Pfeilen. Sollte Gold oder Silber gefunden werden, so hatte sie sich den fünften Teil als Steuer gesichert. Auf alle Zeiten aber entsagte der König für sich und seine Erben der Befugnis, den Kolonisten irgendwelche Lasten, Steuern oder sonstige Abgaben aufzuerlegen.

Zu dieser absoluten Herrschaft des Lords schien schlecht zu passen, was über die Rechte des zukünftigen Volkes von Maryland in dem Freibrief bestimmt war. Ohne Zweifel war es Lord Baltimore selbst, der festsetzen ließ, daß die Kolonisten Anteil an der Gesetzgebung haben sollten. So war das Repräsentativsystem von Anfang an gesichert. Ein weiteres kam dazu. Baltimore war Katholik; allein er bestimmte, daß seine Kolonie den Angehörigen aller christlicher Religionen und Sekten, ohne irgendwelche Bevorzugung einer einzelnen, offen stehen solle.

Das waren die grundlegenden gesetzlichen Einrichtungen, welche, in gewissen Grenzen, Volksherrschaft und Religionsfreiheit sicherten. Dadurch blieben von Anfang an innere Streitigkeiten vermieden; durch die Freiheit der Religionsübung schied sich zugleich Maryland scharf von dem Nachbar Virginia, wo die englische Hochkirche als Staatsreligion anerkannt war.

Im Frühjahr 1633 wurde die erste Stadt der neuen Kolonie am Potomac angelegt und St. Mary genannt. Das Zuströmen von Auswanderern begann bald von allen Seiten. Denn Maryland war ja einer der wenigen Horte vollständiger Gewissensfreiheit in der ganzen Neuen Welt; Protestanten flüchteten hierher vor protestantischer Unduldsamkeit und den Katholiken war es die einzige Zuflucht in den englischen Kolonien. Die Versammlungen der Abgeordneten fanden alljährlich statt und bestimmten im Einverständnis mit dem Grundherren den Anteil des Volks an der Regierung.

Abgesehen von vereinzelten Störungen konnte sich die Kolonie ungehemmt entwickeln bis zu dem Tage, da England sich nach der Hinrichtung Karls I. zu Anfang 1649 als Republik unter Oliver Cromwell konstituierte. Nachdem dort im Heimatland die alte Monarchie gefallen, sollte sie hier in der Kolonie unter nachgeahmter Form weiter bestehen? Es kamen Kommissare des Parlaments aus London, der Einfluß der Volksführer aus Virginia machte sich geltend, die Puritaner, die unter dem Banner der Religionsfreiheit Sieblungen gegründet, begannen sich zu regen. Aber auch Lord Baltimore, seine Stellvertreter und Beamten blieben nicht untätig. Lange Jahre der Zwistigkeit und des Sturms ließen das kleine Kolonistenvolk, das sich auf 10000 Seelen belaufen haben mag, nicht zur Ruhe kommen, bis 1660 die Abgeordnetenversammlung zu dem Schlusse kam, daß Sicherheit und Ruhe nur zurückkehren werden, wenn die Abgeordneten in ihrer gesetzmäßigen Versammlung die oberste Macht beanspruchen und über sich nur den König von England anerkennen.

Allein die Restauration, welche Karl II. auf den Thron von England zurückführte, setzte auch die Familie Baltimore wieder in ihr Fürstentum Maryland ein. Bald war der innere Friede wiederhergestellt und das schöne Land, die kleine Monarchie mit allen ihren Freiheiten, lockte zahlreiche Auswandererschiffe in ihre Häfen. Hugenotten und Waldenser, böhmische Exulanten suchten Schutz und Deutsche flohen hierher

Anfeindung der Toleranz

aus ihrem Elend, aus ihren von dem welschen Nachbar in Trümmerhaufen verwandelten Wohnstätten.

Die Habsucht der Engländer wie das Verlangen der Pflanzer förderten die Einfuhr von Negern; der Tabakbau gedieh und der Reichtum des Bodens schuf bald einen hohen Wohlstand. Um das Unabhängigkeitsgefühl auch zu äußerem Ausbruch zu bringen, wurde in der Provinzialmünze Geld geschlagen, was bis jetzt nur von Massachusetts geschehen war.

Lord Baltimore, der Landesfürst, der durch seine humanen Gesinnungen so Großes und Gutes ins Werk gesetzt hatte, war 1675 gestorben. Die fürstliche Gewalt ging ohne weiteres auf seinen Erben über und dies scheint der Zeitpunkt zu sein, in welchem die Opposition einsetzte, um den Feudalsouverän, der nach den Aussagen der Neuerer in dieser Welt der Auswanderer nicht mehr zeitgemäß sei, zu beseitigen. Es setzte sich die Opposition zusammen aus den Elementen, die bei dem Aufstand Bacons 1676 und 1677 (S. 39) aus Virginia kamen und aus der Partei, welche die kirchliche Oberherrschaft dem englischen Episkopat zuzuwenden gedachte.

Natürlicher Freiheitssinn, protestantische Bigotterie und künstlich genährte Furcht vor jesuitischen Anschlägen ließen die alte Ruhe nicht mehr in das gesegnete Land zurückkehren; 1689 trat ein „bewaffneter Verein zur Verteidigung der protestantischen Religion" zusammen und bemächtigte sich der Regierung. Der Protestantismus war längst eine politische Partei in dem Lande geworden, das ihm die weitherzige Gerechtigkeit und der humane Sinn des katholischen Landesherrn geöffnet hatte. Dem edlen Lord Baltimore vermochte man in der Tat nichts zum Vorwurf zu machen als seinen Glauben. Der Streit endete 1692 damit, daß König Wilhelm III. die Rechte des Grundherrn aufhob und Maryland zu einem königlichen Gouvernement machte.

Der erste Gouverneur, der von England herüberkam, berief sofort die Generalversammlung der Abgeordneten des Volks und diese beschlossen unter anderem, daß die englische Hochkirche als Staatsreligion eingeführt werden solle. So engherzig zeigte sich das von den Geistlichen bearbeitete Volk den freisinnigen, toleranten Gesetzen des Grundherrn gegenüber. Die Katholiken allein sahen sich des Bürgerrechts durch englische Intoleranz beraubt auf dem Boden, den sie mit weitgehendster Toleranz allen christlichen Bekenntnissen geöffnet hatten. Erst 1715, als er zur englischen Kirche übergetreten war, wurde der Grundherr wieder anerkannt.

Überall aber konnte man hören, daß das Volk von Maryland bei fast schrankenloser Freiheit sich der ungebundensten Denkweise hingebe. Die Vorteile des Tabakbaus, das wonnige Klima lockten immer mehr Einwanderer herbei; im Jahr 1755 schätzte man die Zahl der Einwohner auf 100 000, von denen nur der zwölfte Teil noch aus Katholiken bestand; als Hauptstadt galt Annapolis; der Handel floß in Baltimore zusammen. Unter der Regierung Walpoles erfreute sich das Land ungehemmten Fortschritts, obwohl der Grundherr mit seinen mancherlei Rechten wieder eingesetzt war. In kirchlichen wie weltlichen Dingen war er zu vielfachen Eingriffen befugt und zog reichliche Renten aus dem wachsenden Wohlstand der Pflanzer. Die Volksvertreter hielten jedoch standhaft durch die gesetzgebende Gewalt ihren Anteil an der Regierungsmaschine aufrecht, und das ganze zahlreiche Volk von Maryland fühlte sich so unabhängig, wie das irgend einer anderen Kolonie. —

Tiefes Schweigen liegt über den Wassern, zu deren Umsäumung in Form einer gewaltigen Bucht sich Inseln und Landzungen mit flachen Ufern und uralten Bäumen herzudrängen. Auf dem Weg heimwärts nach seinem Horste schwimmt der Seeadler durch die klare Luft und grüßt mit gellem Schrei ein Fahrzeug, das eben mit geschwellten Segeln der Mündung eines mächtigen Flusses zusteuert.

Henry Hudson war in den Dienst der holländischen Westindiakompanie getreten mit dem Auftrag, Entdeckungen in Amerika zu machen, Stützpunkte für Ausbeutung des Landes aufzusuchen. Wie es anderen Entdeckern vor ihm gegangen, so fuhr auch er die Küste entlang, ohne den Eingang zu dem herrlichsten Hafen der Neuen Welt gewahr zu werden. Erst am 11. September 1609 entdeckte er die Straße und fuhr nun durch jenen zauberisch schönen Torweg, später die Narrows genannt, die Meerenge zwischen Staten Island und Long Island, in das Seebecken ein, das nachmals den Hafen von New York abgeben sollte.

Vor den Augen des erstaunten Seefahrers lag die weite Mündung des Flusses, der seinen Namen trägt. Wie ein mächtiger Meeresarm greift er ins Land hinein. Am östlichen Ufer des Hudsonflusses lag eine langgestreckte Insel, bedeckt mit riesigen Bäumen und vielverschlungenem Gebüsch. Weiterhin dehnten sich Wiesen und Wald; schwellende Hügel und schroffe Höhen umsäumten den mächtigen Strom. Weit aufwärts bis zu dem Punkte hin, wo heute Albany liegt, trägt das Wasser die Flut. In all die Wunder fuhr Henry Hudson mit seinem guten Schiffe, „der Halbmond", hinein, vermeinend, er fahre in einen Meeresarm, der in die Südsee und nach Indien leite. Hudson brachte seinen Bericht nach Holland zurück und schilderte das Land als „das schönste in der ganzen Welt". Bald kamen holländische Kaufleute, setzten sich auf der Manhattaninsel, die um eine Kleinigkeit von den Indianern erkauft war, fest und trieben Tauschhandel mit den Eingeborenen, die gegen allerlei Waren und Branntwein kostbare Pelze herbeibrachten.

Erst 1623 aber begann die eigentliche Besiedlung des Landes. Die holländische Kompanie führte 30 Familien von Europa herüber, meist wallonische Protestanten, die um ihres Glaubens willen verfolgt waren. Auf der Südspitze von Manhattan erstand ein kleiner Handelsplatz. Es geschah das um dieselbe Zeit, da die Puritaner in Massachusettsbai die ersten Städtchen gründeten, da man in Virginia aus den Dienern einer Handelskompanie die ersten bürgerlichen Familien hervorgehen sah, da die Franzosen in Kanada Quebec angelegt hatten und sich vom Lorenzstrom gegen den Champlainsee und gegen den Ontario auszubreiten suchten. Niemand dachte daran, den Holländern ihre Ansiedlungen streitig zu machen. Ihre Niederlassung auf Manhattan nannten sie Neuamsterdam und das Land ringsumher wurde als die Neuen Niederlande bezeichnet. Im Jahr 1653 zählte die Stadt 1000 Einwohner; die entfernteste Niederlassung befand sich beim heutigen Albany, bis zu welchem Punkt der Hudson Fahrzeuge von einiger Bedeutung noch trägt. Am Hudson entlang breiteten sich mehr und mehr die holländischen Buren aus; denn es war bestimmt, daß jeder, dem es gelinge, fünfzig Burenfamilien anzusiedeln, als Grundherr oder Patron anzuerkennen sei.

Auch auf das Land am rechten Ufer des Hudson, das später New Jersey benannt wurde und auf die Gebiete am Delaware versuchten die Holländer sich auszudehnen. Bald aber erhielten sie auf dem Boden von Delaware einen gewaltigen Mitbewerber. Zu Anfang des Jahres 1638 landete in Delaware eine kleine Gesellschaft von Schweden, um Kolonien und Befestigungen anzulegen. — In jener Zeit rechnete Schweden noch unter die europäischen Großmächte. Schon Gustav Adolf hatte, bevor er noch in den Gang des Dreißigjährigen Kriegs eingriff, auf Gebietserwerb in der Neuen Welt hingewiesen, um den schwedischen Namen und die schwedische Macht auszubreiten. Allein erst nach seinem Tode kam der Plan zur Ausführung. Die Berichte über das glückliche Land Neuschweden zogen zahlreiche Ansiedler aus Skandinavien und Finnland herbei.

Während die Kolonie der Schweden gedieh, sahen sich die Holländer am Hudson durch Einfälle der Huronen und Mohawks bedroht; vom Fluß Connecticut her breiteten sich die Pioniere der Neuengländer immer mehr aus; ja die Schweden nahmen 1654 ein holländisches Fort weg, welches da erbaut war, wo der Brandywinefluß in den Delaware einmündet. Indessen war ein Gouverneur von besonderer Klugheit und Tatkraft in Neuamsterdam eingezogen. Er schaffte sich durch Verträge mit den Indianern und Neuengländern Ruhe, sammelte Truppen und eröffnete 1655 den Feldzug gegen die Schweden am Delaware.

Schweden begann damals mit raschen Schritten von der Höhe einer europäischen Großmacht herabzusteigen. Gegen den schwedischen Gegner in Amerika rechneten deshalb die Holländer am ehesten noch auf Erfolg. In der Tat, ein Fort der Schweden ergab sich nach dem anderen; es bestand nicht die mindeste Aussicht, daß Verstärkung für die Isolierten aus der Heimat nachrücke. So unterwarfen sich die schwedischen Kolonisten der holländischen Herrschaft und das Land Neuschweden war schon

17 Jahre nach seiner Gründung am Ende seiner Geschichte angelangt.

Nach der Seite der Schweden hin gesichert, gedieh die holländische Kolonie am Hudson zusehends; sie galt bald als Zufluchtsort für alle des Glaubens halber Verfolgte. Aber auch Negersklaven kamen in immer steigender Menge an.

Der Gouverneur Stuyvesant, nachdem er die schwedische Kolonie besiegt, fühlte sich stark genug, um das Verlangen der holländischen Kolonisten nach bürgerlichen Rechten, nach Anteil an der Gesetzgebung schroff zurückzuweisen mit den Worten: „Wir haben unsere Machtvollkommenheit von Gott und der Westindischen Kompanie und nicht nach dem Wohlgefallen einiger unwissenden Untertanen." Die Kompanie selbst munterte ihn auf: „Nehmt keine Rücksicht auf das Volk; benehmt ihm den Wahn, daß Steuern nur mit seiner eigenen Bewilligung aufgelegt werden könnten." — Was die holländischen Kolonisten verlangten, hat außerordentlich viel Verwandtschaft mit dem, was die englischen Kolonisten in Massachusetts, in Virginia und anderen Gebieten zu allen Zeiten voranstellten. Und in der Tat, die Forderungen der Holländer in Neuamsterdam waren gar nicht in ihrem eigenen Kopf gewachsen; englische Kolonisten, die aus Connecticut und Massachusetts herübergekommen waren, sind Anstifter gewesen.

Den Forderungen des eigenen Volkes gegenüber ging also der Gouverneur Stuyvesant entschieden als Sieger hervor. Bedenklicher aber sahen sich die Wolken an, die rings um den holländischen Besitz am Hudson und Delaware sich sammelten. In Nordamerika war die Macht recht ungleich verteilt. Die Spanier waren freilich nicht mehr zu fürchten, aber Neufrankreich am Lorenzstrom und an den Binnenseen machte immer mehr von sich reden; Neuengland, durch ein lockeres Band seit 1643 geeinigt, galt als Großmacht, Virginia und Maryland traten mit Ansprüchen hervor. Massachusetts und Connecticut sandten Scharen von Ansiedlern westwärts dem Hudson zu und beanspruchten das Land als ihr Eigentum, ja Connecticut verlangte die ganze Insel Long Island und behauptete, nach dem vom englischen König erhaltenen Freibrief dehne sich Connecticut westwärts bis zum Stillen Meere aus. Und das Land am Delaware war von anderen Ansprüchen bedroht, und zwar auch auf Grund von Schenkungsurkunden. Dasselbe Recht des Verschenkens aber, das den Königen von Spanien, Frankreich, England angeblich innewohnte, bestand selbstverständlich auch als Gerechtsame der holländischen Generalstaaten. So beschloß Stuyvesant auf seinem Gebiet auszuharren, obwohl es sich in vollständiger Wehrlosigkeit befand. Denn die Kolonisten, die ja keine politischen Rechte hatten, sahen keinen Grund, für ihre Person unter die Waffen zu treten, verlangten vielmehr Schutz von der Westindischen Kompanie und von den Generalstaaten. Und das dem Volk von Neuengland gegenüber, das sich selbst seine Wohlfahrt gegründet hatte unter dem Wahlspruch: Unbeschränkte bürgerliche Freiheit und zum Schutz derselben allgemeine Wehrpflicht und allgemeiner Unterricht!

Zu gleicher Zeit waren wichtige Dinge in London vorgegangen; Karl II. hatte 1664 seinem Bruder, dem Herzog von York (nachmals König Jakob II.), alles Land vom Connecticut bis zum Delaware geschenkt und den Krieg gegen Holland beschlossen. Schon im Herbst desselben Jahres lag eine englische Flotte vor Neuamsterdam. Die Hilflosigkeit der Holländer machte sofortige Kapitulation notwendig, welche vollständige Sicherheit des Eigentums verhieß. Die englische Flagge wurde am Hudson und am Delaware gehißt, der Name der Stadt Neuamsterdam in New York geändert und das ganze Land für den König von England in Besitz genommen, speziell für den Grundherrn, den Herzog von York.

Mit dem Monat Oktober 1664 hatte die holländische Herrschaft in Nordamerika, die ungefähr ein halbes Jahrhundert umfaßt, ihr Ende erreicht. Und noch ein bei weitem Größeres war zuweg gebracht. Der Keil fremden Gebiets, der sich zwischen die einzelnen Stücke englischen Küstenlandes eingeschoben, war beseitigt; der gesamte englische Besitz von der französischen Grenze im Norden von Neuengland bis zum spanischen Florida bildete jetzt ein einziges zusammenhängendes Ganzes. Durch die Belehnung des Herzogs von York mit dem neuen Besitz war für die Gruppe der mittleren Kolonien nach dem Vorgang von

Maryland eine zweite Monarchie geschaffen. Das Stück zwischen dem unteren Hudson und dem Delaware wurde unter dem Namen New Jersey von dem Hauptkörper der neuen Kolonie New York abgetrennt, welche nunmehr wesentlich aus dem Flußgebiet des Hudson und seiner von Westen kommenden Nebenflüsse bestand. Nach Eintausch anderen Gebiets gab Connecticut alle Ansprüche auf Long Island auf.

Trotzdem die Oberherrschaft des Herzogs von York sich als reine Despotie erwies, nahm doch das Land einen gewaltigen Aufschwung. Mehr wie in anderen Kolonien liefen hier alle Interessen in der Hauptstadt New York zusammen. Sie war ja auch der einzige Hafenplatz; wer sie besaß, konnte sich leicht das ganze Land zu eigen machen. Noch einmal, im Jahr 1673, fiel New York für kurze Zeit in die Hände der Holländer, die ein starkes Geschwader dorthin entsandt hatten. Fünfzehn Monate wehte die holländische Flagge wieder am Hudson; da wurde sie im Herbst 1674 für immer heruntergeholt.

So war die absolute Herrschaft des Landesherrn, des Herzogs von York, erneuert. Demgegenüber trat aber zugleich das Bestreben der Kolonisten, dem Volk den ihm gebührenden Teil an der Gesetzgebung zu sichern. So wurde endlich erreicht, daß im Herbst 1683 die Abgeordneten des Volkes berufen wurden, um eine „Charte der Volksrechte" zu verfassen, welche für New York dieselben Freiheiten sicherte, wie sie im allgemeinen in Virginia und Massachusetts bestanden. Jeder freie Gutsbesitzer und freie Mann überhaupt sollte das Wahlrecht besitzen. Die Bezeichnung „freier Mann" will keineswegs bloß die Ausschließung der Negersklaven festsetzen, bezieht sich vielmehr auf das Ausgeschlossensein derjenigen Weißen, welche in einem unlösbaren Dienstbarkeitsverhältnis zu einem Herrn standen. Davon wird noch weiter die Rede sein. Ferner waren Geschworenengerichte bestimmt; „keine Abgabe soll unter irgend einem Vorwand anders als mit Bewilligung der Volksabgeordneten aufgelegt werden. Kein Soldat soll bei einem Einwohner gegen dessen Willen einquartiert sein." Wegen seines Glaubens dürfe niemand beunruhigt oder zur Verantwortung gezogen werden. „Die oberste legislative Gewalt soll für immer

dem Gouverneur, dem Senat und dem Volke vereint zu=
stehen."

Äußerst freisinnige Grundzüge; nur schade, daß sie in dieser
Aftermonarchie New York von einem Mann ausgingen, dem alle
freien Regungen des Volks in der Seele zuwider waren, der
auch, nachdem er 1685 den englischen Thron als Jakob II.
bestiegen, sofort alle dem Volk gemachten Einräumungen wieder
zurücknahm.

Eine Willkürherrschaft unter katholischen Höflingen folgte
in der Kolonie. Mit umso größerem Jubel wurde 1689 die
Nachricht begrüßt, daß Wilhelm III. von Oranien den despotischen
König gestürzt habe. In New York rottete man sich zusammen,
um an Beseitigung der Adelsherrschaft zu gehen. Ein
reicher Handelsmann, Jakob Leisler, aus Frankfurt am Main
gebürtig, besaß vor anderen das Vertrauen des Volks und
wurde an die Spitze gestellt. So weit wäre alles gut gegangen,
wenn nicht die unterdrückten Aristokraten ihre Anfeindungen
gegen die Volkspartei und gegen Leisler persönlich auf das
äußerste verschärft hätten.

Auch die aus New York Vertriebenen wußten in London
Mißtrauen gegen die Volksgewalt zu wecken. Manche schlimme
Gouverneure waren von dort schon herübergesandt worden,
aber kaum jemals ein so sehr dem Trunk ergebener Spitzbube,
als jetzt einer sich für New York einschiffte. In Verbindung
mit den Aristokraten New Yorks bekam der Elende die Oberhand,
nahm Leisler gefangen und ließ ihn samt seinem Schwieger=
sohn Milborne im Mai 1691 hinrichten.

So fielen diese beiden Männer dem royalistischen Geiste,
der noch lange in den Gemütern des Volks von New York fest=
saß, zum Opfer. Eine gewisse Sühne ward ihnen später noch
zu teil. Freilich ist nicht zu leugnen, daß Leisler, ein politisch
kurzsichtiger und ungebildeter Mann, selbst an seinem Verderben
arbeitete. Den Umsturz in London hielt er für ein Zeichen
dafür, daß jetzt in den Kolonien die Volksherrschaft voll=
ständig zur Geltung kommen werde. In Wirklichkeit aber
wurde für die Kolonien nur der brutale Despotismus der
Krone vertauscht mit der durch wenige liberale Zugeständ=

nisse verbrämten Tyrannei des Parlaments. Jakob Leisler war einer der ersten in Deutschland geborenen Amerikaner, der von sich reden machte. Er war 1660 als holländischer Soldat ins Land gekommen, verheiratete sich an eine Holländerin und erwarb sich als Reeder und Großhändler bedeutenden Einfluß in New York. Wenn ihn die englischen Royalisten einen „unverschämten Fremdling" schimpften, so meinten sie wohl eher den Holländer als den Deutschen zu treffen. Die Grundsätze, welche Leisler, der ein Menschenalter lang der Kolonie angehört hatte, verteidigte, mußten notwendig mit der Zeit über die Vornehmtuerei und die Knechtseligkeit der Royalisten siegen. Vor kurzem hat der Präsident Roosevelt zu den Vertretern des Verbands deutscher Vereine sich so geäußert: „Das erste (selbsterwählte) Stadthaupt von New York war der Deutsche Leisler, seinem Gemeinderat gehörte mein Vorfahre Roosevelt an."

König Wilhelm III. war hingegangen, Königin Anna war auf den Thron gestiegen; die Gewalt des Parlaments über die Kolonien war sich gleich geblieben; gleich geblieben mit einer einzigen Ausnahme war für New York auch die Habsucht, Arroganz und Unfähigkeit der königlichen Gouverneure. Und das war gut. Denn so mußte der **Sinn für Unabhängigkeit und bürgerliche Freiheit** selbst unter so schmiegsamen Seelen, wie es die New Yorker Royalisten waren, Fortschritte machen. Auf Jahrzehnte hinaus war die Geschichte der Kolonie nichts als ein Kampf der königlichen Gouverneure mit den Abgeordneten des Volks. Die Beamten beschwerten sich über die „unloyalen holländischen Republikaner" und Walpole klagte, daß die Kolonisten mit dem Plane umgehen, sich ihrer Abhängigkeit vom Mutterlande zu entledigen.

Nirgends riefen die Handelsgesetze so heftigen Widerstand hervor als in New York, nirgends wurde der Kampf zwischen Volksrechten und königlicher Oberherrschaft so leidenschaftlich geführt wie hier. Durch festes Beharren auf alljährlichen Bewilligungen begann das Element der Volksfreiheit seine Siege einzuleiten. — Mit etwa 25000 Einwohnern war die Kolonie New York vom 17. ins 18. Jahrhundert eingetreten;

nach dem Utrechter Frieden 1713 zählte ganz Britisch-Nordamerika rund 400000 Einwohner. Binnen weniger Jahrzehnte hatte New York seine Bevölkerung verdoppelt. Sein Boden erwies sich ungemein fruchtbar und das Klima dem Einwanderer zuträglich. In großen Stücken, namentlich längs des Hudson und seiner Nebenflüsse, wie des Mohawk, war das Land den Grundeigentümern zugewiesen, deren Patente, ungenau und unregelmäßig abgefaßt, nicht selten den Besitzern außerordentliche Vorteile zuwandten.

Kaum irgendwo setzte sich die Bevölkerung so bunt zusammen als in der Kolonie New York. In die holländische Grundsuppe des Volks hatten sich längst kecke Siedler aus Connecticut und Massachusetts hineingesetzt. Nach der englischen Besitznahme waren ganze Schwärme von ihnen angekommen; Engländer und Iren traten dazu; die königlichen Gouverneure und Höflinge brachten ihre Kreaturen mit; die Hugenotten suchten Schutz; schon zogen auch die Deutschen einzeln und in kleinen Scharen aus ihrem mißhandelten und gedemütigten Heimatlande weg, um in Amerika wieder aufatmen, die Blöße decken und den Hunger stillen zu können. Das sind Vorläufer. Eine massenhafte deutsche Einwanderung nach New York vollzog sich erst im Jahre 1710. Es ist nicht der erste deutsche Massenzug nach Amerika; ein solcher fand schon, wie unten genauer erzählt werden wird, zu Ende des 17. Jahrhunderts nach Pennsylvania statt. Fast durch einen Zufall erhielt New York seinen ersten großen Schwarm deutscher Einwanderer und dadurch erstmals eine beachtenswerte Zufuhr deutschen Blutes und deutscher Arbeit.

Mit dem politischen und wirtschaftlichen Zusammenbruch, welcher im Gefolge des Dreißigjährigen Kriegs zu Tage trat, ist durch die Geschichte des deutschen Volks ein Strich gezogen, so scharf und deutlich die Zeiten vorher und nachher trennend, wie bei keinem anderen Volke. Vorher ein reges geistiges Leben, auch eine gewisse politische Machtentfaltung, volkreiche Städte, Wohlstand und mancherlei Befriedigung im gesamten Volksleben. Nachher Asche und Armut, ein materielles Elend, das auch eine sittliche Verkommenheit nach sich zieht; stumpfe

Geister, ein verzagter, scheuer und demütiger Sinn unter den Bürgern und Bauern; das Land verödet, die Städte entvölkert. Niemand groß und mit Herrenwillen ausgestattet als die Fürsten. Niemand aber auch so vom Volk getrennt als sie. Und umso getrennter, je kleiner der Staat ist.

Unter größeren Verhältnissen, in Preußen, Sachsen, Hannover, Bayern, da geht die Sache noch, aber in den Kleinstaaten des Neckar- und mittleren Rheingebiets, in der Pfalz, in Schwaben und Franken, da war es der fürstlichen Überlegenheit, Habsucht und Niedertracht beschieden, Zustände zu schaffen, welche den Bewohnern ihren Heimatboden zur Hölle machten. Gehetzt wie die Hasen, unter allen möglichen Vorwänden gedrückt und ausgebeutet, in der Pfalz auch religiös bedrängt, hegten die Elenden keinen anderen Wunsch, als den heimischen Drängern und dem Mangel zu entfliehen und irgend eine Scholle angewiesen zu erhalten, wo sie ihr Leben durchnähren könnten. In härtester Not matt geworden, demütig durchs Leben schleichend, lag es ihnen durchaus fern, politische Ziele vor Augen zu haben; auch waren sie nicht tatkräftig und nicht unterrichtet genug, um sich eine Scholle zu suchen und sich politisch wie wirtschaftlich einzurichten; nein, eigenen Entschlusses bar und planlos, horchten sie nur dahin und dorthin, ob sie nicht jemand nach einem Zufluchtsort hinführen könnte.

Hochgemuten Geistes waren einst die **religiösen Flüchtlinge** aus den Niederlanden und aus England aufs Meer hinausgesteuert, um an irgendwelcher Küste zu landen. Kühnen Auges hielten sie Auslug, und als sie den rechten Platz gefunden, da stellten sie sich aufrecht auf die Füße und richteten ihre Selbstregierung ein, vom ersten bis zum letzten voll Selbstbewußtsein, voll edelster Zuversicht. **Politische Flüchtlinge**, von demselben Geist getragen, Royalisten und Republikaner, folgten nach. Unter ihren Axtschlägen fielen die Riesen des Urwaldes; so machten sie sich den Boden zu eigen, und mit Stolz blickten sie über die Fluren ihres neuen Heimatlandes hin. Der **Zuzug, der sich aus Deutschland vorbereitete**, führte gleichfalls Flüchtlinge herbei, aber im wesentlichen Leute, die man **wirtschaftliche Flüchtlinge** nennen möchte; Leute, ausgerüstet mit unendlich viel Geduld und Arbeitslust, Leute, die sich gerne leiten und regieren ließen und dankbar sich zeigten für mildes Regiment. Staatenbildende Faktoren, Abenteurer, starke Geister, welche das über sie geworfene Netz zerrissen, solche sind noch selten unter ihnen. Aber lernbegierig und bildungsfähig erwiesen sie sich und wußten es bald, nachdem sie zu Amerikanern geworden waren, den Besten im neuen Lande gleichzutun.

Die Einwanderer aus England, und diese bildeten ja den Grundstock der Bevölkerung, hatten die politische und religiöse Erregtheit aus ihrer Heimat mit übers Meer gebracht und dazu eine Aufmerksamkeit auf politische Dinge und eine Fähigkeit, ihr eigenes angeborenes Engländerrecht sich zu wahren, die erstaunlich sind. Nach Cromwells Revolution fand in England wohl ein Niedergang des öffentlichen Lebens statt, aber kein Zusammenbruch desselben, noch weniger des Wohlstands. Das in politischen und wirtschaftlichen Dingen anspruchsvolle Wesen des Engländers erhielt sich in den Kolonien ungebrochen, das Gefühl der Unabhängigkeit und Selbständigkeit wuchs. Fortgesetzte Schulung verbreitete politische Einsicht und Tatkraft, die dem Deutschen zu Ende des 17. und zu Anfang des 18. Jahrhunderts durchaus fernlagen und mit seinem bescheidenen, unterwürfigen, jegliches Fremde bewundernden Wesen vorerst noch im vollsten Gegensatz standen. Friedrich Kapp sagt: „Zur Eroberung des neuen Weltteils stellten die Romanen Offiziere ohne Heer, die Deutschen ein Heer ohne Offiziere, die Engländer dagegen ein Heer mit Offizieren."

Schon im Jahr 1708 war eine kleine Schar Pfälzer über England nach New York gekommen und gleichsam als Vorposten am Hudson in der von ihnen Neuburg genannten Niederlassung angesiedelt worden. Im deutschen Heimatland, in der Pfalz und in Schwaben, verbreiteten sich Berichte über das beneidenswerte Schicksal der Kolonisten in Amerika; Flugschriften und Bücher wurden verteilt. Dazu kamen Mißjahre und die Unruhen des spanischen Erbfolgekriegs. Tausende rüsteten zur Abreise. Schwaben und namentlich die Pfalz stellten die meisten Auswanderer; ja im Mund des Amerikaners fiel Pfälzer und deutscher Auswanderer in eins zusammen.

Es wird aus jener Zeit berichtet: „Ganze Dörfer der Pfalz und weiter unten am Rhein wurden entvölkert, alt und jung samt den Predigern der Gemeinden zogen den Rhein hinunter. Sie wurden, da sie angeblich von der englischen Regierung nach Amerika gesandt werden sollten, nach London gebracht, und hier sammelten sich im Jahr 1709 nicht weniger als 32 500 Deutsche, der Überfahrt harrend. Die englische Regierung tat nichts. Endlich brachte sie die Regierung in ein Lager außerhalb der Stadt London, wo sie auf Kosten derselben notdürftig vor Hunger geschützt wurden."

Heute ist nachgewiesen, daß es noch etwa 13—14000 deutsche Auswanderer waren, lauter Pfälzer und Schwaben, welche auf Black Heath bei London in einem Lager vereinigt wurden. Es mögen ja 30000 und mehr von der Heimat weggezogen sein; allein Tausende waren auf dem Wege verkommen, in den Niederlanden als Dienstleute hängen geblieben, vielleicht auch zurückgekehrt. Teils durch die Regierung, teils durch das Mitleid der Einwohner von London wurde das Elend der in dem Konzentrationslager Untergebrachten gelindert. Eine große Menge starb; andere, namentlich Katholiken, welche ihren Glauben nicht wechseln wollten, wurden in die Heimat zurückgesandt, mehrere tausend in Irland angesiedelt. Der Rest war für Karolina bestimmt, zum allergrößten Teil aber für New York. Den Ausschlag für die Kolonie New York scheint ein Besuch von Indianerhäuptlingen gegeben zu haben. Der Gouverneur von New York hatte eben eine Anzahl von Häuptlingen der Mohawkindianer nach England geschickt, um auf sie den Anblick der zivilisierten Welt wirken zu lassen und sie gefügig zu machen durch eigenes Anschauen der Machtmittel Englands. Auch von den deutschen Auswanderern auf Black Heath, von den „poor Palatines", „poor miserable Germans", hörten die rothäutigen Könige, statteten einen Besuch im Lager ab und waren höchlich erstaunt, daß hier Leute auf ihre Überfahrt nach Amerika warten und dort drüben nichts verlangen als ein tüchtiges Stück Boden, das sie bebauen könnten. Grundbesitz sollten sie haben, so viel sie wollten, meinten die Häuptlinge, und zwar im Tal des Mohawkflusses und am Schoharieflußz. Beide Namen, Mohawk und Schoharie, bezeichnen ebensowohl einen Fluß, als einen Bezirk. Der Mohawk fällt von Westen her in den Hudson in der Nähe von Albany und der Schoharie ist ein aus Süden kommender Nebenfluß des Mohawk.

Voll der besten Hoffnungen bestieg der Rest der Pfälzer und Schwaben im Sommer 1710 die Schiffe, es mögen noch 3000 gewesen sein. Mehrere hundert starben auf der Fahrt, denn durch die Gewissenlosigkeit der Unternehmer wirkten die schlechten Einrichtungen der Transportschiffe und die karge Verpflegung noch verderblicher auf die in engem Raum Zusammengequetschten. Im Herbst 1710 war New York erreicht. Hier verfügte die Regierung weiter. Die Arbeitskraft der neuen Ankömmlinge sollte ausgenutzt werden zunächst für die Bedürfnisse der englischen Marine, insbesondere für Teergewinnung. Demzufolge teilte man sie in kleine Gesellschaften, deren jede einen Aufseher erhielt. So wurden sie den Hudson aufwärts gebracht und auf beiden Ufern desselben in kleinen Dörfern angesiedelt; es mögen jetzt noch etwas mehr als 1800 Seelen gewesen sein. Einige hundert waren als Dienstleute in der Stadt New York zurückgeblieben.

In die Gefilde, welche die Ansiedler aus englischem Blut ganz auf eigene Faust, erhobenen Hauptes betreten hatten, zogen jetzt die deutschen Auswanderer als Knechte, fast als Leibeigene, gebückt und demütig, von ihren Aufsehern geleitet und von der Regierung bis ins einzelnste bemuttert. Erst als mit dem Jahr 1724 die Ländereien in den Privatbesitz der Pfälzer übergingen, zogen freudige Arbeit und Wohlstand bei ihnen ein. Im Jahr 1718 waren es 2500 Seelen und 1724 mehr als 3000. Trotzdem die Betrügereien der Unternehmer den Zwangskolonisten am Hudson jede Aussicht auf Wohlstand verschlossen, waren doch immer neue Auswanderer aus der Pfalz und aus Schwaben unterwegs, füllten nicht nur die Lücken aus, welche Mangel und Strapazen gerissen, sondern hoben auch die Bevölkerung der deutschen Dörfer am Hudson von Jahr zu Jahr.

In den mageren Jahren 1711 und 1712 am Hudson, in der Zeit der ärgsten Knechtschaft unter den englischen Aufsehern, gedachten einzelne Familienhäupter bei den Pfälzern an jene Indianerhäuptlinge, die ihnen im Lager bei London Grundbesitz versprochen hatten in Schoharie und Mohawk. Das Tal des Schoharie liegt etwa 40 englische Meilen westwärts vom Hudson. Dorthin sandten die Pfälzer ihre Kundschafter. Freundlich wurden sie von den Indianern aufgenommen und mit einer reichen Landschenkung bedacht. Auf diese Nachricht machten sich 1712 etwa 50 Familien vom Hudson aus auf die Flucht.

Ja, eine Flucht war es, eine Flucht aus der Bevormundung, aus dem Zwang zur Arbeit, aus der Knechtschaft. Trotz Hunger und Not bahnten sich diese Flüchtlinge einen Weg ins Tal des Schoharie, wo sie die ersten rohen Hütten aufrichteten. Also jetzt endlich auf eigene Faust weit weg von der Regierung und ihren Beamten. Aber der Anfang war schwer genug. Auf ihre Flucht hatten sie natürlich die Geräte, Wagen, das Vieh, was alles Eigentum der Regierung war, nicht mitnehmen dürfen. So sahen sie sich rein auf die eigene Arbeit und Erfindungsgabe angewiesen. Zu ihrem Glück. Während des ersten Jahres erfuhren sie von den Indianern mancherlei Unterstützung. Mit Mißtrauen aber wurden sie von den benachbarten Kolonisten holländischen Stammes betrachtet. Schon religiöse Vorurteile trennten die reformierten Ansiedler von den deutschen Lutheranern.

Im Sommer und Herbst 1713 trug das fruchtbare Land am Schoharie reichlich und die Pfälzer fingen an, sich behaglicher und besser einzurichten. Zum guten Land kam bei ihnen noch ein weiterer Segen. Sie hatten einen Mann an der Spitze, der sich allen Schwierigkeiten gewachsen zeigte. Joh. Konrad Weiser aus Großaspach, Amts Backnang in Württemberg, wußte unter den Kolonisten Ordnung zu halten, in allen Fährlichkeiten erteilte er Rat und schreckte vor nichts zurück. Seinen Sohn Konrad hatte er einem Häuptling der Mohawks mitgegeben und später konnte der Junge als Dolmetscher die besten Dienste leisten.

In den Augen des Gouverneurs von New York aber waren die Ansiedler im Schoharietal nichts als ungehorsame Diener der Krone, welche sträflich die ihnen zugewiesene Arbeit am Hudson verlassen und auf eigene Faust zu leben begonnen hatten. Dem Führer Weiser, „einem Sr. Majestät zur Arbeit verpflichteten Knecht", war der Gouverneur besonders gram. Um sich zu rächen, verkaufte er zu Ende 1714 das ganze Schoharietal an eine Gesellschaft von Großgrundbesitzern. Allein die Kolonisten waren zuversichtlich und keck geworden: durch Mühsale ohnegleichen, von niemand irgend eine Beihilfe empfangend, rein auf eigenen Füßen stehend, hätten sie dem Boden ein menschenwürdiges Schicksal abgerungen; Brücken, Schulen, Landstraßen seien unter ihren Händen erstanden. Mit blutigen Köpfen wurden die Boten der neuen Eigentümer zurückgewiesen. Wenig richtete die Sendung Joh. Konrad Weisers nach London aus. Allein auf den seitherigen habgierigen Gouverneur folgte ein weniger gewissenloser und die Kolonisten am Schoharie fanden sich in billiger Weise mit ihren Gegnern ab.

Nur der Vorstand des freien deutschen Gemeinwesens im Schoharietal war nicht zufrieden. Er sei nicht nach Amerika gekommen, um nur geduldet zu sein, um sich abzufinden; nein, stolz und hoch wolle er den Nacken tragen, wie es einem freien Mann zieme. — Es war ja ein herrliches Land am Schoharie und auch am Mohawk; Wälder und Wiesen, rauschende Bäche in Fülle, in den Lichtungen üppige Felder; nahe lagen die Quellbäche des Susquehannah und des Delaware; nahe auch die Grenzen der Kolonie Pennsylvania, die man gerade damals rühmte als das Paradies für die deutschen Kolonisten; dort seien keinerlei religiöse Anfeindungen zu fürchten, keine habsüchtigen Beamten, keine aristokratischen Grundbesitzer. An die äußerste Grenze der Wildnis und des Hinterwäldlertums, in die ungebundenste Freiheit gedachte der alte Weiser mit den Seinigen und etwa 60 Familien aus Schoharie zu ziehen. Befreundete Indianer leiteten den langen Zug im Sommer 1724 durch pfadlose Wälder nach dem Susquehannah. Flöße und Boote wurden gebaut; zunächst ging es mit der Strömung abwärts, dann in einen Nebenfluß und diesen aufwärts bis zu der Stelle, wo der Tulpehokenbach einfällt. Hier mitten in unentweihter Wildnis gründete Konrad Weiser sein Gemeinwesen, seine kleine Republik, wie er sie sich geträumt hatte. Bald wuchs sie zu blühendem Gedeihen heran. So, wie diese, in der amerikanischen Schule tatkräftig gewordenen deut=

schen, waren hundert Jahre vorher die englischen Kolonisten an der Massachusettsbai in die Wildnis gezogen, um den Keim zu den Freistaaten zu legen. — Der junge Konrad Weiser aber wurde amtlicher Dolmetscher der Kolonie Pennsylvania und Lenker der Indianerpolitik; die Eingeborenen setzten unbedingtes Vertrauen in ihn und seine Landsleute folgten ihm als dem erfahrensten Führer im Buschkrieg.

Friedrich Kapp meint: „Die beiden Weiser, Vater und Sohn, zählen zu den hervorragendsten Deutschen, welche im 18. Jahrhundert nach Amerika kamen." Und der neueste Biograph des jüngeren Weiser, Joseph S. Walton, faßt in: „Conrad Weiser and the Indian Policy of Colonial Pennsylvania" sein Urteil über den tatkräftigen Deutschen so zusammen: „Die Deutschen und Holländer waren ungemein erfolgreich im Handel mit den Indianern, nicht nur weil sie ehrlich waren, sondern auch weil sie mit Leichtigkeit den Geist der Indianersprachen erfaßten. In dieser Hinsicht konnte niemand Konrad Weiser übertreffen, den „Champion of the English" unter den Indianern. Er erweiterte die Handelsbeziehungen Pennsylvanias, Virginias und Marylands, während er mit Eifer die Anmaßungen der Franzosen bekämpfte. Weisers Geschicklichkeit in Leitung des indianischen Amtes verzögerte den drohenden Bruch mit den ‚Sechs Nationen', bis die Kolonien genügend vorbereitet waren, sich mit den Franzosen und ihren Bundesgenossen zu messen." Die Grabschrift auf seiner Farm bei Tulpehoken besagt: „Dies ist die Ruhestätte des weyl. ehrengeachteten M. Conrad Weiser, geb. 1696 den 2. November in Affstädt im Amt Herrenberg im Württemberger Land und gest. 1760 den 13. Julius." (Wohnsitz der Familie Weiser ist immer Großaspach bei Backnang gewesen; so hat sich die Mutter Konrad Weisers wohl nur vorübergehend, über die Zeit ihrer Entbindung, in Affstädt aufgehalten.) Von dankbaren Vaterlandsfreunden ist Weisers Grab oft aufgesucht worden; auch Georg Washington besuchte am 13. November 1793 die Stätte.

Im Schoharietal war also eine blühende Zuflucht geschaffen worden ganz gegen den Willen der Regierung, jedenfalls ohne jegliches Zutun derselben. Den argwöhnisch wachenden englischen Kolonialbehörden am mittleren Hudson entflohen, hatten

deutsche Farmer ein Tagewerk vollbracht, das sich mit seinen
Erfolgen neben die Arbeit der Puritaner stellen durfte. Und
Schoharie bildete wieder den Grundstock, von dem Schwärme
tatenlustiger Hinterwäldler nach dem verlockenden Boden von
Pennsylvania zogen und weiter westwärts und nördlich in das
Indianergebiet.

Harzsammeln, Teerbereiten in den Tannenwäldern am mitt=
leren Hudson, das war eigentlich nur ein gelegentlicher Einfall
gewinnsüchtiger Unternehmer, als mit der Masseneinwanderung
der Pfälzer im Jahr 1710 so viele unbeschäftigte Arme zur
Verfügung standen. Den weitsichtigen unter den englischen
Staatsmännern schwebte ein viel großartigerer Plan vor. Vor=
posten ausstellen gegen Indianer und Franzosen, gegen den
Ontariosee und Lorenzstrom, und zugleich das Gebiet der Kolonie
New York weiter vorschieben nach Nordwesten, darum handelte
es sich. Es ist eigentümlich, so weite Gebiete auch zur Verfügung
standen, landhungrig zeigte man sich über die Maßen; Land=
hunger beseelte die Franzosen in Kanada und Louisiana wie
die Engländer auf ihrem Küstenstrich von Maine bis Florida.
Täler und Bergketten, Wiesen und Wald und Flußläufe, Seen=
becken an sich reißen, systematisch die Wildnis besiegen durch
immer weiteres Vorschieben der Ansiedlungen und Forts, das lag
im Zukunftsplan. Noch hatte ja die Kolonie New York den
Ontariosee und den Eriesee nicht erreicht; man erzählte sich von
diesen Wasserbecken, vom Niagarafall zwischen beiden als von
hellen Wundern; noch liege all dies wonnige Land in der An=
spruchsphäre der Franzosen und sei von zahlreichen Indianer=
stämmen bewohnt. Wenn aber die Dinge so weiter gingen,
wenn die Schritte immer tiefer in die Wildnis drangen, dann
mußten bald englische und französische Ansprüche im Binnen=
land aufeinanderplatzen, dann hatten auch die Indianer allen
Grund, sich über grausame Einengung ihrer Jagdgründe zu
beklagen.

Der nächste Weg nach dem Ontariosee führt von Albany
das Mohawktal hinauf immer in westlicher Richtung nach
dem Oneidasee und von da ans Ufer des Ontario, wo im Jahr
1722 das Fort Oswego erbaut wurde. Auf diesem Richtweg

also galt es, durch Niederlassungen und befestigte Blockhäuser Fuß zu fassen. Denn hier an den großen Binnenseen und südlich davon war gerade die Heimat der kräftigsten Indianerstämme, der Irokesen, Huronen, Mohawks, Oneidas, Senekas und andrer, meist zusammengefaßt als die „Sechs Nationen", zu denen sich noch die Reste der in Neuengland vertilgten Stämme, der Pequods, Mohegans (Mohikaner), Naragansetts geflüchtet hatten.

Da, wo der Schoharrefluß in den Mohawk einmündet, siedelten sich die ersten Pfälzer an. Von diesem Punkte abwärts am Fluß fanden sich holländische Sieblungen gegen Albany hin; aber am Mohawk aufwärts gegen Westen hin gehörte noch alles den Indianern, die übrigens willig das Tal mit seinen Höhen in ganz unbestimmten Grenzen an die englischen Behörden abtraten. Es fanden sich Pfälzer in großer Anzahl ein, neu angekommene sowohl als aus den Zwangskolonien am Hudson entsprungene; von 1723 an zogen sie den Fluß immer weiter hinauf nach Little Falls, Frankfort, Herkimer (nach der tonangebenden Familie Herckheimer später so genannt, früher German Flats), immer weiter nach Westen, nach Fort Schuyler, Oriskany, Fort Stanwix, Oneidakastle und schließlich gegen Oswego am Ontariosee. Doch es dauerte lange, bis das Ende dieses Wegs erreicht war; im Jahr 1770 saßen die westlichsten Ansiedler bei Herkimer und Oriskany.

Und sauer war ihnen das Leben bis dahin gemacht worden. In zerstreuten kleinen Dörfern, dann und wann durch ein befestigtes Blockhaus unterbrochen, dehnte sich die Kette der Sieblungen längs des Flusses aus, der eine der reizendsten Landschaften von Nordamerika durchströmt. Schulen und Kirchen erstanden; alles blieb deutsch; erst gegen das Ende des 18. Jahrhunderts wurden auch ein paar englische Schulen eingerichtet. Neben dem massenhaften Herzudrängen der Pfälzer fand ein tropfenweises Hereinsickern von Neuengland aus statt. Unter den Deutschen tat sich, wie erwähnt, hauptsächlich die **Familie Herckheimer** (Herkimer) hervor; unter den englischen Kolonisten die **Familie der Johnson**, durch Heirat mit den Deutschen verbunden, aber fanatisch royalistisch gesinnt, während sich die Herckheimer und die Deutschen überhaupt durch einen unabhängigen, republikanischen Sinn auszeichneten. Diese beiden Fa=

milien gaben Führer im Rate sowohl als im Feld. Es wird noch bei der weiteren Entwicklung der Dinge die Rede von ihnen sein.

Der Krieg, der für Deutschland als siebenjähriger von 1756 ab bezeichnet wird, brach auf der Grenzlinie zwischen englischen Kolonisten und Franzosen schon im Jahr 1754 aus und endete im großen ganzen 1759 mit der Einnahme von Quebec durch die Engländer. Zunächst waren die Franzosen im Vorteil und wußten durch die Indianerhorden, die sie in Dienst genommen, den Krieg zum Schrecken für die englischen und deutschen Kolonisten zu machen.

Engländer und Deutsche pflegten sich nicht allzu vertraulich den Indianern zu nähern; ja, sie richteten Missionen ein, förderten den Tauschhandel und suchten meist, so lange es ging, den Frieden zu wahren. Die Franzosen gingen weiter, namentlich die Jesuitenmissionen gewannen großen Einfluß; aber auch der einzelne Franzose wußte sich angenehm zu machen. Die Waldläufer, Jäger, Fallensteller, Trapper aus französischem Blut, und deren gab es eine große Menge, fanden sich gerne in den indianischen Lagern ein, um zu tanzen, zu musizieren, mit dem roten Bruder aus der gleichen Schnapsflasche zu trinken. Schließlich wurde die rote Maid als Hausfrau heimgeführt und ein zahlreiches halbblütiges Geschlecht entstand. Was bei den Franzosen herkömmliche Sitte war, vollzog sich bei amerikanischen Kolonisten nur ganz ausnahmsweise.

So stellten sich die Franzosen recht gut mit den indianischen Bundesgenossen und hetzten diese jetzt in ganzen Schwärmen auf die zerstreut wohnenden Ansiedler im Mohawktale. Zu Ende 1757 wurde die Niederlassung Herckheimer überfallen. Nur das Fort Herckheimer blieb verschont; alle übrigen Farmen wurden zerstört; man zählte 40 Tote und Skalpierte; 102 Gefangene wurden weggeschleppt. Für das Jahr 1758 sah man sich unter den deutschen Kolonisten besser vor; der Kapitän Nikolaus Herckheimer hatte eine Kompanie berittener Jäger errichtet und suchte durch diese den Feind zu erkunden und die Kolonisten mit Nachrichten zu versorgen. Dennoch waren die Leiden der vereinzelten Ansiedler wieder namenlos; Dutzende wurden niedergemetzelt und skalpiert, Häuser und Mühlen gingen in Flammen auf,

Weiber und Kinder wurden gefangen. Während der Kapitän Herckheimer gegen Westen hin den Schutz der Kolonie übernommen hatte, focht im Norden derselben der Oberst William Johnson. Nach dem Frieden arbeiteten beide Männer wieder unverdrossen am Gedeihen des Gemeinwesens im Mohawktal. Es ist wahrscheinlich, daß im Jahr 1770 dies Tal 10000 Bewohner zählte, darunter wohl drei Vierteile von den Pfälzern abstammend. —

Es scheint, daß die **unumschränkte Herrschaft des Gouverneurs** und der englischen Höflinge nirgends in der ersten Hälfte des 18. Jahrhunderts so ausgesprochen war, wie in New York. Der Senat (Rat, council) bestand zumeist aus gefügigen Kreaturen; aber auch ins Repräsentantenhaus (Abgeordnetenhaus, assembly) hatten solche den Weg gefunden. Fast gewöhnte man sich daran, den Willen des Gouverneurs als Gesetz anzusehen. Zwei Umstände aber waren es, die dies hinderten. Einer davon wirkte im verborgenen, auf dem Lande, in der Wildnis, weit entfernt von den Häusern der Richter und Behörden. Die **gesetzlosen Leute**, die als unberechtigte Grundbesitzer, als Squatter, sich niedergelassen hatten, begannen eine **Macht** zu werden, die sich um den Gouverneur, um Krone und König nicht das mindeste kümmerte; die Hinterwäldler hatten das immer getan, aber jetzt wuchs ihr Einfluß mit der Anzahl und der steigenden Keckheit.

In den Hauptstädten der Kolonien hatte das andere Element der Auflehnung seinen Sitz, die **Presse**.

In Massachusetts und in Pennsylvania, hier von Benjamin Franklin geleitet, redete sie eine besonders freie Sprache und wußte die seitherige vergleichsweise Harmlosigkeit der öffentlichen Meinung in neue Bahnen zu leiten. In Virginia und Maryland lag die Sache ganz einfach — jede Buchdruckerpresse war verboten. In New York existierte anfangs nur ein einziges Blatt, Bradfords „Gazette", dem Gouverneur und dem Hof durchaus ergeben.

Dieser Buchdrucker Bradford von New York stand mit anderen Bürgern am Hafen, als die längst erwarteten Pfälzer im Jahr 1710 von London her ankamen. Sorgenschwer schleppten sich die meisten, in dem Schiffsgefängnis stumpf geworden, aus

Ufer; munter aber sprangen die barfüßigen Buben und Mädchen am Strand entlang. Unter ihnen hielten die Bürger und Bürgerinnen Auswahl. Denn nach damaligem Gesetz war es gestattet, solche Kinder, deren Eltern die Überfahrt nicht bezahlt hatten, einfach zu kaufen und behufs Abverdienens die Knaben bis zum 17., die Mädchen bis zum 15. Jahre zu behalten unter der Bedingung anständiger Behandlung. Dem Buchdrucker Bradford stach ein helläugiges Bürschchen in die Augen, Peter Zenger. Damit hatte der kleine Peter sein Glück gemacht. Er lernte vortrefflich, wurde Gehilfe, bald Geschäftsteilhaber des wackeren Lehrherrn. Zugleich dehnte der unternehmende Deutsche das Geschäft aus durch Gründung einer zweiten Zeitung im Jahr 1733: „Das Newyorker wöchentliche Journal".

Die neue Zeitung zeigte sich durchaus freisinnig, als bald die Parole ausgegeben wurde: „Volksrecht gegen Hofgunst!" Der Gouverneur hatte gewisse Einnahmen für sich beansprucht, offenbar gegen Recht und Brauch, und nun erhoben sich in Zengers Zeitung Stimmen, welche ein derartiges Verfahren mit dem Beginn der Sklaverei auf eine Stufe stellten. Peter Zenger wurde denn auch im Sommer 1735 vor das Geschworenengericht gerufen und er wäre nach dem Willen des Kronanwalts, des Oberrichters und Gouverneurs zweifellos verurteilt worden, wenn nicht ein trefflicher Advokat, Andrew Hamilton aus Philadelphia, ein Freund Benjamin Franklins, die Verteidigung übernommen hätte. Durch seine Gewandtheit, durch seinen unerschütterlichen Mut gestaltete sich die Verhandlung zu einer Niederlage der Regierung, welche insofern epochemachend wirkte, als von da ab die Kolonisten auch in New York selbstbewußter und freimütiger auftraten. Zenger wurde unter dem betäubenden Beifall des Volks von New York freigesprochen und Andrew Hamilton zum Ehrenbürger der Stadt ernannt.

So zog auch in der großen Kolonie, in der sich der Royalismus festgesetzt zu haben schien, allmählich die Morgendämmerung der Freiheit herauf sowohl unter den Bürgern der Städte als bei den Hinterwäldlern aus deutschem und neuenglischem Blut. Im Jahr 1733 zählte man in der Kolonie, die Neger inbegriffen, 65000 Einwohner; 1755 sollen es 85000 Weiße gewesen sein und im Jahr 1770 mag man alles in allem mehr als 160000 Einwohner gezählt haben. —

Die Kolonie New Jersey ist wie New York selbst und auch Delaware aus dem Keim einer holländischen Handelsfaktorei hervorgegangen. Nachdem die Neuen Niederlande im Jahr 1664 englisch geworden waren, schenkte Karl II. das ganze Gebiet seinem Bruder, dem Herzog von York, wie schon gezeigt worden ist. Der neue Herr trat aber ein Stück des Gebiets auf dem rechten Hudsonufer an Lord Berkeley ab, der eben Gouverneur von der Insel Jersey gewesen war. Ihm zu Ehren wurde die Kolonie New Jersey genannt; sie heißt wohl auch die Jerseys, weil man zuzeiten Ost- und West-New Jersey als besondere Verwaltungsbezirke unterschied, selbst nach der Zeit, als im Frühjahr 1677 der größte Teil von West-New Jersey an die Gründer der Kolonie Pennsylvania verkauft worden war.

Die Bevölkerung war noch sehr dünn, ihr Grundstock bestand wesentlich aus Puritanern, Quäkern und anderen Dissenters. Um sich dem Herzog von York, dem Präsidenten der afrikanischen Kompanie und Beschützer des Negerhandels, angenehm zu machen, wurde der Sklaveneinfuhr möglichst Vorschub geleistet. Im übrigen regierte der Grundherr ziemlich freisinnig und billigte der Volksvertretung viele Rechte zu. Je mehr Puritaner aus England ihre Zuflucht in dem menschenarmen Lande fanden, desto mehr kamen auch die Gesetze und Freiheiten Neuenglands zur Geltung.

Recht zur Blüte erhob sich das Land erst, als die schottischen Presbyterianer und Kovenanter vor den Bluthunden Jakobs II. in die Neue Welt flohen und mit Vorliebe die Ufer von New Jersey, alle die grünen Schlupfwinkel in den Wiesentälern, in den Wäldern und Pfirsichgeländen aufsuchten. Der Hauptort Elisabethtown und die Küstenplätze an der Bai von Newark wuchsen heran; mit den Indianern wurden Abkommen getroffen und an der westlichen Grenze saßen als bester Schutz die friedlichen Siedler des dort aufblühenden Quäkerstaats.

Es wird erzählt, in den ersten Jahren des 18. Jahrhunderts haben deutsche Auswanderer, Reformierte aus der Harzgegend, den Entschluß gefaßt, auf dem Landweg von Philadelphia nach New York zu ziehen. Sie kamen natürlich durch New Jersey. Angelockt durch den reichen Boden hätten sie hier Halt gemacht und ihre Hütten gebaut in dem Tal, das nach seinen Bebauern German-valley genannt worden sei. Sicher ist, daß auch von den Pfälzern, die in New York landeten, deutsche Siedler herüberkamen und die Umgegend vom German-valley im nördlichen Teil von New Jersey bevölkerten. Diese waren Lutheraner, bauten fleißig Kirchen und Schulen, beriefen Geistliche aus der Heimat und nährten unter sich einen braven, unabhängigen amerikanischen Geist. Namentlich ihre Pfarrer, welche den Pastor Mühlenberg in Philadelphia als geistlichen Obern anerkannten, waren als warme Patrioten bekannt.

Nach langem Streit zwischen Grundherren und Krone traten 1702 die ersteren ihre Rechte ab und New Jersey wurde als königliche Kolonie organisiert. Der Gouverneur erhielt seine Anstellung und Instruktion von der Krone. Es fand allerdings eine Volksvertretung, wesentlich vom Grundbesitz gewählt, statt, aber nur der Gouverneur bestimmte, wann und wie lange sie sich versammeln sollte; er ernannte die Beamten und setzte Gerichtshöfe ein; alle Religionsgenossenschaften, mit Ausnahme der Papisten, sind anerkannt, der Kirche von England aber wendet sich die Gunst der Regierung zu. Ohne Zensur läßt die Regierung keine Schrift drucken, dagegen wird der Sklavenhandel angelegentlich empfohlen.

Die Selbstregierung innerhalb der einzelnen Bezirke und Gemeinden wurde nicht gerade plump von den königlichen Behörden angetastet, aber die Kolonisten empfanden es doch bitter, daß sie mehr infolge einer gewissen Duldung und Gleichgültigkeit, als durch ein gesichertes Recht sich selbst regierten. Man gewöhnte sich, in die alten Zeiten als in die Tage der Freiheit zurückzublicken und mit den Regierungsbehörden fortwährend zu rechten und zu streiten. Im Jahr 1733 mag New Jersey 15 000 weiße Bewohner, dreißig Jahre später 60 000 gezählt haben.

Die Kolonie Delaware, als flache Uferlandschaft am Mündungstrichter des gleichnamigen Flusses sich hinziehend, erhielt ihre ersten Ansiedler 1630 von den Holländern in Neu-amsterdam. In kurzer Zeit wurden sie von den Indianern vertilgt und die Schweden, welche von 1638 an ihre Kolonisten hierher brachten, fanden nur noch die Trümmer von den Blockhäusern ihrer Vorgänger. Mit den übrigen schwedischen Besitzungen (S. 58) fiel 1655 auch Delaware an die Holländer und wurde englisch 1664 mit dem gesamten holländischen Besitz. In der Folgezeit sind Versuche gemacht worden, die kleine Landschaft in Maryland oder New York einzuverleiben; schließlich bildete sie einen Teil von Pennsylvania.

Im Senat und im Abgeordnetenhaus dieser Provinz aber entstand 1691 Zwiespalt, infolgedessen die „unteren Gebiete" an der Delawaremündung als ein besonderes Gouvernement abgetrennt wurden. So begann die Kolonie Delaware, von den Nachbarn wegen ihres Obstreichtums der „Pfirsichstaat" genannt, ihr unabhängiges Dasein. Das kleine Gemeinwesen erfreute sich, weil es wegen seiner Winzigkeit kaum beachtet wurde, absoluter Selbstregierung. Erst im Jahr 1701 wurde das Gemeinwesen als königliche Kolonie organisiert; es mag zu dieser Zeit 20000 Einwohner gezählt haben. Nicht wenig tat sich das selbstbewußte Völkchen darauf zu gut, daß es durch seine Standhaftigkeit und Klugheit der Gefahr entronnen war, von einem der mächtigen Nachbarn verschlungen zu werden.

Diese kleinen, wenig beachteten Kolonien New Jersey und Delaware sind ursprünglich aus reinen Demokratien hervorgegangen; eine Nachahmung der Monarchie stellen die beiden mehr im Vordergrund stehenden Kolonien vor, New York und besonders Maryland; als eine Monarchie besonderer Art erscheint aber Pennsylvania, die fünfte Kolonie in dieser mittleren Gruppe. Mehr als irgendwo sonst hing gerade in dieser jungen und eigenartigen Kolonie alles von den Entschließungen eines einzelnen Mannes ab, von William Penn. Als Gründer der älteren Kolonien waren geschlossene Scharen von kraftvollen, geistsprühenden, trotzigen Flüchtlingen aufgetreten, reiche Handelsgesellschaften, große Herren vom Hofe; hier auf dem Boden von Pennsylvania zeigte sich als Grundherr und Monarch der Sohn einer vornehmen Familie, der dadurch, daß er sich der in vornehmen Kreisen verachteten Sekte der Quäker angeschlossen, zum Plebejertum herabgestiegen war. Mit dem aristokratischen Nachbar in Maryland aber hatte der plebejische Landesfürst von Pennsylvania das gemein, daß er sein Land zum Asyl machte für allerlei Volk aus allen Himmelsstrichen, von mancherlei Glauben; und das alles in dem glühenden Verlangen, das Glück der Menschheit zu fördern.

Während die Puritaner herb, streng, schroff, allezeit kampflustig erscheinen, treten die Quäker, „die Gesellschaft der Freunde", mehr als die Stillen im Lande auf, als die Duldenden, welche durch die Waffen des Geistes über Materie und Gewalt obzusiegen gedenken und jedem Streit aus dem Wege gehen. Sie widersetzen sich den Gesetzen nicht, erheben dagegen den Anspruch, unangefochten unter sich sein zu dürfen und ruhig nach dem Bibelwort zu leben. In der Mitte des 17. Jahrhunderts wurde die Sekte in England gestiftet, sprang wohl auch nach den Niederlanden über und mit vereinzelten Splittern sogar nach Deutschland. Treffend ist ihr Wesen geschildert in dem Ausspruch eines englischen Großen: „Die Loyalität der Quäker ist eine ganz eigenartige und besonders zu beurteilende; sie schmeckt nach Rebellion."

In jedem den Menschen und die Menschenwürde ehren, vor niemand aber äußeren Respekt, z. B. durch Hutabnehmen zeigen, jeden mit „du" anreden, das war Grundsatz bei den Quäkern. Ihre Anbetung Gottes ist die freie Sprache der Seele, ohne Kirche, ohne Zeremonien, ohne Dogmen, ohne Priesterstand. Schöne Künste, Kleiderpracht, Schwung der Rede galten nichts in den Augen des Quäkers. Nie wendete er Gewalt an oder gar Verfolgung; der Tyrannei verweigerte er den Gehorsam und suchte ihr ihre Werkzeuge zu entwinden. Zum Waffendienst ließ er sich so wenig herbei wie zur Leistung eines Eides. Gründe genug, um ihn mit der Staatsgewalt in Konflikt zu bringen. Wiederholt ist William Penn im Gefängnis gesessen. Mit genauer Not entgingen andere Führer dem Tode, und die ganze Religionsgesellschaft, welche durch alle ihre Taten und Meinungen ohne Scheu verkündigte, daß sie keinen wesentlichen Unterschied zwischen König und Untertan mache, daß in ihren

Augen alle Menschen gleich seien, fand sich vielfach verfolgt und gedemütigt.

Bald nachdem die Pilgrimväter ihren Fuß auf den Boden Amerikas gesetzt hatten, gründeten sie unter den ersten Wohnstätten an der Bai von Massachusetts die Stadt Salem; denn ein Ort des Friedens und der Ruhe war es, nach dem sie sich sehnten. Schon 1674 hatten Quäkerführer den größten Teil von West-New Jersey durch Kauf an sich gebracht und Salem nannten auch sie die erste Ortschaft, die an der Mündung des Delaware angelegt wurde; Flüchtlinge, Gehetzte, Mißhandelte waren es auch hier, welche eine friedliche Wohnstätte suchten. Aber um eine freie, nach allen Seiten hin unabhängige Regierung einrichten zu können, bedurfte es eines königlichen Freibriefs. Und für Erlangung eines solchen war alle Aussicht vorhanden. König Karl II. war die Schenklust selbst und William Penn besaß Fürsprecher genug in den höchsten Kreisen. Dazu hatte sich sein Vater als Admiral viele Verdienste um den englischen Namen erworben, konnte auch eine Forderung an die Krone im Betrag von 16000 Pfd. Sterl. vorbringen.

Auf all das gestützt schuf William Penn den Quäkern ein Königreich und machte sich selbst zum Landesfürsten durch den Freibrief vom April 1681. Karl II. überließ ihm darin das Gebiet westlich vom Delaware und zwar drei Grade der Breite und fünf der Länge. Pennsylvania nannte der König selbst das Land und verkündigte in einer Proklamation, daß William Penn als absoluter Grundherr mit allen zur Regierung erforderlichen Rechten und Befugnissen bekleidet worden sei. Der Freibrief enthielt ähnliche Bestimmungen wie der von Maryland, der zuerst die Monarchie nachgeahmt hatte. Ein Neues und nicht Unwichtiges aber kam für den Freibrief von Pennsylvania hinzu, eine Bestimmung, welche bisher noch in keinem Rechtsbrief oder Patent für irgend eine Kolonie enthalten war: das Recht, Abgaben aufzulegen, war ausdrücklich dem Parlament in London vorbehalten. Das Volk von Pennsylvania sollte keine Art der Besteuerung erleiden, als eben durch das englische Parlament oder durch die eigenen Abgeordneten. Der Tribut des Landesherrn an die Krone bestand alljährlich in zwei Biberfellen.

Als Grundgedanke der neuen Regierung war durch William Penn festgestellt, daß weder Religion, noch Reichtum, noch Abstammung irgend einen Unterschied ausmachen sollten. Obenan steht der Satz: alle Gewalt ist dem Volk anheimgestellt.

Voll Befriedigung sahen der König und die Kavaliere die Gesellschaft der Quäker, an der man immer so viel Anstoß genommen, hinauswandern und in der Ferne verschwinden. Man gratulierte sich dazu, daß alle unruhigen Elemente aus ganz England von dem Boden Amerikas gewissermaßen eingeschluckt werden, daß man ihrer los sei für alle Zeiten. An die künftige Größe dieser verschiedenen Ausstoßungen des Mutterlandes dachte man nie. Ja, über den trotzigen Sinn der Leute von Massachusetts und Virginia ärgerte man sich gelegentlich, aber im Ernst zählte man jene Kolonisten noch nicht zu den Größen, mit denen zu rechnen ist.

Im Herbst 1682 kam William Penn selbst an den Delaware und nahm seine Herrschaft in Augenschein. Als erste Aufgabe erschien, sich mit den Indianern und ihren Ansprüchen auseinanderzusetzen. Unter einem mächtigen Baume am Ufer des Delaware traf Penn mit den Abgesandten der Leni Lenapes, der Indianer vom Delaware, vom Schuylkill und Susquehannah zusammen. Mit Worten des Friedens und der Eintracht schieden sie. Weiße und rote Männer sollten ein Fleisch sein, dieselben Rechte und Interessen haben. Nie ist der Friede gestört worden. Neben religiöser Toleranz und bürgerlicher Freiheit sah sich dies Einvernehmen mit den Ureinwohnern zur weiteren Grundbedingung für das wunderbare Gedeihen des neuen Gemeinwesens erhoben.

Nichts unterließ William Penn, um in allen Dingen Ordnung zu schaffen; der Grund für die Hauptstadt Philadelphia wurde gelegt; die Fürsten der Nachbarreiche New York und Maryland besuchte er, um die Grenzen zu regeln. In demselben Jahre 1683 berief William Penn eine konstituierende Versammlung nach der werdenden Hauptstadt ein. Unter den Söhnen eines politisch geschulten Volkes vollzogen sich diese die Volksherrschaft vorbereitenden Schritte sicher und in vollständiger Ordnung. Aus den Beratungen und Beschlüssen ging ein Staat hervor, der als eine Repräsentativdemokratie erscheinen würde, wenn nicht die erbliche Würde des Monarchen, des Grundherrn, obenanstünde.

Die Verfassung von Pennsylvania gestaltete sich viel demokratischer als die von Maryland. Hier ernannte Lord Baltimore den Senat und alle Beamten. In Pennsylvania ging der Senat so gut wie das Haus der Abgeordneten und jede Beamtung aus der Wahl des Volks hervor. Alles persönliche Einkommen aus dem Lande wies Penn zurück. „Ich wünsche," sagte er, „zu zeigen, wie frei und glücklich die Menschen sein können." Ein Veto freilich blieb dem Grundherrn gegen die Beschlüsse des Volks gesichert.

Weit in die Ferne drang die Kunde von den Verteilen, die das neue Staatswesen biete, von den Tugenden und der Vertrauenswürdigkeit des Oberhaupts. In Deutschland, namentlich am Rhein und in den Städten des Nordens, in Emden und Bremen, war William Penn nicht unbekannt. In den Jahren 1671 und namentlich 1677 hatte er überall das Volk aufgesucht, das nach der Wahrheit hungerte. Freilich stellte er sich auch bei den Vornehmen ein, wie bei der geistreichen Elisabeth, Prinzessin von der Pfalz, der Stuarttochter und Äbtissin von Herford. Aber vor allem waren seine Worte doch gerichtet an die Bauern und Handwerker, an die Soldaten und Dorfschulmeister, wie an gelehrte und gebildete Kreise in Frankfurt am Main, Duisburg, Worms, Krisheim. Denn Penn beherrschte, eine Ausnahme unter seinen Landsleuten, die deutsche Sprache vollkommen.

Eben war Phil. Jak. Spener am Werke, der Äußerlichkeit erstarrender Formen mit der Glut frommer Empfindungen entgegenzutreten, erbaulich auf die Seelen und anregend auf den Geist einzuwirken. Jetzt hörte man ähnliche Töne, die der fromme Engländer angeschlagen; von seinem großen Reiche sprach man, von dem herrlichen Boden, von der Freiheit drüben über dem Wasser. Agenten des Quäkerkönigs zogen durch das Land; Flugschriften wurden verteilt.

Die alte Wanderlust der Deutschen war erwacht. Um Wege und Ziele zu zeigen, bildete sich 1682 die „**Frankfurter Landkompanie**", deren Leiter, unter denen Franz Daniel Pastorius voran steht, zum Spenerschen Kreise zählten. Als Ratgeber für die Auswanderer, Pietisten vom Rhein und Main, Mennoniten aus Krefeld, zerstreute Quäker, machte sich der hochgebildete und gelehrte Pastorius einen Namen. Durch einen Agenten William Penns versicherte er sich guter Überfahrt auf dem Schiffe „Concord", das als ein treffliches Fahrzeug von 500 Tonnen gerühmt wurde. Jeder erwachsene Auswanderer sollte 5 Pfd. Sterl. Passagegeld bezahlen. — Pastorius selbst stand an der Spitze der ersten Auswanderer, die im Juli 1683 von England in See stachen. Zu Anfang Oktober bekam man die Ufer des Delaware in Sicht und am 6. Oktober 1683 landete die „Concord" an der Stelle, wo man anfing, Philadelphia zu bauen. Mit frommen Gesängen hatten die Landenden die neue Heimat begrüßt; etwa dreizehn Familien waren es, die am Ufer des Delaware standen, Pastorius unter ihnen, ein Mann so zuverlässig und brav, wie ihn die noch schüchtern in das neue Land Blickenden nur wünschen konnten.

Das also war die erste **geschlossene deutsche Gesellschaft**, die in Amerika ans Land stieg, die Vorhut von Hunderttausenden, der Beginn jenes Massenwanderns vom alten Deutschland in die Neue Welt, das ein besonderes Kennzeichen der modernen Gedankenrichtung geworden ist.

William Penn, der etwa 9 Monate vor Pastorius in Pennsylvania angelangt war, empfing den Führer der Deutschen mit „liebevoller Freundlichkeit". Penns Sekretär war ein Sachse und so ergab sich bald der angenehmste Verkehr. „Auch lässet mich," erzählt Pastorius, „der Herr Gouverneur zum öftern an seine Tafel berufen und seiner erbaulichen Diskursen genießen. Er kam auch selbst mich zu besuchen und kontestierte gegen seinen Räten, daß er mich und die Hochdeutschen sehr liebete und wollte haben, daß sie dergleichen auch tun sollten."

Die Kundschafter der Deutschen zogen einstweilen durch Wiesen und Wald, um einen geeigneten Platz für Ansiedlung zu suchen, nachdem noch weitere Auswanderer angekommen waren. Land wurde gekauft und vermessen und man schritt zur Gründung der ersten deutschen Stadt in Nordamerika, Germantown. Das Grund- und Lagerbuch der Stadt enthält in klangvollem Latein die Ansprache des gelehrten Vorstehers Pastorius:

„Sei gegrüßt, Nachkommenschaft, Nachkommenschaft in Germanopolis! Und erfahre zuvörderst aus dem Inhalt der ersten Seite, daß deine Eltern und Voreltern Deutschland, das holde Land, das sie geboren und ernährt, in freiwilliger Verbannung verlassen haben (ach! ihr heimischen Herde!), um in diesem waldreichen Pennsylvania, in der öden Einsamkeit, minder sorgenvoll, den Rest ihres Lebens in deutscher Weise, d. h. wie Brüder, zu verbringen.

„Erfahre auch ferner, wie mühselig es war, nach Überschiffung des Atlantischen Meers in diesem Striche Nordamerikas den deutschen Stamm zu gründen. Und da, geliebte Reihe der Enkel, wo wir ein Muster des Rechten waren, ahme unser Beispiel nach. Wo wir aber, wie reumütig anerkannt wird, von dem so schweren Pfade abgewichen sind, vergib uns, und mögen die Gefahren, die andere liefen, dich vorsichtig machen. Heil dir, deutsche Nachkommenschaft! Heil dir, deutsches Brudervolk! Heil dir auf immer!"

Diese ersten Deutschen, die in geschlossenen Reihen am Ufer des Delaware ankamen, zeigen viel mehr Zuversicht und Rückgrat, als die Pfälzer, welche wir bei ihrer Landung in New York im Jahr 1710 (S. 68) kennen gelernt haben. Hier am Delaware standen religiöse Flüchtlinge unter einem kundigen Führer; den Boden von New York aber betraten solche, die vor wirtschaftlicher Not, vor Mangel und Hunger flohen und als „verpflichtete Knechte Sr. Majestät" galten. Demütig krochen sie unter, führerlos verliefen sie sich zum Teil und erst unter den Gefahren des Hinterwäldlerlebens bildeten sich selbstbewußte deutsche Gemeinwesen heraus. Hier am Delaware sah sich deutsches und englisches Blut verknüpft durch gemeinschaftliche religiöse Verfolgung im Heimatlande und damit gleichberechtigt. Deshalb erhielt sich deutsches Wesen auch durch viele Generationen hindurch bei den Ankömmlingen, die alljährlich zu Hunderten, bald aber zu Tausenden, hauptsächlich aus dem westlichen und südwestlichen Deutschland in Pennsylvania ihre Heimat suchten.

Pastorius fährt fort: „Den Ort nannten wir Germantown, welches der Deutschen Brüder Stadt bedeutet. Etliche gaben ihm den Beinamen „Armentown", sintemal viele der Beginner sich nicht einmal auf etliche Wochen provisionieren konnten. Und mag weder genug beschrieben noch von denen vermöglichen Nachkömmlingen geglaubt werden, in was Mangel und Armut, anbei mit welch einer christlichen Vergnüglichkeit und unermüdetem Fleiß diese Germantownship begonnen sei."

In wenigen Jahren arbeiteten sich die Bürger aus dem Gröbsten heraus; durch die Mitte der Stadt lief eine 60 Fuß breite Straße, 2—3 Kilometer lang, mit Pfirsichbäumen eingefaßt; die freundlichen Wohnhäuser von großen Gärten umgeben; rings die durch Fenzen abgeteilte Feldmark. Die Gemeinde richtete sich nach Art einer englisch-deutschen Reichsstadt ein; 1691 erhielt sie wirkliche Stadtrechte; Flachs- und Weinbau, Weberei kamen auf; das zeigte auch das Stadtwappen, auf dreiblätterigem Kleeblatt die Worte: Vinum, linum et textrinum. Als Bürgermeister, Friedensrichter und Mitglied der Assembly waltete der Deutschenführer Pastorius seines Amtes. In der Tat, mit Ausnahme einiger holländischer Familien war Germantown eine ganz deutsche Stadt, wie eine in Versen gehaltene „Short description of Pennsylvania" vom Jahr 1692 des näheren erzählt.

> The Germantown, of which I spoke before,
> Which is at least in length one mile and more,
> Where lives High German people and Low Dutch,
> Whose trade in weaving Linnin Cloth is much:
> There crows the Flax — —

Kirche und Schule erstanden in Germantown 1686, zehn Jahre später bedeutend erweitert. Lange Zeit wurde Germantown von den deutschen Einwanderern als die erste Raststätte angesehen; es bildete einen Mittelpunkt, von dem deutsches Wesen nach allen Seiten ausstrahlte. Hier wurde die erste Papiermühle angelegt, die erste Schriftgießerei.

Am 20. August 1739 ist hier die erste deutsche Zeitung gedruckt worden, der „Hochdeutsch Pennsylvanische Geschichtsschreiber". Damit war die deutsch-amerikanische Presse geboren. Beinahe ein Menschenleben hindurch durfte Pastorius an der Spitze seiner Landsleute stehen; nach seinem Tode fehlte es nicht an geistreichen Männern, die ihn zu ersetzen suchten. Ein Jahrhundert lang etwa ist Germantown eine durchaus deutsche Stadt geblieben. Heute ist es von der sich dehnenden Hauptstadt Philadelphia vollständig verschlungen.

Das also sind die Anfänge selbständigen, geschlossenen deutschen Lebens in Pennsylvania gewesen. Der Ruhm der von Deutschen angelegten Städte und Dörfer verbreitete sich mit jedem Jahr mehr; nach keiner Kolonie Amerikas drängten sich die Massen der deutschen Auswanderer so wie nach Pennsylvania. Je mehr man von den Vorzügen Amerikas sprach, desto unerträglicher mußten der Zwang, die Hoffnungslosigkeit, der gleichbleibende Druck in Europa erscheinen. Die Einförmigkeit und Langweile des unwürdigen Lebens trieben die meisten Auswanderer übers Meer.

William Penn herrschte als Souverän unbehelligt bis zur Revolution des Jahres 1688, die Wilhelm von Oranien auf den Thron brachte. Den Einfluß der Krone und des Parlaments in den Kolonien zu stärken, darauf ging jetzt die Regierung aus. Es wurde der Versuch gemacht, Pennsylvania einer königlichen Kommission zu unterwerfen, allein die Volksvertreter hielten standhaft fest an ihren alten Rechten. Doch riß ein königlicher Gouverneur die Gewalt des Landesfürsten für ein paar Jahre an sich. William Penn befand sich gerade in England und wurde wiederholt vor Gericht gestellt. Endlich erklärte Wilhelm III.: „Er ist ein alter Bekannter von mir, er mag seine Geschäfte so ungehindert betreiben wie früher; ich habe nichts gegen ihn." Im August 1694 wurde Penn durch Patent wieder in sein Fürstentum eingesetzt, während die benachbarte Monarchie Maryland (S. 56) noch bis 1715 von königlichen Gouverneuren verwaltet wurde.

Erst in den letzten Jahren des 17. Jahrhunderts kehrte William Penn in sein Reich zurück. Es war indessen groß gewachsen und stand durchaus unabhängig da. Nirgends erscheint die Volksvertretung so mächtig, nirgends hatte sie eine so vollständig demokratische Regierung eingeführt; für William Penn, als Souverän, blieb nur eine sehr bescheidene Stellung übrig. Das Volk hatte sich als Quelle seiner eigenen Ehre und Macht erklärt. Mit den ersten Jahren des 18. Jahrhunderts aber schien es immer deutlicher zu werden, daß die englische Regierung die Aufhebung sämtlicher Freibriefe plane, um in allen Kolonien königliche Gouverneure einzusetzen. Im Jahr 1712 trat Penn gegen Entschädigung seine Rechte als Landesherr an die Krone ab.

Aber auch jetzt wurde die Macht des Volks in Pennsylvania weniger eingeschränkt als in den anderen Kolonien. Die königlichen Gouverneure klagten: Freiheit und Privilegien! sei das Geschrei der Leute; unmittelbare Gefahr einer Insurrektion sei vorhanden.

Die Gesetze verbürgten ja für Pennsylvania die vollständigste Gedankenfreiheit. In Philadelphia wurden die Wissenschaften gepflegt; Bibliothek und Akademie sicherten die geistige Unabhängigkeit. Keiner ihrer Bürger war so tätig in der Presse als Benjamin Franklin; er verteidigte in seiner Zeitung die Freiheit der Rede und der Presse; voll Unwillen wandte er sich gegen die Politik der Willkürherrschaft und pries die Volksregierung. Er war es, den das Vertrauen seiner Mitbürger im Jahr 1757 nach London schickte, um die Sache des Landes gegen die Rechte der alten Grundherren und gegen die königlichen Beamten zu verfechten. Eine herrliche Vorschule für Franklin, der hier die ganze Verranntheit der englischen Regierung, das zähe Festhalten dieser bis an die Zähne bewaffneten Aristokratie kennen lernte. — „Eure amerikanischen Legislaturen, sagte Grenville zu Franklin, erweisen den Instruktionen des Königs nicht den gebührenden Gehorsam. Diese Instruktionen sind gründlich erwogen und sobald sie sich in den Händen der Gouverneure befinden, sind sie Landesgesetze; denn der König ist der Gesetzgeber der Kolonien."

Es handelte sich bei dem Vorbringen Franklins hauptsächlich um Besteuerung, Beiträge für Heer und Miliz. Die Ansichten der Regierung, die der amerikanische Staatsmann in London gehört, verwischten sich nie wieder aus seinem Gedächtnis.

Zu der Zeit, als Franklin nach England ging, hatte Pennsylvania höchst wahrscheinlich 220000 Einwohner; darunter mögen wohl 90000 Deutsche gewesen sein.

Vielen frommen Gemütern und spitzfindigen Köpfen erschien zu Ende des 17. und im Anfang des 18. Jahrhunderts die Kirche als ein schwerfälliger, mit gleisnerischem Prunk ausgestatteter Apparat, der sich höchst unberufen zwischen den Menschen und seinen Schöpfer, zwischen den Christen und seinen Heiland drängte. Jeder suchte sich aus dem Bibellesen seine besondere Fasson des Christentums herauszudestillieren. So entstand ein weitverzweigtes, sich gegenseitig abstoßendes und beargwöhnendes Sektenwesen, das sich natürlich weder in Deutschland noch in England ganz frei bewegen konnte, in Pennsylvania aber bei der durch Grundgesetz anerkannten Religionsfreiheit volle Entfaltung fand.

Da gab es zu Anfang des 18. Jahrhunderts ein Gewirr von allerlei Bekenntnissen: Quäker, Herrnhuter, Mennoniten, Tunker, Presbyterianer, Bischöfliche, Katholiken, Reformierte, Lutheraner, Schwenkfelder, Neugeborene, Neuländer, Siebentäger, Heckewälder, Wiedertäufer, Mährische Brüder, Inspirierte und andere. Während Quäker, Herrnhuter, Mennoniten, Mährische Brüder still für sich lebten, zum Teil auch die Heidenbekehrung betrieben, während Bischöfliche, Katholiken, Reformierte und Lutheraner sich kirchlicher Leitung erfreuten, trieb es von den zahlreichen Sekten immer eine toller als die andere. Manche derselben hatten die Idee des Kommunismus bei sich verwirklicht, wie es versuchsweise auch die ersten Einwanderer in Massachusetts und Virginia getan hatten; einzelne der Sekten lebten in Vielweiberei, andere ehelos oder schlossen sich in Klöster ein.

Von denen, welche mönchisch zusammen lebten, haben die „Siebentäger" (so genannt, weil sie den jüdischen und nicht den christlichen Sabbat feierten) in der Waldeinsamkeit des Klosters Ephrata die Augen am meisten auf sich gezogen. Der Gründer und Mittelpunkt der Sekte war Konrad Beissel, ein aus der Pfalz eingewanderter Bäcker, Mystiker, Aszet und Schwärmer. Während die Salbadereien des „Erweckten" auf die Uneingeweihten den Eindruck machten, als sei er nicht recht bei Verstand, galt er bei seinem Anhang als ein Übermensch, dem magische Kräfte zu Gebot stehen. Die „Einsamen" im ganzen Lande begannen sich im stets geräumiger werdenden Kloster zu sammeln und wurden nach Einführung der klösterlichen Lebensweise als Mönche und Nonnen eingekleidet. Die Beschränkung auf Pflanzenkost gründete sich auf sittliche Motive, um die böse Lust des Menschen leichter dämpfen zu können.

Auch Anklagen, Rebellion und im Jahr 1745 Sezession gab es im Kloster. Die alten wunderlichen Käuze starben allmählich aus; der „Orden der Einsamen" zählte immer weniger Brüder und Schwestern; im Jahr 1814 schloß das Kloster seine Tore.

Einer gastlichen Schenke glich das Land Pennsylvania, das aus allen Ecken und Winkeln freiheitsdurstige und arme Leute an sich zog. Namentlich aus Deutschland. Die Strecken am Rhein, am Main und am Neckar, Thüringer- und Sachsenland hatten schon von alters her einen Überfluß von Menschen aufzuweisen. Nach dem fernen Osten war er ehemals abgeflossen, in die Kolonien von Brandenburg und Preußen, nach Rußland und Ungarn. Jetzt blickte alles nach dem Lande über dem Meer.

Es konnte nicht fehlen, daß viele hilflose arme Teufel sich durchschlugen von ihrer Heimat bis zum Einschiffungsplatz und dann mit dem Schiffsherrn wegen freier Überfahrt unterhandelten. Daraus ergab sich ein ganz neuer Erwerbszweig. Agenten und Seelenverkäufer der niedrigsten Art zogen durch die Länder im Westen Deutschlands oder lauerten in den Seeplätzen. Glatter Handel ergab sich für Männer, Weiber und Kinder, sobald sie sich durch Dienstverträge verpflichteten, ihre Verbindlichkeiten für Überfahrt und Beköstigung im neuen Lande abzuverdienen.

Kam ein Schiff mit derartigen Auswanderern, die während der Fahrt schlecht genug behandelt und verpflegt worden waren, im Hafen an — in New York, Philadelphia oder Baltimore —, so fanden sich Farmer und Handwerker am Landungsplatz ein, um unter den zur Dienstleistung Verpflichteten (Redemptionisten, Auslöser) passende Subjekte für ihr Geschäft auszuwählen. Sie zahlten dem Schiffsherrn, was er für die betreffende Person zu fordern hatte und diese mußte nun fünf, zuweilen sieben Jahre dienen, bevor sie wieder Verfügungsrecht über sich selbst erhielt. Selten konnte ein Dienstherr eine ganze Familie brauchen; deshalb trennte man ruhig den Mann vom Weibe, die Kinder von den Eltern. Alles das ging gewohnheitsmäßig und in einer Art von gesetzlichen Formen vor sich.

Auch englische, schottische, irische Auslöser gab es, aber die meisten der ganz Verarmten stammten aus Deutschland. Oder es kamen die deutschen Einwanderer mit so zusammengeschrumpften Mitteln an, daß sie sich von der Küste, ihre kleine schmutzige Habe mit sich führend, durchbettelten bis zum Hinterwald, wo sie als Squatter sich setzen konnten. Aus derartigen Vorgängen und Bildern mag Charles Sealsfield geschöpft haben, wenn er von dem kläglichen Eindruck erzählt, den die armen Deutschen gemacht haben in einem Land, in dem die älteren aus englischem Blut stammenden Bewohner sich fetten Überflusses erfreuten und weitgehendster persönlicher Freiheit.

Die deutschen Ankömmlinge unter Pastorius, nicht reich, aber immerhin etwas wohlhabend, hatten die beste Meinung im neuen Lande erweckt. Jetzt aber, da so viele bettelhaft aussehende Gestalten in einzelnen Gruppen und großen Gesellschaften nachrückten und durch ihre unterwürfige Haltung die ganze Hilflosigkeit ihrer Lage verrieten, kamen die Deutschen allmählich in Verachtung und wurden eine Stufe tiefer gestellt als die aus England Zuwandernden. Dazu tritt, daß diesen wirtschaftlichen Flüchtlingen aus Deutschland jetzt die Führer fehlten, geistig überlegene Männer, welche den Hilflosen die Wege zeigten und den englischen Behörden wie den gebildeten Kreisen der älteren Kolonisten eine gewisse Achtung abnötigten. Das war immer der Vorteil der aus England Kommenden vom Beginn des 17. Jahrhunderts an, daß an ihrer Spitze geistig hervorragende Männer standen: Geistliche, Rechtsgelehrte, aufgeklärte Leute jeglichen Schlags, waghalsige Abenteurer, geschmeidige Höflinge. Ihnen galt es nicht allein, das nackte Leben zu retten, nein, eine Rolle wollten sie spielen unter und mit diesem Zweige des englischen Volkes, das damals politisch geschulter war als alle anderen großen Nationen.

Indessen ist nicht zu leugnen, daß schon zu Anfang des 18. Jahrhunderts unter den Deutschen in Pennsylvania sich recht viele wohlhabende Familien befanden; blühende Geschäfte wurden von Deutschen geführt; es fehlte nicht an gebildeten und geistig hochstehenden geselligen Kreisen. Auch aus der Dienstbarkeit vermochten einzelne emporzutauchen. Gordon, der Geschichtschreiber Pennsylvanias sagt: „Viele der Deutschen wurden als Knechte verkauft, von denen einige der ansehnlichsten und reichsten Einwohner der Kolonie Pennsylvania herstammen."

Die vielen Betrügereien und Gewalttätigkeiten, welchen die der Sprache unkundigen hilf- und mittellosen deutschen Ankömmlinge ausgesetzt waren, bewogen nach der Mitte des 18. Jahrhunderts verschiedene wohlhabende Einwohner Philadelphias, eine Gesellschaft zu bilden, um bei der Ankunft der armen Einwanderer Aufsicht zu führen, den Leuten Rat zu erteilen, sich um Erhaltung deutscher Sprache und deutscher Art, um Pflege der Religion zu kümmern.

Am zweiten Christfeiertag 1764 versammelten sich 65 deutsche Männer von Philadelphia im Lutherischen Schulhause daselbst und gründeten die **Deutsche Gesellschaft**. Sie organisierte sich sofort mit allen ihren Beamten und ihren Satzungen. Der Eingang zu denselben lautet:

„In nomine Domini nostri Jesu Christi. Amen.

Wir, Sr. Kgl. Maj. von Großbritannien Teutsche Untertanen in Pennsylvania, sind bei Gelegenheit der mitleidenswürdigen Umstände vieler unserer Landsleute, die in den letzten Schiffen von Europa in dem Hafen von Philadelphia angekommen sind, bewogen worden, auf Mittel zu denken, um diesen Fremdlingen einige Erleichterung zu verschaffen, und haben mit unserem Vorsprechen und einem geringen Beitrag in Gelde manchen Neukommern ihre Not etwas erträglich gemacht.

„Dies hat uns zum Schluß gebracht, so wie wir zusammengekommen sind, eine Gesellschaft zur Hilfe und Beistand der armen Fremdlinge teutscher Nation in Pennsylvania zu errichten und einige Regeln festzusetzen, wie dieselbe Gesellschaft von Zeit zu Zeit sich vermehren und ihre Guttätigkeit weiter und weiter ausbreiten möge."

Es ist bemerkenswert, daß achtzig Jahre, nachdem Pastorius mit den ersten Deutschen in Philadelphia ans Land getreten war, die deutschen Einwanderer, auch die, welche schon lange hier wohnten, sich zwar englische Untertanen nannten, aber doch als Deutsche sich fühlten. Und zugleich scheinen sie manches Vorteilhafte von ihren englischen Mitbürgern angenommen zu haben. Zu einer Zeit, da man in Aktenstücken auf deutschem Boden eine schwer verständliche, verklausulierte, auf Umwegen nach ihrem Ziel hinschleichende und verschnörkelte Sprache redete, faßten sich diese Deutschen von Philadelphia in ihrem Protokoll kurz, klar und stracks aufs Ziel losgehend. Die deutsche Umgangssprache unterschied sich von dieser klaren Schriftsprache nicht zu ihrem Vorteil; es begann sich ein pennsylvanisch-deutscher Dialekt herauszubilden, der, im Grund pfälzisch-alemannisch unter englischen Beimischungen, mühsam einherstolpert.

Gegen die Mitte des 18. Jahrhunderts hatten so viele Deutsche ihre Heimat in Pennsylvania aufgeschlagen, daß die Ansiedler aus englischem Blut fürchteten, Pennsylvania werde eine deutsche Provinz. Zugleich verstanden sich die Deutschen mit den Quäkern gut, taten sich hervor durch Fleiß und allerlei Geschicklichkeit. Es wurden deshalb Stimmen im Lande laut, man solle den Deutschen als gefährlichen Nebenbuhlern die Einwanderung erschweren. Darauf erklärte der Gouverneur Thomas 1738: „Diese Provinz ist seit einigen Jahren das Asyl der bedrängten Protestanten aus der Pfalz und anderen Teilen Deutschlands; ich glaube, es kann der Wahrheit gemäß behauptet werden, daß der jetzige blühende Zustand des Landes größtenteils dem Fleiß dieser Leute zu verdanken ist, und sollte eine beschränkende Maßregel sie abhalten, hierher zu kommen, so steht zu befürchten, daß der Wert der Ländereien falle und der Wohlstand langsamere Fortschritte mache;" denn nicht allein durch die Ergiebigkeit des Bodens, vielmehr durch den Fleiß der Bewohner gelange ein Land zur Blüte.

Nicht alle Englischen urteilten so wohlwollend; 1724 wird geäußert: man werde unruhig über die große Zahl der hieher kommenden Deutschen; sie seien so stark, daß sie auf den Gedanken kommen könnten, das Land für sich in Besitz zu nehmen. Diese Deutschen hängen unter sich zusammen, seien ein gefährlicher Bund und reden unter sich nur ihre Sprache; viele alte Soldaten seien unter ihnen und die Männer wohl bewaffnet. Und später, im Jahr 1755, wird geklagt, früher seien die Deutschen friedliebend und fleißig gewesen, jetzt werden sie halsstarrig und aufrührerisch.

Unterstützt von ihrer Presse und ihren Abgeordneten suchten die Deutschen die gewonnene Stellung nach allen Seiten hin zu verbessern durch deutsche Kirchen und Schulen und dem Staat Pennsylvania den Stempel eines englisch-deutschen Gemeinwesens aufzudrücken.

Von jeher ist es das Streben des Deutschtums gewesen, in Amerika sich eine abgegrenzte, wirkliche Heimat zu schaffen, wo niemand das Recht haben sollte, in deutsche Angelegenheiten dreinzusprechen. Noch im 19. Jahrhundert sind allerlei Abenteurer, Flüchtlinge, Gebildete aller Stände an die Verwirklichung des alten Plans gegangen. Der ferne Westen wurde ins Auge gefaßt, auch Texas. Man fing an, da und dort zu gründen. War die Örtlichkeit von geographischem Wert, so stellten sich natürlich auch sofort die nichtdeutschen Elemente ein und von nationaler Abgrenzung konnte keine Rede mehr sein; ein wertloser Winkel aber versank in sich selbst. Wenn irgendwelche Zeit sich günstig erwies für die Herausarbeitung eines besonderen deutschen Territoriums oder Staates, so war es die Kolonialzeit während der Mitte des 18. Jahrhunderts in Pennsylvania. Es mag sein, daß der Krieg um die Unabhängigkeit die deutschen Bestrebungen unterbrach. Und in späterer Zeit sind sie nicht wieder aufgenommen worden, weil die Natur der Dinge sich mächtiger zeigte als alte Wünsche.

Durch die aus dem Boden kommenden Kräfte werden die Völker unbewußt in ihrem Entwicklungsgang umgeändert. Die

lebendige Seele des Volks vereinigt sich mit dem Wohn=
boden zu einem neuen untrennbaren Ganzen. So ging es
nach der Völkerwanderung mit den umhergestreuten Stücken ger=
manischer Stämme. Aus dem Boden ihres neuen Gebiets stieg ge=
bieterisch und zwingend der Zauber der Örtlichkeit und formte
sich ein neues Volk. Das war auch das Schicksal der Eng=
länder, Schotten, Iren auf dem Boden Amerikas. Der
ursprüngliche Stamm vereinigte sich mit dem Geist des Wohn=
ortes zu einer neuen Nationalität, in der neben ererbten Eigen=
schaften noch das Weite, Breite, Riesengroße zur Ausprägung
kam. Leichter und rascher noch ging die Umprägung des deut=
schen Stoffes vor sich. Die Deutschen wurden um so vollkom=
menere Amerikaner, als keine politischen Fäden sie an irgend
ein Mutterland knüpften. Wenn wir heutigen Deutschen die
Herausbildung der amerikanischen Unabhängigkeit und die Größe
des amerikanischen Weltreichs betrachten, so ist es eine Genug=
tuung für uns zu finden, daß so viele tüchtige amerikanische
Kräfte aus dem deutschen Urstoff hervorgegangen sind.

Nationale Absonderung ist später nie mehr im Ernst weder
von der Menge noch von den Führern für das Deutschtum
verlangt worden. Ja, was Deutsche oder von Deutschen Ent=
sprossene Großes in Amerika und für Amerika geleistet haben,
das haben sie getan als Amerikaner, nachdem sie den ganzen
Zauber und die Energie amerikanischen Wesens auf sich hatten
wirken lassen. —

Ein größeres Gemisch von Nationalitäten gab es in Nord=
amerika nirgends als in diesen mittleren Kolonien zwischen den
Grenzen von Virginia und Connecticut. Neben der politischen
Freiheit fand sich zugleich mehr religiöse Duldung als irgend=
wo auf englischem Gebiet. Die Einfachheit und Strenge der
Quäker hatte sich in bemerklicher Weise abgeschliffen und einem
lässigeren Sinne Platz gemacht. Auch in diesen mittleren
Kolonien verfocht man vor Gericht und im Hause der Ab=
geordneten die Rechte und Freiheiten des Volks gegen die An=
sprüche der Krone und der Grundherren mit Sachkenntnis und
Scharfsinn, aber nicht mit der leidenschaftlichen Heftigkeit, wie
man es in Neuengland, besonders in Massachusetts, gewohnt

war; ja, die Bevölkerung, wenigstens der den Ton angebende Teil, stellte sich nicht selten auf die Seite der Regierung und legte eine außerordentliche Anhänglichkeit gegen das Mutterland an den Tag.

Der Erwerb im Wege des Handels und Verkehrs drängte hier bald alles andere in den Hintergrund. Durch die starke Mischung der Bevölkerungselemente gewöhnte man sich, politisch und religiös gleichgültiger und nachgiebiger zu werden und benützte die Gunst der Lage, um Reichtum zu erwerben. Ein großstädtisches Leben machte sich geltend in Philadelphia und bald auch in New York. In den südlichen Kolonien gab es keine Städte, in Neuengland zog die Sitte strenge Schranken; aber am Hudson und am Delaware wuchs mit der Jagd nach Reichtum zugleich die Freude an verfeinertem Lebensgenuß, an Eleganz und Abwechslung.

Es ist ja denkbar, daß an der Herausbildung einer fröhlicheren und ungezwungeneren Sinnesart die gerade in diesen mittleren Kolonien besonders zahlreichen Deutschen einen gewissen Anteil hatten. Sie bewohnten in geschlossenen Körpern ganze Landschaften und die Findigen unter ihnen wußten sich bald in den Kreis der wohlhabenden und tonangebenden Städtebürger heraufzuarbeiten. In den anderen Kolonien saßen wohl auch Deutsche, namentlich in Virginia und Karolina, da und dort sogar in den Neuenglandstaaten, aber zu einer Beachtung wie in den mittleren Kolonien, namentlich in Pennsylvania, brachten sie es nirgends. —

Das also sind die **dreizehn alten Kolonien**, die sich am atlantischen Küstensaum von Nordamerika hinziehen zwischen Neufrankreich im Norden und Florida im Süden; verschieden unter sich nach Klima und Boden, nach Größe, nach Bevölkerung und nach Herkommen derselben.

Während die großen Kolonien Virginia, New York, Pennsylvania fast so viel Bodenfläche umfassen wie England ohne Wales, stellen die kleinen Gemeinwesen von Rhode Island und Delaware ein Gebiet dar von kaum 100 deutschen Quadratmeilen, etwa vom Umfang des Großherzogtums Oldenburg. Verhältnismäßig dicht wohnten die Menschen am Küstensaum und unmittelbar hinter demselben; drang man nur 100 englische Meilen ins Innere ein, so befand man sich schon im Gebiet der auf weiten Raum zerstreuten Dörfer und Einöden und gelangte bald ins Land der Hinterwäldler und Squatter. Verhältnismäßig dicht saß die Bevölkerung auch in den kleinen Kolonien Neuenglands. Um die Mitte des 18. Jahrhunderts schätzte man die Volkszahl in Neuengland auf 405 000 Menschen; davon entfällt die Hälfte auf Massachusetts, der vierte Teil auf Connecticut. Pennsylvania zählt um jene Zeit eine Kleinigkeit mehr Einwohner als Massachusetts; Virginia, noch mehr New York bleiben hinter Massachusetts und Pennsylvania zurück; auf gleicher Ziffer mit Connecticut steht Maryland; nur die Hälfte davon mit je 50 000 weißen Menschen erreichen Nord- und Südkarolina.

Über 15 Breitegrade hin dehnt sich das gesamte Gebiet der Kolonien, verbunden unter sich von Hafenplatz zu Hafenplatz durch eine rege Küstenschiffahrt. Die Schwerfälligkeit des Verkehrs im Binnenlande aber, die Weite des Raums, die Unmöglichkeit, in dem menschenarmen Lande diese Weite zu überwinden, bedingen eine stark ausgesprochene Getrenntheit, die noch erhöht wird durch Zollgrenzen und Schlagbäume, durch Gesetze und Anschauungen. Neuengland war für den Virginier so entlegen, als gehörte es einer anderen Welt an.

IV. Grenzen und Kriege

War auch die Küstenlandschaft gesegnet und frisch durch die Allgegenwart des Wassers, durch das Strömen der Flüsse und das Geriesel der Bäche, die aus den Waldbergen hervorbrechen, so trieb es doch bald die Ansiedler hinein ins innere Land. Es war ja ein Zauber ohnegleichen, den Flüssen und Bächen bis zur Quelle nachzugehen. Wer konnte dem Reiz widerstehen, von Bergkette zu Bergkette zu klettern und die Wunder aufzudecken, die noch keines Europäers Auge geschaut: gleich großen Meeren sich dehnende Seespiegel, donnernde Wasserfälle, ragende Urwaldmassen, alle die Zauber einer herrenlosen Pracht?

Man wanderte am Hudson aufwärts der Quelle entgegen und blickte von den Höhen herab auf die Seen St. Georg und Champlain, an deren Ufern das französische Gebiet anfing, zu dessen Schutz das Fort Ticonderoga erbaut war, an dem vorüber auch der Weg nach den französischen Hauptstädten Montreal und Quebec führte. Oder aus dem Küstenlande von Pennsylvania und Virginia zogen die Entdecker den Fluß aufwärts den blauen Bergen der Alleghannies entgegen. Da war die Bootfahrt gehemmt durch Stromschnellen oder durch einen Trümmerwall, gebildet aus weißbärtigen Baumgreisen, die im tausendjährigen Schweigen des Urwalds übereinander gesunken waren. In den schmalen Seitenriß des Baches einbiegend, umfing die Jäger unter dem Gewölbe des Laubdachs nächtliche Stille. So, immer westwärts strebend, gelangten sie auf die gerundete Kuppe des langrückigen Bergzugs.

Aus der Dämmerung des Waldes heraustretend, übersahen sie ein endloses Gipfelmeer und blickten staunend hinaus in diese neue Welt, die vor ihnen lag, in der alle Wasser nach Westen eilten, zum Monongahela und Alleghany, welche durch ihr Zusammenfließen den Ohio bilden. Gierig lassen die Entdecker ihre Augen über das weite Gebiet schweifen, das sie in Gedanken schon betrachten als die Heimat für Enkel und Enkelkinder. Denn die unbewußte Lust zum Ausbreiten, die Sucht nach Eroberungen hatte sich allmählich aller Kolonien bemächtigt. Jetzt lag noch tiefes Schweigen über den Tälern und über der freundlichen, flachhügeligen Uferlandschaft am Ohio; nur das Gurren der Wildtaube schlug ans Ohr, oder das Plätschern des Baches. Weit trug das Auge bis an den westlichen Horizont; dort sahen die Pfadfinder eine Rauchsäule sich in die klare Luft kräuseln; kam sie aus dem Lager einer wandernden Horde Indianer oder aus der Ansiedlung bei Fort Duquesne, von dem man sagte, daß es neuerdings von den Franzosen zum Schutz ihres Gebietes Louisiana angelegt worden sei?

Nachdem sie die neue Welt geschaut, kehrten die Entdecker wieder nach der Küstenlandschaft zurück und konnten zu Hause nicht genug erzählen von den Herrlichkeiten, die dort hinter den Bergen lagen, dort im fernen Westen. —

Im Frieden von Utrecht 1713 hatte Frankreich im wesentlichen seinen Besitzstand gerettet. Von Cap Breton erstreckte sich seine Herrschaft, zu deren Schutz 1720 die Festung Louisbourg erbaut wurde, von der Mündung des Lorenzstromes mit den Städten Quebec und Montreal westwärts über die großen Seen bis zum Westende des Oberen Sees und nach Süden über das weite Gebiet des Ohio und Mississippi bis zur Mündung dieses Stroms in den mexikanischen Golf, wo seit kurzem sich die Hafenstadt New Orleans erhob und bis zur Bai von Mobile. Der nördliche Teil dieses Gebiets als Kanada oder Neufrankreich bezeichnet, das südliche noch gewaltigere Stück am Ohio und Mississippi als Louisiana.

Innerhalb welcher Grenzen aber lag Louisiana? Wie weit erstreckte es sich? Diese und andere Fragen waren es, welche trotz aller Friedensschlüsse noch der Lösung harrten.

Wie ehemals die fahrenden Ritter getan, so suchten die Franzosen ihr großes Reich in Nordamerika mit allen Mitteln der Gewalt und der Kunst großzuziehen; man schickte glänzende Herren von untadeligem Adel, aufopferungsfähige Offiziere und Missionare, einen mächtigen Verwaltungsapparat ins öde Land. — Ohne von ihrer Regierung unterstützt oder gerufen zu sein, waren auf eigene Faust die vernachlässigten und wenig beachteten Söhne Englands übers Meer herübergekommen. Sie dachten nicht daran, Reiche gründen zu wollen, nur Boden wollten sie haben, viel Boden und schönen Boden, um sich auf ihm eine neue Heimat zu schaffen. So besetzten sie zunächst die Küste, wurden aber allmählich neugierig und blickten westwärts in die neuentdeckte Welt hinein ohne den mindesten Zweifel darüber, daß sie ihnen gehöre.

Die Franzosen ihrerseits rückten systematisch immer weiter von ihrem Reiche Louisiana, vom Ohio, gegen die östlich gelegenen Berge vor, um die Engländer wegzudrücken und auf möglichst schmalen Küstenstreif zu beschränken. Töricht, wer die Küste im Besitz hat, dem gehört, wenn er irgend über staatenbildende Energie verfügt, auch das Hinterland. In diesem Hinterland selbst aber bildeten die Indianerstämme, die allmählich sich von der Küste vertrieben sahen, den Hauptgegenstand des Interesses. Ihnen ihr Land abzukaufen, sie selbst als Bundesgenossen zu gewinnen, darum handelte es sich. Und die Franzosen wußten im allgemeinen die Indianer mit Geschick zu behandeln und an ihre Interessen zu fesseln.

Das Grenzgebiet zerfällt wesentlich in drei Stücke. An dem nördlichsten, gegen Acadia und den Lorenzstrom gelegen, ist Massachusetts beteiligt; das mittlere Stück der gegen Norden verlaufenden Grenze mit dem Wege vom Hudson nach Montreal und Quebec und gegen die großen Seen hin liegt in der Ausdehnungssphäre der Kolonie New York; der nach Westen gerichtete Flügel der Grenze aber, die Abdachung der Alleghannies gegen das Ohiobecken fällt in den Machtbereich von Pennsylvania und Virginia. Dieser Strich der Grenze scheint der wichtigste zu sein. Kaum eine Bedeutung kommt der Grenze Georgias gegen Florida zu.

Wären die Grenzen genau abgesteckt gewesen nach Flußläufen oder Breite- und Längegraden, so hätten die beiderseitigen Behörden leicht zu entscheiden gehabt. Aber scharfe Grenzen gab es überhaupt nicht; es gab nur Grenzgebiete d. h. neutrale Distrikte, die weder zu Frankreich noch zu den englischen Kolonien gehörten. Beide Teile machten Einfälle in dies neutrale Zwischengebiet und rissen immer mehr Stücke an sich. So näherten sich die Machtsphären von beiden Seiten zusehends und es mußte sich die Frage entscheiden: gehört Nordamerika dem Verwaltungsapparat der französischen Krone oder wird es der Heimatboden für eine mächtige germanische Volksgewalt werden?

An den Grenzen beobachten Frankreich und England ein ganz verschiedenes Verfahren. Überall steht die Regierung Frankreichs mit ihren Offizieren, Gouverneuren und Truppen auf den vorgeschobensten Posten. Nur in Ausnahmefällen aber, wenn Großes auf dem Spiel steht, läßt England sich herbei, Offiziere und Truppen zu schicken. Im wesentlichen bleibt die angriffsweise Ausdehnung wie die Verteidigung gegen Angriffe den einzelnen Kolonien überlassen. Und diese Kolonien sind lauter

Grenzkolonien mit Ausnahme von Rhode Island, Connecticut, New Jersey und Delaware.

Durch einen Gürtel von wohl 60 Forts vom Mississippi zum Ohio und über die Seen zum Lorenzstrom suchte Frankreich auf der einen Seite seine Grenze zu decken, auf der anderen die englischen Siedler immer mehr einzuengen. Von diesen Befestigungen lagen in vorderster Linie Fort Leboeuf und das später angelegte Duquesne im Ohiogebiet, Fort Niagara zwischen Erie und Ontario, weiter östlich Fort Frontenac am unteren Ontario und Ticonderoga auf dem Weg vom Hudsontal nach Montreal. Zweifellos befand sich 1754 das ganze Becken des Ohio in den Händen der Franzosen. Dort lag das für die Amerikaner wünschenswerteste Stück Boden, dort mußte sich der wichtigste von allen Kämpfen entscheiden, der Kampf um den Ohio.

Zunächst war der einheitliche, von einer Zentralmacht ausgehende Wille Frankreichs den verzettelten Anläufen der englischen Kolonien weit überlegen. Verwundert umstanden die Indianer eine Gruppe französischer Sendlinge, welche im Jahr 1749 durch das ganze Becken des Ohio zogen und in den Boden bei der Mündung von Flüssen und Bächen bleierne Platten eingruben, auf denen allerlei Zeichen angebracht waren. Die Zeichen aber stellten eine Erklärung vor, welche der ganzen Wildnis verkünden sollte, daß auf dem Kamm der Alleghannies, von dem die Wasser zum Ohio eilen, die Grenze Frankreichs beginne und von da westwärts alles Land zu Frankreich gehöre. Als Schluß des Verfahrens nagelten sie das Bildnis mit den Lilien an den nächsten Baum. „Sie wollen uns unser Land stehlen!" meinten die Indianer.

In demselben Jahre, in welchem Frankreich seine Hoheitszeichen im Ohiobecken eingrub und an die Urwaldbäume befestigte, verlieh die englische Regierung der Ohiokompanie, die sich in Virginia gebildet hatte, das Recht, jenseits der Alleghannies im Ohiotal und in dem seiner Nebenflüsse ein weites Gebiet zu besetzen und Niederlassungen zu gründen. Kundschafter gingen ab, trafen Verabredungen mit den Indianern und suchten Plätze für die Niederlassungen aus. Die klugen Pfadfinder erkannten alsbald den günstigsten Platz: die Stelle, wo der Monongahela mit dem Alleghany zusammenfließt und den Ohio bildet, die Ohiogabel. Eine Straße wurde 1753 von Virginia über die Berge gebaut und einzelne Familien siedelten sich an den Nebenflüssen des Ohio an, die ersten Anfänge von Westvirginia und Kentucky. Mit ihren tapferen Herzen und starken Fäusten wollten die Siedler aus englischem Blut sich den Boden zu eigen machen, den die Franzosen durch den Pomp der Besitzergreifung als ihr Eigentum bezeichnet hatten.

Es kam zu Gewalttätigkeiten, und der Gouverneur von Virginia, Dinwiddie, beschloß daher, unter einem erprobten Führer Gesandte an den französischen Oberbefehlshaber im Ohiotale zu schicken. Damals war gerade ein junger Mann, erst 21 Jahre alt, vielfach beachtet worden, Georg Washington, der aus dem virginischen Gebiet am Potomac stammte, und vor kurzem als Feldmesser sich mit den westlichen Gebieten vertraut gemacht hatte. Ihn erwählte der Gouverneur, und Washington führte nun seine Begleiter zur Ohiogabel und weiter dem Eriesee zu nach Fort Leboeuf. Dort fand er den französischen Kommandanten, der ihm seine Absicht erklärte, jeden Engländer festzunehmen, der es wage, das Land am Ohio zu betreten.

Das war so deutlich, daß Washington ruhig umkehren konnte. Nach unsäglichen Mühen in der Winterzeit hatte er im Januar 1754 die äußersten Posten der virginischen Hinterwäldler wieder erreicht. Jetzt wurde es lebendig in Virginia. Man warb Soldaten, man beschloß, an dem geographisch so wichtigen Punkt der Ohiogabel ein Fort zu bauen. So kam das Frühjahr 1754; mit ihm die Nachricht, daß die wenigen Arbeiter der Ohiokompanie, die den Grund zu dem Fort an der Ohiogabel legen sollten, von französischer Übermacht vertrieben worden seien. Das Regiment, das Washington aufzustellen begann, hatte erst die Stärke von 150 Mann erreicht; aber sofort sollte er zu Hilfe eilen. Ende des Monats Mai 1754 hatte er Great Medows erreicht, wo er das kleine Fort Necessity errichtete. Nach gut angelegtem Nachtmarsch gelang es ihm, die Franzosen zu überfallen und zurückzuwerfen.

Nun befand sich Washington auf dem Marsch nach seinem Ziel, der Ohiogabel. Allein die Franzosen, die anfänglich gewichen, verstärkten sich von Tag zu Tag; am 1. Juli sah sich Washington genötigt, nach dem erst halbvollendeten Fort Necessity zurückzugehen. Ohne Aussicht, sich mit Erfolg verteidigen zu können gegen die ihn von allen Seiten einschließende Übermacht, schloß Washington am 3. Juli eine Kapitulation ab, nach welcher er mit allen seinen Effekten abzog und das Tal des Ohio den Franzosen überließ. Diese hatten sich den wichtigen Punkt der Ohiogabel durch Errichtung von Fort Duquesne gesichert. Es ist dieselbe Stelle, auf der später die Stadt Pittsburg erstand.

Von diesem Zeitpunkt an, da die Amerikaner, von der englischen Regierung im Stich gelassen, vor der konzentrierten Macht der französischen Krone das Ohiotal geräumt hatten, mußte notwendig ewige Fehde an dieser Grenze sein, gleichgültig, ob der Krieg zwischen Frankreich und England erklärt war oder nicht. Die englischen Kolonisten konnten unmöglich auf ihr Hinterland verzichten und den Franzosen schien das Ohiotal unentbehrlich als Bindeglied zwischen Kanada und dem großen Reiche Louisiana, als das Land, durch das die Straße führte von den Forts Niagara und Detroit nach New Orleans, das von 1718 anfing emporzuwachsen.

So also verlief das vereinzelte Vorgehen Virginias gegen die Macht Frankreichs im Ohiogebiet. Man dachte unter den Kolonisten mehr als jemals an die wirksame Beihilfe des Mutterlandes, um endlich gesicherte Grenzen und unbeschränktes Ausdehnungsfeld zu erhalten. Da ließen sich aber Stimmen hören, welche erklärten, eine freiwillige Union zwischen den Kolonien sei viel besser als eine Unterstützung von seiten der englischen Regierung. Bei freiwilliger Union könne man sich selbst nach Bedarf besteuern, im anderen Fall aber werde das Parlament in London Kriegssteuern und andere Abgaben umlegen, wie man dort schon lang im Sinn habe. Die sechs Nationen der Indianer haben doch auch unter sich eine Union; ob denn der Einheitsgedanke unter den dreizehn Kolonien schwächer sei als bei jenen Wilden?

In der Tat wurde schon vor den entscheidenden Ereignissen am 19. Juni 1754 in Albany ein Kongreß eröffnet, bei dem nur die Karolinas und Georgia fehlten. Zunächst galt es, gemeinschaftliche Verteidigungsmaßregeln zu besprechen, im weiteren Verlauf erhielt jedoch eine aus fünf Mitgliedern bestehende Kommission den Auftrag, eine Konstitution zu einem dauernden Bündnis des ganzen Kontinents d. h. aller dreizehn Kolonien zu entwerfen; Hutchinson aus Massachusetts und Franklin aus Pennsylvania standen an der Spitze.

Einigung oder Niederlage, darum handle es sich, führte Franklin in seinem Entwurf aus, den er schon fertig mitgebracht hatte. Die Angelegenheiten der vereinigten Kolonien sollten von einem durch den König ernannten Generalpräsidenten geleitet werden; ein von den Abgeordnetenkammern aller Kolonien zu wählender Großer Rat tritt alljährlich auf sechs Wochen in Philadelphia zusammen, wählt seinen Sprecher und kann vom König weder vertagt noch aufgelöst werden. Präsident und Großer Rat beschließen gemeinschaftlich über Krieg und Frieden, erlassen Handelsgesetze, heben Soldaten aus, bewaffnen Schiffe, schlagen Geld, ernennen Offiziere und Beamte.

In ihren Hauptzügen lag damit schon die spätere Verfassung der Vereinigten Staaten vor. Allein für jetzt erschien der Entwurf Franklins in England als zu demokratisch, in Amerika als zu konservativ. Man konnte sich auch nicht allzulange mit ihm beschäftigen; denn schon war das Kriegsbeil an den Grenzen wieder ausgegraben und das Geheul der Wilden gellte aufs neue um die Blockhütten der Grenzleute und Hinterwäldler. Die Not der Zeit schien alles zu verwehen, aber dennoch blieben die Worte: „Kongreß" und „Union" im Gedächtnis der Kolonisten haften. —

Gewiß, Kanada zählte um die Mitte des 18. Jahrhunderts nur etwa 80000 weiße Bewohner, allermeist französischen Blutes; aber es befanden sich viele kriegslustige Männer darunter, Soldaten und Söhne von Soldaten. Die meisten Indianerstämme standen gut mit den Franzosen und jetzt eben waren die Häuptlinge der „Sechs Nationen" (Mohawks, Oneidas, Senecas u. a.), welche sonst zu den Engländern gehalten hatten, nach Quebec eingeladen, um die Vorteile eines französischen Bündnisses kennen zu lernen. Die Shawnees, der mächtigste Stamm am Ohio, befanden sich schon im Krieg mit den englischen Grenzleuten; zahlreiche Skalps und Gefangene konnten sie als Zeugen ihrer Heldentaten zu den Bundesgenossen an den Seen und am Ohio schicken. Es schien, als solle die einheitliche Leitung der französischen Angelegenheiten eine rasche Entscheidung herbeiführen, als solle politische und religiöse Freiheit unterdrückt werden durch despotische Gewalt.

Zu Anfang des Jahres 1755 kamen englische Truppen, 2000—3000 Mann stark, nach den Kolonien, an ihrer Spitze General Braddock, ein Mann der alten Schule, herrisch, eigensinnig, pedantisch in äußerlichen Kleinlichkeiten, ohne klaren Durchblick. Für amerikanische Offiziere war es schwer gemacht, in dieser Armee zu dienen, denn schon in England war bestimmt worden, daß neben den englischen Generalen und Stabsoffizieren die höheren Offiziere der Kolonien keinen Rang haben sollten. So befand sich Georg Washington eigentlich nur als privater Ratgeber im Hauptquartier Braddocks, wo auch Benjamin Franklin als Leiter des Verkehrswesens eingetroffen war. Es wird erzählt, Washington und Franklin seien sich hier erstmals näher gekommen.

Die amerikanischen Ratgeber hörten zunächst den Operationsplan Braddocks an: „Wenn ich das Fort Duquesne genommen habe, gehe ich weiter nach Niagara, und wenn ich das genommen habe, nach Frontenac. Duquesne kann mir schwerlich länger als 2—3 Tage widerstehen und dann sehe ich nicht ein, was mich aufhalten könnte." Franklin hielt entgegen, daß die Indianer sehr gewandt im Legen von Hinterhalten seien. „Die Wilden," meinte Braddock, „mögen für eure ungeübte Miliz furchtbar sein; auf die regelmäßigen und disziplinierten Truppen des Königs können sie unmöglich Eindruck machen."

Durch die Waldzone, welche die englischen Ansiedlungen von den französischen Forts trennte, mußte erst ein schmaler Pfad gebahnt werden, in den sich die kleine Armee einfädelte in dünner Reihe. Unter Horatio Gates hatten sich 2 Kompanien Freiwillige aus New York angeschlossen und außerdem

3 Kompanien Virginiamiliz. Langsam ging es vorwärts; am 19. Juni faßte Braddock den Entschluß, einen Teil der Truppen zurückzulassen und mit 1200 von den Rüstigsten vorzudringen; er befand sich am Monongahela unweit des Forts Duquesne. Am frühen Morgen des 9. Juli war aufgebrochen worden. Durch seine indianischen Spione genau unterrichtet, rückte der Kommandant von Fort Duquesne mit Kanadiern, Franzosen und Indianern der langgedehnten englischen Marschkolonne entgegen.

Die Franzosen faßten die schmale Front der Avantgarde; Kanadier und Indianer stürzten sich auf die dünne Marschlinie selbst. Alle die üblichen Kommandos zum Aufmarschieren, zum Entwickeln einer breiten Front konnten hier nichts nützen. Die englischen Grenadiere feuerten mit Pelotonsalven ins Unterholz, natürlich ohne jeden Erfolg. Braddock eilte zur Front, seine Adjutanten fielen, Georg Washington blieb allein von den Ordonnanzoffizieren übrig. „Der Tod," berichtet er, „mähte rings um mich meine Kameraden nieder, aber ich ward durch die allmächtige Fügung der Vorsehung am Leben erhalten." Die englischen Regimenter, die eigentlich keinen Feind deutlich vor sich sahen, die nur seine Kugeln fühlten und sein Geheul hörten, begannen sich aufzulösen und zurückzufluten. „Diese Niederlage," sagt Franklin, „gab unseren übertriebenen Vorstellungen von der Unüberwindlichkeit der englischen Truppen den ersten Stoß." Braddock war in ritterlicher Gegenwehr gefallen. Alle englischen Truppen, derartigen Kampfes ungewohnt und auf weniger als die Hälfte reduziert, zogen sich hinter die Alleghannies zurück. Es waren Monate des Unglücks.

Das also war der Waffengang der englischen regulären Truppen im Sommer 1755. Auf einem anderen, weit entlegenen Kriegsschauplatz hatten sich die Milizen von Neuengland gesammelt. Die Stadt Albany, am Hudson, etwas unterhalb der Einmündung des Mohawk gelegen, bezeichnet den Endpunkt der Schiffbarkeit des Flusses. Mit Booten geht es ja weiter, aber bis Albany tragen die letzten Wirkungen der Flut auch größere Schiffe. Dadurch schon ist Albany wichtig; hier trennen sich aber zugleich in östlicher Richtung die Wege nach den Neuenglandkolonien, in westlicher der Weg durch das Mohawktal an den Ontariosee nach Oswego und endlich in rein nördlicher Richtung der Pfad, der zunächst über Saratoga zum Georgsee, am Fort Ticonderoga vorüber zum Champlainsee und weiter zum Lorenzstrom nach Montreal und Quebec führt. Recht das Einfalltor für die Franzosen in das untere Tal des Hudson und nach New York. Unter einem tüchtigen Führer rückten sie denn auch an: französische Truppen, die übers Meer gekommen waren, kanadische Milizen und Indianer.

Für die englischen Kolonisten bildete also Albany den natürlichen Sammelpunkt. Unter der Führung von William Johnson aus dem Mohawktal (S. 75) traten etwa 3400 Mann zusammen, meist Miliz aus Massachusetts und Connecticut nebst ein paar hundert Indianern. Um die Straße vom Georgsee her zu sperren, bauten die Kolonisten südlich desselben Fort Edward. So ging der Sommer 1755 hin. Zu Anfang September aber rückten die Franzosen, die etwas schwächer als die Amerikaner sein mochten, vor, um die Feste Edward einzuschließen. Dies zu hindern, marschierten die Neuenglandschützen auf und warfen den Feind nach einem Feuergefecht, das mehrere Stunden dauerte, zurück; dabei fiel der französische Führer, der furchtlose Dieskau.

In den Neuenglandkolonien atmete man auf, als die Gefahr eines feindlichen Einfalls abgewendet schien. Die Türen der Kirchen standen überall offen und „das Volk Gottes" betete, daß die ausgesandten Streiter zum Ruhme Gottes mit Sieg gekrönt werden möchten. Der Krieg gegen Frankreich erschien ja diesen Nachkommen der puritanischen Flüchtlinge als ein Streit für Protestantismus und Freiheit.

Allein William Johnson verfolgte den Sieg über Dieskau nicht weiter; die zurückweichenden Franzosen setzten sich in Ticonderoga und die Neuenglandmilizen gingen mit Anfang des Winters nach Hause. Mehr als 20 Jahre später war dasselbe Einfalltor von Kanada an den Champlain- und Georgsee über Saratoga nach Albany und New York bestimmt, eine ausschlaggebende Rolle zu spielen.

An der Grenze gegen das von den Engländern geräumte Ohiotal hin tobte indessen der scheußliche Indianerkrieg weiter.

Zum Schutz der bedrohten Ansiedler ließ die Kolonie Virginia am oberen Potomac durch den Oberst Washington Vorposten ausstellen und das Gleiche geschah im nordwestlichen Pennsylvania durch den zum Oberst ernannten Benjamin Franklin.

Während hier auf den Bergketten der Alleghannies die Vorposten der Kolonisten mit Front nach Westen und am oberen Hudson mit Front nach Norden gegen Franzosen und Indianer standen, flogen in Europa die Kuriere und Eilschiffe zwischen Wien und Paris, Petersburg, Berlin, Stockholm, London hin und her. Was unter mancherlei Vorwänden eingeleitet worden war, das kam jetzt allmählich zur Entscheidung und zum Durchbruch — der Weltbund gegen den Staat Friedrichs des Großen. Durch die Eroberung Schlesiens hatte sich Preußen unter die Großmächte eingereiht. Jetzt sollte es wieder niedergebeugt, zerschlagen und verteilt werden. Österreich, Schweden, Rußland, Frankreich wollten die Beute zerreißen.

Oft genug vertrugen sich ja die Nachbarn in der freundlichen Absicht, Preußen in seine einzelnen Stücke zu zerlegen und diese ihren Staaten anzugliedern. Diesmal, beim Weltbund gegen Preußen aus den Jahren 1756 und 1757 schien die Sache besonders leicht und einfach durchzuführen. Denn Preußen hatte nur einen einzigen Bundesgenossen — England, und zwar als offenen Bundesgenossen nach Wegschiebung aller kleinlichen Hintergedanken erst seit April 1758. Schon im Mai 1756 aber erklärte England an Frankreich den Krieg. Dadurch pflanzte sich das Aufeinanderplatzen der Mächte, das wir unter dem Namen Siebenjähriger Krieg zusammenfassen, von Europa nach Amerika. Und an den Wirkungen nahmen beide Weltteile in gleicher Weise teil. In Europa gründete sich als Kern des künftigen Deutschen Reichs der preußische Staat fester als jemals und in Amerika überzeugten sich die Kolonien, daß die Eroberung der Unabhängigkeit und die Ausbreitung zu einem Weltreich von nichts abhänge, als von ihrem festen Willen.

Also vom Mai 1756 ab befand sich England in ehrlichem Krieg mit Frankreich; was bis jetzt an Feindseligkeiten sich abgewickelt, war mehr Freibeuterzug gewesen. Zugleich zeigte man sich in England entschlossen, auf dem Boden der amerikanischen Kolonien einheitliches militärisches Kommando zu begründen. Als englischer Oberbefehlshaber ging im Mai 1756 der Earl von Loudoun hinüber, der bestimmt war, über allen Gouverneuren zu stehen, die höchste Zivil- und Militärgewalt in sich zu vereinigen und zu dem Ende eine stehende Armee zu organisieren. Den Kern davon sollte ein königlich amerikanisches Regiment bilden, in 4 Bataillone geteilt, zusammen 4000 Mann stark und hauptsächlich unter Ansiedlern aus deutschem und schweizerischem Blut angeworben. Um möglichst wenige Amerikaner anstellen zu müssen, hatte der englische Befehlshaber 40 deutsche Offiziere mitgebracht. Hauptquartier in Albany; die Truppen sollten einquartiert und die Milizen der Kolonien von englischen Offizieren kommandiert werden. Wunder versprach man sich von dem neuen System.

Um den Oberbefehlshaber in Albany, der dem Wesen nach Vizekönig war, sammelte sich eine Armee von 10—12000 Mann, darunter fast 7000 Milizen aus Neuengland, New Jersey, New York, das königlich amerikanische Regiment und mehrere englische Bataillone. Loudoun, ein Mann vom Schlage Braddocks, empfand aber nicht das mindeste Bedürfnis, Albany zu verlassen. Indessen war in Quebec ein neuer französischer Kommandeur angekommen, der Feldmarschall Marquis de Montcalm. Zunächst sicherte er die Grenze bei Fort Ticonderoga auf dem Weg nach Albany. Dann wandte er sich nach Westen, wo am See Ontario das englische Fort Oswego lag. Nach viertägiger Belagerung nahm er es weg, zerstörte es und brachte die 1600 Kriegsgefangenen samt großer Beute den Lorenzstrom abwärts.

Durch die entschlossenen Taten der Franzosen ließ sich der englische Führer, dem es in dem fremden Lande unbehaglich zu werden anfing, gar rasch an die Küste und in die Winterquartiere zurückscheuchen. Und hier mag es zum ersten Male gewesen sein, daß die Kolonisten der großen und kleinen Städte englische Soldaten in ihre Wohnungen aufnehmen mußten. Umsonst beriefen sie sich auf ihre Rechte als englische Bürger; es blieb bei dem, was der gestrenge Vizekönig angeordnet hatte.

In kleine Posten zerteilt, als militärische Einsiedler, waren Detachements des königlich amerikanischen Regiments an der Grenze zurückgeblieben.

Mit dem Frühjahr 1757 kam einiges Leben in die starren Rahmen der englischen Armee. Nördlich von Albany, gegen die von Fort Ticonderoga ausgehende Bedrohung, stellte Loudoun eine kleine Armee von 5000 Mann auf und Fort Stanwix, das den Zugang vom Ontariosee nach Albany schützt, besetzte er mit 2000 Mann. Er selbst schiffte sich mit dem Rest der Armee nach Halifax in Neuschottland ein.

Während diese nicht sehr klaren und energischen Maßnahmen auf englischer Seite getroffen wurden, berief Marquis Montcalm die Häuptlinge der Indianerstämme, welche rings um die großen Seen wohnten, namentlich die Irokesen nach Montreal, um sich ihrer Heeresfolge zu versichern. Sodann traf er alle Zurüstungen, um auch ohne Wagen und Zugtiere die Geschütze zum Champlainsee und weiter zum Georgsee zu befördern, an dessen Südende die Engländer das Fort Henry William errichtet und mit etwa 1200 Mann besetzt hatten. Ende Juli 1757 zog Montcalm zu Feld mit 6000 Franzosen und Kanabiern und 1700 Indianern.

Durch Wälder und über felsige Höhen zogen die Truppen, ihr Geschütz mit sich schleppend. Nach endlosen Strapazen schifften sie sich ein auf dem Champlainsee, brachten die Boote über den Tragplatz zum Georgsee und erschienen am 4. August vor dem Fort Henry William. Unter unsäglichen Mühen führten die Franzosen einiges Geschütz in Batterie. Umsonst hoffte der tapfere Kommandant des Forts auf Entsatz. Die englische Armee, obwohl sie ganz in der Nähe stand, rührte sich nicht. In die armseligen Werke des Forts war bald Bresche geschossen und der Kommandant mußte kapitulieren unter der Bedingung, mit allen Ehren abmarschieren zu dürfen. Nur mit Mühe vermochte Montcalm die Abziehenden der Wut seiner Indianer zu entreißen. Wie Flüchtlinge kamen die Engländer in Fort Edward an.

Wo der englische Oberbefehlshaber in all der Zeit war? Er hatte in Halifax in Neuschottland mit etwa 10000 Mann ein Lager bezogen, viele hundert Meilen vom Kriegsschauplatz entfernt. Da sich in dem entlegenen Erdenwinkel kein Feind zeigte, er auch nicht für geraten fand, einen solchen aufzusuchen, so schiffte er sich mit den Seinigen wieder nach New York ein, um hier bei seiner Ankunft zu erfahren, was am Georgsee geschehen war und daß die ganze Grenze gegen Kanada offen stehe.

Jetzt endlich begann man in London einzusehen, daß es sich um die Herrschaft in dem neuen Erdteil handle, daß man sich nicht begnügen dürfe, die kleine Scholle, die man noch an dem Küstenstrich besitze, zu verteidigen durch matte Seelen und unverständliche Kunststücke. Und jetzt war zugleich ein energischer, klarer Kopf ans Ruder gekommen, William Pitt. Sonst pflegte man sich in London nicht allzusehr um das Wohl und die Zukunft der Kolonisten zu kümmern. Wenn man bei der Regierung an sie dachte, so geschah es nur, um sie die Souveränität des Mutterlandes fühlen zu lassen und endlich herauszufinden, wie man sie durch Steuern zu den öffentlichen Ausgaben heranziehen könnte.

Das erste, was aber jetzt geschah, war die Abberufung Loudouns; Abercrombie trat an seine Stelle. Zugleich wurde durch Pitt die ganze große Aufgabe, die in Amerika zu lösen war, in Teilaufgaben zerlegt. — Es leuchtete jedem ein, daß den Amerikanern der Atem benommen war, solange ihnen das Hinterland hinter den Alleghannies, solange ihnen das Ohiotal und Fort Duquesne nicht gehörten. Zum Kampf um den Ohio wurde der General Forbes bestimmt.

Solange die Franzosen an den Seen Champlain und Georg und im Fort Ticonderoga (von ihnen Carillon genannt) saßen mit siegreichem Heere, beherrschten sie, sobald sie nur wollten, die ganze Straße am Hudson nach der Küste. Dem General Lord Howe ward dieser Schauplatz zugewiesen.

Auf der Insel Kap Breton hatten die Franzosen die Festung Louisbourg angelegt, den Lorenzstrom und seine Mündung zu schützen. Eine starke Flotte und Landungstruppen, an deren Spitze die Generale Jeffrey Amherst und James Wolfe standen, wurden gegen diesen Punkt in Bewegung gesetzt.

Die Offiziere, auf die sich Pitt ganz besonders

verließ, waren Howe und Wolfe, beide noch ganz junge Männer; als seine beiden Hauptziele, auf die er immer wieder hinwies, erscheinen die Eroberung des Ohiotals durch einen Stoß nach Westen und die Wegnahme von Quebec und von ganz Kanada durch einen solchen nach Norden. Zugleich suchte er durch seine jungen Generale das ganze seitherige kommisknopfige Gamaschenwesen umzustoßen; er rief den Patriotismus der Kolonien auf zu freudiger Mitarbeit; bis hinauf zum Obersten sollen alle von den Kolonien bestellten Offiziere gleichen Rang mit den englischen haben; nur den englischen Generalen blieb eine Ausnahmestellung gewahrt. Alles Mißtrauen und alle Grämlichkeit, seither so eifrig durch die Borniertheit der englischen Staatsmänner genährt, sollten verscheucht werden. Die Kolonisten sollten sehen, daß sie in den Augen der neuen Regierung in London keine minderwertigen, keine englischen Bürger zweiten Ranges seien, nur als Ausbeutungsboden geschätzt, nein, kecke und wertvolle Vorposten, geeignet zur weiteren Ausbreitung der englischen Herrschaft und des englischen Namens.

Die aufmunternden Worte Pitts taten Wirkung. Massachusetts rief 10 000 Mann unter die Waffen, wovon mehrere Tausend sofort marschieren konnten; ähnlich Connecticut. Am Ufer des Georgsees sammelten sich zu Anfang des Sommers 1758 aus Neuengland, New York und New Jersey über 15 000 Mann, an deren Spitze Abercrombie und der junge Howe standen. — Dort, wo Pennsylvania, Maryland und Virginia mit ihren Grenzen sich nähern, liegt Fort Cumberland. Zum Zuge nach dem Ohio, gegen Fort Duquesne standen hier in demselben Sommer gegen 7000 Mann aus Pennsylvania und aus den südlichen Kolonien parat unter dem englischen General Forbes und dem virginischen Oberst Washington. — Die Hauptmasse der englischen Truppen aber, wenigstens 10 000 Mann, war unter den Generalen Amherst und Wolfe gegen Kap Breton und die große Feste Louisbourg bestimmt.

Das waren also drei Kriegsschauplätze: ein nördlicher auf einer abgelegenen Insel; ein mittlerer im Herzen der Kolonien am Hudson, am Georg- und Champlainsee; ein westlicher in den Alleghannies und am Ohio.

Auf dem nördlichen Schauplatz scheint der erste Schuß gefallen zu sein anfangs Juni 1758. Unter dem verheerenden Feuer der Vorwerke von Louisbourg landeten die Engländer, setzten sich fest und begannen die Belagerung. Auf beiden Seiten wetteiferte man in Tapferkeit und Selbstverleugnung. Die englische Flotte und die Artillerie aber zeigten sich weitaus überlegen; es gab bald keinen sicheren Platz mehr in der ganzen Festung. Ende Juli mußte sie sich ergeben; über 5000 Mann kamen als Kriegsgefangene nach England. Und sonderbar, die Jahreszeit blieb günstig und doch gingen die siegreichen Generale nach London zurück und ihre Armee scheint ohne weitere Aufgabe geblieben zu sein.

Nicht in demselben Maße günstig verliefen die Dinge auf dem mittleren Kriegsschauplatz am Hudson, am Georg- und Champlainsee. Eine so gewaltige Armee war in Amerika noch nie beisammen gewesen, 15—16000 Mann, dabei mehr als 6000 Mann englische Reguläre. Unter den Kolonialtruppen, unter diesen Bürgersoldaten, scheint das erlesenste Korps aus 600 neuenglischen Büchsenschützen bestanden zu haben. Bei allen Regimentern der Kolonisten aber herrschte der beste Geist; die puritanischen Prediger erhoben durch ihren Zuspruch die Herzen, und Offiziere, wie Major Putnam aus Connecticut, gingen mit gutem Beispiel voran.

Der Schauplatz an den Seen Georg und Champlain zeigt ein wirres Durcheinander von schmalen Wasserbecken, Stromschnellen, dichtem Wald und steilen Gehängen. Viele Hunderte von Booten dienten dazu, den Transport zu erleichtern, als am 5. Juli die ganze gewaltige Streitmacht vom Georgsee aufbrach, um die Belagerung von Ticonderoga zu beginnen. Gut war es, daß die amerikanischen Milizen zugleich die Eigenschaften von Pionieren in sich vereinigten, von Brückenbauern, daß sie mit dem Spaten, mit der Axt, mit dem Ruder umzugehen wußten.

Schon am 6. Juli bekamen die Engländer Ticonderoga in Sicht, wo Marquis Montcalm an der Spitze von 3200 Franzosen und 450 Kanadiern selbst kommandierte. Die Engländer hatten des Bodens kundige Wegweiser und gedachten, im ersten Anlauf den Gegner zu überraschen. Allein die Kolonnen wurden in dem vielfach durchschnittenen und durchaus unübersichtlichen Terrain irregeführt, die Franzosen griffen unvermutet an und Lord Howe, der Liebling der Armee, ihre ganze Hoffnung, fiel in dem sich entspinnenden Gefecht.

Nun ging der Befehl auf Abercrombie über, der, von Schreck gelähmt, zunächst nichts weiter unternahm. Montcalm aber erhielt seine Leute in ununterbrochener Tätigkeit, um Erdwerke zu bauen, Verhaue herzurichten und die ganze Stellung, auf das Fort gestützt, zu verstärken. Endlich am 8. Juli griffen die Engländer an und zwar suchten sie die festen Linien der Franzosen mit dem Bajonett zu nehmen. Etwas Unklügeres konnte der englische Befehlshaber nicht anordnen trotz seiner vierfachen Überlegenheit.

Es war ein ungemein heißer Tag, dieser 8. Juli; Montcalm hatte seinen Rock ausgezogen und stand ganz vorne im Schützengraben. So sah er die englischen Kolonnen heranrücken und gab Befehl, daß erst gefeuert werden dürfe, wenn er das Zeichen gebe. In ermüdendem Marsch über Stock und Stein, durch verschlungenes Buschwerk sich windend, über Felsblöcke und Baumstämme kletternd, näherten sich die Sturmkolonnen der Engländer. Ganz nahe waren sie herangekommen, als Montcalm sein Zeichen gab. Von gewaltigem Feuer zurückgeschmettert wankten die Unerschrockenen, fluteten gegen die Reserven hin, sammelten sich wieder und wagten erneuten Anlauf; die Vordersten fielen nur 15 Schritte vor der Verschanzung der Franzosen. Auf der Schanze selbst stand Montcalm, immer ermunternd, anerkennend, auf jedem einzelnen seinen Blick und auf dem Ganzen. So weckte er in seinen Tapferen den Entschluß, sich zu überbieten in Hingebung und unermüdlicher Tätigkeit. Fast 2000 an Toten und Verwundeten hatten die Engländer eingebüßt, als sie anfingen, sich zurückzuziehen und das blutige Feld von Ticonderoga zu verlassen.

Am 9. Juli in der Frühe trat Abercrombie den Rückzug an und sandte seine Geschütze, ohne den Versuch gemacht zu haben, sie gegen die Schanzen des Gegners zu richten, nach Albany. Montcalm aber schickte seine Patrouillen und kleine Detachements über den Georgsee bis Fort Edward. Erst im

Oktober kam endlich General Amherst mit Verstärkungen von Louisbourg in Albany an, um an die Stelle des unglücklichen Abercrombie zu treten. Für weitere Taten war die Jahreszeit in diesem rauhen Bergland schon allzu vorgerückt. Man stand also wieder am alten Fleck, am See Georg und bei Fort Edward, man baute Schanzen und tröstete sich, daß wenigstens die Unternehmung gegen Fort Frontenac geglückt sei. Fast 3000 amerikanische Milizen waren es, meist aus New York und Massachusetts stammend, welche sich, von Fort Stanwix nach Westen marschierend, auf dem Ontariosee einschifften und am Nordostende desselben landeten. Vor ihnen lag nach kurzem Landmarsch Fort Frontenac, nicht in der besten Verfassung. Nach zwei Tagen schon ergab sich das Werk nebst einer Anzahl von bewaffneten Fahrzeugen. Die Schanze wurde zerstört, die Beute nach Oswego gebracht und die Sieger gingen zurück zur Hauptarmee am See Georg.

Das waren die Taten und Leiden der Hudsonarmee. Einen weit besseren Erfolg hatte die für den Ohio bestimmte Streitkraft aufzuweisen. Langsam sammelten sich die Truppen unter General Forbes und Oberst Washington, etwa 7000 Mann; mit Ausnahme von 350 Mann des königl. Amerikanerregiments lauter Milizen und Freiwillige von Pennsylvania, Virginia und Südkarolina. Es war September des Jahres 1758 geworden, als man sich auf dem Marsch gegen den Feind, gegen Fort Duquesne, befand.

An seinen militärischen Vorgesetzten aus der englischen Armee konnte der Oberst Washington keine rechte Freude haben. Braddock (S. 105) war ein bärbeißiger, unbelehrbarer Gamaschenknopf gewesen und General Forbes, der jetzt an der Spitze stand, ließ sich in einer Sänfte dem Heere nachtragen; er war ein durchaus kranker Mann, der gar nichts nutzen konnte unter einer Schar von Männern, die den als Führer anzuerkennen und zu ehren gewohnt waren, der ihnen gleich stand oder sie noch übertraf in den Tugenden, mit denen allein sie vertraut waren: in der Kunst, Strapazen zu ertragen, überall einen Ausweg zu finden, voranzugehen, niemals zu verzagen. Jeder der drei englischen Armeen, der von Louisbourg, der Hudsonarmee, wie den Ohiostreitkräften war eine treibende Kraft beigegeben, ein hoher Offizier von jugendlichem Alter; dort James Wolfe, der nach der Einnahme von Louisbourg jetzt eben in England gefeiert wurde; dort Lord Howe, der vor den blutigen Schanzen von Ticonderoga den Heldentod gestorben; hier Oberst Washington, der jetzt 26 Jahre zählte und die Seele der kleinen Armee war.

Die Jahreszeit begann rauh zu werden; Forbes blieb mit der Hauptarmee zurück; an der Spitze einer Brigade sollte sich Washington gegen Fort Duquesne vorarbeiten. Washington, jedes Mühsal mit seinen Leuten teilend, wußte alle bei guter Stimmung zu erhalten. Er näherte sich dem vielgesuchten Fort, fand aber am 25. November einen brennenden Trümmerhaufen. Die Besatzung, etwa 500 Mann stark, hatte die anvertraute Schanze verlassen und fuhr den Ohio hinab.

Die Wichtigkeit des Momentes und der Örtlichkeit erkennend nannte Washington den Ort Pittsburg, zu Ehren des Ministers William Pitt, dessen Maßnahmen einen neuen Aufschwung der Gemüter in den Kolonien schufen. Jetzt hatten die Küsten=
länder ihr Hinterland erhalten und jeder, der sich beengt fühlte durch Obrigkeit und Polizei, durch Zoll und Steuer oder durch den sich dehnenden Nachbar, konnte herüberkommen über die Berge und seine Heimat bauen in dem unvergleichlich schönen neuen Lande, auf dem tiefgründigen schwarzen Boden des Ohiobeckens. — Zwei Regimenter Virginier blieben als Garnison in Pittsburg zurück. So fing die amerikanische Herr=
schaft im „fernen Westen" an. Bald drängte sich eine Woge von Zuwanderern nach der anderen über die Berge hinüber; der „ferne Westen" rückte bis an den Mississippi und endlich über diesen Strom weiter.

Allerwärts war also in diesem Jahr 1758 das Glück günstig mit Ausnahme auf dem Schauplatz an den Seen Georg und Champlain. Ganz unähnlich seinen Vorgängern fuhr Pitt fort, die Geographie Amerikas zu studieren, die Bedürfnisse des Landes und Volkes, die Erfordernisse an Flußläufen, Seen, Küstenland für die Zukunft. Demzufolge erschien ihm für das Jahr 1759 nichts wichtiger als die Beseitigung der beständigen Bedrohung der Kolonien durch Fort Ticonderoga, durch Montreal und

Quebec. William Pitt war in allen Dingen, also auch im Felde, für umfassenden Angriff. Von drei Seiten sollte auf Montreal und Quebec losgegangen werden: von Fort Niagara her über den Ontariosee, vom Champlainsee über Ticonderoga und von einer neuen Operationsbasis aus, nämlich den Lorenzstrom herauf. Für diesen neuen Schauplatz wählte sich Pitt auch seinen Feldherrn, James Wolfe. Er war um 6 oder 7 Jahre älter als Georg Washington, allgemein verehrt und beliebt wie dieser, tollkühn, zäh und zur Begeisterung fortreißend wie Montcalm, der kanadische Franzosenheld. Ohne Rücksicht auf Dienstalter und Gönnerschaft, nur das Wohl des Landes im Auge, hatte Pitt seine Wahl getroffen.

Kanada war aufs äußerste erschöpft; bei einer Bevölkerung von nur 80000 Menschen hatten seither 8—10000 Mann neben den französischen Truppen gefochten; viele waren gefallen oder den Strapazen des Kriegs erlegen; höchstens 7000 Mann Landsturm konnten noch ins Feld gestellt werden. Marquis Montcalm, der anspruchslose Held, der seither den Mut der Seinen aufrecht erhalten hatte, ein Mann voll Geist und genauer Kenner des Landes, berichtete nach Hause: „Wenn nicht ein Wunder geschieht, wird Kanada in diesem oder spätestens im nächsten Feldzug verloren sein." Frankreich, lautete der Bescheid, könne nicht einen einzigen Mann entbehren; auf die Unbeugsamkeit des Feldherrn in Kanada aber hoffe es. Und Montcalm darauf: „Ich bin nicht entmutigt und ebensowenig meine Truppen; wir sind entschlossen, unsere Gräber unter den Ruinen der Kolonie zu finden." So ging er an die Organisation seiner Streitkräfte. Die 8 Bataillone alter französischer Kerntruppen zählten noch 3200 Mann; von den wetterharten Waldläufern und Pelzjägern fügte er hinzu, so viele er haben konnte; die Indianer hatten die Gewohnheit angenommen, beiseite stehen zu bleiben und dem erbitterten Kampf der weißen Männer um die Herrschaft über ihr Land mit Verwunderung zuzuschauen. So blieb nur noch das Aufgebot Kanabas übrig, der Landsturm von etwa 7000 Mann. Den 40000 Engländern und Amerikanern vermochte er kaum 15000 Mann entgegenzustellen. Die Unverzagtheit derer, die so oft gesiegt hatten, mußte alles ausgleichen.

Trotz der großen Verluste auf dem Schauplatz am oberen Hudson und am Champlainsee boten die Kolonien, voran Massachusetts, Connecticut und New York, ihre Milizen und Freiwilligen wieder auf, Neuengland allein gegen 15000 Mann. Man empfand überall, wie der leitende Minister die Freiheiten der Amerikaner respektierte, wie er den Anstrengungen der Kolonien aus dem englischen Schatz zu Hilfe kam. In solchem Tun erschien der von London aus die englische Welt auf dem ganzen Erdenrund Regierende nicht als ein Fremder, sondern als mitbeteiligter Landsmann. Man war entschlossen, nicht zu ruhen, bis ein Friede geschlossen werden könne, der die Herrschaft in diesem Teil Amerikas ganz in die Hände Englands lege.

Also drei Kriegschauplätze für 1759: ein westlicher bei Fort Niagara, der mittlere, die vielumkämpfte Hudsonstraße bei Fort Ticonderoga, und ein nördlicher auf und am Lorenzstrom bei Quebec. Neben diesen Hauptschauplätzen spielt nur eine Nebenrolle der Buschkrieg an der Grenze von Pittsburg nördlich bis zum Eriesee und bis Detroit und südwärts bis zu den Gebieten von Südkarolina und Georgia.

Auf dem alten Wege von Albany das Mohawktal aufwärts an Fort Stanwix vorüber nach Oswego am Ontariosee setzte sich im Juni das westliche Detachement in Bewegung. Über den See fahrend, landete die Truppe am westlichen Ende, nahm am 1. Juli mit leichter Mühe Fort Niagara und setzte sich hier fest. Die Streitkräfte bestanden aus zwei englischen Regimentern mit etwas Artillerie, einem Bataillon königl. Amerikaner, zwei New Yorker Bataillonen und einer Horde indianischer Hilfstruppen unter Oberst William Johnson, der, nachdem der englische Befehlshaber durch einen Unglücksfall getötet worden war, das Oberkommando auf diesem Schauplatz übernahm. Mit Glück schlug er einen Versuch der Franzosen, das Fort Niagara wieder zu gewinnen, ab. In der Person von General Gage kam ein neuer englischer General in Niagara an, um dem Amerikaner Johnson das Kommando abzunehmen. Es war August geworden und höchste Zeit schien es zu sein, nunmehr ostwärts zu ziehen gegen Montreal, um bei der Wegnahme von Quebec tätig zu sein. Allein General Gage wußte allerlei Ausflüchte und schien ungemein geringe Lust zu haben, einem anderen General seinen Waffengang zu erleichtern. So blieb er Sommer und Herbst in Niagara.

Nicht mehr Tätigkeit und Selbstverleugnung legte General Amherst an den Tag, der auf dem **mittleren Kriegsschauplatz** am Georgsee und Champlainsee das Kommando führte. Er stand an der Spitze von ungefähr 15000 Mann, darunter 5000 Mann reguläre englische Soldaten, 10000 Amerikaner. Mit Vorsicht näherte er sich den Schanzen von **Ticonderoga** unseligen Angedenkens. Überall tiefes Schweigen, alles öde und leer; die Franzosen waren am 26. Juli abgezogen und hatten auch Fort Crown Point geräumt. Mit Eifer in den verlassenen Stellungen sich festsetzend, füllte General Amherst die schönen Sommer- und Herbsttage damit aus, daß er die Forts wieder in guten Stand setzte und eine ganze Flotte von Booten erbaute. Er dachte nicht an Montreal, das ihm vor der Nase lag, nicht an den Kameraden, der vor den Mauern von Quebec jetzt sehnsüchtig nach der versprochenen Hilfe ausschaute. —

Da, wo der Charlesfluß in den Lorenzstrom einmündet, werden die Abrahamshöhen, welche dem linken Ufer des Stromes einen besonders steilen und rauhen Charakter geben, in einem jählings abfallenden, aus zwei Stufen bestehenden Vorgebirge abgehackt. Auf diesen Stufen ist Quebec aufgebaut als untere und obere Stadt. Unterhalb von Quebec, wo sich der Strom bedeutend erbreitert, liegt die Insel Orleans.

Am 26. Juni 1759 war die gesamte englische, aus zweiundzwanzig Linienschiffen und der gleichen Anzahl leichterer Fahrzeuge bestehende Flotte auf dem Lorenzstrom im Angesicht der Stadt Quebec angekommen. Die Truppen wurden auf der Insel Orleans ausgeschifft: 8 englische Regimenter, 2 Bataillone königl. Amerikaner, 1 Bataillon Büchsenschützen, Artillerie und Ingenieure, in allem 10000 Mann; General Wolfe begann sich auf der Insel einzurichten.

Quebec selbst besaß keine Festungswerke, um eine Beschießung oder gar eine Belagerung aushalten zu können. Deshalb hatte Montcalm die Stadt verlassen und unterhalb derselben auf dem linken Ufer des Stroms an den Nebenflüssen Charles und Montmorency ein Lager bezogen mit 6 Bataillonen französischer Truppen, die zusammen keine 2400 Mann zählten, und 7000 Mann kanadischer Milizen samt Waldläufern und Jägern.

In einer der folgenden Nächte ließ General Wolfe eine Höhe auf dem rechten Ufer des Stroms besetzen und Quebec beschießen.

Die nächste Zeit füllten Rekognoszierungen und Wolfe sann über die Mittel nach, um Montcalm aus seinem festen Lager herauszulocken. Dies Lager befand sich hart am linken Ufer des breiten Stromes, auch Quebec selbst liegt auf derselben Seite. Also galt es, aufs linke Ufer hinüberzukommen und hier zu schlagen. Es fragte sich nur, ob unterhalb von Quebec oder oberhalb. Der Monat Juli war schon fast zu Ende, als Wolfe unterhalb Quebec auf dem linken Ufer landete und, den Montmorency überschreitend, das Lager Montcalms angriff. Trotz aller kühnen Anläufe wurde er mit einem Verlust von 400 Mann zurückgeschlagen. Also wieder zurück auf die Insel Orleans. Unermüdlich blieb Wolfe im Rekognoszieren, um einen Weg zu finden, wo er den Feind vorteilhaft fassen könnte. Wie lechzte seine schwärmerische, dem Kriegsruhm geweihte Seele nach der Schlacht! Wie heiß sehnte er die Helfer im Streite herbei, wie oft blickte er aus, ob er nicht die Spitzen der Heere von Amherst und Gage erblicken könnte! Denn die Kunde hatten seine Patrouillen heimgebracht, daß Niagara und Ticonderoga im Besitz der Engländer seien.

Nichts ist gefährlicher für den Mut und die Gesundheit des Soldaten, als die trüben Wochen des Wartens und der Ungewißheit. Der August war zu Ende und nun erkannte Wolfe, daß er allein, auf eigene Faust handeln müsse. Aufs linke Ufer hinüber mußte er; aber diesmal oberhalb von Quebec. In dem jäh abfallenden Uferrand der Abrahamshöhen fand er endlich eine günstige Einbuchtung heraus und einen zur Höhe führenden Bergpfad. Für die Nacht vom 12. zum 13. September wurde das Unternehmen vorbereitet. Es gelang über Erwarten gut; der schwache Wachposten wurde überwältigt und am Morgen des 13. September stand Wolfe mit 5000 Mann auf der Fläche des Plateaus westlich von der Stadt Quebec.

Damit war Montcalm aus seinem festen Lager herausmanövriert; er mußte entweder für die fast offene Stadt sich schlagen oder sie ihrem Schicksal überlassen. Auf einer längst vorbereiteten Schiffbrücke über den Charlesfluß hatte er einen ziemlich günstigen Anmarsch nach dem Plateau, auf dem die Engländer schon mit der Morgendämmerung standen und die Schlacht anboten. Montcalm war nicht der Mann, lange warten zu lassen.

Um 10 Uhr Vormittags erschien er oben im Angesicht des Feinds, auf seinem linken Flügel die erprobten Regimenter Guienne, Languedoc, Bearn, Sarre, auf dem rechten kanabische Milizen, Bürgerwehr von Quebec, Indianer. In gleicher Stärke mit den Engländern war er erschienen, aber seine alten Franzosen standen kaum 2000 Mann stark in Reih und Glied.

Auf jeder von beiden Seiten waren ein paar leichte Kanonen mitgeschleppt worden. Aber das Geschützfeuer wollte nichts bedeuten. Die heißblütigen Oberbefehlshaber, mit Ungedulb die Entscheidung herbeisehnend, befanden sich in den vordersten Reihen. Nach heftigem Gewehrfeuer **munterte Montcalm die Seinen zum Sturme auf** und Wolfe ordnete ein Feststehen an, bis die Feinde nahe herangekommen sein würden, dann Salven und Nachstürzen mit dem Bajonett.

Fortwährend feuernd rückten die französischen Bataillone auf die Stellung der Engländer vor, um sie die steile Talwand hinabzuwerfen. Einige Hohlwege und Zäune waren der einzige Anhalt für Wolfes Truppen, aber sie hielten mannhaft das Feuer aus und erst jetzt, als die Spitzen der anrückenden Gegner auf 40 Schritt nahe gekommen waren, gaben sie Feuer und zwar exakt und regelmäßig durch alle Pelotons.

So hatten die wohlgeübten englischen Regimenter auch gefeuert in Wald und Busch unter Braddock und anderen Führern; sehr zu ihrem Unheil. Hier auf dem offenen Plateau, ohne Baum, ohne Graben, war es eine ganz andere Sache. Im freien Feld den Wirkungen des Salvenfeuers ausgesetzt zu sein, diesen feuerspeienden, an den Boden gewachsenen Massen gegenüberzustehen, das war den kanabischen Jägern und Milizen höchst ungewohnt.

Der Erfolg konnte nicht zweifelhaft sein; Milizen, Jäger und Bürgerwehren begannen zu wanken, sich zu besinnen, zu stocken. — Das war der Augenblick für James Wolfe. Obwohl schon zweimal verwundet, sprang er jetzt vor und rief durch Stimme und Beispiel zum Angriff, zum Vorwärtsstürzen. Und so geschah es. Die Mauern, die seither fest gestanden, die Grenadiere des Obersten Carleton, das 43. und 47., das 28. Regiment und die leichte Infanterie von William Howe, sie stürmten los; die durch solchen Vorgang verwirrten Kanabier wandten sich und rissen die schwachen französischen Bataillone mit sich fort.

Da wurde James Wolfe, vorausstürmend, von der dritten Kugel in die Brust getroffen; er starb in der Gewißheit, den Sieg erfochten, ganz Amerika für sein Vaterland gewonnen zu haben.

Verwirrung begann im französischen Heere einzureißen; schon waren 1500 Mann gefallen. Doch wandte sich Montcalm nochmals an seine Kanabier, um sie zum Feststehen, zum Umkehren gegen den Feind zu bewegen. Über diesem Mühen wurde er tödlich verwundet. Noch konnte er in die Stadt verbracht werden; am folgenden Tag, am 14. September, starb er. Am 17. kapitulierte die Stadt und der größere Teil der französischen Armee.

Die erste offene Feldschlacht im ganzen Kriege war geschlagen. Nur die gelegentlichen Deckungen des Bodens benützend, sahen sich die Gegner Aug' in Aug'. Bisher war man gewohnt gewesen, hinter künstlichen Deckungen den Festungskrieg zu führen oder Busch und Wald aufzusuchen, Schluchten und steinbesäte Hänge, um die Kunst im Laufen und Rennen, im Kriechen und Niederducken, im Verbergen und Hinterhaltlegen zu zeigen. Die selbstverleugnende Ausdauer im feindlichen Feuer, die akurate Ausführung des mechanischen Ladens und Feuerns, mit zusammengebissenen Zähnen die volle Ruhe wahrend und den angewiesenen Platz in Reih und Glied, das Emporschnellen aus der Apathie der Schießmaschine in ein unwiderstehliches Vorwärtsströmen zum Angriff, — diese Tugenden des regulären Soldaten hatten heute diejenigen gezeigt, welche den Kämpfern von Waterloo zum Vorbild gedient haben mögen. —

Viel hatte sich Montcalm in den letzten Wochen seines Lebens, als die Entscheidung immer näher rückte, mit der Zukunft des ihm anvertrauten Landes und ganz Amerikas beschäftigt. Er scheint seine Niederlage, aber auch ihre weltgeschichtliche Bedeutung geahnt zu haben und betrachtet nun die Folgen, welche daraus hervorgehen müssen, daß nächstdem ganz Nordamerika der englischen Herrschaft unterworfen ist. In seinen Briefen vom Ende August 1759 soll sich Montcalm dahin geäußert haben, daß für die englischen Kolonien das Verschwinden der französischen Nachbarschaft zugleich das Zeichen sein werde, sich auch von der Oberherrschaft Englands freizumachen. Jedoch wird die Echtheit dieser Briefe mit gutem Grund angefochten. —

Ungefähr zu derselben Zeit, da die englischen Linien zur Verwunderung der kanadischen Milizen und des roten Mannes wie die Mauern in offener Feldschlacht standen, schritten drei englische und zwei hannoverische Bataillone festgeschlossen und ohne einen Augenblick zu wanken durch das feindliche Artilleriefeuer hindurch, um die ungestümen Angriffe französischer Reiterei bei einer Entfernung von nur zehn Schritten abzuschmettern. Es geschah das in der Schlacht, die am 1. August 1759 nördlich von Minden eben durch diese braven Bataillone für Preußen und England gewonnen wurde, trotzdem die englische Kavallerie total versagte. —

Noch gaben die Franzosen nicht alle Hoffnung auf, Quebec wieder zu gewinnen. Montcalms Nachfolger im Kommando sammelte aus Flüchtlingen und neu Ausgehobenen eine kleine Armee, mit der er von Westen her gegen Quebec rückte. Er errang sogar noch einen Erfolg in der Nähe des alten Schlachtfeldes. Nun aber erschien im richtigen Augenblick eine englische Flotte mit Verstärkungen und die Franzosen mußten zurückweichen ohne jede Hoffnung, jemals wieder mit ihrem alten Vaterland in Verbindung treten zu können. Die letzten französischen Truppen scheinen sich in dem weiten Lande verlaufen zu haben. Im Herbst 1760 wurde auch Montreal auf seiner vielbewunderten Insel eingenommen. Und von da trugen Bootgeschwader die englische Flagge über den Eriesee und bis zum fernsten Ufer des Obern Sees. Kleine Detachements zogen über die flachen Landrücken, errichteten leichte Befestigungen und nahmen das Land bis zu den Quellen des Mississippi in Besitz. Das englische Gebiet, eben noch ein schmaler Küstenstreif, schien hinauszuwachsen in den unendlichen Raum.

In Amerika waren die Dinge in der gedeihlichsten und glorreichsten Entwicklung begriffen, als am 25. Oktober 1760 der alte König Georg II. dahinging und sein zweiundzwanzigjähriger Enkel als Georg III. an seine Stelle trat. Nichts schien sich zu verändern, bis der junge König das Bedürfnis fühlte, den seitherigen Minister William Pitt als den fortwährenden Friedenstörer, der für das englische Volk Krieg auf Krieg häufe, anzuklagen. So schlug Georg III. zwei Fliegen mit einer Klappe; er gewann durch seine Friedensliebe das Volk für sich und entfernte zugleich den Mann, der seither wie ein Alleinherrscher über England, über die öffentliche Meinung und über das Parlament verfügt, damit freilich auch den eigentlichen Herrscher und König in den Schatten gestellt hatte.

Georg III. war ja vom ersten Tag an entschlossen, nicht bloß ein Monarch zu scheinen und in seinem Namen regieren zu lassen, sondern ein wirklicher Monarch zu sein und als solcher selbst zu regieren. So mußte Pitt am 5. Oktober 1761 zurücktreten und dem Einfluß Platz machen, der von dem seitherigen Kammerherrn des Königs, dem jetzigen Minister, Lord Bute, ausging.

Pitt war das Bindeglied zwischen der Macht Englands und dem Vorkämpfer der Gedankenfreiheit auf dem europäischen Kontinent, König Friedrich II. von Preußen, gewesen. Treu hatten die beiden Männer beieinander ausgeharrt. Mit Pitt kam jetzt auch das erprobte Bündnis zu Fall. Friedrich der Große befand sich in einer Bedrängnis, wie sie nur noch im Sommer 1759 nach der Schlacht bei Kunersdorf auf ihn eingestürmt war. Damals rettete den Staat „das Miracle des Hauses Brandenburg", die Tatenlosigkeit der Feinde. Auch jetzt kam Rettung für den großen Dulder; in den ersten Tagen des Jahres 1762 starb Kaiserin Elisabeth von Rußland, der Feind, der unerschöpflich schien an Haß wie an neuen Hilfsmitteln. Aus einem Gegner wurde Rußland ein Verbündeter Friedrichs.

Alles trieb dem Frieden zu; was man erstrebt hatte, war in Amerika erreicht und mehr; nur an den Grenzen der Karolinas und von Georgia, auf den Bergketten und in den Talschluchten der Alleghannies wütete noch ein grausamer Indianerkrieg. — Am 10. Februar 1763 wurde zu Paris und wenige Tage darauf zu Hubertusburg Friede geschlossen. Der Siebenjährige Krieg in Europa und zugleich derjenige der Seemächte in Amerika und Ostindien war zu Ende geführt. Das indische Weltreich blieb in den Händen der Engländer und der Kontinent Nordamerika erhielt ein ganz neues Gesicht.

Der Lauf des Mississippi teilte Nordamerika in zwei Stücke. Das östliche Stück, vom Mississippi bis zum Atlantischen Ozean, gehörte den englischen Kolonien, während das Stück westwärts des großen Stroms in den Besitz Spaniens kam. Die neuen Grenzen der Kolonien sicherten also ein ungeheures Land und verliefen zugleich meist in viel bestimmteren Linien als die alten; gegen Norden gab es gar keinen Angrenzer mehr.

Mit winzigen Ausnahmen waren die Franzosen tatsächlich von Nordamerika ausgeschlossen; die Nachbarschaft Spaniens schlug man nicht allzu hoch an; man fühlte sich in den Kolonien wie in England als Herr des ganzen Kontinents. Niemals war das englische Reich so weitgebietend dagestanden. Das war die Zeit, in der die amerikanischen Kolonisten mehr als jemals auf ihre Rechte als englische Bürger pochten, auf englische Freiheit. Eine souveräne Freiheit aber, wie sie mit Vorliebe Massachusetts in Anspruch nahm, hatten die Engländer in der Heimat zu keiner Zeit genossen; eine solche war auch in keinem kolonialen Freibrief jemals verbürgt worden. Und zum Freiheitsdrang kam jetzt der militärische Stolz. Nicht immer glaubt man kriegerischen Taten eine Mitwirkung in der Verfassung und Stimmung des Volksgemüts zuschreiben zu müssen; die Bedeutung der auf dem Schlachtfeld gezeigten Mannhaftigkeit wird häufig allzu gering angeschlagen gegenüber den geistigen und literarischen Strömungen, wenn es sich um Hebung des Selbstbewußtseins, wie des politischen Ansehens nach außen handelt.

Ja, oftmals glaubt der Geschichtschreiber ganz auf dem richtigen, menschlich hohen Standpunkt zu stehen, wenn er kriegerische Taten in ihrer Bedeutung für das Volksgemüt und für die Phantasie der Menschen verkleinert oder totschweigt. Bei Massachusetts und Virginia aber, bei den beiden Staaten, welche am glorreichsten im Feld bestanden durch Zahl und Haltung ihrer Streiter, bei diesen trat zu Tage, daß eben damit ihre Bürger sich für die tonangebenden hielten und für berufen, bei jeder Bewegung der Geister an der Spitze zu stehen.

Fast müßig ist es zu fragen, welches Gesicht wohl die Welt in allen Erdteilen angenommen hätte, wenn die staatenbildenden und zugleich Geistesfreiheit verbürgenden Faktoren, welche jetzt auf dem Kontinent von Europa, in England und Amerika aus dem Friedensschluß des Jahres 1763 kraftstrotzend und unternehmungslustig hervorgingen, wenn diese gestrichen worden wären und der sich dehnenden Macht Rußlands, Österreichs und des alten pfäffischen Frankreich Platz gemacht hätten. Ob die französische Revolution, welche mit ihren Ideen die moderne Welt baute, ob ihre Vorläuferin, die amerikanische Erhebung zur Unabhängigkeit, unmöglich gemacht oder nur verschoben worden wären?

Kanada war unter den Formen einer despotischen Regierung durch Eroberung in den Besitz Englands gekommen. Der bürgerlichen Freiheit war bei der Übernahme des Landes mit keiner Silbe gedacht worden. Denn die Einwohner hatten nie das mindeste Stück von bürgerlicher Freiheit besessen und konnten somit auch keines von der alten Herrschaft auf die neue vererben. So wurde das neu gewonnene Land als eine Kolonie angesehen, die rein nur von der englischen Krone abhing und keinerlei Selbstregierung sich zu erfreuen hatte; auch keine solche begehrte. Dadurch schon blieb Kanada für die südwärts gelegenen Kolonien ein durchaus fremdes Land, fast so fremd, als es bisher gewesen.

Aber einerlei Flagge wehte hüben und drüben; wenn auch an der Indianergrenze im fernen Westen noch da und dort die Gewehre knatterten, Friede war doch allerorten eingezogen; Amerika hallte wieder von Frohlocken, auf den Bergen brannten Freudenfeuer. Die britischen Truppen samt ihren anspruchsvollen Offizierkorps und ihren Generalen räumten die Quartiere, welche ihnen unter stetem Widerspruch die Bürger in ihren Häusern eingeräumt hatten, und kehrten nach Europa zurück.

Die Milizen und Freiwilligen der einzelnen Kolonien suchten ihre Wohnplätze und ihre alten, friedlichen Beschäftigungen wieder auf. Nicht so bald gedachten sie wieder die Muskete von der Wand zu nehmen oder im Zeughaus zu holen. O, ihr Bilder von Ticonderoga, Duquesne und Niagara! Überall Friede und englische Flagge. Nichts bleibt dem Wehrmann übrig, als nach getaner Arbeit auf die Bank vor dem Hause zu sitzen und zu erzählen von den Zügen die Flüsse und Seen entlang, von dem Wegebahnen durch die Wälder, von dem Überschreiten der Bergketten, von dem Zusammenstoß mit den Indianern und den alten französischen Soldaten, die so schwer zum Weichen zu bringen sind; von den Führern hoch und nieder, von kurzsichtigen englischen Generalen, von den Helden Lord Howe und James Wolfe, von Major Putnam aus Connecticut, der in seiner letzten Not am Marterpfahl noch befreit werden konnte, und von dem Freunde der Soldaten, von dem virginischen Oberst Georg Washington.

Er galt als der Liebling aller, die ihn kennen gelernt hatten; in jeder Gefahr sei er der erste und wisse jeden durch sein Beispiel aufzumuntern; mit raschem Blick finde er das Verdienst heraus und achte es; stets sei er darauf bedacht, seinen Soldaten Gesinnungen der Ehre und redliches Streben nach wahrem Ruhme einzupflanzen; durch Disziplin und wachsames Auge gebe er seiner Truppe eine Überlegenheit über alle anderen.

Nach der Besetzung von Fort Duquesne und Festlegung der Grenze dort, nach Sicherung von Virginia, Maryland und Pennsylvania war Washingtons Aufgabe gelöst. Er zog sich zu Anfang des Jahres 1759 vom militärischen Dienst zurück, verheiratete sich glücklich und bebaute sein ererbtes Gut Mount Vernon am Ufer des Potomac. Er war jetzt 27 Jahre alt. An seine militärische Laufbahn erinnerte nur die Vorliebe, mit der er in seinem Arbeitszimmer den Bildern und Büsten großer

Soldaten aus allen Zeiträumen der Geschichte einen Platz anwies. Von den Mitlebenden führte er nur einen einzigen in die Gesellschaft der alten Kriegshelden ein — Friedrich den Großen. Sorgfältig verfolgte der Pflanzer am Potomac das Tun des preußischen Königs im Frieden wie im Krieg. Beide Männer waren bestimmt, dem Stück Welt, in dem sie lebten, ihren Stempel aufzudrücken.

V. Das amerikanische Volk, sein wirtschaftlicher und geistiger Zustand

Aus der ganzen Jugendgeschichte Amerikas geht hervor, wie das Mutterland desto eifersüchtiger auf die politische Freiheit der Kolonien wurde, je mehr diese aus dem Dunkel und aus der seitherigen Nichtbeachtung heraustraten und von sich in der Welt reden machten. Allein England pflegte von jeher noch lieber politische als wirtschaftliche Freiheit zuzugestehen. Schon zu Ende des 17. Jahrhunderts, noch mehr mit Beginn des 18. wurde der Gedanke, daß **Handel und industrielle Entwicklung der Kolonien im Weg der Gesetzgebung zurückzudämmen seien**, zu einem anerkannten Lehrsatz.

Die Verkümmerung politischer Rechte kommt ja zumeist nur einzelnen in vollem Umfang zum Bewußtsein. Die Frage des Geldbeutels aber, die Beschränkung des persönlichen Vorteils im Wege des Handels und der Industrie wird von allen verspürt, von reich und arm, von gelehrt und ungelehrt. Was nützt alle politische Freiheit und Selbstregierung, wenn die wirtschaftliche Freiheit fehlt, die Befugnis, den Überschuß an selbstproduzierten Gütern so gut zu verwerten als man kann, auszuführen, wohin und mit welchen Mitteln man will und für gut findet? Der weitere Entwicklungsgang der amerikanischen Geschichte zeigt denn auch, wie eine wirtschaftliche Frage endlich den Ausschlag da gibt, wo man sich durch Flickarbeit auf dem Gebiet politischer Kompromisse noch lange beholfen hätte.

Man nimmt an, daß die erste Seestadt Neuenglands im Jahre 1630 gegründet wurde, nachdem man der seither Trimountain genannten Halbinsel den Namen Boston beigelegt hatte. Die nächsten Bedürfnisse, die auf Wohnung, Kleidung, Speise, Gottesdienst, Unterricht hinzielten, waren befriedigt. Bei harter Arbeit gab nach wenigen Jahren das Land mehr, als die Ansiedler verzehrten, und der Überschuß fand Absatz nach Westindien und anderen Orten. Dafür kamen die Erzeugnisse dieser Länder und Geld zurück, welch letzteres samt den von den Eingeborenen eingetauschten Fellen zumeist nach England ging, um die Industrieerzeugnisse zu bezahlen, die von dorther kamen und immer nötig waren.

Ein energisches Volk, dem das Brausen der See fortwährend ans Ohr schlägt, fängt bald an, sich dem Schiffbau zuzuwenden, von den noch unberührten Wäldern die herrlichen Planken und Krummhölzer, mächtige Masten zu holen. In Boston wurde 1634 das erste Schiff vom Stapel gelassen, Werften erstanden und der Handel erfreute sich bedeutender Blüte. Die Hände, die nicht mehr alle beim Ackerbau nötig waren, wandten sich der Bearbeitung des Holzes, dem Betrieb der Fischerei zu; im Jahre 1748 liefen 540 Schiffe aus dem Bostoner Hafen aus. Auch an den Mündungen des Hudson, Delaware, Susquehanna, Potomac wies die Natur selbst auf den Seehandel hin. Ihre rechte Heimat aber hatten Seefahrt und Schiffbau lange Zeit in den Neuenglandkolonien. Schon gegen die Mitte des 17. Jahrhunderts baute man in Boston Schiffe von 400 Tonnen und im Jahr 1738 wurden hier 41 größere Schiffe mit zusammen 6324 Tonnen Last vom Stapel gelassen.

In alle Flußmündungen von Maryland, Virginia und den Karolinas drangen die kecken neuenglischen Schiffleute hinein, um den zerstreuten Pflanzern die ihnen nötigen Artikel zu bringen und im Tausch deren Produkte, namentlich Tabak, zurückzunehmen. Aber auch dieser unbedeutende und mühselige Handel erweckte den Neid der englischen Kaufleute, welche verlangten, daß die Kolonisten ihre Erzeugnisse nur nach England zum Verkauf bringen dürfen. Über England konnten sich dann auf englischen Schiffen die Kolonien holen, was sie wollten.

Die Revolution des Jahres 1688 hatte in England den Vorrang der kommerziellen Interessen gefestigt und diesen einen wesentlichen Einfluß auf die Gesetzgebung verschafft. Immer wieder kam man auf die Navigationsakte vom Jahr 1651 und einzelne ergänzende Gesetze zurück, welche bestimmten, daß alle Schiffe, die nach oder von den Kolonien Waren bringen, in England oder in den Kolonien gebaut sein müssen. Dieselben Gesetze beschränkten den Export- und Importhandel, wenigstens soweit die wichtigsten Artikel in Frage kommen, auf die britischen Besitzungen.

Damit wurden die Häfen der Kolonien den holländischen und andern fremden Schiffen geschlossen; die englische Seegesetzgebung hatte ein Monopol für den englischen Handel geschaffen.

Billig fragte man sich in den Kolonien: Warum soll ein Volk, das fast zur Hälfte von nichtenglischer Abstammung ist, von der ganzen Welt außer England abgeschnitten sein? Warum soll der Kolonist die Produkte Europas und Asiens bloß in englischen Häfen suchen? Außer den direkt von Afrika nach Amerika kommenden Negersklaven mußten ja sämtliche Gegenstände von irgend welcher Erheblichkeit zuerst an der englischen Küste gelandet werden, bevor sie in die Hände der Kolonisten kamen.

Wären diese Schiffahrts- und Handelsgesetze mit Strenge gehandhabt worden, so mußten sie jeden Gedanken an Welthandel, an überseeische Verbindungen der Kolonien schon im Keime erwürgen. Nur die nachlässige Anwendung der Gesetze oder die Bestechlichkeit und Bequemlichkeit der Beamten verhalfen dem jungen Volk zu seinem Recht, begünstigten Unternehmungslust, Wagnis und Schmuggel. Ja, das britische Beschränkungssystem ist von einzelnen Kolonien niemals als gültig anerkannt worden, und ganz Amerika beeiferte sich, es möglichst oft und systematisch zu übertreten. Die englischen Gesetze, welche die Handelsbeziehungen des Mutterlandes zu den Kolonien nicht zu einer Wohltat, sondern zu einer Knechtschaft machten, verhüllten bloß den auswärtigen Handel, den sie verhindern sollten.

Vom Jahr 1763 gibt uns Georg Washington eine dem häuslichen Leben entnommene Beschreibung, aus welcher hervorgeht, wie die Pflanzer Virginias fast alles, was sie zum täglichen Leben brauchten, von London kommen lassen mußten. Zweimal im Jahr schickte Washington ein Verzeichnis der Dinge, die er nötig hatte, an seinen Agenten dort. In diesem Verzeichnis war alles untergebracht, was zur Bekleidung, zum Haushalt, zur Landwirtschaft gehört: Pflugscharen, Hacken, Spaten, Sicheln und andere Gerätschaften, Sättel, Zäume und Pferdegeschirre. Ferner sind alle Familienglieder mit Angabe des Alters und der Größe aufgeführt, um dem Schneider und der Schneiderin Anhaltspunkte zu geben. Mistreß Washington war eine verwitwete Curtis gewesen und hatte 1759 zwei Kinder beigebracht in ihre mit Washington geschlossene Ehe, die freilich kinderlos geblieben ist. So entstand für den Kleidermacher in London ein stattlicher Zettel, in welchem auch Schnitt und Stoff jeglichen Kleidungsstücks angegeben sind. Washington selbst beschreibt sich als einen Mann von langen Gliedern, 6 Fuß 3 Zoll hoch, also von sehr ansehnlicher Größe, und ziemlich mager.

Mehr als 100 Jahre schon saß die Familie Washington im Land Virginia. Sie war aus Nordengland gekommen, aus derselben Gemeinde, aus der auch die Franklin ungefähr zur selben Zeit nach Amerika gingen. Die Washington stammten von den Junkern des Fleckens, die Franklin aus der Dorfschmiede; die Washington zogen denn auch nach der Region der Kavaliere, nach Virginia, der Rundkopf aus der Schmiede nach Massachusetts; Benjamin Franklin siedelte später nach Philadelphia über. Mit einer gewissen Ostentation scheint er auf seinen Gängen nach Europa, namentlich in Paris, seine in den Kolonien verfertigte Mardermütze und seine von dorther stammenden anspruchslosen Kleidungsstücke getragen zu haben. Die Washington aber hatten in Amerika noch niemand gefunden, der ihre an einen gewissen Luxus gewöhnten Bedürfnisse hätte befriedigen können. So waren sie ganz auf ihren Agenten in England angewiesen.

Und England hatte sich für die Industrie ein noch viel

weitergehendes und wirksameres Monopol geschaffen als für den Handel. Nach den Ansichten des damaligen Kolonialsystems schätzte jede europäische Macht diejenige Kolonie am höchsten, deren Produkte am wenigsten mit ihren eigenen konkurrierten, die also wesentlich nur Rohprodukte auf den Markt des Mutterlandes warf. Daraus erklärt sich auch der Beschluß des englischen Parlaments vom Jahr 1719: Die Errichtung von Manufakturen in den Kolonien muß dahin führen, ihre Abhängigkeit von Großbritannien zu verringern.

Ursprünglich hatten sich die Kolonien mit Säg- und Mahlmühlen, mit Gerbereien und mit der Herstellung von Leinenwaren und groben Wollstoffen begnügt; bald kamen Glas, Papier, feine Hüte und anderes dazu. Das beginnende 18. Jahrhundert sah in den Kolonien die Keime aller Industrien, die es damals in den fortgeschrittensten Ländern Europas gab. Dazu barg der Boden reichlichen Vorrat an Kohlen und Eisen.

In Boston bildete sich eine Gesellschaft zur Begründung inländischer Fabriken. An einem der Jahrestage dieser Gesellschaft erschienen 300 junge Frauenzimmer an dem Versammlungsort, in selbstgesponnene Leinwand gekleidet, in einer dreifachen Reihe sitzend, jede mit einem Spinnrad und beschäftigt, den Flachs vom Rocken auf die Spindel zu übertragen. Die Stadt baute eine Fabrik und es wurden Prämien ausgesetzt zur Aufmunterung der Leinenarbeiter. Für das Mutterland also höchste Zeit, mit seinen Gesetzen dazwischen zu treten.

Schon war die Wollmanufaktur getroffen worden durch die Verfügung: „nach dem 1. Dezember 1699 darf keine Wolle, noch Artikel aus Wolle, falls sie Erzeugnis einer Kolonie sind, in ein Schiff oder Fahrzeug unter irgend einem Vorwand verladen, noch auf ein Pferd, einen Karren oder ein anderes Fuhrwerk geladen werden, um aus einer Kolonie in die andere, oder an irgend einen anderen Ort verführt zu werden." Das englische Parlament traf 1719 eine Bestimmung, nach welcher keine Kolonie Eisen verarbeiten, kein Schmied auch nur einen Riegel, Spiker oder Nagel machen durfte.

Diese Maßregel aber stieß auf so viel Widerstand, daß man sie fallen ließ. Dagegen wurde verordnet, daß kein Werk zum

Walzen von Eisen, kein Hochofen zum Bereiten von Stahl in den Kolonien geduldet werden solle. Kaum hatten die Kolonisten angefangen, ihre Hüte selbst zu machen, wozu ihr Land durch das viele Haarwild besonders gutes Material lieferte, als die englischen Hutmacher unruhig wurden, und 1732 erließ das Parlament ein Gesetz, welches die Ausfuhr amerikanischer Hüte nicht nur nach fremden Ländern und nach England, sondern auch von einer Kolonie in die andere verbot und zugleich bestimmte, daß kein Kolonist dieses Handwerk treiben dürfe, wenn er nicht sieben Jahre als Lehrling gedient hatte; ferner war verboten, einen Schwarzen das Hutmachen zu lehren. — „Jener elende Krämergeist, der große Nationen nach den Maximen des Ladentisches regieren wollte," war es, der den Bruch Amerikas mit dem alten Heimatland herbeiführte.

Allerlei Holzgerät und Lebensmittel pflegten die Kolonien nach den westindischen Besitzungen der Spanier und Franzosen auszuführen; als Rückfracht füllten sie ihre Schiffe mit Rum, Zucker und Melasse. Sofort befahl das Parlament, daß es den Kolonisten bei schwerer Strafe verboten sei, diese Bedürfnisse aus anderen Besitzungen als aus englischen zu holen. Überall kam zum Ausdruck, daß es fester Grundsatz der englischen Handelspolitik sei, durch Vernichtung jeder aufkeimenden Industrie den Wohlstand Amerikas niederzuhalten. Die öffentliche Meinung in England gewöhnte sich an die Annahme, daß man sich lediglich auf Zwangs- und Gewaltmaßregeln verlassen müsse. Von der Entrüstung, welche dadurch in den Städten und Dörfern Amerikas geweckt wurde, hatte man keine Ahnung. „Diese Beschränkung," hatte Penn bei dem Erlaß der Eisengesetze gesagt, „wird die gefährlichsten Folgen haben; denn sie verhindert uns, das zu fertigen, was wir zu unserem eigenen Bedarf brauchen. Es ist ein Angriff auf die Rechte der Untertanen des Königs in Amerika."

Die lauten Ausbrüche des Unwillens waren nicht das Schlimmste; ein gefährlicherer Feind für England wuchs ganz in der Stille in den Tiefen des Volksgemüts heran, die Vorstellung, welche alles, was mit der Regierung in London, mit dem Handelsamt, mit dem Parlament zusammenhing, als etwas

Frembes, Fernes und Feindseliges erscheinen ließ. — Ohne Zweifel gab es nur wenige Länder, in denen die Bewohner politisch so günstig gestellt waren wie die Kolonisten in Amerika. Freilich, der Gouverneur und sein Rat traten im Namen der königlichen Autorität auf und die Krone hatte das Recht, in allen Kolonien mit Ausnahme von Maryland, Connecticut, Rhode Island jedes Gesetz der Kolonialgesetzgebung zu annullieren. Aber in den meisten Kolonien hing von derselben Kolonialgesetzgebung der Gehalt des Gouverneurs ab. So übten die Kolonisten trotz des königlichen Veto doch eine ziemlich wirksame Kontrolle über die Gesetzgebung aus. Und wenn auch durch das kommerzielle System das den Kolonien offenstehende Feld vorteilhaften Handels beträchtlich geschmälert wurde, so läßt sich zur Entschuldigung Englands anführen, daß dies kommerzielle System damals bei den europäischen Mächten allgemein war. Ja es gab Artikel, wie Korn, gesalzener Proviant, Bauholz, Fische, mit denen die Kolonisten nach allen fremden Häfen, gleichviel welcher Nation, Handel treiben durften ohne andere Beschränkung, als daß die Schiffe, die dem Handel dienten, englisch und zum größten Teil mit englischen Untertanen bemannt sein mußten.

In der Tat waren die Gesetze Englands weniger drückend als die anderer Nationen. Das muß wohl beachtet werden; aber von noch viel höherer Bedeutung ist, daß die Kolonisten in Westindien und Südamerika weniger energisch, weniger auf ihr Selbstbestimmungsrecht eifersüchtig waren als die Ansiedler, die in Nordamerika sich eine Heimat geschaffen. Durch den Herrensinn des Volkes in Amerika und seiner Führer wurde der Weg zur Zerreißung des großen im Frieden von Paris 1763 ausgebauten britischen Reiches vorbereitet. Die Schuld für die Tat der Zerreißung trägt freilich König Georg III. selbst und die Sorte von Kavalieren, die ihn beriet; eine Mitschuld aber fällt dem großen Einfluß zu, den die kommerziellen Klassen auf die Gesetzgebung Englands ausübten und dieser Einfluß hat wesentlich den Interessengegensatz zwischen Mutterland und Kolonien geschaffen.

Es ist auch richtig, die Handhabung der englischen Restriktivgesetze war nicht streng genug, um die Kolonien ihrer großen

materiellen und politischen Vorteile zu berauben. Trotz aller
künstlichen Verzögerung ihres Fortschritts wurden die Kolonien
alljährlich wohlhabender, volkreicher und kühner. Es ist auch
richtig, daß England bis daher auf jedes Einkommen durch
direkte Besteuerung verzichtete, daß es für die Verteidigung
der Kolonien erhebliche Opfer brachte und sich mit der indirekten
Besteuerung durch Monopole begnügte.

Mit der Zeit aber wurden zahllose Vorschläge gemacht,
„Nordamerika zu besteuern". Insbesondere drang das
Handelsdepartement in London auf eine Abgabe, welche es
gestatte, den Gouverneuren der Kolonien feste Gehalte auszu=
setzen und die Kosten der Verträge mit den Indianern zu be=
streiten. Eine allgemeine Stempelakte und Zölle wurden vor=
geschlagen. Der Gouverneur von Virginia drang auf eine
Kopf= und Grundsteuer; der von Massachusetts bewegte sich
mit seinen Vorschlägen in ähnlicher Richtung und man kam
in den Regierungskreisen Englands allmählich zu der Über=
zeugung, daß das britische Parlament die Einführung und Er=
hebung einer amerikanischen Steuer von sich ausgehen lassen
müsse.

Gegen eine Besteuerung der Kolonien wurde Franklin um
das Jahr 1755 vorstellig: Gouverneure kommen oft bloß in die
Kolonien, um sich Reichtümer zu sammeln, mit denen sie nach
England zurückkehren; es seien nicht immer Männer von der
besten Fähigkeit und Rechtlichkeit; sie haben keinen natürlichen
Zusammenhang mit uns, der ihnen herzliche Teilnahme für
unser Wohlergehen einflößen könnte. Das Parlament in London
könne wegen der großen Entfernung leicht falsch unterrichtet
und irre geleitet werden und tauge daher nicht zur Einführung
von Steuern. Ein Zwang der Amerikaner, Geld ohne ihre
Einwilligung zu bezahlen, gleiche mehr der Erhebung von Kon=
tributionen in einem feindlichen Lande, als der Besteuerung
von Bürgern zu ihrem eigenen Nutzen.

Auf diese Einwürfe Franklins antwortete der Gouverneur
von Massachusetts mit dem Vorschlag, daß man den Kolonien
gestatte, Repräsentanten ins Parlament nach London zu wählen.
Darauf könne man nur eingehen, erwiderte Franklin, wenn

eine wirkliche Einheit des Landes durchgeführt werde, wenn insbesondere England aufhöre, die Kolonien als seiner Industrie tributpflichtig zu betrachten, wenn alle einschränkenden Handelsgesetze aufgehoben werden. Parlamentarische Union, parlamentarische Besteuerung blieben eine Zeitlang Schlagworte, ohne in den einzelnen Kolonien viel Sympathien zu wecken.

Berichte und Gutachten der englischen Gouverneure aber, der englischen Beamten und Truppenführer, gelangen alle zu derselben Schlußfolgerung, zu dem Verlangen nach Besteuerung der Kolonien durch Parlamentsbeschluß.

Kurz bevor Sir Robert Walpole im Jahr 1742 sein Ministerium niederlegte, faßte er seine Ansicht über das Verhältnis zu Amerika in die Worte zusammen: „Ich will das Besteuern der britischen Kolonien einem meiner Nachfolger überlassen, der vielleicht mehr Mut hat und minder Freund des Handels ist als ich." Walpole war von Natur jeder gewaltsamen Maßregel abgeneigt und sah es als einen nicht wieder gutzumachenden Fehler an, die sich anbahnende politische Entfremdung der Kolonien zu fördern. Seit dem Abgang Walpoles mußte jahrzehntelang Krieg geführt werden und zwar zumeist mit außerordentlichen Erfolgen für England. Dadurch und durch das Zurücktreten Besonnener und Fähiger kamen bei der Regierung immer mehr solche Elemente zu ausschlaggebender Bedeutung, welche sich gewillt zeigten, durch Brutalitäten, Säbelrasseln und Großsprechereien jeden Widerspruch gegen die königliche Obergewalt niederzuzwingen.

Einige tüchtige Revolutionäre sind bei der Entdeckung von Amerika aus ihrem seitherigen Dunkel hervorgezogen und ins Licht der Kulturwelt eingeführt worden. Die Kartoffel und der Mais haben eine vollständige Umgestaltung der Landwirtschaft herbeigeführt und zugleich das Brot der Armen mannigfacher und reicher gestaltet; Tabak und Kakao aber haben Einfluß auf die ganze Geselligkeit des Menschengeschlechts geübt und die Reihe der Genußmittel vermehrt.

Die ersten Kolonisten an der Massachusettsbai verteilten das Land unter sich mit der Absicht, den Ackerbau, das Anpflanzen von Mais, von Kartoffeln und Korn im großen zu betreiben. Unter den Gegenständen, die ihnen vom Mutterlande aus zugesandt werden sollten, standen jahrelang Saatgetreide, Sämereien, Obstbäume aller Art, Geflügel, Zugvieh in erster Reihe. Die Kolonie war vier Jahre alt, als sie bei 4000 Seelen schon 1500 Rinder, 4000 Ziegen und zahllose Schweine zählte. Neben Weizen spielten Mais und Kartoffeln eine Hauptrolle. Der Landbau wurde ganz in der englischen und niederländischen Weise betrieben. Ein halbes Jahrhundert nach der Gründung wird in Neuengland schon der große Überfluß an Getreide, Mais, Vieh und Apfelwein hervorgehoben.

Die Reisenden, welche in der ersten Hälfte des 18. Jahrhunderts die nördlichen und mittleren Kolonien besucht haben, rühmen, daß sie keinem einzigen Bettler begegnet seien; viel Wohlstand und einen hohen Grad von Zivilisation hätten sie angetroffen. Der Lohn der Dienstboten sei viel höher und die Farmer stehen sich viel besser als in irgend einem Teil von Europa. Jeder, auch der Ärmste, brauche Tee, Zucker, Spirituosen. Die meisten Arbeiter essen zweimal täglich Fleisch und zwar so viel als ihr Appetit verlange.

Je weiter es durch die Mittelstaaten dem Süden zu geht nach Maryland und Virginia, in desto höherem Maße machen sich die großen Pflanzungen mit Handelsgewächsen geltend. Schon im Jahre 1621 machte man in Virginia einen Versuch mit Baumwolle, aber der Anbau und die Ausfuhr fielen noch kaum ins Gewicht; erst gegen das Ende des 18. Jahrhunderts kam hier der Aufschwung. Von bei weitem höherer Bedeutung ist in Virginia und Maryland der Tabak (Virginiakraut). Dazu traten nicht allzu nachhaltige Versuche mit Seidenzucht und Weinbau. Größere Bedeutung kam dem Anbau des Indigos und des Zuckerrohres zu. Dieselbe Rolle aber wie der Tabak in Maryland und Virginia spielte der Reis in den Karolinas und in Georgia.

Schon frühzeitig war die Reispflanze von Madagaskar eingeführt worden; im Jahr 1691 wurde eine Belohnung auf

Erfindung einer zweckmäßigen Reinigungsmethode ausgesetzt; der Anbau dehnte sich immer mehr aus und der Reis von Karolina galt bald für den besten der ganzen Welt. Daher der Reichtum der Kolonie, daher auch das Gewimmel von Negersklaven. Der Gewinn, den die Reisfelder brachten, verlockte die Pflanzer, immer neue anzulegen, und Afrika lieferte Arbeiter.

In den nördlichen und mittleren Staaten entwickelten sich Ackerbau und Viehzucht unmittelbar aus der Tätigkeit jedes einzelnen freien Einwanderers; im Süden aber glaubte man auf den ausgedehnten Pflanzungen Arbeitskräfte nötig zu haben, welche dem erschlaffenden Klima besser widerstehen und doch hohe Leistung entwickeln könnten. So kam man auf die Anstellung von Negern für die Tabak-, Reis-, Indigo- und andere Pflanzungen. Es war im August 1620, als ein den Jamesfluß in Virginia heraufsegelndes holländisches Schiff erstmals Neger ausschiffte, 20 an der Zahl, und dieselben zum Verkauf stellte. Bei dem Mangel an Arbeitskräften griffen die jungen Pflanzer, die eben am Roden des Bodens waren, zu. Dies war der Anfang der Negersklaverei in den englischen Kolonien Nordamerikas, wo nach einer Reihe von Generationen viele Millionen schwarzer Menschen im rechtlosen Zustande wohnten und dadurch den Grund für mancherlei Zwiespalt legten.

Den Holländern, Spaniern, Portugiesen war es längst keine fremde Sache mehr, farbige Menschen da und dort zu rauben und als Sklaven zu verkaufen. Der seefahrende Abenteurer, halb Pirat, halb erobernder Ritter voll Bigotterie und priesterlicher Heuchelei, pflegte die Einwohnerschaft fremder Küsten als rechtmäßige Beute zu betrachten und darüber kurzer Hand zu verfügen. System aber und schwunghaften Betrieb in diesen gelegentlichen Sklavenhandel haben erst die Engländer gebracht. John Hawkins scheint der erste britische Seefahrer gewesen zu sein, der von 1562 ab den Handel mit afrikanischem Menschenfleisch beliebt machte. Ob solch löblichen Tuns wurde er von Königin Elisabeth zum Ritter geschlagen und wählte zu seinem Wappen einen gefesselten Neger.

Die rechte Blütezeit des englischen Negerhandels kam aber erst, als er im Utrechter Frieden 1713 durch einen unter dem Namen Afiento bekannten Vertrag gesetzliche Unterlage erhielt. England war mit aller Vorsicht zu Werk gegangen, um sich in diesem wichtigsten Ergebnis der Verhandlungen zu Utrecht ein Monopol zu sichern. — „Kein Franzose," berichtet Bancroft, „kein Spanier oder sonst jemand durfte einen einzigen Negersklaven ins spanische Amerika einführen. Für die spanische Welt im Meerbusen von Mexiko sowohl als für die englischen Kolonien war die britannische Majestät durch ihre bestellten Vertreter der ausschließliche Sklavenhändler. England erzwang sich das Privilegium, die Neue Welt mit Negern anzufüllen." — „So gewann England durch den Handel mit den Kindern Afrikas, welche es für Kleinigkeiten und für Spielereien einkaufte, das Kapital, mit dem es ein britisches Reich in Hindostan aufbaute."

Vom Utrechter Frieden an wurde es ein hauptsächlicher Gegenstand der englischen Handelspolitik, den Sklavenhandel zu erweitern und die Sklaverei in den eigenen Kolonien wie in den spanischen zu ermutigen. Das Angebot von Sklaven durch die englischen Händler war so reichlich, daß es oft im Interesse der Herren schien, die erworbenen Neger sich rasch zu Tode arbeiten zu lassen, um den Bestand durch frische Kräfte zu ersetzen. Es scheint, daß in den hundert Jahren von 1676 bis 1776 nicht viel weniger als drei Millionen Sklaven von den Engländern in die spanischen, französischen und eigenen Kolonien von Amerika eingeführt wurden, ungezählt die Hunderttausende, welche durch die Grausamkeiten ihrer Peiniger und die Qualen der Überfahrt schon vor dem Verkauf zu Grund gegangen waren.

Die Wohlfahrt Englands zeigte sich eng mit dem Sklavenhandel verknüpft, auf ihm ruhte der ganze Wohlstand einer Seestadt wie Liverpool, und schwache, zweifelnde Seelen wußte die englische Geistlichkeit zu stützen durch die Betrachtung, daß es für die armen Schwarzen doch ein wahrer Segen sei, durch unternehmungslustige Händler ihrer fernen Heimat entrückt und dem Licht des Evangeliums nahe gebracht zu werden.

Im Jahr 1750 unterhielt man sich im englischen Parlament über die Mittel, dem Negerhandel zu größerer Wirksamkeit zu verhelfen. Noch 1775 erhielt ein Agent, der sich im Auftrag der Kolonien wegen der Überschwemmung mit Negern zu beklagen hatte, von dem Staatssekretär für die Kolonien in London die Antwort: „Wir können nicht zugeben, daß die Kolonien irgendwie einen für die Nation so vorteilhaften Vertrieb hemmen oder entmutigen." (Bancroft; Lecky.)

Der Gegensatz zwischen freien Staaten und Sklavenstaaten war in Nordamerika dem Zeitalter der beginnenden Revolution noch durchaus fremd. Erst von 1780 ab begann Pennsylvania mit Gesetzen wegen Freilassung von Negersklaven vorzugehen. So erstanden allmählich die sich von Sklaverei freihaltenden nördlichen und nordwestlichen Staaten; ein politischer und wirtschaftlicher Gegensatz begann sie mit Beginn des 19. Jahrhunderts von den südlichen Sklavenstaaten zu trennen. — Ursprünglich mußten alle Kolonien dem mit Menschen handelnden Mutterlande seine Ware abnehmen. Wenn auch in ganz verschiedenem Maßstab. Im Jahr 1754 zählten die Kolonien etwa 1200000 Weiße und 300000 Negersklaven; von den letzteren 11000 in Neuengland, die gleiche Summe etwa je in New York und Pennsylvania; die Masse der Neger in Virginia mit 120000, in Maryland und in den Karolinas. Nach 20 Jahren mag man mehr als 2 Millionen Weiße und eine halbe Million Neger gezählt haben, welche letzteren zu $4/5$ nach Virginia und nach den Karolinas gehörten, wo sie zum Teil die weiße Bevölkerung überwogen.

Über die rechtlichen Verhältnisse der Sklaven waren einige Bestimmungen getroffen worden, so 1682: „Bekehrung zum christlichen Glauben macht nicht frei." Es erhoben sich Zweifel, ob das Kind eines weißen Kolonisten mit einer Negerin frei oder Sklave sein solle; hier trug das römische Gesetz den Sieg über das angelsächsische davon — das Kind folgte dem Stand der Mutter. Die Tötung eines Sklaven durch harte Züchtigung war kein Verbrechen, „da man nicht voraussetzen kann, daß vorsätzliche Bosheit, welche doch allein den Mord zum Verbrechen mache, jemanden verleiten werde, sein eigenes Besitztum zu vernichten". Der Eigentümer war unumschränkter Herr über den Sklaven.

Zu den ersten, welche erklärten, daß sie mit ihrer Lebensanschauung die Sklaverei nicht vereinigen können, gehörten die deutschen Bewohner von Germantown (S. 85. 86). Im April 1688 erließen sie eine öffentliche von Pastorius aufgesetzte Kundgebung mit einer Petition an die Abgeordnetenversammlung von Pennsylvania, worin sie die unbedingte Abschaffung der Sklaverei forderten. In einer Zeit, in der selbst die Gewissenhaftesten nichts Anstößiges am Sklavenhalten fanden, gehörte nicht wenig sittlicher Mut zu solchem Auftreten. — „Hinsichtlich der Negersklaverei," sagt Bancroft, „war der deutsche Sinn am wenigsten von Vorurteilen eingenommen, weil Deutschland noch nie am Sklavenhandel teilgenommen hatte." Der amerikanische Historiker hätte wohl zutreffender den Grund in dem humanen und freiheitsfrohen Sinn der deutschen Einwanderer gesucht. Die Generalversammlung der Quäker habe ihr Urteil zurückgehalten, fährt Bancroft fort, aber die „armen Herzen" von Kirchheim und die „kleine Handvoll" deutscher Freunde aus der Rheingegend kamen zu dem Schluß, daß es nicht christlich sei, Negersklaven zu halten oder zu kaufen.

William Penn starb, ohne sich je Vorwürfe gemacht zu haben, als Sklavenbesitzer. Doch war er redlich bemüht gewesen, den Afrikanern geistige und leibliche Kultur beizubringen und ein gewisses Maß häuslichen Glücks zu sichern, insbesondere für Heiligkeit der Ehe und persönliche Sicherheit zu sorgen.

Auch sonst hörte man, namentlich in Pennsylvania, gegen die Sklaverei predigen: ein Volk, das seine Kinder zur Arbeit und Nüchternheit anhalte, führe ein glücklicheres Leben, als das, welches von der Arbeit der Sklaven lebe. Die Sklaven gleichen einem schweren Stein für die, welche sich mit der Bürde der Sklaverei beladen. Die Last werde immer schwerer und schwerer, bis die Zeiten in ihrem Wechsel eine vielleicht recht unangenehme Entscheidung mit sich bringen. — Indessen hielten die Engländer ihre Sklavenmärkte in jedem Gerichtshause des Südens, und man sagte, die königliche Regierung

sehe darauf, daß ihre Ware an den Mann komme, teils um
ihre Händler zu bereichern, teils um durch das Gleichgewicht
der Rassen die Macht des Widerstands in den Kolonien zu
schwächen.

Dem englischen Händler war der Neger eben nur das
in menschlicher Gestalt auftretende Arbeitstier, das er um jeden
annehmbaren Preis loszuschlagen trachtete; der Kolonist aber
war sich bewußt, daß er mit diesen Massen von geknechteten
schwarzen Menschen auf einer und derselben Scholle leben müsse
und erblickte demgemäß in dem Anwachsen der Negerhaufen,
so lieb ihm deren Arbeitskraft war, doch eine sich steigernde
sittliche und politische Gefahr.

Am meisten Sorgen machten sich die Pflanzer in Virginia
und Südkarolina. Mit Entsetzen sah man hier die Zunahme
der Neger. Man versuchte durch eine Abgabe die Einfuhr zu
erschweren. Vergebens. Die englische Regierung schrieb bei
Strafe der Absetzung den Gouverneuren sämtlicher Kolonien
vor, solchen Gesetzen der Volksvertretung ihre Zustimmung zu
versagen. Südkarolina besonders, das aus Klugheitsrücksichten
den Negerhandel zu beschränken gedachte, erhielt vom englischen
Ministerium einen Verweis.

Erst in den Jahren der sich vorbereitenden Unabhängigkeit
wagte im Kontinentalkongreß der Deputierte für Virginia,
Jefferson, ganz offen zu sprechen. Er war auf dem Wege zum
Kongreßort Philadelphia krank geworden und übersandte eine
Schrift, die unverkennbare Vorläuferin der Unabhängigkeits=
erklärung, welche unter den Beschwerden namentlich auch ein
der Kolonie Virginia zugefügtes Unrecht aufzählt. „Aus den
geringfügigsten Gründen und zuweilen aus gar keinem denk=
baren Grund hat Se. Majestät Gesetze von der heilsamsten
Tendenz zurückgewiesen. Die Aufhebung der Sklaverei ist der
große Wunsch der Kolonien, in welchen sie unglücklicherweise
in früheren Zeiten eingeführt worden ist. Vor Freilassung der
Sklaven, die wir besitzen, ist es aber notwendig, alle fernere
Sklaveneinfuhr aus Afrika zu beseitigen. Dennoch sind unsere
verschiedenen Versuche, dies durch Verbot und durch Einfuhr=
zölle, welche einem Verbot gleichkommen, zu bewirken, durch die

Weigerung des Königs bis jetzt vereitelt worden. Auf diese Weise werden die dauernden Interessen der amerikanischen Staaten und die durch diesen schmachvollen Handel tief verletzten Rechte der menschlichen Natur dem unmittelbaren Vorteil einiger weniger britischen Korsaren geopfert."

Nach diesen mit Beifall aufgenommenen Worten Jeffersons beschloß der Kongreß: „Von dem ersten Tage des nächstkünftigen Monats November 1774 an wollen wir keine Sklaven weder aus Afrika, noch aus Westindien, noch aus irgend einem anderen Lande einführen oder kaufen, oder einführen oder kaufen lassen."

Also vorderhand keine neue Zufuhr von Sklaven; welch langer Weg war aber noch zu machen, durch wie viel Schweiß und Blut führte er, bis die allgemeine Aufhebung der Sklaverei zur Wirklichkeit gemacht werden konnte!

Aus der Geschichte Englands, und zwar aus dem 16., 17. und 18. Jahrhundert, erfahren wir durch Macaulay und Lecky Einzelheiten über den ungeselligen Stolz der Engländer den Irländern gegenüber, über den Abscheu, mit welchem der Angelsachse den Iren betrachtete als den Angehörigen „einer geringeren Kaste". Und die Rasse, die der Sachse als ihm widerwärtig verachtete, suchte er niederzutreten und auszurotten. Nicht ein einziger Zug findet sich, der einem Emporheben nur von ferne gliche. — „Kein Mann englischen Blutes betrachtete dazumal die eingeborenen Iren als seine Landsleute." — „Der Krieg war buchstäblich ein Vernichtungskrieg. Das Totschlagen der Irländer wurde buchstäblich als ein Totschlagen wilder Tiere betrachtet; — die ganze Bevölkerung wurde methodisch dem Hungertod überliefert." Und nach der Mitte des 17. Jahrhunderts heißt es: „Sklavenhändler wurden auf das Land losgelassen und viele Hunderte von Knaben und heiratsfähigen Mädchen wurden ihrer Heimat entrissen, nach Barbadoes verschifft und an die Pflanzer in Sklaverei verkauft. Bristoler Kaufleute ließen sich begierig in diesen Handel ein."

Dieselbe Geringschätzung, welche die irländische Rasse in den Augen der Engländer als eine minderwertige, als eine dem Ruin verfallene erscheinen ließ, lehrte die Eingeborenen Amerikas, die Indianer, als Feinde betrachteten, deren Vertilgung wie ein gutes, jedenfalls wie ein notwendiges Werk anzusehen war.

Es ist eigentümlich, überall, wo romanische Volksstämme im Land des roten Mannes Fuß gefaßt haben, sind sie dem Indianer näher getreten; sie bekehren und schützen ihn, vermischen sich mit ihm; die germanischen aber lassen den roten Mann von vornherein scharf und unvermittelt den Gegensatz zwischen Naturleben und Zivilisation fühlen, sie verachten ihn und stoßen ihn zurück. Herabsinken des Indianers, zugleich aber auch Vernichtungskampf gegen ihn sind die Folgen. Ob es sich verlohnt hätte, durch ein gewisses Herabsteigen des Europäers von seiner Kulturhöhe, wie dies zweifellos in Mittel= und Südamerika stattfand, die Stämme der Indianer zu erhalten, mit europäischem Blut zu mischen und dem Kulturleben näher zu bringen? Es hat ja auch in den englischen Kolonien nicht an opferfreudigen Versuchen gefehlt, von englischen und deutschen Sekten ausgehend, die Indianer zu bekehren und zu bilden. Ohne Erfolge sind diese Arbeiten nicht geblieben; aber allzuoft sind doch die „betenden Indianer" der Versuchung erlegen, wieder zu den fechtenden zurückzukehren.

Eines haben Romanen und Germanen auf dem Boden Amerikas miteinander gemein: sie waren die Eindringlinge und hatten die Pflicht, wenn sie ihre Heimat hier gründen wollten, sich die Erdscholle dafür von den seitherigen Besitzern zu erhandeln. Das geschah auch zumeist durch Vertrag und eine Art von Kauf. Wo der Vertrag gehalten wurde, wie in den ersten Zeiten der Massachusettsbai und im Lande William Penns, da herrschte auch Friede zwischen dem weißen Ankömmling und dem alten Urbesitzer. Den Weißen aber trieb es vorwärts in die Wälder, Wiesen und blauen Berge hinein; so konnte es an Feindseligkeiten nicht fehlen, die endlich, bei der wachsenden Entfremdung, in Vernichtungskampf ausarteten.

Das Wegführen der Indianer als Sklaven ist so alt wie die Entdeckung Amerikas. Auch unter den ersten puritanischen Einwanderern waren die Rechtsbegriffe nicht entwickelt genug, um die Eingeborenen vor dem Pressen in die Sklaverei zu schützen. Denn weiße Männer, die unter Wilde versetzt sind und sich der Kontrolle europäischer öffentlicher Meinung entrückt wähnen, eignen sich meist die schlimmsten Fehler der Tyrannei an. Unter der Kriegsbeute pflegte man in Neuengland auch Menschen aufzuführen. In noch erweitertem Maße wurde in den südlichen Kolonien Handel mit roten Menschen getrieben. Doch verschwanden diese vereinzelten Erscheinungen vollständig neben den Massen der schwarzen Sklaven.

Nirgends hatte in der Tat die Negersklaverei so breiten Boden gewonnen als auf den ausgedehnten Plantagen des städtelosen Südens. Je weiter man in diesen englischen Kolonien nach Norden kam, desto mehr sah sich Sklavenarbeit verdrängt durch den rührigen Farmer und Hinterwäldler, durch die dem Gewerbe und dem Fabrikbetrieb lebende Bevölkerung der Städte. In nicht allzugroßen Abständen waren in den mittleren und nördlichen Kolonien größere Stadtgemeinden aufgeblüht, eine ziemliche Anzahl von Städtchen, von Flecken und Dörfern stadtähnlichen Aussehens.

Am meisten städtischen Charakter wies die jüngste der amerikanischen Städte auf, Philadelphia; die erste Seestadt war Boston und trat erst später diesen Rang an New York ab. — An der vielfach zerrissenen Küste der Massachusettsbai erfreute sich Boston einer fast insularen Lage unmittelbar an einem von der Natur durchaus geschützten Hafen. Im Jahr 1638, acht Jahre nach der Gründung der Stadt, wurde das erste steinerne Haus gebaut; immer rascher entwickelten sich die Stadt und ihr Handel; im Jahr 1763 zählte sie gegen 20000 Einwohner. Zu einer Zeit, da die Überfahrt eine ganze Reihe von Wochen, oft von Monaten in Anspruch nahm, hielt man es für besonderen Gewinn, von Europa aus in einem Hafen landen zu können, der so weit ostwärts lag und das Unerträgliche der Fahrt wenigstens um ein paar Tage abkürzte. Darin liegt ein wesentlicher Grund für das Emporblühen Bostons. Dagegen fehlte dem Hafen Bostons der schiffbare Fluß, der die Waren aus dem Seeschiff fast kostenlos ins Hinterland getragen hätte. Streng hielten sich die Einwohner an die Gesetze der Sabbatfeier und der Orthodoxie. In den gebildeten Klassen fand sich ein reges geistiges Leben, wenn auch mit einer besonders herben Ausprägung; haarspaltende Advokaten, nach Unabhängigkeit lüsterne Staatsmänner und Zeitungsschreiber waren hier zu Hause.

Nirgends an der amerikanischen Küste ist das Festland so günstig ins Meer hinausgeführt, wie durch die schmale Insel zwischen Hudson und Eastriver, auf der New York liegt. Die Bai von New York, mit ihren zwei Einfahrten durch den Long Island=Sund und durch die Narrows, ist ein Hafen, wie er größer und vortrefflicher nicht gedacht werden kann; dazu das tiefe Fahrwasser des Hudson, der mit der Flut Seeschiffe noch weit aufwärts trägt. Zu Beginn des 17. Jahrhunderts ist die erste Holzhütte hier gebaut worden, in welche die Indianer ihre Felle zum Austausch trugen; beinahe 200 Jahre später ist auf dem Hudson das erste brauchbare Dampfboot gefahren, das die Welt gesehen hat. Fulton hat im Jahr 1807 auf dem ersten von ihm erbauten Dampfer die 120 Seemeilen lange Strecke von New York nach Albany in 32 Stunden zurückgelegt.

Langsam ging der Aufschwung der Stadt; im Jahr 1763 zählte sie erst 12000 Einwohner. Aber von dem Augenblick an, wo der lokale Verkehr in den Hintergrund trat und der Welthandel sich in Amerika einen Mittelpunkt suchte, einen Mittelpunkt zugleich mit riesigem, leicht vom Hafen aus zu erreichendem Hinterland, von diesem Augenblick an hob sich New York, der Flußhafen am Hudsontrichter, in überraschend kurzer Zeit zur Riesengröße. — In der Mitte des 18. Jahrhunderts jedoch, galt New York für etwas zurückgeblieben; von geistigem Leben war wenig zu spüren. Die wohlhabendsten Männer hatten sich im Laufe einer einzigen Generation emporgearbeitet. Die Kenntnisse, welche durch den Volksunterricht in den Neuengland=kolonien Allgemeingut geworden waren, suchte man hier bei den arbeitenden Klassen, ja beim niedrigeren Kaufmannstande vergebens. Vielleicht allzu ungünstig urteilt der Neuengländer John Adams: „Bei allem Wohlstand und Glanz der Stadt New York findet man doch wenig feine Bildung. Wir sind zwar immer achtungsvoll behandelt worden, aber ich habe, seit ich hier bin, keinen einzigen wahren Gentleman, keinen fein gebildeten Mann gesehen. Bei ihren Bewirtungen ist eine angenehme Konversation nicht zu finden; es herrscht keine Bescheidenheit, keine Aufmerksamkeit füreinander. Sie sprechen sehr laut, sehr schnell und alle auf einmal. Wenn sie eine Frage stellen, so kann man nicht drei Worte der Erwiderung vorbringen, ehe sie den Redenden schon wieder unterbrechen und selber fortfahren."

Ziemlich in der Mitte der dem Atlantischen Ozean zugewandten Küstenlinie befinden sich mit weiten Öffnungen gegen die See hin die Mündungstrichter des Potomac, des Susquehannah und des Delaware, ein buchtenreicher, vielfach gegliederter Strand. Im Hintergrund des nördlichsten dieser natürlichen Häfen hat William Penn 1682 zwischen den Flüssen Delaware und Schuylkill den Plan für die Hauptstadt seines Fürstentums, für Philadelphia, ausgesteckt, ängstlich rechtwinklige Häuserblöcke, Quadrate und Rechtecke zeichnend. Dem Entwurf folgend ist auch gebaut worden. Bald bekam die Stadt ein ziemlich bevölkertes, gewerbtätiges Hinterland; sie lag ja am Tor zu dem Eisen- und Kohlengebiet. Obwohl für den Seehandel nicht in gleichem Maße begünstigt wie New York, überholte sie diese Stadt doch bald an Volkszahl und zählte 1763 wahrscheinlich schon 18 000 Einwohner.

Diejenigen Reisenden, die, wie Burnaby, Philadelphia vor der Revolution besucht haben, schildern sie als die schönste und anziehendste Stadt in diesen Kolonien; sie loben ihre vortreffliche Beleuchtung und Pflasterung, das stattliche Rathaus, die beiden öffentlichen Bibliotheken, Wohltätigkeits- und Unterrichtsanstalten, die Kirchen, den mit Schiffen gefüllten Hafen; schon waren Häuser vorhanden, die um 100 Pfund jährlich vermietet werden konnten.

Längst hatte man sich weit entfernt von der Einfachheit, Armut und sittlichen Strenge der quäkerischen Gründer. Philadelphia enthielt eine wohlhabende und glänzende, lebenslustige Gesellschaft nebst allem Luxus einer alten europäischen Hauptstadt. Überall Wohlbehagen und Freude; rings um die Stadt schöne Gärten und Landsitze. Da war nichts zu spüren von der peinlichen Strenge und Grämlichkeit der Bostoner Gesellschaft oder von dem lärmenden Wesen der New Yorker. Überall ein feiner Ton, der kein Arg darin fand, die schönen Abende mit Tanz und Musizieren zuzubringen.

Das sind die drei Städte, welche im Revolutions= krieg eine hervorragende Rolle zu spielen bestimmt waren. Sie liegen auf einer geraden, von Boston nach Süd= westen gezogenen Linie und zwar Philadelphia von New York 150 Kilometer entfernt, Boston von New York aber mehr als 300 Kilometer. Wird die Linie über Philadelphia nach Süd= westen verlängert, so trifft sie in 150 Kilometer Entfernung auf Baltimore. An der Küste gegen Süden hin liegen noch von Seestädten: Charleston in Südkarolina und Savannah in Georgia; Virginia hatte noch keine richtige Stadt aufzuweisen; in Neuengland außerdem die kleinen Seestädte Newhaven in Connecticut und Providence in Rhode Island. Binnenstädte von Bedeutung sind noch ziemlich selten: Trenton in New Jersey, Reading am Schuylkill in Pennsylvania, Albany in New York, Hartford in Connecticut, Concord in Massachusetts.

Diese Städte groß und klein sahen sich untereinander ver= bunden durch eine Art von Landstraßen. Von Anfang an sorgten die einzelnen Kolonien auf ihrem Gebiet für Her= stellung von Verkehrswegen; besondere Beamte wurden dafür aufgestellt. Doch kam es erst nach der Revolution zu systema= tischem Straßen= und Kanalbau. Die erste Landstraße nach europäischen Begriffen soll 1790 von Philadelphia nach dem benachbarten Lancaster gebaut worden sein. Einigermaßen brauchbare Fahrwege führten in der Küstenlandschaft von Gemeinde zu Gemeinde. In den Niederlassungen, welche im Innern entstanden, wurde der Mittelpunkt für die Gemeinde durch das kirchliche Versammlungshaus gebildet; dicht daneben die Schule. Beide Bauten lagen an der ungemein breiten Straße, über welche nicht Räder genug gingen, um das Gleis anders zu bezeichnen als durch Streifen in dem Rasen. Längs des Weges fanden sich die Häuser der Farmer zerstreut, wo es einem jeden gut dünkte. Je mehr dem Hinterwald zu, desto weniger gab es Städte oder Dörfer; kaum ein Haus stand auf Sehweite zum anderen. So war es auch in den Kolonien des

Südens. Hier gab es bloß Reitwege, und die ganze Sorgfalt, die man darauf verwendete, bestand in der Hinwegräumung der vom Sturm darüber hingeworfenen Bäume; oder war der von einem Hause zum nächsten meilenweit entfernten Nachbar führende Pfad durch Einschnitte in den Bäumen bezeichnet.

An natürlichen Heerstraßen aber ist wohl kein Land der Erde so reich als Nordamerika. Es rinnen und fluten die Wasser so zahlreich, es breiten sich der Seen so viele, wie in keinem anderen Land. Der sich kräuselnde Spiegel bot sich als **Straße** dar und das **Boot als natürliches Fuhrwerk**.

Wenn berichtet wird, daß zu Ende des 17. Jahrhunderts achtmal des Jahres durch eine öffentliche Post Briefe vom Potomac nach New York befördert werden konnten, so sind darunter wohl regelmäßig gehende Postschiffe gemeint; Fluß- und Meeresbuchten dienten als Poststraßen. Zwischen den größeren Städten aber gingen Postwagen, nach den entfernteren Stationen reitende Postillone. Jede Kolonie hatte eine Postbehörde; eine oberste Behörde für die Gesamtheit leitete das Ganze. Benjamin Franklin war eine Zeitlang königlicher Postmeister für Pennsylvania gewesen und stieg 1753 zum Generalpostmeister für sämtliche Kolonien auf. Da es keine Zentralregierung für die Kolonien gab, so ordnete das Parlament in London als Gesetzgeber für das ganze Reich innerhalb und außerhalb Europas auch das Postwesen der Kolonien, den Tarif und den Kurs der Posten.

Es hat gewiß wenige Gemeinwesen gegeben, in deren Jugendgeschichte das religiöse Element eine so große Rolle gespielt hat, wie bei dem Heranwachsen der englischen Kolonien in Amerika. Ursprünglich und auch im weiteren Verlauf sind jene Küsten als religiöse Freistätten aufgesucht worden. So findet sich eine reiche Fülle von Religionsformen, reine, innige Gottesverehrung neben Fanatismus und wunderlichen Ausschreitungen. Nur selten, wie eine Zeitlang in Rhode Island, Maryland und Pennsylvania, kann die Rede sein von wirklicher Religionsfreiheit. Freilich, die Weite des Raums war so groß, daß schließlich jede Sekte eine Heimstätte fand. Aber sittlich freies Urteil lag noch nicht im Volksgemüt. Wo religiöse Anschauungen am tiefsten ins Volksleben eingedrungen waren, in Neuengland, da trat nicht selten eine klerikale Herrschsucht zu Tage, eine inquisitorische Wachsamkeit, welche es unternahm, durch grausame und abgeschmackte Gesetze die geringfügigsten Handlungen des täglichen Lebens zu regeln und die Meinungen zu beeinflussen. Aus derselben trüben Quelle floß der Unfug von Hexenglauben und Hexenverfolgung, die Anfeindung der Quäker in Massachusetts.

Über all dem Streiten und Zetern der verschiedenen Glaubensbekenntnisse und Sekten machte sich das Bemühen der englischen Hochkirche geltend, zu einer herrschenden, allseitig anerkannten und durch die weltliche Macht geschützten Stellung zu gelangen, obwohl nur ein geringer Bruchteil des Volks sich zu ihr bekannte.

Die Trennung der Kirche vom Staat ist zumeist das Werk des 19. Jahrhunderts; um die Mitte des 18. und nach derselben ist die Verbindung zwischen Staat und Kirche in den einzelnen alten Staaten noch eine sehr innige. Die älteren Kolonien in Neuengland tragen ja noch lange den Charakter von Theokratien, aber auch in den übrigen Kolonien ist das religiöse Gefühl ein überaus lebendiges. Unter den Männern, welche als Führer der Revolution auftraten, zeichnen sich die meisten durch sittlichen, einfachen, häuslichen Sinn, durch Ehrenhaftigkeit und Frömmigkeit aus. Als der Bruch mit England vollzogen war, schrieben die verschiedenen Staaten Buß- und Bettage aus, und Georg Washington teilt uns in seinem Tagbuch mit, daß er bei diesem Anlaß „in die Kirche ging und den ganzen Tag fastete". Als der Oberbefehlshaber später seine Armee in New York musterte, da zogen viele Wehrmänner, der alten Puritanertage gedenkend, in die Kirche mit dem Gewehr in der einen, der Bibel in der anderen Hand.

Lange läßt sich noch die alte Inbrunst und Einfachheit entdecken, der Schutz von Sonntagsheiligung. Am Ende des 17. Jahrhunderts war in Massachusetts alles Reisen, Arbeiten, Spielen am Tage des Herrn verboten; ebenso „unnötiges und unvernünftiges Herumstreifen in den Straßen und Feldern der Stadt Boston und anderer Ortschaften", Offenhalten der Läden, Vergnügungen und weltliche Geschäfte. Das Verbot erstreckte sich sogar auf den Abend vor dem Sonntag. Zu Anfang des 18. Jahrhunderts findet sich ein Gesetz zur Unterdrückung von Lotterien, zur „Verhütung der Trägheit und Unsittlichkeit"; ein weiteres, das jedes Gepränge bei Leichenbegängnissen und endlich eines, das theatralische Vorstellungen untersagte.

In den anderen Kolonien wurde das alles in milderem Lichte betrachtet. Verschieden ist es auch mit der Besoldung der Geistlichen gehalten worden. Jede Niederlassung hielt es für Ehrensache, so frühzeitig als tunlich neben der Kirche eine Schule mit Pfarrhaus und Lehrerwohnung zu erstellen. Zum Pfarrhaus kam noch der Pfarracker. Eine Geldbesoldung floß in der Regel aus freiwilligen Beiträgen oder aus einer Kirchensteuer, in Virginia z. B. in Gestalt von Tabak. Am besten war gesorgt für die englische Hochkirche, für Presbyterianer und verwandte englische und schottische Sekten.

Von lutherischen deutschen Gemeinden befanden sich 1733 nur drei in Pennsylvania. Um das vollständige Auseinanderfallen des deutschen Luthertums zu verhüten, wurde 1741 der Pfarrer Heinrich Melchior Mühlenberg aus Halle berufen. Er traf noch zu rechter Zeit in Philadelphia ein und gab dem Luthertum wieder festen Halt. Denn vor kurzem hatte Graf Zinzendorf, der sich unter dem Namen eines Herrn von Thürstein in Philadelphia aufhielt, gewaltig für seine Sekte Propaganda gemacht und der lutherischen Gemeinde die Hälfte ihrer Mitglieder entfremdet.

Mühlenberg mußte mit unzähligen Schwierigkeiten und Widerwärtigkeiten kämpfen; er suchte die überall zerstreuten Lutheraner auf und ermunterte sie zum Aushalten im Glauben. Seine Bestrebungen waren von solchem Erfolg begleitet, daß schon 1763 sich die Zahl der lutherischen Gemeinden in Pennsylvania auf 30 belief. In der Zionskirche in Philadelphia unterschrieben 700 Familienväter die lutherische Kirchenordnung. Solche erprießliche Tätigkeit trug dem Pfarrherrn den Ehrentitel: „Patriarch der lutherischen Gemeinde in Amerika" ein.

Gegen die Mitte des 18. Jahrhunderts sah sich die große Zahl der Bekenntnisse noch vermehrt durch die Sekte der Methodisten. Wesley und Whitefield standen an der Spitze und vereinigten bald viele Tausende von Anhängern ihrer Lehre. — Von der anfänglichen Strenge und starren Gläubigkeit Neuenglands und Pennsylvanias hatte sich freilich die Menge längst entfernt; aber im gesamten Volksleben blieb doch so viel Ernst und so viel beschauliches, auf das innerliche Leben gerichtetes Wesen zurück, daß dem Einfluß der Religion ein mächtiger Anteil bei der Herausbildung der festen Faser im Körper des amerikanischen Volks eingeräumt blieb. In vielen Gegenden war in jeder Hand die Bibel, jedes Haus war ein Bethaus; von den Eltern lernten bei dem weltabgeschiedenen, genußarmen Leben vieler Ansiedler die Kinder und an der Spitze der Gemeinde in weltlichen und kirchlichen Ämtern standen Männer, für deren Heranbildung schon die ersten Gründer der Kolonien Sorge getragen hatten.

„Als Neuengland noch arm war und wenig Einwohner hatte, zeigte sich schon der Trieb zum Lernen." Lernbegieriger als der Nordamerikaner ist niemand auf der Erde. Natürlich. Offene Köpfe waren es, die als Heimatsucher hier ans Land traten, um ganz auf eigenen Füßen zu stehen; nichts wollten sie sich vormachen lassen, in gar nichts Vormundschaft dulden. Darum mußten sie alles selbst erkennen, durch den Verstand in sich aufnehmen, verarbeiten; kurz, sie sahen sich genötigt, ununterbrochen zu lernen. **Demokratien müssen ein kenntnisreiches, einsichtsvolles Volk haben, wenn sie nicht übertölpelt und benachteiligt werden wollen.** Darum stand in den Neuenglandstaaten allem andern die Volkserziehung, der Unterricht, voran und ging von hier aus vielfach in die anderen Kolonien über. Wenn irgendwo, so zeigten sich auf diesem Gebiet die Bürger der jungen Staaten groß und hochherzigen Sinnes.

Aus den ersten Ansiedlerjahren an der Massachusettsbai, als eben die unumgänglichsten Bedürfnisse befriedigt waren, als man noch Straßen und Brücken entbehrte, berichtet der Chronist: „Nachdem uns der Herr glücklich nach Neuengland geführt und wir unsere Häuser gebaut, für unsere Lebsucht gesorgt und Stätten der Gottesverehrung aufgerichtet hatten, war eines der ersten Dinge, nach denen wir uns sehnten und ausschauten, das Wissen zu fördern und den Kommenden zu übergeben, weil wir fürchten mußten, der Kirche eine ungelehrte Priesterschaft zu lassen, wenn unsere gegenwärtigen Seelenhirten im Grabe lägen." Noch fehlte so manches im Ausbau des Gemeinwesens, aber an Schiffe dachte man und an eine Akademie. Beide haben die Bedeutung von Massachusetts und Neuengland begründet. Das älteste Haus in Boston stand erst sechs Jahre, als eine öffentliche Versammlung der Bürger 400 Pfund Sterl. aussetzte zur Errichtung eines College. Cambridge solle der Ort heißen, wo es zu errichten sei, aus Dankbarkeit gegen die Hochschule gleichen Namens in England, wo so viele ausgezeichnete Männer Amerikas ihre Bildung geholt. Zwei Jahre später, im Jahr 1638 vermachte John Harvard, ein kürzlich aus England herübergekommener Geistlicher, von dem Wunsche beseelt, sich selbst auf ewige Zeiten mit dem Glück seines neuen Vaterlandes zu verbinden, dem College die Hälfte seines beträchtlichen Vermögens und seine Bibliothek. So entstand das Harvardcollege in Cambridge. Das gute Beispiel weckte Nachahmung; der Staat überwies ihm den Ertrag einer Fähre, Dörfer und Städte schickten größere Gaben; die meisten Familien ein paar Groschen und Naturalien. Die Kolonie wuchs zusammen mit ihrer Akademie und diese übte den mächtigsten Einfluß auf die Bildung des Nationalcharakters. Allmählich hob sich die Hochschule aus dem engen Rahmen der Theologenbildungsstätte empor zur wirklichen Universität mit freieren Lebensäußerungen.

Die alte Schule zu Cambridge erhielt im Jahr 1701 eine Gefährtin an der Hochschule zu Newhaven in Connecticut, im Yalecollege. Schon 1700 sind Geistliche von Connecticut zusammengetreten, um ein Kollegium zu gründen „für den Unterricht der Jugend in den Künsten und Wissenschaften, welche zum öffentlichen Gebrauch in Kirche und Schule nützlich wären". An ihre Spitze trat bald Elihu Yale, ein Bürger Newhavens, der sich in Ostindien große

Reichtümer erworben hatte und jetzt die junge Anstalt freigebig bedachte.

Yalecollege ist mit der Zeit neben Harvardcollege die bedeutendste Hochschule von Amerika geworden, wenn es auch in den Jahrzehnten unmittelbar nach der Gründung seine Hauptaufgabe in der möglichst einseitigen Pflege der strengsten calvinisch=puritanischen Richtung sah. Harvardcollege dagegen behauptete mit Erfolg seine freiere Stellung und erweiterte seine Lehrtätigkeit durch Aufnahme von Professuren für orientalische Sprachen, für Anatomie und Physik und 1771 für Beredsamkeit. Der Unabhängigkeitskrieg von 1775 ab unterbrach zwar dieses Gedeihen, eröffnete aber mit seiner glücklichen Beendigung und dem Aufschwung, den nun die geistige und materielle Entwicklung des jungen Freistaats nahm, für die Zukunft der Schule Aussichten, wie sie das enge Leben der Kolonien nicht geboten hätte.

Auch im Yalecollege regte sich die Wissenschaft allmählich freier und die guten Erfolge gaben Veranlassung, daß bald an anderen Mittelpunkten geistigen Lebens Hochschulen gegründet wurden, zunächst in Virginia das William and Marycollege und ein weiteres in Philadelphia. Im Jahr 1765 zählte man sieben bedeutende Colleges (Hochschulen): Harvard, William and Mary, Yale, New Jersey, Kings (New York), Philadelphia, Rhode Island.

Über den Wissenschaften aber wurden von den praktischen Neuengländern die Elemente des Unterrichts in der Volksschule nicht vergessen. Schon die ersten Grundlagen der Ansiedlungen berücksichtigen das Schulwesen in ausgiebiger Weise. Die Schule ist eine Veranstaltung des Staats, sagt das preußische Landrecht. Ähnlich sprechen sich die gesetzgebenden Körper in den Neuenglandstaaten aus: „In Erwägung, daß die Erziehung der Kinder eine der ersten Pflichten des Staates ist, so wird mit des Herrn Hilfe verordnet" — —. In jeder Gemeinde mußte eine Schule auf Gemeindekosten errichtet werden. Säumige Gemeinden verfielen in Strafe. Die Gemeindebehörden wachen darüber, daß die Schulen von den pflichtigen Kindern besucht werden; zuwiderhandelnde Eltern werden gerügt.

Mit diesem System der Freischulen, mit diesem tatsächlichen Schulzwang, sagten sich die Kolonisten zugleich von den Gewohnheiten Englands vollständig los; denn in der alten englischen Heimat besuchte damals die ländliche Jugend und die der Arbeiterbevölkerung nur ausnahmsweise die Schule. Heute noch marschiert nach dieser Richtung England in weitem Abstand hinter Amerika. Die alten Kolonien von Neuengland sind mit ihrem Schulwesen und ihrer puritanischen Lernbegierigkeit viel eher den protestantischen deutschen Kleinstaaten und den Reichsstädten zu vergleichen.

Nach einem Gesetz von 1647 mußte in jedem Dorf, in dem 50 Hauseigentümer vorhanden waren, ein Lehrer angestellt werden, „damit die Bildung unserer Voreltern nicht in den Gräbern derselben verschüttet bleibe"; man erklärte offen, Unbildung sei Barbarei, jedes Kind müsse seine Muttersprache lesen und schreiben können. Wo 100 Haushaltungen sich finden, sollte eine höhere, eine sogenannte Grammarschule, errichtet werden, die den Abgang zur Hochschule ermögliche. Eine Anzahl Äcker muß bei Anlage jeder Stadt für die öffentlichen Schulen ausgeschieden bleiben. Über den Nutzen des Schulbesuchs erfährt jeder Schüler das Notwendigste aus dem Anhang zum neuenglischen in puritanischem Geiste geschriebenen ABCbuch, wo sich Christus, der Teufel und ein Jüngling in wunderlichen Reimen über den Schulbesuch unterhalten.

Bei allen ihren Unternehmungen für die Schule sahen sich die Kolonisten rein nur auf die eigenen Mittel und Kräfte angewiesen. Denn ihre Beschäftigung mit Schule und Wissenschaft erschien in England äußerst verdammenswert. Das erfuhr zu Anfang des 18. Jahrhunderts auch George Berkeley, der, von seinem Idealismus geleitet, mit englischem Geld eine Universität in den Kolonien gründen wollte. Solchem Unternehmen gegenüber sprach sich die öffentliche Meinung Englands höchst unverhohlen aus und die Ansicht Walpoles scheint kaum davon abgewichen zu sein: „Aus der Arbeit und dem Luxus der Kolonien können große Vorteile für das Mutterland hervorgehen, aber die Fortschritte der Literatur und die Ausbildung der Künste und Wissenschaften in Amerika kann für den britischen Staat niemals von Nutzen sein." — Ursprünglich waren in der Tat Staatsgelder bestimmt gewesen, Berkeleys Unterrichtsanstalt zu gründen und zu fördern, wobei auch Missionstätigkeit und Erziehung von Indianern dem Arbeitsfeld zugewiesen werden sollten. Aber als die Ausführung nahte, waren die Gelder, die ursprünglich der Aufklärung der Geister galten, schon längst zur Ausstattung einer Prinzessin verwendet worden.

In Neuengland ist die Erziehung immer eine heimatliche und häusliche gewesen; hier erschien sie als Ausfluß eines nationalen Gefühls, das nur noch beiläufig etwas mit dem Empfinden als Engländer zu tun hatte. In New York und Virginia aber sahen sich manche Kreise nur als Fortsetzung englischer Gesellschaft an. Hier ließen die Familien ihre Söhne vielfach in England erziehen. Natürlich konnten das nur die Reichen. Die Jugend der minder Bemittelten blieb vernachlässigt. „Die Leute," berichtet 1671 der Gouverneur von Virginia, „unterrichten ihre Kinder so gut als sie können"; und er fügt bei: „Die Geistlichen sollten öfter beten und weniger predigen. Aber ich danke Gott, daß wir wenigstens keine Freischulen und keine Buchdruckereien hier haben und auch hoffentlich binnen hundert Jahren nicht haben werden, denn das Lernen hat Ungehorsam, Ketzerei und Sekten in die Welt gebracht und der Buchdruck hat sie nebst Pasquillen gegen die beste Regierung verbreitet. Gott bewahre uns vor beiden!" Unter „die beste Regierung" ist die liederliche Wirtschaft Karls II. gemeint, den die Kavaliere zurückgeführt hatten, und ein Verteidiger des klerikalen Feudalismus ist es, der hier spricht.

Um die Mitte des 18. Jahrhunderts zählte man in der großen Kolonie Südkarolina nur drei Schulen, welche sich dem Begriff Gymnasium einigermaßen näherten. Viel besser stand es in Virginia; aber Nordkarolina hatte um dieselbe Zeit überhaupt nur ein paar Schulen und von Maryland wird berichtet, daß von 100 Wählern, die eine Adresse unterzeichneten, die größere Hälfte ihren Namen durch ein Kreuz ersetzen mußte.

In den nördlichen Kolonien aber und großenteils auch in den mittleren war die Bildung ziemlich gleichmäßig verteilt. Und das Durchschnittsmaß dieser Bildung war ein recht hohes; nur wenige jedoch hoben sich über den Durchschnitt. Die meisten Familien dagegen suchten eine Auszeichnung für ihre weiblichen Mitglieder darin, daß sie ihnen eine besonders feine Erziehung zu teil werden ließen. Die bevorzugte Stellung, welche die Frau und Tochter in Amerika überhaupt einnimmt, verschaffte dem weiblichen Teil der Familie auch die nötige Muße, um den Wissenschaften und der Literatur nachgehen zu können, während die Männer rein auf den Gelderwerb erpicht blieben. Männer, welche, gleich den Frauen des Nordens, Muße hatten zur Verinnerlichung, zum beschaulichen Nachdenken, zu militärischen oder philosophischen Betrachtungen, gab es nur im Süden, vornehmlich in Virginia, wo die jungen Leute zugleich Gelegenheit fanden, den Körper in ritterlichen Übungen zu stählen.

Des lutherischen Oberpfarrers in Philadelphia, Heinrich Melchior Mühlenberg, ist schon gedacht worden; er machte sich um deutschen Gottesdienst und **deutsche Volksschulen** besonders verdient. Seine eigenen Söhne, darunter seinen ältesten, Peter Mühlenberg, schickte er 1763 zum Studium der Theologie nach Halle, nachdem sie in Philadelphia das College besucht hatten. In Philadelphia trat 1754 auch eine Schulkommission zusammen, bei der sich als hervorragende Männer fanden: James Hamilton, William Allen, Richard Peters, Benjamin Franklin, Konrad Weiser (S. 71) und der englisch-hochkirchliche Geistliche W. Smith. Es sollten Freischulen gegründet werden und Mühlenberg begrüßte mit Freuden das neue Unternehmen. Allein bald zeigte es sich, daß der Geistliche Smith, ein geschworener Feind des Deutschtums, die Anregung benützte, um kostenfreie deutsch-englische Schulen zu gründen. Dadurch sollten die Deutschen veranlaßt werden, ihre eigenen Gemeindeschulen aufzugeben, sich englischem Einfluß und zugleich der Episkopalkirche zu unterwerfen. Allein Smith brachte sich und seine Sache bald dadurch in Mißkredit, daß er bei jeder Gelegenheit auf Quäker und Deutsche schimpfte und besonders die letzteren unwissende, halsstarrige und betrügerische Menschen nannte. Der deutsche Buchdrucker Saur aus Germantown durchschaute Smiths Plan rechtzeitig und trat demselben so energisch entgegen, daß die deutsch-englischen Schulen, für deren Einrichtung das nötige Geld in England gesammelt worden war, bald wieder eingingen. Deutsche Schule und deutscher Gottesdienst wurden in der Tat in Pennsylvania beibehalten, während es in anderen Kolonien bald Brauch wurde, daß die deutschen Kinder englische Schulen besuchten. Es erscheint das erklärlich. Um nicht übersehen zu werden, um nicht ewig auf einen engen Kreis beschränkt zu bleiben, um mitreden zu können und zu dürfen im öffentlichen Leben, auf dem Markt, im Gerichtssaal und bei hundert Gelegenheiten, mußte man der Sprache mächtig sein, welche die ersten Entdecker, Besiedler und Herren dieser Kolonien redeten.

Wo der Kirchenbesuch, das Singen geistlicher Lieder, das Sitzen auf der Schulbank und hinter Büchern Zubehörstücke des täglichen Lebens geworden sind, da muß man auch Bücher drucken und herstellen können. Und da die Neuengländer es sich einmal zugeschworen hatten, alles aus eigenen Kräften zu tun, so ergab es sich von selbst, daß schon in den ersten Jahren, in denen sie die Angelegenheiten ihrer Kirchen und Schulen ordneten, eine Druckerpresse entstand. Die Gründer des Harvardcollege in Cambridge gingen noch im Jahr 1639 an die Einrichtung einer Druckerei. Der erste Gegenstand, der die Presse verließ, war „Der Eid des Bürgers" (The Freemans Oath); es folgte ein Almanach für Neuengland und als drittes Buch erschien die unter dem Namen Bay Psalm Book bekannte in Reime gebrachte, recht geschmacklose Übersetzung der Psalmen.

Aus dem Jahr 1749 wird berichtet, daß es in Boston fünf Druckereien gebe, daß eine davon die zweimal wöchentlich erscheinende „Boston Gazette" herstelle. Die Pressen haben immer vollauf zu tun, was großenteils den hohen und niederen Lehranstalten in Neuengland zu verdanken sei. Vom Jahr 1760 wird noch angeführt, daß auch gelehrte Werke längst gedruckt werden, aber „griechische Lettern gibt es nicht im Lande, oder wenn solche vorhanden wären, gibt es keinen Setzer, der sie zu gebrauchen weiß". Weder in Kanada noch in Louisiana gab es, bevor die Engländer Besitz von diesen Gebieten nahmen, eine Druckerpresse. Nach Virginia erging der ausdrückliche Befehl Karls II., unter keinen Vorwänden die Aufstellung einer Druckerpresse zu gestatten. Auch in Boston sollte zwei Jahre nach Aufhebung des Freibriefs (S. 19) derselbe Befehl durchgeführt werden; doch begnügte man sich hier endlich mit Zensur. Erst lange nach der Revolution von 1688 kam Virginia zu einer Druckerei; Nordkarolina erst im Jahr 1754.

Die erste Zeitung, die Publick Occurrences, scheint in Boston monatlich erschienen zu sein vom Jahr 1684 ab. Nach anderen Nachrichten nannte sich die erste Zeitung auf dem westlichen Kontinent „Boston News-Letter" und begann mit April 1704 herauszukommen. Sein eigentliches Feld erhielt das Zeitungswesen erst mit dem 18. Jahrhundert; 1740 gab es schon 12 Zeitungen in den Kolonien und zwar 5 in Boston, 3 in Philadelphia, darunter eine in deutscher Sprache, zwei in New York, je eine in Virginia und Südkarolina. Anfangs erschienen die Zeitungen nur wöchentlich in einem oder auch nur in einem halben Oktavbogen, dienten keinen politischen Parteien und hatten auch keine religiösen Theorien zu verfechten. Daher mag es auch kommen, daß trotz aller Überwachung durch königliche Beamte die amerikanische Presse so frei blieb wie nur irgendwo. Nur einmal schritten die Gerichte in New York ein und auch in Boston, als man glaubte, der kaum der Freischule entwachsene Benjamin Franklin habe durch seine Verspottung kirchlicher Heuchler die Religion beschimpft. Ärgerlich über die Willkür des Gerichts, verließ Franklin seine Vaterstadt Boston. Der weggelaufene Buchdruckerlehrling kam gänzlich mittellos 1723 nach Philadelphia und fand sich hier am richtigen Platz. Bald besaß er eine eigene Druckerei und begann, durch Zeitungsartikel und durch Reden auf den Geist und die politische Gesinnung seiner Landsleute einzuwirken. Er ist es, der in Amerika die politische Presse gegründet hat, die sich mit Fragen des Rechts, der Freiheit und Unabhängigkeit beschäftigte.

Im Jahr 1765 bestanden mindestens 43 Zeitungen in den Kolonien, darunter 2 deutsche; im Jahr 1776 waren es 3 deutsche; heute mehr als 700.

Von dem deutschen Buchdrucker Zenger in New York ist oben (S. 76) schon die Rede gewesen. Eine noch bedeutendere Rolle im Leben der eingewanderten Deutschen spielt der Drucker

Chriſtoph Saur in Germantown bei Philadelphia. Er war als einer der „Erweckten" 1724 aus der Herrſchaft Wittgenſtein in Weſtfalen eingewandert und hatte 1738 in Germantown eine Buchdruckerei errichtet. Bis dahin mußten die Deutſchen alles, was ſie an Gedrucktem brauchten, es waren hauptſächlich Erbauungsſchriften, bei Benjamin Franklin in Philadelphia an= fertigen laſſen und zwar in lateiniſchen Typen, weil deutſche Lettern nicht zu haben waren. Mit ſeinem 1730 gedruckten Erbauungsbuch hat ſich in der Tat Benjamin Franklin den Ruhm des erſten deutſchen Druckers und Begründers der deutſch=amerikaniſchen Preſſe erworben. Das deutſche Pub= likum begann ſich zu gewöhnen an die Andachtsbücher mit den lateiniſchen Buchſtaben und dem Vermerk: Zu Philadelphia ge= druckt bei Benjamin Franklin in der Marktſtrasse.

Der erſte deutſch=amerikaniſche Druck, der mit deut= ſchen Typen hergeſtellt wurde, iſt der Kalender für das Jahr 1739. Beiläufig bemerkt, kam die Zeitrechnung des gregoriani= ſchen Kalenders erſt 1752 in England und ſeinen Kolonien zur Geltung, nachdem die evangeliſchen Stände in Deutſchland, die Regierungen von Holland und Dänemark ſchon 1700 den neuen Kalender angenommen hatten. Chriſtoph Saurs Kalender führt den Titel:

Der Hoch=Deutſch
Amerikaniſche Calender
auf das Jahr
nach der gnadenreichen Geburth unſeres
Herrn und
Heylandes JEſu Chriſti
1739.

Eingerichtet vor die Sonnenhöhe von Pennſylvanien; jedoch in denen angrenzenden Landen ohne merklichen Unterſchied zu gebrauchen.

Zum erſten mahl herausgegeben. Germantown. Gedruckt und zu finden bey Chriſtoph Saur, wie auch zu haben bey Joh. Wiſter in Philadelphia.

Nach dem Kalender druckte Saur ſein erſtes Buch: „Der

Zionitische Weyrauchs=Hügel oder Myrrhen=Berg worinnen allerley liebliches und wohlriechendes nach Apothekerkunst zubereitetes Rauchwerk zu finden." Die mystischen Lieder, die in diesen Titel eingewickelt erscheinen, waren für die klösterliche Gesellschaft in Ephrata (S. 90) bestimmt.

In demselben Jahr mit Kalender und geistlichem Liederbuch ließ Saur auch das Blättchen erscheinen, welches als Erstling der heute gewaltigen deutsch=amerikanischen Zeitungspresse einen besonderen Ehrenplatz einnimmt: „Der Hoch=deutsch Pennsylvanische Geschichtschreiber oder Sammlung wichtiger Nachrichten aus dem Natur= und Kirchenreich. Erstes Stück. August 20. 1739."

Dieser winzige Keim deutsch=amerikanischer Presse erschien zunächst vierteljährlich. Kosten jährlich 3 Schilling. Von 1775 ab wöchentliches Erscheinen. Zahl der Abonnenten 1751 schon 4000. Änderungen im Titel: Zunächst blieb das Wort „Hochdeutsch" weg; dann: „Geschichtsschreiber"; zuletzt hieß das Blatt: „Germantowner Zeitung oder Sammlung ic." Die Bezeichnung „Hochdeutsch" bezieht sich wohl auf den Umstand, daß Frankfurter, Pfälzer, Schwaben, Rheinländer den Grundstock zur deutschen Bevölkerung Pennsylvanias geliefert haben im Gegensatz zu den Niederdeutschen und Niederländern, welche neben diesem Grundstock auch vertreten waren, wie es in dem Reim heißt (S. 86):

„High German People and Low Dutch."

Der Umstand aber, daß eine deutsche Zeitung sich halten konnte und zwar mit einer für damalige Zeiten sehr beträchtlichen Abonnentenzahl, mag dartun, daß die deutschen Einwanderer keineswegs nur dem Bodensatz der heimatlichen Bevölkerung angehörten, sondern das Bedürfnis nach einer geistigen Nahrung in sich verspürten. Der Fehler ist nur, daß gar zu selten wirklich feingebildete und vornehme Leute deutschen Stammes ans Land traten und daß es der begabten und zielbewußten Führer zu wenige waren.

Der Preis für Saurs Zeitung blieb immer auf 3 Schilling jährlich beschränkt, auch als der Umfang von 12 Blättern auf 52 sich steigerte. Die größeren Kosten, erklärte der Drucker, werden ja durch die vermehrten Anzeigen gedeckt und ein redlicher Mann dürfe sich nicht doppelt bezahlen lassen.

Das Hauptwerk des Saurschen Verlags war aber die **deutsche Bibel**, 1743 erschienen als erstes in irgend einer europäischen Sprache auf dem westlichen Kontinent gedrucktes Bibelwerk. Zu Grunde lag die Hallesche Bibel; die Lettern waren aus Frankfurt am Main von H. E. Luther, Doktor beider Rechte und Besitzer einer Schriftgießerei, bezogen. In der Stadtbibliothek von Frankfurt findet sich ein Exemplar dieser Saurschen Bibel.

Neben vielen religiösen Schriften weist der Verlag Saurs nur ein einziges geschichtliches Werk auf, eine Lebensbeschreibung Friedrichs des Großen. In der Brandung der Revolution ging 1778 die Druckerei in Germantown zu Grund; an ihrer Stelle erstanden zwei neue deutsche Druckereien in Philadelphia.

So unermüdlich und rastlos der Geist des amerikanischen Volkes auf anderen Gebieten sich zeigte, in der Literatur blieb er während der ersten drei Viertel des 18. Jahrhunderts noch unsicher tastend, suchend und schwach. Fast schien es, als spreche die noch zum großen Teil herrenlose Schönheit und Großartigkeit des Bodens mit allzu überwältigender Stimme zu den Kindern des Landes, als daß sie ihre Sinne auf etwas richten könnten, das nicht unmittelbar mit diesem Lande zusammenhängt. Wenn man von religiösen Betrachtungen absieht, so wird in der Tat kaum etwas produziert, was jenseits des täglichen Lebens und der Interessen des Landes liegt.

Man lehnte sich in Amerika noch vollständig an die englische Literatur und ermangelte noch lange der Selbständigkeit. Als Philosoph machte sich Jonathan Edwards bemerklich, als Dichterin Frau Anna Bradstreet, deren Gedichte 1650 in London erschienen unter dem Titel: „Die zehnte Muse, welche vor kurzem in Amerika erstanden." Ganz unbeachtet blieben auch nicht, trotz ihrer Schwächen, Phil. Freneau und Timothy Dwight.

Etwas Volkstümliches, charakteristisch Amerikanisches bot erst Benjamin Franklin der Welt mit seinen nüchternen, didaktischen Abhandlungen, welche den praktischen Menschenfreund und scharfsinnigen Denker verraten. An Frische und einfacher Darstellung, an weiter Verbreitung und Volkstümlich=

keit kamen den Werken und Aufsätzen Franklins nur gleich die „Briefe eines amerikanischen Farmers" von Dickinson nebst Th. Paines „Common Sense" und „Crisis".

Das amerikanische Volk hat mit den Anfängen seines geistigen Lebens so viel in die Nähe wirken müssen, es sah sich so viele Zwecke von praktischer Bedeutung unmittelbar vor die Augen hingestellt, daß ihm keine Zeit übrig blieb, in die Tiefe zu gehen; noch fehlte jeder Enthusiasmus für große Leistungen in Kunst und Wissenschaft, die um ihrer selbst willen da sind und ihren Zweck in der eigenen Vervollkommnung finden.

Aus dem üppigen materiellen Wachstum, aus der fast erdrückend großen Selbständigkeit des Einzelmenschen, aus der raschen Beseitigung der Existenzsorgen, aus dem fortwährenden Umgang mit solchen, die in unglaublich kurzer Zeit auf dem neuen Boden Reichtum zu gewinnen wußten, aus allen diesen Zuständen und Eindrücken haben sich eigentümliche Grundzüge des geistigen Lebens entwickelt.

Als Grundlage für alle Erkenntnis gilt naturwüchsige Empirie. Es handelt sich bei dem jungen Volke stets um den konkreten Fall und um die Gegenwart. So gab es in den alten amerikanischen Zeiten nur wenige, die auf Schule gingen, um durch Studieren das Wissen zu vermehren; nein, den meisten galt es, zu studieren, um desto leichter erwerben zu können. Auf solchem Weg kam man zu der Pflege der technischen Künste, auf das Gebiet der Erfindungen. Dabei verstand es der Amerikaner von jeher, seine Kraft auf einen einzigen Punkt zu konzentrieren, niemals von dem Gegenstand abzuschweifen, der gerade vor ihm lag.

Durch den Zwang der Lage lernte der Einwanderer, auch der aus dem etwas langsameren deutschen Blut, rasch denken und handeln und sich mit seinem Geist und Willen stets in Bereitschaft halten. Eine solche geistige und willenskräftige persönliche Bereithaltung war im alten Heimatlande ganz überflüssig, ja hätte ohne Zweifel in höchst bedenkliche Lagen geführt. Dort in der alten Heimat spielten ja Landesherren, Behörden und Polizeiorgane für alle Vorgänge des täglichen Lebens, für alle wichtigen Abschnitte des Daseins die Vorsehung und ersetzten jeden persönlichen Willen und Geist. Der junge Amerikaner aber, der sich vergeblich nach einem Mithelfer umsah, machte sich jene vielseitige Fertigkeit, jene Beweglichkeit zu eigen, welche der Ruhe und Erholung in unglaublich geringem Maße zu bedürfen scheint.

Auf dem neuen Boden galt es, vieles von dem alten Kram auszuscheiden, weniges beizubehalten und dieses zu vervollkommnen, alles rasch und energisch anzufassen, ohne zimperlich, ja ohne ganz so gewissenhaft zu sein wie in Europa. Dadurch waren Existenzen gegründet, war Reichtum erworben worden. Im Jahr 1774 werden schon Männer aufgezählt, welche 10000 Pfd. Sterl. jährliches Einkommen hatten und in den nächsten Jahren noch zu mehren gedachten. Der tägliche Anblick solchen, zuweilen mit wenigen Sprüngen erhaschten Reichtums reizte fortwährend zur Jagd nach Geld, welche auch bei Hochbegabten die Verfolgung idealer Ziele auf geistigem Gebiet in den Hintergrund drängte.

Kaum irgendwo ist von Anfang an der Reichtum in so ausgiebiger Weise zu gemeinnützigen Zwecken verwandt worden als in Amerika. Schon der schüchtern aufkeimende Wohlstand stellte sich mit Gründung der Hochschulen in den Dienst des geistigen Lebens. Dasselbe geschah bei Anlage von öffentlichen Bibliotheken, 1742 zu Philadelphia, 1747 zu Newport in Rhode Island und in vielen anderen Städten groß und klein. Auch Leihbibliotheken kamen auf. Der dem greifbaren Nutzen zugewandte Sinn sah sich besonders durch Naturwissenschaften und Mathematik angezogen, zu welchen Wissenschaften Benjamin Franklin, der Erfinder des Blitzableiters, erneuten Anstoß gegeben.

Sorgte der wachsende Reichtum für die Weckung und das Gedeihen geistigen Lebens, so gelang ihm natürlich auch bewußt oder unbewußt die Förderung des Lebensgenusses, des Luxus in jeder Gestalt. Theater, Konzerte, feinere gesellschaftliche Genüsse kamen in die Mode. Im Jahr 1752 besuchte eine Londoner Schauspielergesellschaft die Kolonien und machte überall dramatische Darstellungen heimisch; nur in Massachusetts und Connecticut durfte sie sich nicht sehen lassen.

Namentlich in Massachusetts rühmte man sich, wenn auch „sonderbare neue Moden" unter den jüngeren Frauenspersonen aufkommen, und „überflüssige Bänder" getragen werden, daß man doch wenigstens „keine Musikanten von Profession und keine Tanzschulen" hege. Dagegen klagte man in England über Massachusetts, daß diese Kolonie mit ihrer volkstümlichen Gesetzgebung, mit ihren vielen Zeitungen, Bibliotheken, höheren Schulen, mit ihren zahlreichen Advokaten „voll stecke von Rebellen gegen den König". —

Wenn irgend ein Land sich besonderer Gunst der Vorsehung zu erfreuen hatte, so sind es diese Kolonien. Ehemals vom Mutterland gar nicht beachtet, in der Welt unbekannt, fanden sie die nötige Ruhe für ihr Wachstum, für die Stetigkeit des Fortschreitens. Ein phäakisches Dasein ohne jegliche Unterbrechung wäre geeignet gewesen, den mannhaften Sinn zu untergraben. Die Tatkraft der Kolonisten zu härten und zu erproben, das blieb die Sorge der Indianer und Franzosen. Zweifellos war jetzt, nachdem jeder Feind von Bedeutung aus Nordamerika hinausgeschlagen war, erstmals ein echter amerikanischer Volksgeist erwacht, eine amerikanische Denkweise, als ein Ausfluß des erhöhten national-amerikanischen Selbstbewußtseins, des wachsenden Wohlstandes und des eigenartigen geistigen Lebens. Und für diese speziell amerikanische Denkweise hatte man in der Welt, namentlich in England, noch nicht das mindeste Verständnis.

Die Abenteurer, welche einst den Strand von Virginia betraten, richteten unter den ersten Fragen natürlich auch die an die Eingeborenen, ob Gold vorhanden sei und wo? Zehn Tagreisen gegen Sonnenuntergang, lautete die Antwort, liege ein Land, wo Massen Goldes sich aus dem Sande waschen lassen. Die kecken weißen Männer, von Goldburst gepeinigt, zogen westwärts, aber immer hieß es: noch zehn Tagreisen, und wieder: noch zehn Tagreisen. In weitere und weitere Ferne rückte das Goldland. Zwei Jahrhunderte hindurch ist es unerreicht geblieben und hat erst seine Schätze ausgeschüttet, als das amerikanische Volk so erstarkt war, daß es den Goldzauber ertragen konnte. Und darin lag eine besondere Gunst der Vorsehung.

Auf neuem Boden mit immer wechselnden Bildern lebt es sich rasch; Kolonistenblut vergißt schnell, erscheint deshalb auch häufig undankbar, erfaßt, historischer Gebundenheit ledig, den Augenblick und konzentriert sich in ihm mit aller Leidenschaft und Zähigkeit. So gewöhnte man sich bald daran, auf die Zeit vor 1763 zurückzublicken als auf eine sehr entfernte; wie wenn er vom Mittelalter spräche, so redete der Amerikaner von „the old french war". In der Tat, alle die Bitternisse, welche der Dreißigjährige Krieg und andere gleichzeitige Wirren der alten europäischen Welt gebracht, alle Großtaten, alle Romantik des Mittelalters finden sich für den Amerikaner zusammengefaßt in seinen alten Kolonisten= und Hinterwäldlergeschichten, als die Welt von Amerika noch nichts wußte, als „daß es das beste Land sei für arme Leute".

Jetzt erst, mit dem Frieden von Paris, im Jahr 1763, waren die Kolonien aus einer Art mittelalterlichen Dämmerns an das Licht der neuen Geschichte herausgetreten. Und eine besondere Gunst der Vorsehung kam darin zum Ausdruck, daß eine nähere Beschäftigung des Mutterlandes mit dem innersten Wesen der Kolonien erst zugelassen war, als diese Kolonien in ihren Einrichtungen und Bildungsstätten schon die Kennzeichen selbständiger Freistaaten trugen und diese Selbständigkeit tief verankerten in einem ausgeprägt eigenen geistigen Leben und Denken. —

Je näher eine Kolonie dem Mutterlande liegt, desto ähnlicher kann sie ihm werden und bleiben. Mit einer gewissen Wirkung in die Ferne erscheint das Mutterland als Quelle der gemeinschaftlichen Überlieferungen, der Sprache, der gemeinschaftlichen Gesetze und Geschmacksrichtungen; je weiter aber die Kolonie vom Mutterland abliegt, desto mehr wird sie geneigt, eigene Wege einzuschlagen. Und das war durchaus der Fall bei den Kolonien von Amerika. Sie erscheinen bei weitem mehr „als ein Gegensatz zu England, denn als ein integrierender Bestandteil von ihm"; als ein Staat für sich, frei von manchen Mängeln, welche dem Mutterland anhafteten. Eine so besondere Physiognomie der Kolonie herauszubilden, konnte natürlich niemals in der Absicht des Mutterlandes liegen; die selbständige Art erscheint vielmehr als Wirkung des amerikanischen Bodens und zugleich als Wirkung der Ferne.

Die unbegrenzte Weite des Raumes war es vor allem, die Großartigkeit und unberührte Schönheit des Bodens, was eine neue Volksseele schuf, eine neue Art des Denkens und Empfindens. Und dies neue amerikanische Volkstum fühlte sich noch weiter gehoben durch das Bewußtsein, mit dem es auf den Boden seines staatlichen Daseins blickte:

> Wir haben diesen Boden uns erschaffen
> Durch unserer Hände Fleiß, den alten Wald,
> Der sonst der Bären wilde Wohnung war,
> Zu einem Sitz für Menschen umgewandelt.

Sich die Heimat selbst geschaffen, sie nicht als Geschenk vom Mutterland empfangen zu haben, dies Bewußtsein erfüllte jeden Amerikaner mit unbegrenztem Selbstvertrauen, gab den kaum entstandenen, noch nicht in die Welt eingeführten Gemeinwesen einen Zug jugendlicher Frische und Freiheitslust. Von der Natur, vom Boden nährte man sich zunächst, und von der Großartigkeit der Naturumgebung teilte sich so viel dem neuen Volkstum mit, daß es in die Gewohnheit verfiel, nichts für unmöglich zu halten und sich an nie dagewesene Aufgaben zu wagen.

So offen aber dies neue Volkstum jeder vom Boden ausgehenden Einwirkung stand, so sehr fehlte ihm die Geschlossenheit und historische Reife. Deshalb nahm auch die Einwirkung des Bodens auf jeder Scholle andere Gestalt an. Und die Schollen lagen auf weitem Raum zerstreut; notwendig bildeten sich Gegensätze, Feindschaften heraus zwischen Scholle und Scholle, zwischen den einzelnen Kolonien. Ein wirkliches, aus gemeinschaftlichen Geschicken, aus gemeinschaftlichen Taten hervorgehendes Nationalbewußtsein fehlte noch vollständig. Als eine Art Ersatz trat ein kräftiger Partikularismus auf, der gerade in den Kolonien mit der ältesten Geschichte, in Massachusetts und Virginia, sich am deutlichsten aussprach. Aber noch so jung, noch so klein, jede Kolonie nährte doch einen unbändig partikularistischen Sinn. In der Tat umfaßten diese Kolonien so viele Ungleichheiten der Regierung, des religiösen Bekenntnisses, der Handelsinteressen und der sozialen Zusammensetzung, daß die Möglichkeit einer Vereinigung in weite Ferne gerückt schien.

Zwei Jahre nach dem Frieden von Paris schrieb der Patriot James Otis: „Gott verhüte, daß diese Kolonien sich jemals unbotmäßig gegen das Mutterland zeigen. Wenn je ein solcher Tag kommt, wird er der Anfang eines schrecklichen Schauspiels sein."

Ein Reisender (der Schwede Kalm) aus dem Jahr 1750 sagt: „Jede englische Kolonie in Nordamerika ist unabhängig von der andern. — Daher kommt es, daß in Kriegszeiten die Dinge hier sehr langsam und unregelmäßig gehen; denn nicht nur steht die Ansicht der einen Kolonie bisweilen in geradem Gegensatz zu der Ansicht einer anderen, sondern oft sind auch in einer und derselben Kolonie die Meinungen des Gouverneurs und der Abgeordnetenversammlung ganz verschieden voneinander. Gewöhnlich geschieht es, daß, während einige Kolonien durch den Feind leiden, die Nachbarkolonien die Hände in den Schoß legen, als ob die Sache sie durchaus nichts anginge."

„Feuer und Wasser," schreibt der Reisende Burnaby kurz vor dem Pariser Frieden, „sind nicht heterogener als die verschiedenen Kolonien in Nordamerika. Nichts ist vergleichbar der gegenseitigen Eifersucht und Mißgunst. Die Bewohner von Pennsylvania und New York sind ewig aufgebracht über diejenigen von Jersey, denen sie ihren Handel beneiden. Aus demselben Grund eifern Massachusetts und Rhode Island gegen Connecticut. Westindien ist für alle ein Gegenstand des Neides. Selbst die Grenzverhältnisse jeder Kolonie sind eine beständige Quelle des Zankes. Kurz, so groß ist die Verschiedenheit, daß ich die menschliche Sinnesart schlecht kennen müßte, um nicht behaupten zu dürfen, es würde bald, wenn die Kolonien sich selber überlassen würden, ein Bürgerkrieg von einem Ende bis zum anderen ausbrechen."

In der Tat, etwas Unerhörtes mußte geschehen, um diesen echt germanischen Zug der Absonderung, diesen Partikularismus zu verwischen, in dem doch wieder ein mächtig Stück Kraft liegt. Wer war im stande, diese getrennten Köpfe und Herzen sich gegenseitig zuzuneigen und zu nähern? Wer vermochte es, die Besonderheiten zu verknüpfen? Denn erst aus der Summe aller Besonderheiten bildet sich die Nationalität.

Und doch lag eine Vereinigung der getrennten Kräfte, eine Union, in der Luft. Schon im 17. Jahrhundert sind Versuche gemacht worden; neuestens wieder 1754 bei dem Kongreß in Albany (S. 104). Aus eigener freier Wahl aber einen Staatenbund oder gar Bundesstaat zu gründen, ist zu allen Zeiten germanischen Partikularisten schwer angekommen. Wir Deutsche wissen davon zu erzählen. Durch die Not, durch Schlachtenschweiß müssen die Getrennten sich gegenseitig in die Arme gelegt werden.

Aus dem Gefühl, sich ohne fremde Beihilfe sein eigen Haus gebaut zu haben, ging folgerichtig auch das Bestreben hervor, fremde Gewalt auszuschließen, wenigstens zu verhüten, daß von außen Kommende in diesem Haus etwas zu sagen haben oder gar den Herrn spielen. Je mehr sich die Beamten und Stellvertreter Englands einmengten in die Angelegenheiten dieses Hauses, desto entschiedener wurden sie als Fremde, als Eindringlinge angesehen, desto lauter sprach man von der Unabhängigkeit. Einzelne berechneten den Termin für dies Ereignis ganz genau und setzten ihn für den Zeitpunkt fest, an welchem die Kolonien ebensoviele Einwohner zählen würden als Großbritannien. Und dieser Zeitpunkt schien nicht allzu fern zu sein. „Alle zwanzig Jahre," schrieb der Gouverneur von Massachusetts, „verdoppelt sich die Bevölkerung dieser Kolonien." — „Es ist wahr, man sieht hier überall wahre Ameisenhaufen von Kindern," schreibt der französische Oberst Kalb von seiner Reise in die Kolonien.

Ins 18. Jahrhundert waren die Kolonien eingetreten mit einer Volkszahl von etwa ³/₄ Millionen; jetzt im Jahr 1775 wurde sie auf 2743000 geschätzt. Großbritannien mit Irland mag damals 11 Millionen Einwohner gehabt haben. So hätte das Jahrhundert immerhin nochmals wechseln müssen, wenn eine Gleichstellung der Bewohner an Zahl zwischen Mutterland und Kolonien stattfinden sollte.

Unter der Volksmenge der Kolonien befanden sich im Jahr 1775 mindestens 250000 Einwohner, die von deutschen Einwanderern abstammten oder eben aus Deutschland gekommen waren. Die Örtlichkeiten, in denen sich Deutsche ansiedelten, in denen sie die Umwandlung zu Amerikanern an sich vollziehen sahen, waren vor allem die Städte Philadelphia und

New York, die ganze Kolonie Pennsylvania, von der Kolonie New York die Täler des Hudson und Mohawk, ferner viele Strecken in Maryland und die nördlichen Distrikte von New Jersey und Virginia, einzelne in Südkarolina; nur Spuren finden sich in Neuengland.

Aus dem Boden steigende Kräfte, welche im Lauf des 17. Jahrhunderts die englischen Einwanderer in Amerikaner, ihre englische Denkweise in amerikanische umgeschaffen hatten, äußerten ihre Einwirkung mit derselben Gewalt auf die deutschen Ankömmlinge, streiften die aus dem deutschen Polizeistaat mitgebrachte Unbeholfenheit ab und wandelten sie in Amerikaner. Selbst die unterlagen der Wandlung, welche redlichen Willens waren, inmitten der amerikanischen Welt ihr Deutschtum zu bewahren; denn die Völker, die Volkssplitter und die einzelnen Menschen werden unbewußt durch geographische Lage und Natur des Bodens in neue Entwicklungsbahnen geleitet. —

Die Einsamkeit des ersten Ansiedlerlebens drückte amerikanischer Denkweise in mehrfacher Beziehung ihren Stempel auf. Mit einer Art selbstbewußter Schweigsamkeit lernte der Kolonist, in allen Lagen sich selbst zu helfen; die Nötigung zu jeder Art von Handarbeit gestaltete sich im Wechsel der Zeiten zu der Quelle für eine besondere Art von Findigkeit, welche das Wesen des Amerikaners kennzeichnet. Und weiter: sein Verstand war weit entfernt, sich mit unlösbaren Zweifeln abzugeben, er richtete ihn unzerteilt auf die lösbaren Fragen des Lebens.

Das ganze Denken des Amerikaners gehörte dem Bedürfnis des Augenblicks. Und dieser praktisch rechnende Verstand bestimmte auch die Art seiner Revolution. Der Amerikaner war weit entfernt, bei Erkämpfung seiner Unabhängigkeit mit Voranstellung der allgemeinen Menschenrechte zu prangen. Er kam auf die Menschenrechte eigentlich nur zu sprechen, um auch durch die philosophischen Begriffe des Tages sein englisches Recht zu begründen und zu erweitern. Die weitgehendsten Menschenrechte hatte dies Herrenvolk der Kolonisten eigentlich nie entbehrt; sie kümmerten sich gar nicht um sie, spitzten vielmehr all ihr Denken auf die eigenen Rechte zu.

Zweiter Zeitraum
Die vereinigten Kolonien

I. Weltlage

Der Friedensschluß des Jahres 1763 händigte der alten Welt Europas einen Geleitsbrief ein für den Weg nach dem Reiche der Geistes- und Gedankenfreiheit. Überall waren die alten Autoritäten ins Wanken gekommen; es bedurfte nur eines Anstoßes, eines Beispiels, um die alte Welt, die schon in allen Fugen krachte, dem Untergang zu weihen und neu aus dem Schutte hervorgehen zu lassen.

Ein besonderes Kennzeichen der Alten Welt lag seit dem Ende des 17. Jahrhunderts in der Herrschaft des Merkantilsystems, das alle bedeutenden Staatsmänner von Colbert bis zu Friedrich dem Großen zur Anwendung brachten. Dem aufgestellten Dogma zufolge suchen die Regierungen nach Mitteln, die eigene Produktion zu steigern, damit durch sie die Steuerkraft der Bevölkerung vermehrt werde; sie streben nach Kolonialbesitz, unterstützen die Bildung großer Handelsgesellschaften, um durch diese Kanäle bares Geld ins eigene Land hereinzuleiten. Eine nach außen abgeschlossene Staatswirtschaft soll zur Ausführung kommen durch Einheitlichkeit des Gebietes, das den Hauptstaat, die abhängigen Länder und die Kolonien umschlingt. Mit diesem Streben muß naturgemäß die Staatsgewalt, welche in Heer und Flotte zum Ausdruck kommt, wachsen.

Die Abhängigkeit des wirtschaftlichen Lebens, wie diese im Interesse des Mutterlandes zwischen England und den Kolonien geregelt worden ist, hat schon oben eine Darstellung erfahren. Im weiteren Verlauf der Entwicklung kam es darauf an, den Begriff von der Einheitlichkeit der Staatsverwaltung zwischen Mutterland und Kolonien derart festzulegen, daß durch die Gesetzeskraft des Mutterlandes ein nach außen vollständig abgeschlossenes Wirtschaftsgebiet entstand und jede Tätigkeit der Kolonien mittelbar oder unmittelbar dem Mutterland zu gut kam, um dessen Machtentfaltung und souveräne Oberhoheit zu fördern.

Es sind diese Folgerungen aus dem Merkantilsystem keineswegs bloß Eigentümlichkeiten der schon durch die Navigationsakte abgeschlossenen englischen Welt; sie treffen auch für die übrigen See- und Kolonialmächte zu. Allein diese anderen Mächte waren seit den Friedensschlüssen zu Paris und Hubertusburg 1763 in allen Erdteilen und auf allen Meeren in den Hintergrund getreten; über alle hatte sich weithin gebietend die englische Macht erhoben. —

Seit ihr Statthalter, Wilhelm III., im Jahr 1688 den englischen Thron bestiegen, waren die Niederlande aus Nebenbuhlern Englands dessen Verbündete, ja fast dessen Untergeordnete geworden; sie ließen sich von englischer Politik leiten und dankten in den europäischen Beziehungen als große Seemacht ab. Im Gefühl ihrer Stärke und ohne auf geschlossene Traktate zu achten, hatten die Engländer während des letzten Kriegs der niederländischen Flagge Schlag auf Schlag versetzt. Mit Schmerz wurden die alten Patrioten gewahr, wie allmählich ihre Flotte in Verfall kam und die niederländischen Schiffe vom Ozean verschwanden.

Durch die Ausdehnung seines Besitzes ragte immer noch Spanien hervor. Noch war es die größte Kolonialmacht; ihm gehörte mit Ausnahme von Brasilien und Guyana ganz Südamerika, ferner ganz Zentralamerika und Mexiko, Kuba, Portorico, Kalifornia, das gegen Norden keine Grenzen hatte, die Philippinischen Inseln in Ostasien — die reichsten Länder und Eilande mit einer durchaus unterwürfigen Bevölkerung. Der Friedensschluß von Paris hatte Nordamerika zwischen Spanien und England geteilt. Denn Louisiana, westwärts vom Mississippi war ja an Spanien gefallen, das in dem neuen Besitz eine Vormauer Mexikos gegen England erblickte. Und zu dem alten Hasse, mit dem England in Spanien stets betrachtet wurde, kam täglich neuer.

Einst waren die mächtigen Schiffskolosse der spanischen Armada von den flinken Seglern der Engländer belästigt, geneckt, beschossen, am Ende gar weggenommen worden. Dasselbe Spiel wiederholte sich all die Jahrzehnte und Jahrhunderte hindurch. Wehrlos lagen diese reichen spanischen Besitzungen auf dem von kecken englischen Seefahrern — halb Kaufleute, halb Piraten — beherrschten Meere. Überall stand England trotzig, herausfordernd und höhnend im Wege, um für sich reichen Gewinn einzuheimsen. Und Spanien? — Ein Handelsmonopol, nach dem engsten Begriff und dem strengsten Maßstab zugeschnitten, suchte allen Handel und Verkehr mit den Kolonien für das Mutterland zu reservieren, beschränkte aber in schwer begreiflicher Weise Schiffahrt und Schiffszahl. Nach allen Seiten Hemmungen und Schranken; keine Straßen, keine Fabriken, eine liederliche Art der Bewirtschaftung auf den Ländereien; Armee und Flotte im Verfall. Und zu der Wehrlosigkeit kamen Armut und Elend in den Massen des Volks. König Karl III., ein unwissender, schüchterner Mensch, und die gesamte Regierung schwebten, trotz hochtrabender Redensarten, in beständiger Angst vor der englischen Lust des Zugreifens und bargen sich hinter dem Schilde Frankreichs. Man war in Spanien nicht gut auf den Frieden von Paris zu sprechen, lebte aber der frohen Hoffnung, daß der bourbonische Familienbund schon zur richtigen Zeit Abhilfe schaffen werde.

Ähnlich wie Spanien war Österreich unwillig über den Friedensschluß; ähnlich wie Spanien stellte es eine ungefüge Ländermasse dar, einen Länderverein, der die widerspruchsvollsten Elemente in sich begriff. Ein Verdienst Maria Theresias ist es, daß man endlich daran ging, eine alle Provinzen in lebendiger Einheit zusammenfassende zentrale Gewalt zu schaffen. Was die Mutter mit Sorgfalt, Behutsamkeit, Geräuschlosigkeit begonnen hatte, das führte der Sohn, Joseph II., kühnen und raschen Geistes weiter. Laut knarrend arbeitete der an energisches Zufassen nicht gewöhnte Apparat. Nicht bloß arrondieren wollte Joseph II.; ihm lag vor allem daran, das Verschiedenartige, Gegensätzliche zu einer Einheitlichkeit umzuschaffen. Es mißlang dem ungestümen Geist das eine wie das andere.

Die kaiserliche Krone mit ihrem Glanz und ihren tausendsachen, obwohl längst gelockerten Beziehungen brachte den Beherrscher Österreichs in nächste Berührung mit dem deutschen Reich. Merkwürdig genug, der Österreicher war des Reiches Haupt, ohne daß dadurch seine Macht im mindesten erhöht worden wäre. Denn längst war das Leben dieses Reichs dahin. Es besaß keinen eigenen Willen und demnach auch nicht Handel und Verkehr, keine Schiffahrt, keine Kolonien. Deshalb konnte es ruhig und neidlos dem Wachsen der amerikanischen Freiheit zusehen; mit Bewunderung sprach man in den gebildeten Kreisen Deutschlands von den kecken Reden und Taten der Amerikaner, von den Schriften und Erfindungen Benjamin Franklins. Die kleinen Fürsten aber, die sich in den deutschen Boden geteilt hatten, waren bereit, jedem nach ihren Kräften dienstbar zu sein, der ihnen annehmbaren Lohn in Aussicht stellte.

Je mehr aber das deutsche Kaisertum zu einer wesenlosen Überlieferung geworden war, mit desto schärferen Umrissen trat die neue Großmacht in der Mitte Europas, das Königreich Preußen, hervor. Ein kleines protestantisches Volk hatte durch sein beispiellos opfermutiges, ausdauerndes Ringen die Augen der Welt auf sich gezogen und begann die deutschen, unter sich vielfach getrennten, Stämme an seine Führung zu gewöhnen.

In der Tat stand Friedrich der Große nach dem Frieden des Jahres 1763 im Mittelpunkt des europäischen Gleichgewichts; er war der natürliche Beschützer der Kleinen gegen die Großen geworden und wußte seinen Einfluß auf Kosten der Suprematie Frankreichs und Österreichs auszudehnen und zu festigen. — Eine besondere Färbung aber erhielt die Politik Friedrichs durch den tiefeingewurzelten Haß, den er gegen den jungen König von England, Georg III., und gegen dessen Günstling, den Herzog von Bute, hegte. Beide hatten ihn bald nach Georgs III. Thronbesteigung 1760 treulos und verräterisch im Stich gelassen und dem sicheren Untergang geweiht, wenn nicht Rettung durch den Thronwechsel in Rußland gekommen wäre. In der Folge sagte sich Friedrich der Große ganz von England los und trat in nahe Beziehungen zu Rußland. Von seiten der englischen Regierung fehlte es nicht an Versuchen, den großen Preußenkönig wiederum als Verbündeten zu gewinnen, allein Friedrich, der an dem festen Bestand irgend eines englischen Ministeriums zweifelte, lehnte jede Einladung ab.

Die Opposition in England hegte ja keinen Zweifel über die Niederträchtigkeit der eigenen Regierung, und Pitt sprach sich dahin aus: „Die Preisgebung des Königs von Preußen, des hochherzigsten Verbündeten, den England jemals gehabt, war hinterlistig, treulos und verräterisch." So mochte der große König das immer deutlichere Hervortreten einer mächtigen amerikanischen Republik mit besonderer Freude begrüßen und schon vor Saratoga, in einem Schreiben an d'Alembert vom 13. August 1777, hat er den Sieg der Freiheit geweissagt. Die Puritaner in Neuengland hatten die Siege des preußischen Königs gefeiert und die eingewanderten Deutschen fühlten sich gehoben, wenn auch sie von einem Nationalheros erzählen konnten; in Pennsylvania namentlich fand man viele Wirtshäuser „zum König von Preußen"; kurz, es gab in Nordamerika keinen beliebteren Fürsten als Friedrich den Großen. Die Generale Washington und Greene sprachen mit der höchsten Verehrung von ihm, und sollte irgend ein Manöver als vollkommen bezeichnet werden, so wird gesagt, es hätte sich vielleicht sogar den Beifall des Königs von Preußen erworben. —

Eine so große, in sich geeinigte, von einem einheitlichen Willen gelenkte Volkszahl begriff damals kein einziger europäischer Staat in seinen Grenzen als Frankreich. Auf etwa zehntausend Quadratmeilen, ein Gebiet von demselben Umfang wie heute, zählte es 25 Millionen Einwohner. Was wollten dagegen die wenigen Millionen sagen, die im Staate Friedrichs des Großen wohnten; oder die Engländer, zu deren 8 Millionen freilich noch 3—4 Millionen Schotten und Irländer kamen? Was bedeuteten neben der einheitlichen Masse der Franzosen die vielsprachigen, den entgegengesetztesten Interessen huldigenden Völker Österreichs oder die freilich noch zahlreicheren, auf unendlichem Raum zerstreuten Millionen Rußlands? Was die 16 Millionen Spanier, die ihre besten Tage hinter sich hatten und nun in Armut und Ohnmacht versunken waren?

Seine innere Freiheit hatte der Franzose freilich verloren, aber ein außerordentlich wertvolles Gut dagegen eingetauscht:

die nationale Staatseinheit unter dem Erbkönigtum. Aus dieser Quelle floß sein Übergewicht in allen europäischen Fragen seit Jahrhunderten.

Die Umwälzung aber, welche der Siebenjährige Krieg und die auf ihn folgenden Friedensschlüsse in Europa, Amerika und Asien geschaffen, hatte sich wesentlich **auf Kosten Frankreichs** vollzogen. Sein Ansehen war in reißend schnellem Niedergang begriffen. Als eine Großmacht ersten Ranges, über mächtige Heere und Flotten, über fast unerschöpflich scheinende Geldmittel gebietend, getragen von einer geschulten, an allen Höfen hochgehaltenen Diplomatie, so war Frankreich vor kurzem in den Krieg eingetreten; fast als eine Macht zweiten Ranges ging es aus ihm hervor.

So nach außen hin; im inneren Leben des Volkes aber ließ sich bald eine durchaus veränderte Richtung des Denkens und Empfindens nicht mehr verheimlichen. Männer wie Rousseau, Diderot, Voltaire verbreiteten Schriften, welche nie Gehörtes enthielten; schonungslos griffen sie die Kirche, den Glauben, die Obrigkeit und die Gesetze an. Alle Kreise der Gesellschaft, die wie Hasen Gehetzten, rechtlos Gedrückten ebenso wie die Privilegierten und auf den höchsten Stufen Stehenden schwelgten in dem Reize der verbotenen Ideen.

Während das neue Licht geräuschlos und still sich immer mehr durchrang, schien die französische Regierung das schlimme Wetter zu verschlafen; keine fremde Frage machte sie zu ihrer eigenen, nirgends ließ sie ihre Stimme laut werden, keine einzige Angelegenheit faßte sie mit Enthusiasmus an. In stillem Fleiße dem Frieden zugewandt suchte das Volk durch Sparsamkeit das Elend im eigenen Hause zu bessern. Allein, **es sehnt das Menschenherz sich allezeit nach etwas, wofür es schwärmen kann.** Da vernahm die nach etwas Begeisterndem lechzende Nation den Lärm, den die Kolonien von Nordamerika durch ihren Streit mit dem Mutterland in der ganzen Welt machten; von dem jüngst für Frankreich verloren gegangenen Weltteil kam die Kunde, daß ein junges Volk von Kolonisten stolz den Kopf erhebe, Freiheit und Unabhängigkeit verlange von demselben England, das vor wenigen Jahren Frankreich gedemütigt.

Wie ein erquickender Hauch wehte solche Kunde den jungen
kriegerischen Adel an; jetzt konnte es Gelegenheit geben, vater-
ländische Scharten auf Kosten Englands auszuwetzen. Man
erinnerte daran, wie die englischen Flotten noch vor der Kriegserklärung, im Jahr 1756, die französischen Kauffahrer vom
Meere weggefegt hätten, wie diese Schiffe um 30 Millionen
Livres zu Gunsten des englischen Schatzes verkauft worden seien;
nie dürfe man die Seeräubereien jener insolenten Nation vergessen. Aufs neue erwachten Rachedurst und die alte Neben-
buhlerschaft.

Zwei Strömungen gingen in Frankreich nebeneinander her.
Auf der einen Seite stand das heiße Sehnen, die arg geschädigte
Waffenehre wieder herzustellen; als die Hauptträger dieser Rich-
tung mögen der Graf von Vergennes und der Herzog von
Broglie gelten. Auf der anderen Seite machte sich die Philo-
sophie des Salons geltend, blendete die geistreichen Frauen,
den jungen Adel und die freidenkerischen Schriftsteller, wie
Lafayette und Beaumarchais.

Es ist freilich ein sonderbares Schauspiel, wenn man sieht,
wie die öffentliche Meinung eines despotisch regierten Landes
vor Unwillen bebt, weil England die konstitutionellen Freiheiten
seiner Kolonien verletzt hatte; wenn man sich vergegenwärtigt,
daß die besten Köpfe in Frankreich, in dem um alle seine Freiheiten betrogenen Frankreich, mit lautem Jubel die junge Republik begrüßen, wie sie sich allmählich strahlend aus dem fernen
Meere des Westens zu erheben beginnt. — Die kleine, aber
immer mächtiger auftretende Schule der Ökonomisten sah
in ihr die künftige Vorkämpferin des Freihandels, die Ver-
nichterin zugleich des grausamen Merkantilsystems, in dessen
engen Umklammerungen die alte europäische Welt ihre Kolonien
zu halten gedachte.

Die Voltairianer, die vor allen Dingen Religionsfreiheit
anstrebten, wiesen mit Begeisterung auf das gänzliche Fehlen
religiöser Einschränkungen in den meisten amerikanischen Verfassungen hin. Die Anhänger Rousseaus, die für Freiheit und
Gleichheit schwärmenden, sahen in der Neuen Welt die Verwirklichung ihrer Träume und Ideale, die letzte Zuflucht der Frei-

heit, die aus Europa längst verbannt sei. In Amerika gebe es keine ständischen Unterschiede mehr, welche doch die Alte Welt beherrschen und in die Kasten der Privilegierten und der Rechtlosen teile; die staatliche Gesellschaft in Amerika stelle eine freiwillige Vereinigung aller freien und gleichen Bewohner des Landes dar; die Gleichberechtigung aller Konfessionen und das Nichtvorhandensein des Königtums sei ein Beweis für den höheren Grad menschlicher Einsicht und bürgerlicher Tugend.

„Ich will dir jetzt," schreibt Lafayette aus Amerika an seine Frau, „von den Bewohnern dieses Landes erzählen. Sie sind so liebenswürdig, als mein Enthusiasmus sie mir gemalt hatte. Überall begegnet man Wohlwollen, Güte und Liebe zur Freiheit und Heimat. Der reichste und der ärmste Mann stehen einander gleich, und obwohl es einzelne Leute von sehr großem Vermögen gibt, so fordere ich doch jedermann auf, den kleinsten Unterschied in dem Benehmen dieser beiden Klassen gegeneinander zu entdecken. Was mich am meisten entzückt, ist der Umstand, daß alle Bürger Brüder sind. In Amerika gibt es keinen Armen, selbst nicht einmal einen Bauernstand, wie wir ihn nennen würden. Jeder Mensch hat sein kleines Eigentum und dieselben Rechte wie der reichste Grundherr."

So glaubten Adel und Philosophie in dem kühnen Schwung ihrer Eitelkeit sich selbst in den Bürgern Amerikas zu erkennen; ihr eigenes Traumbild war es, dem sie über das Meer hinüber gnädig Beifall zunickten.

Das bloße Wort Republik, an die Erinnerungen des klassischen Altertums anknüpfend, rief einen Enthusiasmus hervor, wie er sonst nur der Glaubensschwärmerei eigen ist. Denn die Philosophie der Zeitrichtung nahm an, daß der Streit der Kolonien gegen England zusammenfalle mit dem ewigen Kampf der Freiheit gegen den Despotismus. Schon deshalb sei es Pflicht, den Amerikanern zu helfen, weil sie das Programm ausführen, welches die Philosophie längst aufgestellt habe.

Daß der Streit, der zunächst in Neuengland und Boston auszubrechen begann, sich rein um praktische Ziele drehte, daß es sich hier um das Recht der Besteuerung, um strittige Grundsätze, um — zum Teil recht spitzfindige — Auslegungen der

nicht scharf genug gefaßten britischen Konstitution, um die wohl
überlegten Schritte von kühl und nüchtern rechnenden Männern
handelte, — von dem allem hatte man in Frankreich keine
Ahnung. Ja, man wollte gar nicht davon unterrichtet sein;
sonst hätte ja die Bewegung der Amerikaner gar nicht mehr
in diese Zeit der Träumerei und des Freiheitsdrangs herein=
gepaßt.

Im ganzen fanden auch die Gedankenreihen, in denen man
in Frankreich schwelgte, keinen Anklang bei den leitenden Män=
nern des amerikanischen Volks; den Massen vollends blieben sie
vollständig fremd und unverständlich. Nur auf Thomas Jeffer=
son, den Verfasser der Unabhängigkeitserklärung, scheinen Rousseau=
ideen eingewirkt und in einigen Wendungen jenes Dokuments
Widerhall gefunden zu haben.

Frankreich war jetzt nach dem Frieden von Paris 1763 kein
unmittelbarer Gebietsnachbar Englands mehr. Mit um so größe=
rer Aufmerksamkeit verfolgte der leitende Staatsmann in Paris,
Graf Choiseul, die in den Kolonien entstandenen Unruhen und
suchte sich durch Spione und Sendboten Nachrichten zu ver=
schaffen. Es war richtig, der Friede erschien als Frankreichs
nächstes und bringendstes Bedürfnis. Der Kolonialstreit aber
versprach doch reiche Entschädigung zu bringen für alle Verluste,
wenn man nur im richtigen Moment gerüstet dastehen konnte.
Deshalb ging alles Streben dahin, die tieferschütterte See=
macht Frankreichs wiederherzustellen und den Interessen
Englands bei jeder Gelegenheit entgegenzutreten. Während man
in London den amerikanischen Angelegenheiten keine ernste Auf=
merksamkeit entgegenbrachte, studierte man sie in Paris mit aller
Sorgfalt, wenn auch nicht immer mit der nötigen Sachkenntnis.

Um einen fortlaufenden Zusammenhang zwischen Frankreich
und Nordamerika herzustellen, um mit der Bewegung auf dem
Laufenden zu bleiben und den Augenblick für Wiedergewinnung
der früheren schiedsrichterlichen Stellung Frankreichs nicht zu
versäumen, hatte Choiseul schon 1764 vertraute Sendlinge
auf eine Beobachtungsreise nach Amerika geschickt. Manches
Wertvolle war berichtet worden, namentlich auch, daß die eng=
lischen Truppen in kleinen Posten über das ganze Land zer=

streut seien, daß sie nichts auszurichten vermögen. Drei Jahre später, im Frühjahr 1767, als es mit jedem Jahr lebendiger in den Kolonien zu werden begann, ersah sich der Minister zu seinem **Kundschafter den Obersten de Kalb**, der sich nun über zwanzig Jahre im französischen Dienst befand. Kalb war in der Markgrafschaft Bayreuth geboren und verstand neben seinem Deutsch auch Englisch.

Die **Instruktion**, welche Kalb erhielt, lautete so:

1. „Herr von Kalb wird sich nach Amsterdam begeben und dort seine besondere Aufmerksamkeit den über die englischen Kolonien umlaufenden Gerüchten widmen. Wenn ihm diese Gerüchte begründet erscheinen, wird er nach Amerika abreisen.

2. Hier angekommen, wird er sich über die Absichten der Einwohner zu vergewissern und überhaupt zu erfahren suchen, ob sie tüchtige Ingenieure und Artillerieoffiziere oder was sonst für Individuen notwendig haben, und ob man diese ihnen zuschicken soll.

3. Er wird sich über ihre Verproviantierung unterrichten und ermitteln, wie viel Kriegsmunition und Vorräte sie anzuschaffen im stande sind.

4. Er wird ihren mehr oder minder energischen Entschluß, sich der englischen Herrschaft zu entziehen, zu erfahren suchen.

5. Er wird die Hilfsmittel prüfen, welche sie an Truppen und befestigten Plätzen haben, und zugleich den Plan kennen zu lernen suchen, auf den sie einen Aufruhr stützen würden, sowie die Führer, welche denselben leiten und befehligen sollen.

6. Man verläßt sich übrigens ganz besonders auf die Einsicht und Gewandtheit des Herrn von Kalb, bei einer Mission, welche einen ganz vorzüglichen Grad von Takt und Klugheit erfordert, und erwartet, daß er so oft als möglich Nachricht von sich gibt."

Kalb reiste durch die Seestädte Hollands und schreibt vom 15. Juli 1767: er habe einen seit fünfzehn Jahren in Pennsylvania ansässigen Deutschen gesprochen, der gerade neue Kolonisten anwerben wolle und die Versicherung gebe, daß die Gemüter des amerikanischen Volks aufs äußerste beunruhigt seien, daß es nur eines kleinen Anstoßes bedürfe, um die Unzufriedenen zu offener Rebellion zu treiben, daß die Volksabgeordneten beschlossen haben, die Privilegien des Landes um jeden Preis aufrecht zu erhalten.

In den ersten Tagen des Jahres 1768 stieg Kalb in Philadelphia ans Land und fand alle Kreise des amerikanischen Volks merklich erregt durch die englischen Anmaßungen bezüglich Besteuerung und Einquartierung von Truppen. „Für den Augenblick ist es schwer zu sagen, wo und wie die Sache endigen wird. Es hängt alles von der Politik des Londoner Hofes ab, die voraussichtlich eine versöhnliche sein wird, weil der Vorteil, den das englische Volk aus diesen Kolonien zieht, zu beträchtlich ist, als daß die Regierung nicht alles aufbieten sollte, sich diese kostbare Bezugsquelle für die Rohstoffe und diesen lohnenden Markt für die Erzeugnisse ihrer Manufakturen zu erhalten." — „Im Falle eines Aufstandes könnten sich die Kolonisten nur auf ihre Miliz verlassen, die allerdings sehr zahlreich, aber durchaus nicht disziplinirt ist. Auf der anderen Seite aber stellt die ungeheure Ausdehnung des Landes der Bildung einer Armee große Hindernisse in den Weg. Ja, man würde kaum die Waffen zu gleicher Zeit in jedem Bezirk ergreifen können. So sehr das Londoner Parlament hier verschrieen ist, ebenso hoch wird Pitt erhoben. Man nennt ihn nur den großen Beschützer der Freiheit, weil er der einzige war, welcher die Stempelsteuer im Parlament mißbilligte."

Jetzt, fährt Kalb fort, haben die Steuern nur den Namen gewechselt, die Amerikaner fahren fort zu klagen, daß man jetzt durch eine Teesteuer Geld aus ihrem Lande wegzutragen suche, während das Parlament zu London doch kein Recht habe, die Kolonisten mit Abgaben zu beschweren; England gewinne doch schon genug, indem es unnütze Waren teuer nach Amerika verkaufe und den Kolonisten die unentbehrlichsten Dinge wohlfeil abnehme. — Und aus New York: „Es herrscht hier bei allen Leuten ein solcher Sinn für Unabhängigkeit und Zügellosigkeit, daß, wenn sämtliche Kolonien durch Abgeordnete in Verbindung treten könnten, sich bald ein unabhängiger Staat bilden würde. Jedenfalls aber wird er sich sicher mit der Zeit entwickeln. Welche Maßregeln auch der Londoner Hof ergreifen mag, dieses Land wird zu mächtig, als daß es sich aus so weiter Ferne regieren ließe."

Und aus Boston vom 2. März 1768: Die Erregung der Gemüter äußere sich hier mit mehr Erbitterung und Heftigkeit. Die vier Kolonien, welche Neuengland bilden, scheinen durch die Gemeinsamkeit der Interessen einiger in sich als die übrigen Kolonien. „Massachusetts namentlich, die reichste und bevölkertste, gibt den übrigen den Anstoß und das Signal zur Unabhängigkeit. Trotz dieses aufrührerischen Geistes finde ich aber, daß alle, von den Führern an bis zum geringsten Bürger, aufrichtig das Mutterland zu lieben scheinen." Die Bewohner dieser vier nördlichen Kolonien seien fast alle englischen Ursprungs, „und die Freiheiten, deren sie sich so lange Zeit hindurch erfreuten, haben bloß den ihrer Nation eigenen Stolz und ihre Anmaßung vermehrt".

„Alle diese Umstände sprechen nur zu deutlich dafür, daß es kein Mittel geben wird, die Amerikaner zur Annahme fremden Beistandes zu bewegen. Sie sind übrigens von der Gerechtigkeit ihrer Sache, von der Güte des Königs und von ihrer eigenen Wichtigkeit für das Mutterland so sehr überzeugt, daß sie selbst noch gar nicht an einen äußersten Schritt glauben und denken."

In späterer Zeit kommt Kalb wieder darauf zurück, daß die Kolonisten bei ihrem Streben nach Unabhängigkeit sich auf die eigene stets zunehmende Volksmenge und die wachsenden materiellen Mittel verlassen, daß sie demzufolge schwerlich jemals fremde Hilfe in Anspruch nehmen werden. — Im Sommer 1768 kehrte Kalb nach Europa zurück.

Auch die französischen Gesandten in London sandten ihre Berichte ein: „Hier in England," schreibt Durand, „zweifelt kein Mensch mehr daran, daß die amerikanischen Kolonien einmal einen besonderen Staat bilden werden." — „Rechnen Sie aber nicht auf eine bald bevorstehende Revolution. Die Kolonisten trachten nicht nach Unabhängigkeit, sondern nach Gleichheit der Rechte mit dem Mutterland." Und sein Nachfolger Du Chatelet: „Die Bevölkerung der Kolonien ist so zahlreich, daß ein Hauch die Truppen zerstreuen würde, welche man absendete,

Gehorsam zu erzwingen." — „Eine große Menge von Zufällen kann die Revolution beschleunigen, welche alle Welt vorhersieht, ohne daß man wagte, den Zeitpunkt des Ausbruchs genau zu bestimmen. Ich gefalle mir in dem Gedanken, daß die Zeit nicht mehr so ferne ist, als manche glauben, und daß wir weder Mühe noch Kosten sparen sollten, mit dazu zu helfen. Die Bande, welche Amerika an England knüpfen, sind zu drei Vierteilen zerrissen. Um sich unabhängig zu machen, brauchen die Kolonisten weiter nichts als Waffen, Ermutigung und einen Anführer. Hätten sie unter sich einen Genius wie Cromwell, so wäre diese Republik leichter zu gründen, als die, deren Haupt jener Usurpator war. Vielleicht ist dieser Mann schon vorhanden, vielleicht fehlt es an weiter nichts als an glücklichen Umständen, um ihn auf eine große Schaubühne zu versetzen."

Das waren die Nachrichten, welche bei der Regierung in Paris eingingen und den Entschluß allmählich reifen ließen: „daß es Zeit sei, England für die Übel zu strafen, welche es seit Beginn des Jahrhunderts seinen Nachbarn und Nebenbuhlern zugefügt habe."

Wenn ihrerseits die amerikanischen Agenten alle Nachrichten über die Stimmung in Holland, in Spanien, in Preußen, in Frankreich zusammentrugen, so konnten die Kolonisten mit Recht sagen, wie in der American Diplomatic Correspondence aufbewahrt ist: „Ganz Europa ist für uns." — „Jede Nation in Europa wünscht Britannien gedemütigt zu sehen, da es alle der Reihe nach durch seinen Übermut beleidigt hat, wie es ihn im Glück bei jeder Gelegenheit an den Tag zu legen pflegt."—

Ein Verfassungsstaat war ja England immer gewesen; aber erst durch die Revolution des Jahres 1688, nach Überbordwerfen Stuartischer Liederlichkeit und Willkür, ist es aus einem halb mittelalterlichen in einen wirklichen modernen Verfassungsstaat umgewandelt worden. Trotzdem wußte sich der Oranier Wilhelm III. durch das Überragende seines Wesens eine Art von persönlicher Herrschaft zu sichern. Um so unbeschränkter führten unter seinen Nachfolgern die leitenden Minister die Regierung länger als ein halbes Jahrhundert. Erst der jugendliche König Georg III., der am 25. Oktober 1760 den

Thron bestieg, begann wieder seine Person in den Vordergrund zu rücken (S. 124).

Prinzessin Sophie von der Pfalz, der Ehe entsprossen, welche Elisabeth, die Tochter des Stuart Jakob I., mit Friedrich von der Pfalz (nachmals erwählter König von Böhmen) geschlossen hatte, trug durch ihre Verheiratung das Stuartblut hinüber ins Haus der Welfen von Hannover. Schon in hohem Alter stehend, zu Beginn des 18. Jahrhunderts, war Sophie durch Parlamentsbeschluß zur Königin von Großbritannien erwählt worden. Sie starb, bevor der Thron erledigt war. Ihr Anspruch aber ging folgerichtig auf ihren ältesten Sohn über. So kam der hannoverische Georg nach England.

Das Stuartblut, das Sophie, die geistvolle Frau voll urwüchsiger Lebenskraft, ins Haus Hannover gebracht, scheint eine Zeitlang seine Eigenart kaum geltend gemacht, sich aber später wieder mächtig geregt zu haben in Georg III. Im Geschlecht der Stuart ragten nicht wenige Frauen hervor, während die Männer zumeist sich durch eine Art liebenswürdiger Leichtfertigkeit oder durch dünkelhafte Beschränktheit auszeichneten. Georg III. besaß Stuartblut genug, um neben manchen guten Eigenschaften zugleich jenen störrigen, unbelehrbaren Sinn an den Tag zu legen, der vielen seiner Älterväter eigen war.

In allen Weltteilen, auf den Ebenen des Festlandes, an den Küsten, auf dem hohen Meere donnerten die Kanonen und stürzten die Schlachthaufen aufeinander, als Georg III. den Thron bestieg. In England, das aufs engste mit Friedrich dem Großen verbunden war, regte sich nach allen Opfern und Erfolgen mächtig die Friedenssehnsucht. Wer dem Volke den Frieden brachte, konnte auf seinen Dank, auf eine Popularität ohnegleichen rechnen. Also galt es, sich loszuwickeln von dem Bündnis mit dem Preußenkönig, ihn zu verlassen und möglichst rasch Frieden zu schließen.

Zum zweiten traf es sich, daß Georg III. schon als Prinz in seiner Umgebung einen Günstling hatte, einen Schottländer, den Grafen Bute, von dessen vollkommener Ergebenheit er überzeugt sein durfte. Ihm war ein leitender Einfluß auf die Regierungsgeschäfte vorbehalten.

Zum dritten war Georg ein eifriger Anhänger der Episkopal=
kirche. Die Bischöfe hielten standhaft zu ihm. Sie suchten die
Macht der Krone zu mehren, um ihre eigenen verlorenen Sonder=
rechte wieder zu erlangen. Das göttliche Recht der Fürsten
wurde in Predigten und zahllosen Schriften verfochten. Dies
göttliche, unveräußerliche Recht sei die Grundlage der Verfassung,
nicht die Oberhoheit des Parlaments. Demnach mußten die Par=
teien und die Parlamente gefügig gemacht werden. Um den
Königswillen durchzusetzen, hielten es der Monarch, seine Günst=
linge und Minister für keine Niedertracht, eine Korruption wie
nie vorher in die Reihen der Gesetzgeber hineinzutragen.

Diese drei Umstände: **Popularitätshascherei** durch
raschen Friedensschluß, **Einfluß eines Günstlings** und
despotische Gelüste des Herrschers nach dem Beispiel
der Staatenlenker auf dem Festland; — diese drei Umstände
haben auf den Gang der Geschichte Englands in den nächsten
Jahrzehnten bestimmend eingewirkt und dem britischen Reiche
schier unheilbare Wunden geschlagen.

Auf dem Festland Europas war die absolute Herrschaft des
Königtums sieghaft vorwärts geschritten; mit größter Entschieden=
heit behauptete in England die Aristokratie ihren Platz. Groß=
artiger als jemals ward deren Stellung, als William Pitt
die Macht Englands auf eine umfassende Einigung der Aristo=
kratie gründete. Ob er gleich ein Whig war, rühmte er sich,
Tories und Schotten in den Dienst der Regierung gezogen zu
haben. Wunderbare Erfolge in allen Weltteilen und ein riesiger
Aufschwung Englands rechtfertigten das Vertrauen, welches das
Land in ihn setzte.

Da kam Georg III. mit seiner Begierde, lästige Fesseln
abzustreifen. Schon ein Jahr nach der Thronbesteigung trat
Pitt ab; für kurze Zeit kam Bute an seine Stelle, dem Lord Gren=
ville folgte. Ein für die Waffen glorreicher, für die Finanzen
Englands verderblicher Krieg fand 1763 sein Ende durch den
Frieden von Paris und zu Hubertusburg. Nicht alle Vorteile,
die Pitt im Auge gehabt, wurden erreicht, aber England sah sich
doch dabei auf eine Höhe gehoben, wie sie bisher kaum ein an=
derer Staat besessen.

Seit Wilhelm III. war in der europäischen Bedeutung Englands ein gewaltiger Wandel eingetreten. Noch aber erschien die Basis der Macht Englands als eine außerordentlich beschränkte. Nach den wahrscheinlichsten Angaben zählte England mit Wales zu Anfang des 18. Jahrhunderts wenig über 5 Millionen Einwohner; 70 Jahre später 8 Millionen; dazu kamen 1½ Millionen in Schottland. Diese Basis der nationalen Kraft mit allen Mitteln zu erweitern, darum handelte es sich. Jetzt erst kam die Gunst der insularen Lage recht zum Bewußtsein. Die Bedeutung der unangreifbaren Schanze mitten im Meere hob die beschränkte Machtgrundlage aufs Doppelte und Dreifache trotz der kleinen Bewohnerzahl. Der Reichtum wuchs, Staatsanlehen schafften bares Geld und Bundesgenossen, die Flotte beherrschte das Meer weithin. Aus den Friedensschlüssen des Jahres 1763 ging England hervor als die größte Kolonial- und Seemacht der Erde.

Unter dem Beifall des Volks hatte König Georg III. Frieden geschlossen; was Großvater und Urgroßvater, die George vor ihm, durch Anstößiges aller Art an Ärgernis gegeben, das machten seine guten Eigenschaften, seine Mäßigkeit, Pünktlichkeit und sein Fleiß, seine anständigen Manieren und seine Sparsamkeit wieder gut. Die Mängel seines Wesens lagen nicht offen zu Tage, wie bei manchen Taugenichtsen, die in jenen Zeiten auf einem Throne saßen, diese Mängel mußten erst entdeckt werden, sie kündigten sich erst durch die Wirkungen an. — Vor allem war es ein krankhaftes Mißtrauen, das den jungen Herrscher stets fürchten ließ, man suche ihn zu beherrschen. Eifersucht auf seine königliche Autorität, Haß gegen jede Reform und volkstümliche Gewalt wirkten bestimmend auf ihn sein ganzes Leben hindurch.

Er wurde so der Gründer einer ganz neuen Partei, welche neben oder über den beiden historischen Parteien stand. „Freunde des Königs" nannte sich selbst diese Partei, die man auch als neue Tory- oder konservative Partei bezeichnet hat, und die sich um die Person des Königs wie eine Art Leibwache sammelte. Höflinge, Emporkömmlinge, auch einige abtrünnige Whigs waren darunter und so groß war die Gewalt der königlichen Huld durch Vergebung von Pfründen, Sinekuren und Pensionen, daß die Majorität des Parlaments sich unweigerlich dem königlichen Willen anschmiegte. „Meine Natur", sagte der König, „macht mich stets geneigt, genau zu erfahren, wer meine wahren und meine falschen Freunde sind; die letzteren halte ich für schlimmer als offene Feinde. Ich lasse mich nicht ungestraft vernachlässigen."

In diesen letzten Worten legte er sein ganzes inneres Wesen dar. Daraus entwickelte sich bei ihm mehr und mehr die allerschlimmste Eigenschaft: Jeder Widerstand gegen seine Absichten erschien ihm als Verbrechen und als ein Mangel an Rechtschaffenheit und Patriotismus. In den Augen der Höflinge verwirklichte Georg III. das Ideal des patriotischen Königs. Liebe zum König, Hingabe an das Vaterland, bisher in England nicht immer und nicht notwendig zusammenfallend, sollten untrennbar voneinander sein. Der König wurde für sich selbst ein Gegenstand der Anbetung; voll Befriedigung blickte er auf die eigene Reinheit der Sitten, auf seine Hochhaltung legitimer Autorität. Hatte er einmal eine Sache zu der seinigen gemacht, so verband er seine Person untrennbar mit eben dieser Empfindung. Deshalb konnte er von niemand Widerspruch leiden; einen Minister, der entschlossen seine abweichende Meinung verfocht, vermochte er nicht zu ertragen und geriet leicht in einen an Wahnsinn grenzenden Zustand. In hohem Grade waren ihm die klare Rede und das scharfe Urteil Pitts zuwider; der eigenwillige, stolze Grenville erfüllte ihn mit Abneigung; mit dem fügsamen Lord North aber, der dem König zulieb gar oft seine bessere Meinung untergeordnet hat, verlebte er die glücklichsten Jahre, so verhängnisvoll sie sonst auch waren.

Die Anfänge von Störungen, welche nachmals des Königs Geist umnachteten, sollen sich schon in jungen Jahren zuweilen gezeigt haben; vorerst waren es schon die Vorstellungen von Revolution, von Rebellenscharen, welche seinen Geist außer Fassung zu bringen vermochten.

Zunächst gab es zwar keine Rebellion, aber Ärger genug über das Verhalten der Oppositionspresse. Unter diesen Blättern war die Zeitschrift „North Briton" besonders gefürchtet.

Kaum war nach dem Friedensschluß von 1763 die Thronrede verhallt, welche mit hoher Befriedigung auf die Erfolge der von England geführten Unterhandlungen hinwies, als am 23. April 1763 die genannte Zeitung in ihrer Nummer 45 in einem von dem Parlamentsmitglied John Wilkes herrührenden Artikel ausführte: es sei unverantwortlich, daß der König von England den gehässigsten Maßnahmen und unverantwortlichsten politischen Lehren die Weihe seines Namens habe geben müssen. Der König von Preußen, einer der größten Fürsten, den jemals die Welt gesehen, sei von dem schottischen Premierminister Englands schmählich verlassen und verraten worden. Kein Vorteil irgend welcher Art sei diesem hochherzigen Fürsten aus den Verhandlungen Englands erwachsen. Die „schändliche Verlogenheit" der gegenteiligen Behauptungen in der Thronrede sei für jedermann sichtbar.

Die Privilegien des Parlaments schützten zunächst den Verfasser und Herausgeber. Allein in seiner Thronrede vom 14. November 1763 ließ der König deutlich durchblicken, daß er vom Unterhause ein Vorgehen gegen „diesen zügellosen Geist" erwarte. Sofort wurde auch nach dem Willen des Monarchen entschieden; das gesamte Kabinett und das Parlament stellten sich der Rachsucht des Königs zur Verfügung mit einem Mangel an Rechtssinn, der auch durch die äußersten Folgerungen royalistischer Empfindungen nicht begreiflich gemacht werden kann. Trotz aller Verfolgungen aber trat immer wieder John Wilkes auf die Bühne, der geboren schien, die regierende Aristokratie stets von neuem um ihre Gottähnlichkeit bange zu machen. Unermüdlich war er in seinen Angriffen auf das herrschende System, auf die Korruption des Unterhauses, und vom Jahr 1769 haben die Veröffentlichungen, welche unter dem Namen „Juniusbriefe" bekannt sind, dasselbe Ziel verfolgt. Daraus entstand eine politische Presse von noch ungeahnter Macht und Bedeutung. In der wachsenden Strenge ihrer Kritik und in ihrem Streben, in alle Winkel hineinzuleuchten, lag denn auch das einzige Gegengewicht gegen den Willen des Königs und gegen die Schmiegsamkeit des Parlaments, in welchem eine Mehrheit immer wieder durch die unlautersten Mittel geschaffen wurde. Der

Streit mit den amerikanischen Kolonien bot denn auch bald dieser Oppositionspresse ein besonders reiches Feld. So kam es, daß die Kolonisten, als sie sich durch das Parlament und die königliche Gewalt zu einer Steuer gezwungen sahen, an der öffentlichen Meinung des Mutterlandes einen Bundesgenossen fanden. Trotzdem daß der Zustand der öffentlichen Moral in England durch fortgesetzte Korruption auf eine unglaublich niedere Stufe herabgedrückt war, fanden die Kolonien doch lebhafte Zustimmung, als sie über die Krümmungen der gekünstelten Auslegung hinweg an die ursprünglichen, lauteren Grundsätze der englischen Freiheit appellierten. Nur in einem Verfassungsstaat, wie es England war, konnte eine schwebende Rechtsfrage zwischen dem Mutterland und den Kolonien entstehen; nur in einem so alten und auf ideale Prinzipien der Freiheit gegründeten Verfassungsstaat konnte die Rechtmäßigkeit einer von England seinen Kolonien aufgelegten Steuer zu einem Streite führen. Und im Verlaufe dieses Streites siegte die Freiheit, welche im Mutterland selbst verdunkelt, versumpft, fast verloren, von den Kolonien aber unter den Trümmern wieder hervorgeholt war.

Den englischen Staatsmännern, welche nach dem Pariser Frieden 1763 die Leitung der Geschäfte übernahmen, lag es ob, den eben durch diesen Frieden neu geschaffenen Bedingungen nationaler Größe auch neue Gesetze anzupassen und die Dauer dieses Reiches sicher zu stellen, das durch so viel Genie und mit so viel Blut aufgebaut war, und das zu einem Wohltäter für die Menschheit werden konnte. Die Last der Flotte wollte das Mutterland auch ferner für das gesamte Reich tragen, aber die Kosten für die Landtruppen sollten geteilt werden. Ganz unmöglich sei es, daß 8 Millionen Engländer, die schon durch die Nationalschuld und durch Besteurung schwer gedrückt seien, und eine starke traditionelle Antipathie gegen stehende Armeen hätten, daß diese allein den militärischen Schutz eines so weitläufigen Reiches bestreiten könnten. Irland unterhalte ja auch seine eigene Armee und die Ostindische Kompanie tue desgleichen. Zudem hätten jetzt, nachdem der Friede Kanada und das Land bis zum Mississippi einverleibt habe, die amerikanischen Kolonisten mehr Vorteile gewonnen als alle anderen englischen Untertanen; zu den allerwohlhabensten gehören sie und deshalb erscheine es billig, daß sie einen Teil der Kosten, welche die in der ungefähren Stärke von 10 000 Mann zum Schutz der Kolonien dort stationierten Truppen verursachen, durch Aufbringung einer Steuer tragen. So kam man in England zur Stempel-, später zur Teesteuer.

Bisher hatte man die Erfahrung gemacht, daß es unmöglich sei, die Kolonien zu gemeinschaftlicher Kriegsleistung heranzuziehen. Auch in den Nöten des eben beendigten französischen Kriegs ging es nicht. Mit mehr als einem Dutzend von gesetzgebenden Körpern mußte man ja verhandeln, wenn etwas Gemeinschaftliches hätte vor sich gehen sollen. So geschah es, daß kurzerhand das englische Parlament eine mäßige Steuer für die Kolonien ansetzte, um den Soldaten drüben ihren Unterhalt, ihr Einkommen zahlen zu können.

Abgaben aber zum Behuf eines festen Einkommens waren bis jetzt in Amerika nur von den Abgeordnetenkammern der einzelnen Kolonien verwilligt worden. Altenglischer Grundsatz sei es, daß das Volk selbst durch seine Abgeordneten sein Einverständnis mit der Erhebung irgend einer Steuer aussprechen müsse. Wo das zu belastende Volk keine Abgeordneten habe, da könne man auch nicht über seinen Geldbeutel verfügen. Darauf kamen die Amerikaner und ihre Freunde in England immer zurück, wenn sie sich weigerten, irgend eine direkte Steuer zu bezahlen.

Indirekte Steuern, vom englischen Parlament aufgehalst, trugen die Kolonien längst. In Wahrheit war es doch eine Steuer, wenn ein vom englischen Parlament geschaffenes Gesetz den Amerikanern verbot, eine bestimmte Fabrikation zu betreiben, und sie zwang, zum Nutzen Englands nur bei der Firma England zu kaufen. Warum sollte die Verteidigung des Reichs nicht mit demselben Recht durch das Parlament geleitet werden wie die Regulierung des Handels?

Mangelhaft entwickelt auf den Wegen des Verkehrs, noch unsicher im Erzeugen von allerlei Industrieartikeln, mußten sich die Kolonien eben der Vormundschaft des englischen Parlaments fügen. Aber sich neben diesen hergebrachten indirekten Steuern noch direkte Geldabgaben durch das Parlament auflegen zu lassen, dazu konnten sie sich nicht verstehen. Ein höchst eifersüchtiges Mißtrauen gegen England bestand längst; bald lernte man alles, was aus England kam, als etwas Fremdes, brutal sich Eindrängendes betrachten, und von da ab war es nur noch ein kleiner Schritt, um alles Englische als etwas Feindseliges anzusehen.

Über die konstitutionelle Befugnis des englischen Parlaments, die Kolonien zu besteuern, sind von jeher die höchsten staatsrechtlichen Autoritäten geteilter Ansicht gewesen. Vielerlei Auslegungen, nach Vorgängen aufgebaute Entscheidungen haben ja zu allen Zeiten die Rechtsanschauungen in England beherrscht. Für den, der einen Gang durch amerikanische Geschichte macht, genügt es zu wissen, daß die leitenden Männer in Amerika das Recht des Parlaments zur Besteuerung niemals anerkannt haben. Und viele von den Besten in England waren damit einverstanden.

Freunde und Feinde der Kolonien aber betrachteten es gleicherweise als etwas Selbstverständliches, daß dem Mutterland das Recht zustehe, durch rücksichtslose Anwendung des Merkantilsystems und der Monopole den Reichtum jener Kolonistengebiete nach dem eigenen Staat hinüberzuleiten. Den außerordentlich zahlreichen Engländern, welche gewohnt waren, in jedem ihrem Vorteil Widerstrebenden einen Rebellen zu erblicken, erschien der Kolonist als ein niedrigerer Mensch, der nur Pflichten und höchstens die ihm geschenkten Rechte hatte. — „Verdammt seien eure Seelen, aber macht Tabak!" antwortete der englische Generalanwalt Seymour dem Virginier Blair, als dieser um eine kleine Bewilligung für die armen Kirchen seiner Kolonie bat und dabei von dem Heile der Seelen sprach.

Und doch stellte England, trotzdem sich die Ansichten über Amerika schroff gegenüber standen, eine einheitliche Nation dar. Der feste Rahmen einer Insel gibt einem energischen Volkstum etwas scharf Umrissenes, Eindrucksvolles, aber zugleich etwas Gleichbleibendes, das dem immer neue Formen annehmenden, ewig veränderlichen Wesen der ineinanderfließenden Festlandbewohner naturgemäß überlegen ist. Der nationalen Abgeschlossenheit und Schroffheit liegt bei den Engländern mit das Bewußtsein zu Grund, daß sie jeden Augenblick jedem ihr Haus verschließen und sich auf ihrer Inselburg gegen die ganze Welt absperren können. Zugleich redete sich der Engländer vor, daß er die Freiheit in einer Vollkommenheit genieße, wie kein anderer Sterblicher, und in der naiven Freude darüber vergaß er den Niedergang und die Unangemessenheit seiner heimischen Regierungsweise.

Aber eine natürliche Folge seiner Vorstellungen war, daß der Engländer sich allen anderen Nationen überlegen fühlte. Er sah die Welt des Auslandes, bloß um sich zu überzeugen, wie weit dieselbe seinem Geburtsland nachstehe. Über das Atlantische Meer blickte er hinüber, und nicht zufrieden mit den eigenen Kolonien, hielt er sich so lange für betrogen, als auch noch andere Besitzer auf Stücke jener Küste Anspruch machten. Aus dem Kraftbewußtsein, aus dem insularen Sicherheitsgefühl, aus dem nimmersatten Verlangen entsprang denn auch die gefährliche Lehre, daß jeder Krieg der Blüte des Inselstaats förderlich sei.

„England ist unser Absteigquartier, aber die Welt, die Welt, das ist das eigentliche England"; so erwiderte einst For in Paris einem französischen Staatsmann, welcher, auf einer Karte von Europa England mit dem Finger bedeckend, voll Verwunderung fragte, wie es möglich sei, daß dies verhältnismäßig kleine Land fast die halbe Welt beherrschen könne. Die stolze Antwort des Engländers ist weiter nichts als eine Verherrlichung der physischen Allmacht des Ozeans, der dem Inselvolk der Engländer die Möglichkeit schafft, sich über den Erdkreis zu erweitern, in dieser Selbsterweiterung aber doch bei sich selbst zu Hause zu bleiben und sich nicht in tausend Bruchstücke zu zerstreuen und zu verlieren. Die Antwort ist aber auch ein Zeugnis dafür, was es sagen will, einem Volke anzugehören, in welchem jeder einzelne Staatsbürger eine von seinem überragenden Volkstum erfüllte Persönlichkeit ist.

Und es war gut, daß England sich stark fühlte und dem Ausland gegenüber geeint; denn bei dem sich jetzt von Jahr zu

Jahr verschärfenden Streit mit seinen amerikanischen Kolonien vermochte es, etwa Rußland und einzelne kleindeutsche Sultanate ausgenommen, nirgends Sympathien zu finden. Ohne einen einzigen Bundesgenossen stand es der Welt gegenüber.

Europa war mit den Trümmern vergangener Freiheiten bedeckt. Die Volksvertretungen von Spanien und Frankreich, die freien Institutionen in einzelnen Staaten und Städten Italiens und Deutschlands waren verschwunden. Alle in die Höhe strebenden Großstaaten zeigten ein absolutistisches Regiment. Auch in England schien das, was übrig geblieben war von freiheitlichen Institutionen, zur Fiktion werden zu wollen, und die Liberalen fürchteten, daß mit dem Unterliegen der Amerikaner der Umsturz der britischen Konstitution verbunden sein werde. Nur in der Welt des Geistes, unter Philosophen und Dichtern, schien ein Funke von Freiheit weiterzuglimmen.

An tausend Schäden krankten die alten Staaten Europas; nirgends befanden sich Staat, Volk und Kirche in dem natürlichen Verhältnis der Übereinstimmung; überall Mißgestaltungen und Zerrbilder, welche offenbar nur durch eine den Grund aufwühlende Umwälzung in die natürlichen Formen eines mit dem Boden verwachsenen geschichtlichen Lebens zurückzuführen waren.

Nicht wenige dieser krankhaften Zustände sind in die Neue Welt, nach Amerika, hinübergetragen worden durch die Heere von Beamten und Soldaten, welche bestimmt waren, darüber zu wachen, daß geselliges, staatliches und kirchliches Leben sich dort in denselben Bahnen bewege wie im alten Mutterland, daß nicht eigene Gedanken aus der Tiefe emporsteigen und ein Volkstum schaffen, das sich von dem des europäischen Mutterlandes unterscheidet oder sich gar in scharfen Gegensatz zu ihm stellt. Vortrefflich war das gelungen in den spanischen und früheren französischen Kolonien durch Gängelung und vormundschaftliche Regierung vom Mutterlande aus; nur die mannhaften, vom ersten Tag an auf eigenen Füßen stehenden, zu ihrem Glück vom Mutterland vernachlässigten Flüchtlinge, die aus England gekommen waren und in Nordamerika den Küstenstreifen am Atlantischen Ozean besiedelt hatten, nur diese waren auf andere Bahnen, auf solche, die sie sich selbst vorzeichneten, geraten.

Wie die Herrschaftsgebiete in Amerika gestaltet waren, wie Spanien und Portugal sich in Südamerika teilten, wie die spanische Herrschaft Zentralamerika und Mexiko umfaßte samt Kalifornia und Louisiana auf dem rechten Ufer des Mississippi bis zu seinen Quellen, davon ist schon oben die Rede gewesen (S. 174). In die Inseln Westindiens teilten sich neben kleineren Mächten die großen: England, Spanien, Frankreich. Schon zu Anfang des 18. Jahrhunderts war den Seeräubereien der Flibustier und ihrem tollkühnen Treiben ein Ende gemacht worden. Die Spanier saßen fest auf Kuba und Portorico und teilten sich mit den Franzosen in die Insel San Domingo; Hauptplatz für die Engländer, die auch den ganzen Schwarm der kleineren Inseln besaßen, war Jamaika, und die Franzosen geboten neben der Hälfte San Domingos noch über die Inseln Martinique, Guadeloupe und einige kleinere. Überall förderte emsige Negerarbeit eine Fülle von Zucker, Rum, Tabak, Kaffee als Hauptprodukte des üppigen Inselbodens zu Tag.

Das Stück von Nordamerika aber, das sein Angesicht dem alten Weltteil Europa zuwendet, östlich vom Mississippi bis zum Atlantischen Ozean und bis in die Eiswüsten von Labrador und an der Hudsonsbai befand sich nach dem Frieden von 1763 ungeteilt in englischem Besitz. Durch Staatsgrenzen war dies ungeheure Gebiet nicht getrennt, aber durch die Natur des Bodens und der Bevölkerung zerfiel es in drei unter sich geschiedene Stücke: 1. Mississippigebiet; 2. Kanada; 3. die dreizehn alten Kolonien an der Küste des Atlantischen Ozeans.

Auf das Mississippigebiet westlich von den Alleghannies bis zum großen Strom, auf dies ihr natürliches Hinterland, blickten die Küstenkolonien voll der größten Hoffnungen. Mit ihren harten Fäusten brachen sich die Hinterwäldler aus Virginia und Pennsylvania, aus Südkarolina Bahn in diese herrliche fruchtbare Wildnis und ließen bald inmitten üppiger Mais- und Tabakfelder den Rauch ihrer Blockhäuser aufsteigen; am Tennessee, am Wabash, in Kentucky und Illinois schritten sie vorwärts. Zur großen Freude Spaniens aber zeigte es sich, daß ein derartiges Vordringen gegen den Mississippi durchaus gegen das politische System Englands war. In dem Kolonialamt in London strebte man nur dahin, diese bezaubernde Wildnis wirklich auch als Wildnis zu erhalten und dies Gebiet bloß durch die Freundschaft der Wilden zu behaupten.

Die Vorstellung, daß die englische Herrschaft leicht aufrecht zu erhalten sei, solange es nur gelte, die Küstenstaaten unter Botmäßigkeit zu wissen, daß aber die Schwierigkeiten wachsen mit dem Aufblühen von neuen Kolonien mitten im Urwald, weit von der Küste entfernt, der Flotte unzugänglich, von einer eigenwilligen Rasse von Menschen bewohnt, — diese Vorstellung diktierte in London alle auf die Einschränkung der Kolonien bezüglichen Maßnahmen. Die westlichen Ansiedlungen jenseits der Alleghannies sollten vermindert und womöglich ganz ausgerottet werden, damit eine unübersteigliche Grenzlinie von Georgia bis Kanada als eine Abwehr gegen die Einwanderung geschaffen werde. Auf diese Weise beabsichtigte man, ganz Kentucky und das Land am Ohio den Wilden durch feierliche Verträge als dauernden Besitz zu überlassen. Der Landhunger aber, der vom ersten Tag an die Kolonisten beherrscht hatte, die Neigung der Amerikaner zum Herumschweifen, die Lust, mit welcher immer einer über den andern hinüberstieg, um noch weiter als sein Vorgänger in die Zauber des fernen Westens einzudringen, das war es, was alle Maßnahmen der englischen Regierung zu nichte machte und das Land am Ohio und Mississippi mit freilich noch durch endlose Räume voneinander getrennten Siedlern versah.

Nach Kanada waren seither nur ausnahmsweise Ansiedler aus englischem Blute gezogen; die Masse der weißen Bevölkerung, jetzt vielleicht 90000 Seelen, entstammte französischen Einwanderern oder einer Mischung weißen und indianischen Blutes; zahlreich war das Volk der Pelzjäger, Fallensteller, Trapper, Waldläufer. Die Grenzen, welche vor dem Frieden des Jahres 1763 Neufrankreich von den englischen Kolonien geschieden, bestanden noch. Und ganz in derselben Weise war auch jetzt noch, wiewohl unter gleicher Flagge äußerlich vereinigt, das unter dem englischen Militärgouvernement des Generals Carleton stehende Kanada von den dreizehn Kolonien in jeder geistigen Beziehung getrennt (S. 126).

Dort drüben in Kanada gab es keine Schulen, keine Presse, keinen politischen Willen des Volks, der in irgendwelcher Weise gesetzlich zum Ausdruck kam. Wie ehemals erschien auch jetzt noch Kanada in den Augen der englischen Kolonisten als ein fremdes, fast als ein feindseliges Land. Die Hauptsitze der englischen für Amerika bestimmten Streitkräfte befanden sich in dem eben den Franzosen abgenommenen noch immer militärisch regierten Gebiet. Der befestigte Hafen von Halifax in Neuschottland galt als Hauptflottenstation; Quebec und Montreal erhielten die hauptsächlichsten Garnisonen zugewiesen; Fort Ticonderoga am Champlainsee beherrschte nach wie vor den nächsten Landweg, der von Quebec, Montreal, St. Johns über den Champlain= und Georgsee nach Albany, damit an den Hudson und auf die Straße nach New York führte. —

Sobald durch einen guten Friedensschluß die Bitternisse des Kriegs in Vergessenheit geraten sind und das schwankende Glück wieder auf festen Füßen dasteht, pflegt ungewöhnlich gute Laune einzuziehen. Und diese gute Laune machte sich in den dreizehn englischen Kolonien durch laute Ausbrüche der Loyalität Luft. Sie fühlten sich durch das, was sie selbst in den abgelaufenen Kämpfen geleistet, gehoben und den Engländern der Heimat ebenbürtig; der gemeinsame Ruhm erschien als ein Band mehr, die Kolonien mit dem Mutterland zu verknüpfen. Grenzenlos wuchs das Frohlocken durch alle Kolonien hindurch von den rauhen Küsten Neuenglands bis zu dem flachen Strand unter dem milden Himmel von Georgia, als man jetzt deutlich und klar vor Augen sah, daß der weiteren Ausdehnung der Kolonien keine Schranken mehr gezogen seien.

Und James Otis, der sonst mit feurigen Worten allen Anmaßungen des Mutterlandes entgegengetreten war, sprach jetzt zu seinen Mitbürgern in Boston: „Wahrlich, wir in Amerika haben Gründe genug, uns zu freuen über diesen ruhmreichen, über diesen glückbringenden Frieden. Die heidnischen Indianer sind aus dem Lande gejagt und unsere furchtbarsten Feinde, die

Kanadier, besiegt. Sie stehen nicht mehr da als immerfort drohende Gegner; sie sind unsere Mitbürger geworden. Jetzt können wir mit gutem Grunde sagen, von Meer zu Meer erstreckt sich die britische Herrschaft, vom großen Wasser bis zum Ende der Erde. Die weise Regierung Sr. Majestät ist uns Bürge, daß Erkenntnis und Freiheit, bürgerliche wie religiöse, in gleicher Ausdehnung fortschreiten, sich vervollkommnen und uns bis zur spätesten Nachwelt erhalten bleiben."

Trotzdem daß ein gemeinschaftlicher gesetzgebender Wille, ein von allen Kolonien beschickter, über den einzelnen gesetzgebenden Faktoren stehender Kongreß, eine gemeinschaftliche Hauptstadt — trotzdem daß alles dies fehlte, schien sich doch allmählich das Bewußtsein, englischer Bürger zu heißen, als ein festes einigendes Band herauszubilden.

Bis jetzt hatte eine **gemeinschaftliche Armee** gefehlt. Dem wurde nach dem Frieden von 1763 abgeholfen. Und zwar übernahm zunächst England die Last, eine kleine Armee in diesen Kolonien zu unterhalten. Sie mochte ungefähr 5000 Mann in 10 Regimentern zählen. **Hauptquartier New York**, wo sich ein ziemlich starkes Fort befand und wo auch der Oberkommandierende, General Gage, seinen Sitz hatte. Die Garnison selbst ist schwach; denn der größte Teil der Truppen war in kleinen befestigten Posten über das weite Land zerstreut.

Zu den äußersten dieser Posten gehörte Detroit, zwischen dem Eriesee und Huronsee gelegen. Die Besatzung bestand aus 8 Offizieren und 120 Mann; etliche bewaffnete Fahrzeuge auf den Seen und ein paar Geschütze kamen dazu. Noch weiter im Westen, am Mississippi, in der Nähe des heutigen St. Louis, lag Fort Chartres, das General Gage einmal willens war zu zerstören, damit es keine Einwanderer in diese Wildnis ziehe. Am Ohio lag in verschiedenen Posten, deren wichtigster Pittsburg war, das 42. Regiment. Weitere Abteilungen hüteten die Forts Niagara und Michilimakinac gegen die Huronen, Shawnees, Delawares und andere Stämme.

Unter dem **Häuptling Pontiak** hatten sich die Indianer des gesamten Westens auf den Kriegspfad begeben; die Wildnis hallte wider vom Kriegsgeheul der Indianer, die Grenzen wurden rot vom Blut der überfallenen Ansiedler, um die Wälle und Palisaden der kleinen Forts tobten die Massen der Wilden. Die regelmäßige englische Armee zeigte sich nicht stark genug und konnte kaum 500 Mann ins Feld stellen. Aber die Provinzialbataillone von New York, Connecticut, New Jersey rückten an; Pennsylvania schickte auf eigene Kosten 1000 Mann und Virginia ein Korps Schützen. Diese kriegerischen Maßnahmen und die Gewißheit, daß ihre seitherigen Beschützer, die Franzosen, aus dem Lande vertrieben seien, machten endlich die Indianer dem Frieden geneigt. Mit einer Reihe von neuen Verträgen endete so „Pontiaks Krieg", ein Nachspiel des französischen Kriegs; die Wildnis war dem Frieden zurückgegeben. —

Die große Mehrzahl der Ansiedler des 17. Jahrhunderts verließ ihre englische Heimat zur Zeit der höchsten geistig-politischen Blüte und des stolzesten nationalen Aufschwungs, nachdem die Reformation das ganze Volk durchdrungen und wiedergeboren hatte, nachdem es einem Bacon und Shakespeare gelungen war, den geistigen Gehalt der Nation zu heben und zu veredeln. Der englische Bürgerkrieg und die englische Auswanderung entspringen derselben sozialpolitischen Quelle. Der ganze Strom der englischen Auswanderung, selbst das unzufriedene Adelselement, trug mit natürlicher Fortentwicklung in seine neuen Pflanzungen den Geist der englischen Selbstregierung und der Unterordnung unter das von allen Parteien hochgehaltene Landesrecht und Herkommen, das common Law.

Diese Ansiedler standen damit höher als die übrigen germanischen Stämme, die Holländer, Schweden und Deutschen, welche besonders in den mittleren Kolonien saßen, und bald der größeren geistigen Kraft und der politischen Überlegenheit der englischen Rasse sich fügen mußten. So legten die englischen Einwanderer fast ausschließlich den Grund für die nordamerikanischen Staatenanfänge. Denn der Grundton blieb auch da, wo zahlreiche deutsche und holländische Elemente beigemischt waren, immer englisch. Mit Ausnahme dieses Grundtons aber gab es so viel Trennendes, daß es in der Folge starker zwingender Gründe bedurfte, um die gleichgültig nebeneinander liegenden Glieder zu einem einheitlichen Körper zusammenzuschweißen und namentlich mit einem einzigen Gesamtwillen gegenüber dem Mutterlande zu erfüllen.

In allen Kolonien beobachtet man die Neigung zu politischem Nachdenken, aus dem bisweilen ein trotziger Freiheitssinn hervorgeht. „In Kolonien muß das Individuum wieder selbständiger werden, ähnlich wie es im Beginn jeder menschlichen Kultur der Fall ist."

„Es ist dies ein Land, in dem jedermann die Gesetze studiert," schrieb einmal General Gage. In der Tat hat das Volk der Kolonien in seinem ganzen bisherigen Lebensgang ungemein viel Talent für Politik gezeigt. Dies ist teils als Erbteil des angelsächsischen Stammes anzusehen, teils als Ergebnis des auf sich selbst angewiesenen kolonialen Lebens, das auf diesem, wie auf vielen anderen Gebieten, schulend gewirkt hat.

In der kolonialen Erziehung, im Kolonistenblut liegt es nicht gerade, daß heroische Persönlichkeiten im gewöhnlichen Sinn gezeitigt werden, aber vorsichtige, geduldige, kluge und mannhafte Charaktere treten nicht selten auf, die nur ihre Zeit erwarten, um sich bewähren zu können, aber weniger geeignet sind, durch eigene Initiative und tolles Drauflosgehen eine solche Zeit heraufzubeschwören. Auch ganze Bürgerschaften, aus Kolonistenblut hervorgegangen, erfahren an sich eine Erziehung zur Vorsicht und klugen Geduld, zur Wachsamkeit. Wie hat sich in der Folge die Stadt Boston bewährt! Einem alten Soldaten gleich stand sie mit zurückgehaltenem Mute den verschiedenartigsten Angriffen gegenüber, das Beispiel eines politisch wohlgeschulten Bürgertums, das ruhig auf seinen Tag wartet.

Der hervorragendste unter den Männern, die Boston zu seinen Führern erwählt hatte, war Samuel Adams. Um ihn scharte sich die Bürgerschaft mit besonderer Vorliebe. Er war im Harvard Kollegium gebildet und erhielt 1765 im Alter von 43 Jahren einen Sitz in der gesetzgebenden Versammlung von Massachusetts. Schon war er hervorgetreten als einer der tätigsten Publizisten Amerikas, von jetzt ab machte er sich bemerklich als die Seele jeder gegen die britische Regierung gerichteten Agitation.

Die meisten hervorragenden Männer des Amerika jener Tage haben etwas Altfränkisches, Steif-Feierliches an sich, selbst Georg Washington und Benjamin Franklin, keiner aber in so hohem Grad als Samuel Adams. In der laxen moralischen Atmosphäre des 18. Jahrhunderts stellte er vollkommen den herben Typus des strengen Calvinisten, des Kovenanters aus dem 17. Jahrhundert dar. Arm, einfach, von unbeugsamem Mute, vereinigte er in seinem Auftreten die Glut des Apostels mit der Engherzigkeit des Sektierers. Die Reinheit seines Lebens, seine Unbescholtenheit in Geldsachen, seine Unzugänglichkeit für Schmeichelei ließen ihn seinen Mitbürgern in einer besonderen Art von Glorie erscheinen. Am liebsten hätte er sein Boston in ein „christliches Sparta" umgewandelt.

Überall, wo der Glaube Calvins geherrscht — in Genf, in Holland, in Schottland, im puritanischen England und in Neuengland — überall hat dieser Glaube Intelligenz, Sittenstrenge, Freiheitsliebe und mutigen Sinn verbreitet. Diese tapfere Art des Protestantismus, verbunden mit republikanischen Grundsätzen, lag dem politischen Glaubensbekenntnis Samuel Adams' zu Grund. Seine Meinung ging dahin, daß die Kolonien und England wohl einen gemeinschaftlichen König, aber getrennte Legislaturen haben sollten. Und als er in Cambridge Magister geworden war, erklärte er weiter, daß es nicht gegen das Gesetz verstoße, wenn man sich der Obrigkeit widersetze, sobald das Gemeinwesen nicht auf andere Weise gerettet werden könne. Alle Leiden und Verluste müsse man eher über sich ergehen lassen, als daß man auf die Freiheit verzichte. „Wenn uns Steuern in irgendwelcher Gestalt aufgelegt werden, ohne daß wir eine gesetzliche Vertretung an der Stelle haben, wo man sie uns auflegt, sind wir dann nicht, statt noch freie Untertanen zu sein, in den elenden Zustand tributpflichtiger Sklaven versetzt?" — „Ich muß den Leuten, welche auf beiden Seiten des Atlantischen Meeres Amerika der Rebellion beschuldigen, sagen, daß militärische Gewalt niemals einen Amerikaner vermögen wird, auf seine Freiheit zu verzichten."

Aus der Stadt der Kaufleute und Handwerker suchte Samuel Adams die Hoffnung für das gesamte Vaterland zu machen.

Wo er die Einwohner von Boston traf, auf der Straße, im Versammlungssaal, auf den Bauplätzen, überall unterhielt er sich mit ihnen von dem, was seine Seele füllte. Bald verfügte er unbedingt über die öffentliche Meinung. — „Es war nicht Ehrerbietung gegen die Könige," pflegte er zu sagen, „was die ersten Ansiedler von England nach Amerika führte. Sie flohen vor König und Bischöfen und schauten auf zu dem König der Könige." — „Wir sind deshalb frei und brauchen keinen König." — „In Rom gab es niemals bessere Zeiten, als da die Römer keinen König hatten und einen freien Staat bildeten." Nur eine einzige hohe Aufgabe war es, die seine Seele beschäftigte, — die Unabhängigkeit des Vaterlands.

Zu Samuel Adams traten noch James Otis und John Adams, letzterer auch aus dem Harvardcollege hervorgegangen und bis daher in einem kleinen Dorfe Lehrer. Wird John Hancock, ein wohlhabender Kaufmann, hinzugefügt, so sind die Führer der Patrioten in Boston genannt. Nicht von demselben abgemessenen, fast priesterlichen Wesen wie Samuel Adams, war der Vorkämpfer der Freiheit in Virginia, Patrick Henry. Aber das verstand der feurige, rücksichtslose Redner, den man den Demosthenes des Waldes genannt hat, — das Volk mit sich fortzureißen, in seine Meinung hineinzuzwingen und Virginia, Te old Dominion, die noch Thomas Jefferson, Georg Washington, Randolph und Lee zu ihren Kindern zählte, auf die Bahn zur Freiheit zu lenken. Die Stunde der Losreißung war nahe.

II. Los von England!

Wenn man von der damaligen Machtstellung der britischen Krone spricht, so bezeichnet man damit die Machtstellung eines seltsamen politischen Körpers, der sich zusammensetzt aus hergebrachten Rechtsanschauungen, aus den Befugnissen des Parlaments und aus den verfassungsmäßigen Rechten eines Monarchen, der nach festländischem Beispiel gerne absolutistische Neigungen verwirklicht hätte. Gut, die Machtstellung dieser britischen Krone war nach dem Pariser Frieden den übrigen Staaten der Welt gegenüber unendlich gewachsen und gestattete nicht, stille zu stehen und die herkömmliche Unklarheit zu belassen.

Die Zustände Englands waren zu einem Punkt gekommen, wo eine wesentliche Umgestaltung die Klärung von bisher im Trüben und Zweifelhaften gebliebenen Verhältnissen, das Aufgeben von allerlei Fiktionen der Verfassung notwendig machte. Die Frage entstand: sollen diese Zubehörstücke des Staats, wie die amerikanischen Kolonien, in dem seitherigen lockeren Verbande bleiben oder mit dem Mutterland allmählich zur Staatseinheit verbunden werden? Georg III. sprach ja von nichts so gerne und mit solcher Hartnäckigkeit, wie vom „Zusammenhalten des Reichs". Sollen denn diese Länderfetzen in den verschiedenen Weltteilen für ewige Zeiten durch Sonderrechte getrennte Stücke des Reiches bilden? Sind sie nicht dem König und dem Parlament untertan so gut wie jeder Bezirk in England?

Glückliche Kriege, vorteilhafte Friedensschlüsse, wie der von 1763 für England war, pflegen die Macht der Regierungen ungemein zu stärken; niemals ist das blinde Vertrauen auf das Staatsoberhaupt, auf die an der Spitze stehenden Männer so groß als zu einer Zeit, in der man die Vorteile, die sie dem Lande verschafften, mit Fingern greifen kann. In der Revolution des Jahres 1688 hatte die Krone zweifellos an Macht verloren, jetzt nach 1763, bot sich Gelegenheit besser als jemals, das Verlorene wieder zu gewinnen. Dem König Georg III. und seinen Freunden war es gelungen, die aristokratische Macht, welche bisher dem Königswillen gegenüberstand, zu untergraben und sich durch Korruption der Wahlen eine servile Majorität im Parlament zu sichern. Die Geistlichkeit, die sich an dem regelmäßigen Kirchenbesuch des Königs erquickte, die zahlreichen Mitglieder in beiden Häusern, welche Hofämter bekleideten, stimmten beharrlich für die Krone, und die Königsfreunde rekrutierten sich immer wieder durch Stellenjäger aus den verschiedenen mächtigen Familienverbindungen.

So hatte der Plan für Herbeiführung einer **Einheitlichkeit des weiten Reichs** und seine Unterwerfung unter die vom Königswillen beherrschte Krone außerordentlich viel Aussicht auf Verwirklichung und die Freunde der Freiheit in England, wie Pitt, Burke, Barré, fürchteten in der Tat, wenn Amerika in den Willen der Krone gezwungen sei, werde eine Einschränkung der Volksrechte auch in England erfolgen.

In das Nivellierungssystem der Krone paßte ungemein gut, was der Gouverneur von Massachusetts, Bernard, bald nach dem Pariser Frieden der Regierung in London berichtete: Diese amerikanischen Kolonien besitzen ihre getrennten Legislaturen nicht als ein Recht, sondern als ein zufälliges Privilegium; man müsse Gewalt anwenden, wenn das Recht des Parlaments, Steuern aufzulegen, nicht respektiert werde; eine sichere, unabhängige Zivilliste sei von den Kolonien aufzubringen, um die Beamten der Krone zu bezahlen; wünschenswert sei ferner die Schaffung eines amerikanischen Adels, um das Mittelglied zwischen König und Volk abzugeben. Freibriefe seien freilich vorhanden, aber sie seien ehemals der Kindheit dieser Kolonien angepaßt worden; jetzt müßten alle Sonderrechte aufgehoben werden, damit durch das Parlament eine einzige Regierungsform für ganz Amerika eingeführt werden könne.

Mit diesen und ähnlichen Maßnahmen wäre es in der Tat möglich gewesen, das ganze Reich zu einer einheitlichen, von einem einzigen Willen gelenkten Machtfülle zusammenzufassen, verderblich für jeden Gegner, vielleicht auch verderblich dem eigenen Bürgertum.

In der Angst um ihre Freiheit fühlten die Kolonisten wohl heraus, was in der Luft lag, welche Gefahren Amerika drohten. In England ließ deshalb James Otis eine Flugschrift verbreiten zur Aufklärung des englischen Volks: Die Freibriefe mögen ja aufgehoben werden, „aber die natürlichen, angeborenen und unveräußerlichen Rechte der Kolonisten als Menschen und als Bürger bleiben". — „Freilich wissen die Kolonien, wie viel Blut und Gut die Unabhängigkeit kosten würde. Sie werden auch nicht eher daran denken, als bis sie dazu getrieben werden, als dem letzten verhängnisvollen Hilfsmittel gegen ministeriellen Druck, welcher die Klügsten wahnsinnig und die Schwächsten stark macht. Die Welt steht am Vorabend des großartigsten Schauspiels irdischer Macht und Größe, welches noch jemals den Augen des Menschengeschlechts vorgeführt worden. Wer den Sieg erringen wird, das weiß Gott. Aber die menschliche Natur muß und wird von der allgemeinen Sklaverei befreit werden, die so lange über das Menschengeschlecht triumphiert hat." —

Von allen englischen Staatsmännern fühlte sich keiner so gehoben durch seine Verdienste bei Wiederherstellung des Friedens als Lord Bute. Wie der König war er von der Notwendigkeit durchdrungen, daß in den Kolonien Ordnung nach königlicher Auffassung geschafft und die höchste Autorität der britischen Krone über Amerika zur Durchführung gebracht werden müsse. Er war kurze Zeit leitender Minister. In seinem Kabinett befand sich noch Lord Grenville, der dem neuen Kolonialsystem seinen vollen Beifall entgegenbrachte; ferner Charles Townshend, der sich für einen genauen Kenner Amerikas hielt und entschlossen war, eine gründliche Veränderung in der Regierungsform über die Kolonien herbeizuführen. Diese drei Männer sind es zunächst gewesen, welche durch die überwiegende Macht des englischen Parlaments die Amerikaner zu zahlenden und werktätigen Gliedern des großen Reiches zu machen gedachten. Den Kolonien wurde angedeutet, daß man ihren fortgesetzten Ungehorsam nicht mehr dulden, daß eine **Besteuerung durch die britische Legislatur** erfolgen werde. Ein gleichförmiges Regierungssystem, vielleicht mit geänderter Territorialeinteilung, sei erforderlich.

Eine derartige willkürliche Politik erheischte natürlich auch eine stehende **amerikanische Armee**, zu deren Erhaltung diejenigen einen Beitrag zu leisten hatten, für deren Maßregelung sie bestimmt war. Das waren die Männer und die Ziele.

Dem allgemeinen Widerwillen mußte Bute schon im April 1763 weichen, seine Ministerstelle niederlegen und dem Lord Grenville Platz machen; unverändert aber blieb sein Einfluß beim König, dessen Vertrauen er, als das Haupt aller Günstlinge, genoß. — Mit der Hochhaltung des Merkantilsystems war Grenville durchaus ein Sohn seiner Zeit. Die geduldete Übertretung der Navigationsakte war ihm ein Greuel; dem sollte in Zukunft durch die strengste Überwachung von seiten der Kriegsschiffe abgeholfen werden, damit die Kolonien mit dem Absatz ihrer Produkte auch ihre wahre Pflicht erfüllen. Denn England stelle Hand und Herz dieses großen Reiches dar und ihm allein müsse der Reichtum der Kolonien zufließen und, wenn nötig, mit Gewalt dienstbar gemacht werden. Zweierlei Garnisonen, sagte man, seien für Amerika notwendig, um es ganz in die Hand zu bekommen: ein Heer von Beamten, ganz unabhängig von den Kolonien, nur dem König verantwortlich, von diesem bezahlt und auf Lebenszeit angestellt, und eine in England geworbene Armee von 20 Regimentern.

Mit dem Ministerium Grenville wurde denn auch jene unselige Politik eingeschlagen, welche England in kürzester Zeit der edelsten Früchte aus der Verwaltungszeit Pitts, die bis 1761 gedauert hatte, beraubte.

Die Kolonien hatten sich ja, mit voller Zustimmung der sie kaum beachtenden englischen Regierung, das Recht angemaßt, fast alle Stücke des hergebrachten wie des geschriebenen Rechts ihren besonderen Verhältnissen anzupassen. Die Gesetze über Grundeigentum, die Strafgesetze, die religiösen Anordnungen, wurden mit großer Freiheit ausgelegt und es galt als anerkannter Grundsatz, daß die Kolonien sich ihre Gesetze selbst geben können, wenn sie nur den der Krone gebührenden Gehorsam nicht antasteten. Schon früher wurde behauptet, daß die Kolonien, welche doch in den meisten Fällen ohne jeden Beistand der heimatlichen Regierung gegründet worden seien und ihre Freibriefe vom Souverän und nicht vom Parlament empfangen hätten, nur dem König zum Gehorsam verpflichtet, aber vom englischen Parlament ganz unabhängig seien.

Die Wahrheit zu gestehen, bestand in Amerika nirgends eine hohe Achtung vor der Autorität der Krone oder vor den Beamten, welche diese Autorität repräsentierten. In den vier Neuenglandkolonien, in New Jersey und New York waren alle Behörden bezüglich ihres Gehaltes ganz oder doch zum Teil von den jährlichen Bewilligungen der Volksvertretung abhängig. Eine

Überlegenheit des Ranges wurde nicht geduldet, und so befanden sich die Gouverneure mehrerer Kolonien in einer höchst demütigenden Abhängigkeit. Das war es, was geändert werden sollte.

Grenville beschloß deshalb drei Maßnahmen: durch strenge Durchführung der Handelsgesetze sollten die Kolonien alltäglich daran erinnert werden, wer der Herr sei; ferner müsse ein Teil der Reichsarmee dauernd in den Kolonien stationiert bleiben; endlich drittens seien die Kosten dieser Armee zum Teil wenigstens durch eine vom englischen Parlament ausgehende Besteuerung der Kolonien aufzubringen.

Die genannten drei Maßregeln waren vielleicht notwendig, um die einheitliche Organisation des großen Reichs, wie es aus dem Frieden des Jahres 1763 hervorgegangen, durchzuführen, um Straffheit in seither gleichgültig und oberflächlich Behandeltes hereinzubringen; jedenfalls sind sie es gewesen, welche die amerikanische Revolution hervorriefen. —

Noch im Herbst 1763 beschloß das Ministerium, daß ein Gesetzentwurf ausgearbeitet und dem Parlament vorgelegt werden solle über Ausdehnung der Stempelsteuer auf die Kolonien Amerikas. Der Gedanke der Stempelsteuer war kein neuer, er war durch Erbschaft aus einer Reihe von Ministerien und Jahrzehnten auf das jetzige Ministerium übergegangen. Stets war er im Parlament selbst bekämpft worden. So auch jetzt. Man sagte, in einem Parlament, zu welchem die Kolonien keine Vertreter wählen, können auch keine Steuergesetze für diese Kolonien gemacht werden. Dem wurde entgegengehalten, daß die Mehrzahl der Bewohner Großbritanniens, eine ganze Reihe großer Städte, keine Vertreter ins Parlament zu wählen haben und doch an die dort gemachten Gesetze gebunden seien. Faktisch seien die Kolonien im Parlament so gut vertreten, wie 5 Millionen von Engländern.

Da erhob sich Isaak Barré, ein Genosse des 1759 bei Quebec gefallenen Generals Wolfe, warf dem Hause seine Unbekanntschaft mit amerikanischen Angelegenheiten vor und meinte, daß die Befürworter der Stempelsteuer durchaus im Finstern herumtappen. Charles Townshend, das Mitglied des Kabinetts, das sich auf seine Kenntnis amerikanischer Dinge besonders

viel einbildete, tat dem gegenüber die Billigkeit der Besteuerung
dar, mit den Worten schließend: „Und nun wollen diese ameri=
kanischen Kinder, durch unsere Sorge gepflanzt, durch unsere
Nachsicht und Pflege zu einem gewissen Grad von Wohlstand
und Kraft gelangt, durch unsere Waffen geschützt, nicht einmal
ihr Scherflein beitragen, um uns die schwere Last zu erleichtern,
die auf uns ruht!"

Die Antwort, welche das Mitglied des Hauses
Isaak Barré gab, enthält Worte von solchem Gewicht und
Ausführungen von solcher Schärfe, wie sie während dieses Zeit=
alters im Parlament selten gehört worden sind. — „Diese Kolo=
nien durch eure Sorge gepflanzt! Nein, eure Unterdrückung
hat die Kolonisten nach Amerika verpflanzt. Sie flohen vor
eurer Tyrannei nach einem damals unwirtlichen Lande, wo sie sich
fast allen Drangsalen aussetzten, welchen die menschliche Natur
unterworfen werden kann und so auch den Grausamkeiten eines
wilden Feindes, des hinterlistigsten und ich behaupte des furcht=
barsten Volkes, das auf Gottes Erde existiert. Und dennoch
ertrugen sie, von den Prinzipien der wahren englischen Freiheit
beseelt, alle Beschwerden mit Freuden, im Vergleich zu denen,
die sie in ihrem Vaterland zu erdulden gehabt von den Händen
derer, die ihre Freunde hätten sein sollen. — Durch eure
Pflege zu Wohlstand und Kraft gelangt! Sie sind
dadurch groß geworden, daß ihr sie vernachlässigt habt. Mit
dem Augenblick, als ihr anfinget, euch um sie zu bekümmern,
bestand diese Fürsorge darin, daß ihr ihnen Leute hinüber=
schicktet, um sie in der einen oder andern Beziehung zu regieren
und zu beherrschen, Leute, die vielleicht die Stellvertreter der
Stellvertreter gewisser Mitglieder dieses Hauses waren, beauf=
tragt, ihre Freiheiten auszuspionieren, ihre Taten in ein falsches
Licht zu setzen und sie auszusaugen; Leute, deren Benehmen
bei vielen Gelegenheiten das Blut dieser Söhne der Freiheit
empört hat; Leute, die zu den höchsten Ämtern der Justiz be=
fördert wurden und, wie ich gewiß weiß, zum Teil auch froh
waren, in ein fremdes Land zu kommen, um nicht in ihrem
eigenen als Verbrecher vor Gericht gestellt zu werden. — Durch
eure Waffen beschützt! Jene vielmehr hatten edelmütig

die Waffen zu eurer Verteidigung ergriffen, haben mitten in ihrem ununterbrochenen mühsamen Gewerbefleiß die glänzendste Tapferkeit bei Verteidigung eines Landes entfaltet, dessen Grenze mit Blut gedüngt war, während seine inneren Teile alle ihre kleinen Ersparnisse hergaben, um euch zu bezahlen. Und glaubt mir, — merket auch, daß ich euch das heute gesagt — derselbe Geist der Freiheit, welcher dies Volk anfangs beseelte, wird es auch ferner begleiten. Jedoch die Klugheit verbietet mir, mich näher zu erklären. — Wie weit überlegen an allgemeinen Kenntnissen und Erfahrung diese achtbare Versammlung mir auch sein mag, so mache ich doch Anspruch darauf, mehr von Amerika zu wissen als die meisten von Ihnen, meine Herren; denn ich habe dieses Land gesehen und genau kennen gelernt. Das Volk dort ist, glaube ich, ebenso loyal als alle anderen Untertanen, die der König hat, aber es ist ein Volk, eifersüchtig auf seine Freiheiten und es wird dieselben verfechten und schützen, wenn sie jemals angegriffen werden sollten."

Isaak Barré war natürlich nicht das einzige Mitglied des Hauses, das Amerika kennen gelernt hatte. Da saßen ihrer noch genug von den Beamten und Generalen, die drüben Erfolge erhofft und sich arg getäuscht hatten. Den Ärger darüber mußten jetzt die Kolonisten tragen, deren von dieser Seite nur mit der äußersten Geringschätzung Erwähnung geschah. So konnte sich in die öffentliche Meinung die Annahme einschleichen, als handle es sich in Amerika um ein schwaches, irregeleitetes Volk, das erst durch englische Beamte zu politischer Einsicht erzogen werden müsse.

Die einzige Vertretung, welche die Kolonien in London hatten, waren ihre Agenten. Jede Kolonie pflegte einen solchen zu unterhalten; bisweilen begnügten sich mehrere Kolonien mit einem einzigen Agenten. Im Bunde mit den wenigen liberalen Parlamentsmitgliedern versuchten nun diese Männer, die Stempelsteuer abzuwehren. „Allein ebensogut," sagt Franklin, der Agent Pennsylvanias, „wären wir im stande gewesen, den Untergang der Sonne aufzuhalten." Ende Februar 1765 ging die Steuer glatt im Unterhause durch; am 1. November desselben Jahres sollte sie in den Kolonien in Kraft treten,

d. h. alle öffentlichen Geschäfte, Ehekontrakte, Anweisungen, Wechsel, Erbschaften, Zessionen, Verkäufe, Deklarierung von Schiffen u. a. konnten von diesem Termine an nur auf dem mit einer Steuer belegten Stempelpapier rechtsgültig vollzogen werden.

Neben dieser Steuer, die das ganze, sich Tag für Tag abspinnende bürgerliche Leben beherrschte, blieben die alten Zollgesetze und Abgaben, die alten Einschränkungen der Schiffahrt bestehen. England blieb nicht nur der einzige Markt für die Produkte Amerikas, es stellte auch das einzige Magazin für seine Bedürfnisse dar, den einzigen Kaufladen, der ihm zugänglich war. Die Zoll- und Navigationsgesetze, vermittelst welcher England seinen Vorteil sicherte, standen fortan nicht nur unter der Aufsicht der Zivilbehörden, sondern auch unter derjenigen der Flotten- und Armeeoffiziere, welche der Zivilgewalt in den Kolonien nicht verantwortlich waren. Die Strafen und Konfiskationen wegen Übertretung der Zollgesetze sollten in Admiralitätsgerichten ohne Beiziehung einer Jury von Geschworenen entschieden werden durch einen einzelnen Richter.

Auch ein Mann wie Grenville, ein Anbeter des Monopols und Merkantilsystems, mochte das Erbitternde, das in der strengen Handhabung dieser Gesetze lag, herausfühlen. Um Amerika zu beschwichtigen, wurden deshalb zu gleicher Zeit Prämien auf Einfuhr von allerlei Holzwaren gesetzt; einzelne Artikel sollten von Zuschlagzoll frei sein; zu Stempelsteuereinnehmern wurden geborene Amerikaner ernannt; zugleich war bestimmt, daß der Ertrag der Steuer nicht nach England kommen, sondern in den Kolonien verwendet werden solle. Auch eine ganze Reihe von Flugschriften wurde mit dem Wortlaut der neuen Ordnung der Dinge und einer Masse von Stempelpapier beigepackt, um die neuen Gesetze der guten Meinung der Amerikaner zu empfehlen.

Wenn Grenville glaubte, Amerika überrumpeln oder mit seiner Sophistik bekehren zu können, so täuschte er sich gründlich. Der erste Sturm gegen das Stempelgesetz erhob sich in Virginia, wo eben die Abgeordneten versammelt waren und unter dem Vorantritt von Patrick Henry einen Protest aufsetzten. Nach allen Richtungen wurde die kleine Schrift versandt; überall fand sie Beifall, und die Kaufleute beschlossen, vom 1. November ab keine Waren mehr aus England zu beziehen. In Boston schlug James Otis ein enges Zusammenschließen aller Kolonien vor, um auf einem Kongreß in New York der gemeinsamen Gefahr mit vereinten Kräften gegenüberzutreten. Im übrigen aber schritt man hier zur Selbsthilfe. Der für die Stempelsteuer ernannte Beamte wurde gezwungen, sein Amt aufzugeben und zu schwören, es nie wieder anzunehmen. Der Gouverneur Bernard verkroch sich und das Haus des Vizegouverneurs Hutchinson wurde mit dem Stempelbureau dem Boden gleichgemacht.

Es war ein wunderlicher Anblick: so getrennt unter sich die Kolonien bis daher gewesen, in der Abwehr der angedrohten Steuer zeigten sie sich durchaus einig. Als zum 1. November, dem Anfangstermin der Stempelsteuererhebung, die Glocken wie bei einem Leichenbegängnis geläutet wurden, war unter Nachahmung des Beispiels von Boston in sämtlichen Kolonien kein einziger Stempelbeamter mehr vorhanden.

Tage der Aufregungen und Gefahren bringen die Menschen einander menschlich nahe, verbinden sie zu Freundesvereinen menschenfreundlichen Helfens, wecken Tugendübungen, welche ungestörtes Glück nicht kennt. So geschah es auch jetzt in den amerikanischen Städten. Junge, tatkräftige, tollkühne Burschen aus dem Stand der Handwerker und Kaufherren, der Ackerbauer und Arbeiter von New York und aus den Neuenglandkolonien griffen begierig den Ausdruck in der Parlamentsrede von Isaak Barré: „Söhne der Freiheit" auf. So nannten sie denn auch den engen Bund, in welchen sie sich zusammenschlossen. Die „Söhne der Freiheit", die Vorläufer des „Tugendbundes", faßten ihre Pflichten so zusammen: „Wir versprechen uns gegenseitig, ein wachsames Auge über alle diejenigen zu haben, welche Stempelpapier einführen. Wir verbinden uns ferner, die Freiheit der Presse in allen Kolonien zu verteidigen. Endlich verpflichten wir uns, alle Kräfte aufzubieten, um diesem unserem Verein in allen Kolonien Eingang zu verschaffen, damit sie in gleichem Sinn und mit gleicher Kraft voranschreiten mögen." In anderen Vereinen hielt man sich gegenseitig zu der Pflicht an, keine englischen Fabrikate zu kaufen, nichts zu erneuern und das Tragen von alten Kleidern als feinste Mode zu betrachten. Es wurde Brauch, Freiheitsbäume zu errichten. Freiheitslieder, von diesem und jenem in der Eile gedichtet, erfreuten sich rauschenden Beifalls.

Doch das alles, an sich wichtig genug, erscheint nur nebensächlich gegenüber dem Hauptresultat dieser aufgeregten Tage, gegenüber dem ersten Kongreß der dreizehn Kolonien. Das Zirkularschreiben, das von Boston ausgegangen, lud der Reihe nach alle Kolonien zu gemeinsamen Verhandlungen ein. Am 7. Oktober 1765 erschienen die Bevollmächtigten von neun Kolonien in New York; die übrigen vier traten erst später bei.

Zunächst kam man überein, von den Freibriefen nicht weiter zu reden, damit sie nicht etwa zur Falle werden, vielmehr auf die breite Basis jener natürlichen Rechte sich zu stellen, welche die Kolonisten als Menschen und als Nachkommen von englischen Bürgern besitzen. „Es darf auf dem Kontinente keinen Neuengländer, keinen New Yorker geben, sondern nur Amerikaner." So vollzog sich erstmals die Union. — Unter „Kontinent" wollte man das gemeinschaftliche Gebiet aller dreizehn Kolonien in seiner Zusammenfassung verstanden wissen; es ist somit „Kontinent" als Notausdruck für „Union" zu betrachten, ein Wort, das, wie es scheint, erst später gefunden worden ist. —

Als in den Märztagen des Jahres 1848 sich das deutsche Volk mit jugendfrischer Kraft, mit allem Enthusiasmus, mit aller Unerfahrenheit des bisher Bevormundeten ins Getümmel gestürzt hatte; als die Gefahr immer näher rückte, daß die Berauschten und Verzückten politischer Verwilderung anheimfallen und willenlose Werkzeuge für gewissenlose Demagogen abgeben — da übernahm auch eine Versammlung von opferwilligen Männern, 51 an der Zahl, die Aufgabe, dem Vergeuden und Verflüchtigen der Wärme vorzubeugen, das deutsche Volk zusammenzufassen, es auf seine Pflichten hinzuweisen. Am 5. März 1848 trafen sich diese Abgeordneten des deutschen Volkes in Heidelberg und schufen in wenigen Tagen eine provisorische Behörde, der die Berufung eines deutschen Parlamentes, die

Schaffung einer Zentralgewalt für die gesamte deutsche Nation oblag. Von diesem Anstoß ist denn auch die Einigung der deutschen Nation ausgegangen.

Die Amerikaner hatten auch schon früher gemeinschaftliche Beratungen gepflogen, zu Albany und anderen Orten, aber dieser erste Kongreß in New York vom Jahr 1765 ist das Vorbild und der Vorläufer geworden von dem zweiten Kongreß, der die Unabhängigkeit ausgesprochen hat.

Es war etwas gewagt, gerade in New York diesen Kongreß abzuhalten, im Hauptquartier des Generals Gage. Dieser berichtet denn auch seine Eindrücke: „Die Männer, aus welchen dieser Kongreß zusammengesetzt ist, sind dem Charakter und den Meinungen nach verschieden. Im allgemeinen aber sind sie stark vom Geist der Demokratie beseelt und verteidigen die Unabhängigkeit der Provinzen, weil sie meinen, dieselben seien der legislativen Gewalt von Großbritannien nicht unterworfen. Die Frage dreht sich weniger um die Angemessenheit des Stempelsteuergesetzes, als darum, daß man sagt, das Prinzip sei unkonstitutionell und den Rechten der Kolonien widerstreitend."

Zunächst bestand in dem Kongreß die Absicht, die Beschränkungen des amerikanischen Handels als schwere Übelstände in eine Petition an den König aufzunehmen; schließlich aber beschränkten sich die Abgeordneten auf eine Adresse an den König, welche sich gegen die Admiralitätsgerichte bei Zollvergehen aussprach und das Recht der Kolonien hervorhob, sich durch ihre eigenen Legislaturen zu besteuern. In einer besonderen Adresse an das Unterhaus baten sie, von der Last der Stempelsteuer befreit zu werden. Denn, wenn man auch alle „gebührende Unterordnung unter das Parlament von Großbritannien" anerkennen müsse, so sei doch der Vernunft und gesunden Politik gemäß ein großer Unterschied zwischen Gesetzen zur Regulierung des Handels und solchen Gesetzen, die ohne weiteres eine Steuer in barem Gelde auflegen, wie diese Stempelsteuer.

Am 25. Oktober 1765 gingen die Abgeordneten dieses Kongresses, der zum erstenmal und vorbildlich den Bund gegen das Mutterland geschlossen, auseinander. Als der 1. November kam, war, wie gesagt, kein Stempelbeamter mehr da, der hätte verkaufen können; aber auch kein Kauflustiger stellte sich ein. So kam das Neujahr 1766 heran. „Wenn die Großen sich vorgenommen haben, das Steuergesetz durchzusetzen," sagte John Adams am Neujahrstage, „so werden sie einen hartnäckigeren Krieg finden, als die Eroberung von Kanada und Louisiana."

Die „Söhne der Freiheit" blieben unermüdlich an ihrem Geschäft der Agitation; neue Freiheitslieder bekam man zu hören und den neuen Kriegsruf: „Freiheit und Gleichheit!" — Trotzdem schrieb der Gouverneur Bernard nach London: „Die Amerikaner sprechen sehr stolz von ihrer Macht, Großbritannien widerstehen zu können, aber das ist nichts als Gerede. Sie sprechen ganz ungeniert davon, sich gegen England zu empören, und erklären, wenn auch die britische Streitmacht sich in den Besitz der Küste und Seestädte gesetzt hätte, so würde sie doch niemals das Binnenland bezwingen. Aber nichts ist unhaltbarer; Boston und New York würden beide einer königlichen Flotte gegenüber wehrlos sein und sobald sie einmal im Besitz eines königlichen Heeres sind, kann kein anderer Platz an ferneren Widerstand denken. Eine Unterwerfung durch Gewalt ist unvermeidlich, es möge kosten was es wolle. Die Heeresmacht muß, wenn sie kommt, möglichst imponierend sein; wenn man dem Volk einmal zeigen will, daß es einen Oberherren hat, so muß man es ihm auch ordentlich zeigen. Ich hoffe, daß New York sowohl wegen seiner Größe, als weil es sich mit seinem Widerstand am breitesten macht und weil es das Hauptquartier ist, die Ehre haben wird, zuerst gedemütigt zu werden."

So lauteten die an die Regierung in London abgehenden Berichte, welche in dem König, in den leitenden Männern, insbesondere auch in dem Grafen Bute, den Wahn nährten, daß es nur einer entschiedenen, aber nicht übergroßen Anstrengung des bewährten englischen Heeres bedürfe, um die Amerikaner auf die Knie niederzuzwingen. Das Ministerium mochte wechseln, wie es wollte, der Einfluß von Bute auf den König blieb der gleiche.

Indessen hatte man in den Kolonien erfahren, daß man in London nicht abgeneigt sei, das Stempelsteuergesetz zu widerrufen und die Ruhe in die Kolonien zurückzuführen. In der

Tat wurde zu Anfang Mai 1766 die Zurücknahme des so lebhaft angefeindeten Gesetzes in den Kolonien bekannt und von diesen mit rückhaltsloser Freude gefeiert. Dabei gedachte man Benjamin Franklins und William Pitts als der beiden Freunde und Verteidiger ganz besonders. Nur eines übersahen in ihrer Freude die Kolonien: die englische Regierung hatte freilich im März 1766 das Stempelsteuergesetz zurückgenommen, aber unbedingt hielt sie an ihrem Rechte fest, durch das Parlament Gesetze für die Kolonien zu erlassen und den Handel durch Zölle zu regeln.

Schon der Sommer 1765 hatte ein Whigministerium ans Ruder gebracht mit Lord Rockingham an der Spitze, einem reichen, vornehmen jungen Mann von den besten Absichten, ohne eigenes Urteil, ohne Erfahrung; er nahm den Liberalen Edmund Burke zu seinem Sekretär. Vor dem Parlament wurden deshalb jetzt auch Sachverständige vernommen, darunter Benjamin Franklin. In der ersten Hälfte des Februar 1766 stand der große Diplomat, Volksmann und Philosoph vor dem englischen Parlament, um für sein Vaterland zu reden. Seine Ausführungen sind ein vollendetes Meisterwerk in der Kunst, die eigene, durchaus nicht über jeden Zweifel erhabene Sache bei dem Gegner als die allein berechtigte hinzustellen, auf schwache Punkte ausweichend zu antworten, die englische Regierung aber dem englischen Volk gegenüber der ungerechtesten und verderblichsten Eingriffe in die Rechte der Kolonien zu beschuldigen und die öffentliche Meinung schließlich für sich zu gewinnen. Zugleich wußte Franklin durch seine zur Schau getragene Milde, Sanftmut und Geduld, durch seinen steten Hinweis auf Recht, Gesetz und Freiheit in ganz Europa Stimmung für sich und seine Landsleute zu machen. Langsam vollzog sich bei ihm der Übergang vom loyalen englischen Untertanen zum erklärten Feind der Regierung und überzeugten Republikaner.

William Pitt aber sprach am Schluß seiner zwei gewaltigen Reden, die er zu Gunsten der Kolonien hielt: „Meine Meinung ist, die Stempelakte muß widerrufen werden, unbedingt, vollständig, ohne Aufschub; als Grund des Widerrufs ist anzugeben, daß sie auf einem Rechtsirrtum beruht habe. Zu gleicher Zeit aber lasse man die souveräne Oberhoheit Englands über die Kolonien in den schärfsten Worten aussprechen und ihre Ausdehnung auf jeden Punkt der Gesetzgebung geltend machen, daß wir das Recht haben, ihren Handel zu binden, ihre Manufakturen einzuschränken und jederlei Gewalt zu üben, ausgenommen die, ihnen ihr Geld ohne ihre Zustimmung aus der Tasche zu nehmen." So kam das kaum beschlossene Gesetz zu Fall.

Es gibt eine Regel für solche, welche junge, mutige Pferde zureiten, dahin gehend, daß dem verständigen, feinfühligen Tiere, das schon seine riesige Kraft im Rücken spürt, nicht der kleinste Fehler nachgesehen werden darf, daß jede Weigerung unnachsichtlich bestraft oder mit Geduld überwunden werden muß. Sobald die Klugheit des Tieres den Reiter über irgend einem Zugeständnis, über irgend einer nachgiebigen Schwäche ertappt, so sei alles verloren; dann müsse der Reiter für immer auf den Sieg verzichten.

Mit einer gewissen Gutmütigkeit wich England in der Frage der Stempelsteuer zurück; es lag darin das Eingeständnis seiner Ohnmacht gegen Tatsachen, die sich in der Entfernung von 3000 Meilen jenseits des Ozeans unter einem jetzt schon fast einmütig handelnden Volk abwickelten. Die Amerikaner aber sahen in dem Zurückweichen einen Lohn, den ihre gewagte Selbsthilfe und Keckheit, ihr Festhalten an Verfassungsgrundsätzen davontrugen. In den Augen der Welt und sehr zum Vorteil der Amerikaner hatte der seitherige Kampf der Kolonien ausgesehen wie der Kampf des Schwachen um sein Recht gegen bornierte Gewalttätigkeit. Pitt mußte doch selbst sagen: „Drei Millionen Menschen, so tot gegen alle Gefühle der Freiheit, daß sie sich freiwillig zu Sklaven herabwürdigen, wären brauchbare Werkzeuge gegen jede Freiheit. Die Stempelakte halte ich für das Armutszeugnis des kleinlichen Geistes von einem Minister, der sie ersonnen und eingebracht hat."

Das von den Amerikanern verteidigte Recht hatte seine Prüfung glänzend bestanden. Was weiter folgte, war gar nichts anderes als eine Kraftprobe, welche damit rechnete, daß, wer einmal zurückgewichen ist, nicht mehr recht zu einer festen und sicheren Stellung gelangen wird. Die Vorbehalte, die Pitt in Beziehung auf Oberhoheit und Souveränität machte, gehen bei dem jetzt beginnenden zweiten Stadium des Kampfes, **bei dem Kampf um die Macht**, über die Bedeutung eines den Ohren der englischen Patrioten schmeichelnden Wortgeklingels nicht hinaus.

Jetzt konnte es sich in England vernünftigerweise nur darum handeln, ohne weitere Ansprüche an die Kolonien zu machen, im Frieden mit ihnen zu leben, sie sich selbst regieren zu lassen, ihnen dabei zu billigem Preis ihre Rohprodukte abzunehmen und sie zu zwingen, ihre eigenen Bedürfnisse zu angemessenem Preise bei der Firma „England" zu kaufen. Allein es fehlte nicht an Leuten, denen es weh tat und die es wurmte, daß man sich nachgiebig, vielleicht zu schwach gegen die Kolonien erwiesen. Vor allem müsse man eben doch wieder zeigen, wer Herr in dem großen Hause des britischen Reiches sei. Solcher Ansicht war der König, dem „das unheilvolle Zugeständnis" als ein Makel auf dem Schild Englands erschien, als ein Ereignis, das „sein Bett mit Dornen bestreute". — „Diese frechen Rebellen!" hörte man aus dem Lager der Grenville rufen, während man von Amerika erfuhr, daß sie sich dort in einem großen Bund verpflichten wollen, nichts zu essen, nichts zu trinken und nichts zu tragen, was von Großbritanien eingeführt werde. Und dagegen flüsterten die Höflinge in ihrem junkerlichen Übermut dem König ins Ohr: aus solchem Wirrwarr können nur Soldaten retten; er solle Kriegsschiffe und ein paar Regimenter nach Amerika schicken und die Unzufriedenen zu Paaren treiben lassen; Rebellen seien sie und Feiglinge, nicht mächtiger als Genua oder San Marino.

Auf nicht länger als ein Jahr hatte das Whigkabinett Rockingham sein Leben gebracht, als der König ein **neues Ministerium** berief, das ganz nach seinem Herzen keine einzelne Partei repräsentierte, sondern Abschnipfel aus allen Parteien enthielt.

„Das war eine gar bunt gesprenkelte Gesellschaft," erzählt Edmund Burke, „ein Kabinett von so verschiedenem Gefüge, ein Stück so farbenreicher Mosaik, ein gewürfelter Fußboden ohne allen Kitt. Hier ein weißer, dort ein schwarzer Stein;

Patrioten, Höflinge, verräterische Freunde und offene Feinde; Republikaner und Königstreue, Whig und Tory; zum bloßen Ansehen ein Prachtstück, aber gefährlich, daran zu rühren und noch gefährlicher, sich darauf zu stellen." — Keinem seiner Bürger verdankte England einen so gewaltigen Zuwachs an materieller Macht und geistiger Erfrischung als seinem großen Staatsmann William Pitt, der jetzt als Lord Chatham seinen gewohnten Schauplatz verließ und das Unterhaus mit dem „Hospital der Unheilbaren", wie man das Oberhaus zu nennen pflegte, vertauschte. Den wichtigsten aller Siege glaubte Georg III. erfochten zu haben, als es ihm gelang, den großen Commoner, der es gewagt hatte, zu sagen: „ich freue mich, daß Nordamerika widersteht", diesen Freund der Rebellen von seiner gewohnten Arena im Unterhaus zu verbannen und seines Zaubers bei den Massen zu entkleiden. Der Mann, der einen Titel angenommen hatte, konnte natürlich nicht mehr als der alte Pitt erscheinen. Und dieser unschädlich Gemachte sollte nun seinen Namen dem neuen buntscheckigen Kabinett leihen. Im Kabinett selbst aber hatte Pitt nur ein Scheinamt und mußte die anderen für sich regieren lassen.

Wer der Keckste und Frivolste war, mußte obenaufkommen. Alle möglichen Richtungen waren ja im Kabinett vertreten, was fehlte, war einzig Weisheit, Selbstbeschränkung und Takt. Und das zu einer Zeit, da die Vorsehung dem Lande Amerika eine Reihe unvergleichlicher Männer zur Verfügung stellte. In ihnen waren Wagemut und fortreißendes Feuer nicht unvertreten, aber diese Eigenschaften erscheinen gedämpft durch nüchternes, kaltes Rechnen, durch Vorsicht und Mäßigung. Es trifft sich ja in der Geschichte der Menschheit außerordentlich selten, daß bei dem Entwicklungsgang eines Volkes der richtigen Zeit auch die richtigen Männer entsprechen. Wie lange hat Deutschland warten müssen, bis mit der richtigen Stunde auch der richtige Mann zusammentraf! Und als das im Frühling und Sommer 1870 eingetroffen war, da ergab es sich als ein Glück für Deutschland, daß zur selben Zeit Frankreich von seinem guten Geist verlassen schien und vergeblich auf die richtigen Männer wartete, die entweder gar nicht oder zu spät sich einstellten. Und in unseren Tagen ist das vom besten Geist beseelte Kolonistenvolk der Buren untergegangen, weil, trotz einzelner hervorragender Persönlichkeiten, doch die richtigen Männer fehlten, die Träger eines freien, hohen Geistes und jugendlicher Seelenerhebung. So wichtig ist der rechte Mann zur richtigen Zeit.

Nach einigen unglücklichen Versuchen zu regieren ging Pitt, der jetzt als Lord Chatham ein vornehmer, unzugänglicher Mann war, nach Bath, um seinen durch Gicht gelähmten Körper zu pflegen. Charles Townshend ersah sich den Augenblick, um die Leitung der Geschäfte an sich zu reißen mit der ausgesprochenen Absicht, in der Frage wegen Amerika einen entscheidenden Schlag zu führen. Er war ein unternehmungslustiger Mann, der alles scherzhaft behandelte, Spott mit vollen Händen ausstreute und sich nicht darum kümmerte, wer davon betroffen ward. Der Mann aber, der wirklich am Steuerruder stand, war der König selbst; denn jetzt hatte er ja erreicht, was er immer angestrebt: ein abhängiges Ministerium, das keinem Parteihäuptling untertan war.

Nur so konnte es geschehen, daß die Regierung Englands wieder auf die Besteuerung Amerikas, auf den Kampf mit den Kolonien zurückkam. Charles Townshend fand wie einst Lord Grenville die Besteurung selbstverständlich. Und was hatte denn Grenville so schlimmes gesündigt? Grenville las, was keiner seiner Vorgänger getan hatte, er las das Gesetzbuch Großbritanniens und seine Ehrlichkeit, sagte man, empörte sich gegen die stillschweigende Nachsicht, mit der England dem Übertreten der Handelsgesetze durch die Amerikaner zusah. Es gefiel seiner strengen Eitelkeit, der erste Minister zu sein, welcher darauf bestand, Gesetze aufrecht zu halten, welche durch eingerissene Gewohnheiten und Gehenlassen kraftlos geworden waren.

Unter den englischen Beamten in Amerika fehlte es nicht an Leuten, welche, von Herrschsucht und Geldgier getrieben, in zahlreichen Briefen unaufhörlich mahnten, daß eine amerikanische Armee und ein amerikanischer Tribut sich als notwendig erweisen für Durchführung der Navigationsakte, ja für das Bestehen des Reichs. Zu Anfang des Jahres 1767 nahm Townshend die Gelegenheit wahr, dem Unterhaus seine Ansichten darüber mitzuteilen. „Die Regierung," sprach er, „hat über die Art und Weise nachgedacht, durch welche dem Staate Großbritannien die Last abgenommen werden kann, die jetzt insofern auf ihm ruht, als er die ganzen Kosten für den Schutz und die Verteidigung Amerikas zu tragen hat. Ich werde dem Hause einige Vorschläge unterbreiten, geeignet, dem Volk von England seine Bürde zu erleichtern, ohne die Kolonien zu bedrücken. Ich kenne den Weg, auf welchem ohne Anstoß zu erregen, eine Abgabe in Amerika erhoben werden kann."— „Ich bin noch jetzt ein standhafter Verteidiger der Stempelakte, was das Prinzip betrifft; nur war die Zeit wegen der herrschenden Zwistigkeiten nicht geeignet zur Durchführung. Ich verlache die abgeschmackte Unterscheidung zwischen inneren und äußeren Steuern. Ich kenne keine solche. Es ist dies eine Unterscheidung ohne einen Unterschied; es ist vollkommener Unsinn. Wenn wir das Recht haben, die eine aufzulegen, so haben wir auch das Recht zum Auflegen der andern; die Unterscheidung ist nach der Ansicht aller, mit Ausnahme der Amerikaner, lächerlich." Dabei blickte Grenville nach der Stelle der Galerie, auf der in der Regel die amerikanischen Agenten saßen und fuhr fort: „Ich sage dies laut, damit Alle auf den Galerien mich hören mögen und erwarte, nachdem ich dies gesagt, nicht, daß man mir in Amerika eine Statue errichten werde." — „England ist verloren, wenn die Besteurung Amerikas aufgegeben wird."

So lautete die **Kriegserklärung Englands an Amerika** und der höhnische Beigeschmack machte die Worte noch bitterer. Es ist ein Beweis für den Mangel an Vorausblick und für die Lust, mit der sich die Regierung Englands der urteilslosesten Selbsttäuschung hingab, wenn man glaubte, England besitze Machtmittel genug, um die Ausführung seiner Gesetze zu erzwingen, oder es sei möglich, so bald es schief gehe, abermals nachzugeben und trotzdem noch seine Autorität über die Kolonien zu behaupten. Es lag vor Augen, daß der kleine Spalt, der eben noch hätte überbrückt werden können, zur trennenden Kluft sich erweitern würde, obwohl England in so manchem Vorgehen gegen Amerika, wie beim Fordern eines

Beitrags für die gemeinsame Armee, recht hatte. Doch die Amerikaner muß man als noch mehr im Recht befindlich betrachten, wenn sie die Unterdrückung der Industrie, die Monopolisierung einiger Hauptzweige des Handels — alles zu Gunsten Englands — schon an sich für eine beträchtliche Steuer ansahen, wenn sie eine mißtrauische Wachsamkeit in die Befugnisse der Besteurung durch die heimischen Legislaturen walten ließen, wenn sie fest entschlossen blieben, die Herabdrückung ihres Landes in die greulichen Mißbräuche der Patronage nach dem Beispiel Irlands nicht zu dulden.

Und von jener Kriegserklärung an ist die ganze englische Verwaltung Amerikas fast nichts anderes als eine Reihe beklagenswerter Mißgriffe. — Es war Mai 1767 geworden, als Townshend seine gegen Amerika gerichteten Gesetze durchbrachte. Sie waren von dreierlei Art. Eines der drei Gesetze suspendierte die gesetzgebenden Funktionen der Abgeordnetenversammlung von New York und versah den Gouverneur wegen des aufrührerischen Verhaltens der dortigen Bewohner mit besonderen Vollmachten. Das zweite schuf eine Behörde von Zollkommissären für die Durchführung der Handels- und Gewerbegesetze mit gesetzlicher Feststellung des Systems der Haussuchung. Durch ein drittes endlich wurde ein Hafenzoll auf Glas, Farben, Papier und Tee gelegt; bald fiel der Zoll für die meisten der genannten Artikel; nur der Teezoll (3 Pence pro Pfund) wurde beibehalten. Ein königliches Zollamt in Boston sollte die Erhebung besorgen; der Ertrag war für die Besoldung der hohen englischen Beamten in den Kolonien bestimmt und der Einzug erinnerte täglich jeden einzelnen Kolonisten an sein Untertanenverhältnis.

An große Erträgnisse durch Teesteuer war natürlich nicht zu denken; die Hauptsache blieb Niederhaltung des Handels und der Industrie bei den Kolonisten. Man hatte ja gesagt: „Handel und Fabriken sind als dem Mutterlande untergeordnet zu beschränken. Diese unsere Kinder dürfen sich nicht in Kriegszeiten zu unseren Verbündeten und in Friedenszeiten zu unseren Nebenbuhlern aufwerfen."

Hat ja doch Montesquieu kurz vor diesen Wirren gesagt:

„Der Geist der englischen Nation bringt es mit sich, daß sie weniger beschäftigt ist mit dem eigenen Glück, als mit der Eifersucht auf das Glück anderer; der Neid ist der herrschende Geist dieses Volks, wie alle seine Handels= und Schiffahrts=gesetze beweisen."

Die Gesetze waren noch nicht in Wirkung getreten, als Townshend, ihr Urheber, durch raschen Tod hingerafft wurde. Der König hegte die größte Abneigung gegen alle, die ihn hätten beherrschen können, die nur den Gedanken nährten, obenauf zu kommen. So war es ihm gar sehr darum zu tun, einen Nachfolger zu finden, der nach seinem Herzen wäre. Mit sicherem Instinkt griff er unter den Freunden den Lord North heraus. Denn das war ein Mann, jeder Reform, jeder volkstümlichen Maßregel abgeneigt; dabei freilich voll von Kenntnissen, klar in seinem Urteil, uneigennützig. Es scheint, seine Ergebenheit gegen den König ging bis zu dem Grab, daß er nicht selten sein besseres Urteil dem Willen des Königs zum Opfer brachte. Was auch aus den verschiedenen Maßregeln entstehen mochte, zu denen er während fünfzehnjähriger Leitung sein Vaterland trieb, tapfer stellte er sich vor die Person des Königs und nahm alle Vorwürfe und allen Haß des Volks in den verhängnisvollsten Zeiten auf sich.

Im Lauf der nächsten Monate verschwanden vollends alle Freunde Amerikas aus den Reihen des Kabinetts, auch Chatham. Man überbot sich im Eifer, Zwangsmaßregeln gegen die störrigen Amerikaner zu erfinden; Lord Hillsborough, ein großer Freund der Besteurung, wurde Staatssekretär für die Kolonien. Seine Ansicht ging dahin, daß in Amerika ein ganz neuer Grund zu legen sei; denn mit seinen Freibriefen habe Karl II. mehr verschenkt, als er das Recht hatte zu vergeben. Schon im Frühling 1768 hörte man die Höflinge rufen: „Man schicke eine Armee und Flotte hinüber, um die Hunde zur Raison zu bringen!" Und das fand Anklang bei der in England mächtigsten Klasse, bei der Handelswelt, wo man schon fürchtete, das Schaf, das man auf so manigfaltige Weise zu scheren verstand, möchte mit der Zeit widerspenstig werden und entschlüpfen. —

Während man in England die Besteurung der Kolonien

als etwas zu Recht Bestehendes anzusehen begann, zog man in Amerika einen Vergleich zwischen der willkürlich auferlegten Steuer und den Beschränkungen des Handels und der Industrie. Dabei fand man, daß diese Beschränkungen mit der bürgerlichen Freiheit noch viel unvereinbarer seien als die Steuer. So begann der Widerstand gleichmäßig gegen Steuer und gegen jede dem Merkantilsystem entwachsende Einschränkung. Seither hatte ein außerordentlich kühn betriebener Schmuggel die Handelsverbote erträglich gemacht. Jetzt aber bekam die Sache durch das königliche Zollamt in Boston, das die Streitmacht des Generals Gage in New York hinter sich hatte, ein viel bedrohlicheres Gesicht. Also so sollte die Sache werden: eine unternehmungslustige Seefahrernation unruhigsten Charakters mußte stille sitzen und sich aus dem englischen Kaufladen alles Notwendige zuführen lassen, konnte zur Not auch — aber beileibe nur nach England — unter Beobachtung der englischen Schiffahrtsgesetze eigene Rohprodukte exportieren. Am 20. November 1767 waren die neuen Abgaben fällig, aus deren Ertrag die hohen Beamten bezahlt und dadurch vom amerikanischen Volk unabhängig gemacht werden sollten. Das war ein Gedanke, der die Patrioten fast zum Wahnsinn trieb. Aber freilich, wenn es den „Söhnen der Freiheit" gelang, eine allgemeine Vereinigung zu stande zu bringen, keine Waren mehr aus England zu beziehen, dann konnten auch keine Zölle fällig sein.

Ein Zusammenbleiben mit England ohne Steuern und ohne Zölle, wie es bis 1763 bestanden hatte, das war ja immer noch kein ideales Verhältnis, denn mit den Beschränkungen des Handels und der Industrie zahlte Amerika ohnehin große Beträge an die englische Handelswelt; aber für ein derartiges Zusammenbleiben sprachen sich dennoch auch jetzt die meisten Patrioten Amerikas aus und dahingehende Adressen und Bittschriften, alle von Samuel Adams verfaßt, gingen an den König und an die englischen Wortführer ab. Zu gleicher Zeit erließ eine allgemeine Versammlung, die zu Anfang 1768 in Boston zusammentrat, ein Rundschreiben an sämtliche Kolonien, um sie zu vereinigter Selbsthilfe und zu offenem Widerstand aufzurufen. Es war schon schlimm genug, als man, von 1764 ab, in allen Kreisen anfing, die Gesetze zu studieren; jetzt nach vier Jahren war man rasch weiter gekommen; denn in aufgeregten Zeiten lebt es sich schnell. Man begann die Männer zu zählen, die im Notfall zum Schwert greifen konnten; auf 10000 Mann rechnete der Oberst Putnam allein vom östlichen Connecticut, auf 30000 in der weiteren Umgebung von Boston, auf 200000 in den gesamten Kolonien.

In alle Landesteile flog von Pennsylvania aus die Flugschrift: „Briefe eines Farmers" von dem Rechtsanwalt John Dickinson, welche darlegten: Zölle und Steuern seien durchaus das Nämliche und gleicherweise zu verurteilen. Wenn England gestattet werde, „zum Zweck der Erzielung eines Einkommens" Zölle zu erheben, dann brauche es solche nur auf die Gegenstände zu legen, deren Herstellung im Lande es verbiete, um „in der Tragödie der amerikanischen Freiheit" den Schlußakt herbeizuführen. Die zwölf Briefe machten ungeheures Aufsehen und sind auf Franklins Veranlassung in London nachgedruckt und in England verbreitet worden. In dem kurzen Vorwort dazu sagt Franklin: die hier ausgesprochenen Ansichten seien die in Amerika herrschenden. Darum wäre es gut, wenn in England auf derlei Worte gemerkt würde, bevor man sich zum Losschlagen entschließe. Auf etwas derartiges sei freilich wenig Hoffnung. Hören die Engländer von der Unzufriedenheit in Amerika, so seien sie sofort in Wut versetzt und schreien: Wir müssen eine Flotte und Truppen hinüberschicken, um sie zu Verstand zu bringen. — „Freie Staaten," sagt der rechtsgelehrte Verfasser in einem der Briefe, „müssen unausgesetzt mit eifersüchtiger Wachsamkeit auf ihre Freiheit sehen; denn die Gewalthaber sind immer bemüht, ihre Willkür an Stelle der gesetzlichen Freiheit zu setzen."

Am 4. Februar 1768 war es, daß sich die Abgeordneten von Massachusetts in Boston zusammenfanden und ein Rundschreiben an die übrigen Kolonien richteten, um den allgemeinen Widerstand zu organisieren. An demselben Tage traten die königlichen Zollkommissare in Boston zusammen und sandten an das Ministerium in London eine Eingabe, die schwarz genug malte und die Amerikaner als in vollem Aufruhr befindlich, das Leben der Beamten als bedroht darstellte. Die Kommissare klagten über die amerikanische Presse, namentlich über die anscheinende Mäßigung, die Gelehrttuerei und über die unheilvollen Absichten der sogenannten „Bauernbriefe"; über die Bürgerversammlungen in Neuengland, wo „die gemeinsten Handwerker sich über die wichtigsten Punkte des Regierungswesens mit der größten Freiheit aussprechen"; über die Widerspenstigkeit in Rhode Island; über Massachusetts, weil es alle Provinzen aufgefordert, den ferneren Verbrauch britischer Fabrikate einzustellen. „Wir werden es sicherlich untunlich finden, die Ausführung der Zollverordnungen durchzusetzen, solange nicht die Regierungsgewalt auf geeignete Weise verstärkt ist. Gegenwärtig haben wir kein Kriegsschiff und keine Kompanie Soldaten in größerer Nähe als New York." Weitere Briefe mit weiteren Notschreien folgten; sie waren teils nach London gerichtet, teils nach Halifax an den Marinekommandanten. Auch der Gouverneur Bernard konnte kaum den Zeitpunkt erwarten, wo der feste Schritt englischer Bataillone durch die Straßen Bostons hallen würde; nur bat der Vorsichtige den Staatssekretär noch inständig, seine Berichte und Gesuche ja geheim zu halten.

Eine Zeitlang hatte es den Anschein gehabt, als werde der Versuch einer Übereinkunft, nichts mehr aus England zu importieren, gründlich mißlingen, als sei die allgemeine Stimmung einem Bruch abgeneigt und unvorbereitet auf eine Erhebung. Jäh aber schlug das Wetter um, als sich die Kunde zu verbreiten anfing, die Regierung fasse militärische Zwangsmaßregeln ins Auge. Was denn zu befürchten sei? fragte man. Könne die englische Armee einen Kolonisten zwingen, sich einen neuen Rock zu kaufen, anstatt einen alten zu tragen? oder Tee zu trinken? Oder etwas zu kaufen, was er entbehren wollte?

Fragen und Antworten, Berichte, Gesuche und Regierungsentscheide schlichen damals gar langsam über das Weltmeer. Raschestens konnte nach zwei Monaten aus London ein Bescheid da sein. So wurde es Sommer 1768, bis von der Regierung eine Depesche in Boston einlief, welche von der Legislatur die Zurücknahme der Beschlüsse vom Februar verlangte. Die Abgeordneten traten denn auch zusammen, um zunächst eine feurige Rede von James Otis anzuhören: „Der König ernennt lauter Knaben zu seinen Ministern. Diese Menschen haben weiter keine Bildung, als daß sie eine Reise durch Frankreich gemacht haben, von wo sie, erfüllt von den sklavischen Grundsätzen dieses Landes, zurückkehren. Sie verstehen nichts von den Geschäften, wenn sie ihre Ämter antreten und bleiben nicht lange genug darin, um jene Kenntnis sich anzueignen, so daß alle Geschäfte in Wirklichkeit von den Subalternen verrichtet werden. — Wenn der Staatssekretär für die Kolonien, Lord Hillsborough, weiß, daß wir unsere Beschlüsse nicht zurücknehmen, so mag er sich an das Parlament wenden und dieses auffordern, die seinigen zurückzunehmen. Die Engländer mögen ihre Beschlüsse zurückziehen, sonst sind sie auf immer verloren."

Im Abgeordnetenhaus fanden sich 22 Mitglieder, die geneigt waren, auf die Forderungen der englischen Regierung einzugehen; 92 aber stimmten für Aufrechterhaltung der Beschlüsse und Zurückweisung des Regierungsverlangens. So geschah es denn auch und alle anderen Kolonien erklärten sich mit diesem Beschlusse einverstanden. Die Volksvertretung von Massachusetts aber wurde aufgelöst und nach Hause geschickt.

Amerika war also noch in diesem Sommer, während dessen der Oberst de Kalb (S. 183) durch die Kolonien reiste, in passivem Widerstand begriffen, im Petitionieren an den König, in den Versuchen zu Vereinigungen, sich der englischen Waren zu enthalten.

Vielleicht dasselbe Schiff aber, das den Befehl zum Widerruf von London nach Boston gebracht hatte, trug eine Depesche an den General Gage in New York, er möge ein Regiment als Garnison nach Boston verlegen; ein paar Kriegsschiffe werden dazukommen. Die kopflose Angst der Zollbeamten in Boston hatte diesen unheilvollen Beschluß veranlaßt. Aus Halifax kam denn auch in aller Bälde eine Fregatte von 50 Kanonen in den Bostoner Hafen; der Übermut der Offiziere und Zollbeamten kannte keine Grenzen.

Indessen versammelten sich die besten Männer Bostons,

einen Sicherheitsausschuß zu bilden, dem es oblag, eine allgemeine Landesversammlung, einen Konvent, zu berufen, um „guten und heilsamen Rat" zu geben, alle „übereilten und unzusammenhängenden Maßregeln" zu verhindern. Ferner wurde bekannt gemacht, daß die Einwohner sich mit Feuerwaffen und Munition versehen.

Wie gesagt, bis daher hatte man nur passiven, wenn auch energischen Widerstand zu verzeichnen. Der 22. September 1768 aber sah die erste revolutionäre Maßregel. Es versammelte sich in Boston der Konvent aus 96 Städten und 8 Distrikten, demnach ziemlich von ganz Massachusetts, um zu zeigen, daß eine gesetzliche Regierung und ein Ausdruck der öffentlichen Meinung immer wieder vom Volk begründet werden könne, auch den Willküakten der Regierung gegenüber. Der Konvent blieb sechs Tage und verlachte den Befehl des Gouverneurs, auseinanderzugehen. Dem Protest gegen Besteuerung wurde ein solcher gegen ein stehendes Heer beigefügt.

Kaum war der Konvent geschlossen, als am 28. September ein starkes Geschwader von Halifax in den Bostoner Hafen einlief. Acht Kriegsschiffe mit geladenen Geschützen legten sich am 1. Oktober der Stadt gegenüber und jetzt stiegen das 14. und 29. Regiment, Teile des 59. und ein Artilleriedetachement ans Land. Jeder Soldat hatte 16 scharfe Patronen erhalten, und nun marschierten die Truppen mit fliegenden Fahnen und klingendem Spiel durch die Straßen der Stadt Boston und stellten sich auf dem Anger in Parade auf. Alles blieb ruhig, nicht der mindeste Widerstand zeigte sich, kaum beachtet wurde das ungewohnte Schauspiel. Aber ein Gefühl regte sich doch mächtig unter den Einwohnern der Stadt und Provinz: Diese Engländer, die da einherstolzieren, erscheinen als Fremde, als Eindringlinge, die gekommen sind, ein ruhiges, freies Land zu erobern und zu unterjochen. Längst hatte sich die Empfindung nicht mehr zurückdrängen lassen, daß Engländer und Amerikaner mehr und mehr sich fremd werden. Jetzt sahen sich die „Söhne der Freiheit" überwacht, bevormundet, niedergedrückt und die Entfremdung steigerte sich zu erbitterter Feindschaft.

Die Truppen wurden unter Wahrung der Bestimmungen des Einquartierungsgesetzes in den Kasernen des Forts und in gemieteten Häusern untergebracht. Ihr Kommandeur war Oberst Dalrymple.

Die Garnison in Boston befand sich auf einem recht heiklen Boden und keineswegs in beneidenswerter Lage. Eine vom Volk gesonderte, aus der Hefe der Bevölkerung im Mutterland und in Irland geworbene Söldnerschar mußte ja als stete Bedrohung der bürgerlichen Freiheit betrachtet werden; sie erschien recht als Verstärkung der Polizeigewalt, der Spione und brutalen Straßenhelden. Nicht, wie wenn alle diese englischen, fremden Soldaten so blutdürstig und martialisch gesinnt gewesen wären. Nein, vielen behagte es in diesem Land und sie desertierten in Masse, sich darauf verlassend, daß sie niemals verraten werden.

Das ganze Soldatentum aber, das Schildwachestehen und Patrouillieren, die geschäftige Müßiggängerei, die Kanonen vor dem Rathaus, das ewige Trommeln und Pfeifen durch die Straßen, — alles das war dem tätigen und frommen Volke in Boston gründlich verhaßt. Was sollte es denn heißen, ein paar Regimenter Soldaten als müßige Zuschauer zu dem Tageswerk der Bürger hinzustellen? Für die Soldaten selbst war die Untätigkeit außerordentlich demütigend und demoralisierend. Soldaten und Offiziere sprachen von dem Volk in erbittertem Tone als von Rebellen. Überhaupt wurde von jetzt ab die Bezeichnung „Rebell" für die Kolonisten im englischen Lager gang und gäbe.

Der Kommandant, Oberst Dalrymple, sah sich fortwährend in unangenehme Zwistigkeiten verwickelt und sehnte sich, die Stadt zu verlassen. Den übrigen Offizieren ging es nicht besser. Da das Martialgesetz nicht proklamiert war, so blieben die ordentlichen Gerichte in voller Tätigkeit. Durch die Festigkeit aber, mit welcher die Lokalbehörden die Soldaten für jede Übertretung zur Verantwortung zogen, wurden „die Leute förmlich zur Verzweiflung getrieben." Ein Hauptmann vom 29. Regiment rief seinen Mannschaften zu: „Wenn sie euch anrühren, so stecht sie über den Haufen!" Sofort sah er sich wegen Auf=

forderung zum Mord unter Anklage gestellt. Freilich kamen auch häufig Fälle vor, wo die Soldaten der Jurisdiktion der Friedensrichter entzogen wurden. „Diese Truppen," sagte Samuel Adams, „die jetzt auf den Straßen von Boston umherstolzieren, werden sogar für Frauen und Kinder ein Gegenstand der Verachtung." Auf die Peitsche anspielend, der die Soldaten unterworfen waren, rief man ihnen nach: „blutige Bückel; Seekrebse!" — „Verdammte Rebellen! Verfluchte Yankees!" gaben die Soldaten zurück und in ihrem Munde galt das letztere Wort als Schimpf. Wenn die Matrosen und Arbeiter Spione oder Agenten der englischen Regierung entdeckten, pflegten sie dieselben nach indianischer Sitte nackt auszuziehen, mit Teer zu bestreichen, in Federhaufen zu wälzen und so durch die Straßen zu jagen.

Die Stadt Boston wußte, woran sie war; sie sollte gezüchtigt werden. In seiner Thronrede vom 8. November 1768 sprach der König von „dem rebellischen Geist", der wieder in einigen Kolonien ausgebrochen sei. „Boston scheint sich in einem Zustand des Ungehorsams gegen alles Gesetz und gegen alle Regierung zu befinden und hat Schritte getan, welche auf Umsturz der Konstitution hinzielen und von Umständen begleitet sind, welche die Neigung bekunden, die Abhängigkeit von Großbritannien abzuschütteln. Mit Ihrer Beistimmung und Unterstützung werde ich im stande sein, die unheilvollen Anschläge dieser Aufrührer und Unruhestifter zu vereiteln." In der Stadt Boston aber beklagte man sich, daß die Truppen eine verderbliche Einwirkung auf den öffentlichen Sittenzustand äußern und im Neujahrsgebet flehte man zum Himmel um Erlösung von ihrer Gegenwart. Eine Wiederaussöhnung mit Massachusetts zum mindesten begann man in England für aussichtslos zu halten. Man raunte sich zu, daß bald noch weitere Regimenter ans Land steigen werden, daß man gut daran tue, die Häupter der Bewegung zur Aburteilung nach England zu schicken.

Indessen Massachusetts den Beginn seiner Maßregelung mannhaft ertrug, billigte selbst die entfernteste Kolonie, Georgia, das Verhalten und den steten Briefwechsel zwischen Virginia, New York und Massachusetts und trat, was auch Südkarolina,

New Jersey längst getan, dem Einverständnis bei. Die Bewegung breitete sich immer mehr aus. In Mount Vernon ermahnte Georg Washington seine Umgebung zur Mäßigung, während er sie zugleich aufmunterte und ermutigte. „Unsere hochadeligen Herren in Großbritannien," sprach er, „werden sich mit nichts Geringerem begnügen, als mit dem Raub der amerikanischen Freiheit. Es muß etwas geschehen, um die Freiheit aufrecht zu erhalten, welche wir von unseren Vätern ererbt haben. Niemand darf einen Augenblick zögern, zu den Waffen zu greifen, wenn es gilt, ein so schätzbares Gut zu verteidigen. Und dennoch müssen die Waffen erst das letzte Mittel sein. Wir haben bereits erfahren, daß Adressen an den Thron und Vorstellungen bei dem Parlament nichts fruchten. Inwieweit ihre Aufmerksamkeit auf unsere Rechte und Privilegien dadurch, daß wir ihren Handel und ihre Fabriken aushungern, erweckt und erschreckt werden kann, muß erst noch die Erfahrung lehren."

In den Tagen des Mai 1769 war das **Abgeordnetenhaus von Virginia** in Williamsburgh versammelt; Georg Washington, Patrick Henry, Thomas Jefferson befanden sich dabei. Mit riesigem Gepränge, in einer von sechs Schimmeln gezogenen Kutsche kam der Gouverneur angefahren. Er schien ein Herz und eine Seele mit den Abgeordneten des Volks von Virginia zu sein. Aber diese blieben ihrer Pflicht eingedenk, setzten den Beschlüssen des englischen Parlaments eine scharfe Verneinung entgegen und beanspruchten für sich das alleinige Recht, in Virginia irgend jemand Steuern aufzulegen. Mit gleicher Einmütigkeit verteidigte die Versammlung das Recht, eine Vereinigung der Kolonien zum Schutz der verletzten Freiheiten Amerikas herbeizuführen. Alle diese Beschlüsse sollten den Abgeordnetenhäusern der übrigen zwölf Kolonien mitgeteilt und sie zur Mitwirkung eingeladen werden. Keine schloß sich aus; auch die bisher auf dem am meisten gemäßigten Standpunkt geblieben waren, Pennsylvania und Delaware, kamen herbei.

In **Massachusetts** mußte im Sommer 1769 die Wahl zu einem **neuen Abgeordnetenhaus** vor sich gehen; beinahe alle diejenigen wurden wiedergewählt, die sich als „Söhne der Freiheit" bekannt hatten; scharfen, umsichtigen Blick und ein unerschrockenes Herz brachten sie zu ihren Sitzungen mit. Zunächst wurden die Beschwerden aufgezählt und erklärt, daß die Verlegung einer stehenden Armee in Friedenszeiten ohne Zustimmung der Volksvertretung einen Eingriff bedeute in die natürlichen und verbrieften Rechte des Volks. Im übrigen schloß sich das Haus an die Beschlüsse von Virginia an. Gouverneur Bernard verlangte Bewilligungen für die Truppen. — „Eure Exzellenz," lautete die Antwort, „muß uns entschuldigen, wenn wir hiermit ausdrücklich erklären, daß wir, unserer Ehre, unserem Interesse und der Pflicht gegen unsere Wähler treubleibend, Bewilligungen zu den in Ihren Botschaften erwähnten Zwecken niemals machen können und niemals machen werden."

Nachdem er diese Antwort erhalten, trat Bernard von seinem Posten ab und übertrug das Gouvernement auf Hutchinson, der ein habsüchtiger und gemeiner Verräter war, wie er selbst. Die Gärung in sämtlichen Kolonien hatte immer mehr zugenommen. Eine „Ansprache an die Welt" ging im Oktober 1769 von Boston aus: Wenn die alte und glückliche Einigkeit mit Großbritannien wiederhergestellt werden könnte, würde es sehr erfreulich sein. Um Zölle aber handle es sich nicht mehr. „Die Unzufriedenheit, die in dem ganzen Kontinent herrscht, beruht auf weit höheren Grundsätzen. Unsere Rechte werden durch die Steuergesetze beeinträchtigt und solange dieselben nicht insgesamt zurückgenommen und die Truppen abberufen sind, kann auch die Ursache unserer gerechten Beschwerden nicht entfernt werden."

Es handelte sich also gar nicht mehr um die alte Rechtsfrage, sondern darum: wer gibt nach? Werden die Kolonien die Hand ihres Zuchtmeisters küssen und liebe Kinder sein, oder wird England alle seine Maßregeln zurücknehmen und die Selbstregierung der Kolonien anerkennen? Oder kurz: Wer ist mächtiger, zäher, wagelustiger, die Kolonien oder England?

Für den Augenblick mußte man damit rechnen, daß die Einwohner der Stadt Boston, wenigstens die Klasse der jungen

Leute, der Matrosen und Arbeiter, alles mögliche getan hatten, die Soldaten der Garnison, als ungebetene, wenig geachtete Gäste, zu provozieren und zu reizen, während die Soldaten selbst nichts unversucht ließen, sich zu rächen, sich zu blähen und durch Insolenz ihre Anwesenheit höchst lästig zu machen. Endlich mußten die beiden Parteien auch einmal aufeinander platzen. Der Bostoner Pöbel hatte die Hilflosigkeit der Soldaten allen Herausforderungen gegenüber zu wohl kennen gelernt und scheint darauf gerechnet zu haben, daß eine scharfe Disziplin, wie sie in der Tat herrschte, jeden Waffengebrauch hintanhalten werde. Daß es Lagen gibt, in denen einem gereizten Soldatenhaufen die Gewehre von selbst losgehen, hatte man nicht bedacht. Jedermann wußte, daß es den Soldaten nicht anders erlaubt war zu schießen, als auf speziellen Befehl einer Zivilbehörde und je mehr sie mit ihren Musketen und ihren scharfen Patronen herumparadierten, desto mehr wurden sie als Menschen verachtet, welche Schrecken einzujagen suchen, aber nicht die Macht haben, Schaden zu tun. Bevor Martialgesetz verkündet ist, übt nach englischem Recht die Zivilobrigkeit auch Gewalt über Vorgänge zwischen Militär und Bürgerschaft aus. Und Boston befand sich noch außerhalb des Martialgesetzes.

Gut; am Abend des 5. März 1770 unterhielt sich ein Haufe von Knaben und Männern damit, eine englische Schildwache zu hänseln. Vorschriftsmäßig rief diese, als ihre Lage unleidlich wurde, die Wache herbei, worauf ein Korporal mit 6 Mann unter Leitung des Kapitän Preston erschien; die Gewehre waren scharf geladen worden, so daß die Menge es sehen konnte; jetzt drängten sich 40—50 Männer heran, Schneebällen flogen, nach anderen Angaben auch Steine und Holzstücke; man hörte rufen: „Kommt doch her, ihr Halunken, ihr Bluthunde, ihr schuftigen Butterkrebse und schießt, wenn ihr es wagt; wir wissen, daß ihr es nicht wagt." — Die sich an die Patrouille Herandrängenden waren mit Stöcken versehen und einer der Soldaten scheint in diesem Augenblick einen Streich erhalten zu haben. Es ist immer schwer zu sagen, warum der erste Schuß fällt; die Soldaten scheinen durchaus festgekeilt gewesen zu sein; genug, einer der Soldaten gab Feuer; mehrere folgten seinem Beispiel.

Von den Umstehenden wurden 11 getroffen, darunter 1 Knabe; 3 waren sofort tot, 2 lagen im Sterben, 6 waren leichter verletzt. Von weiterem Feuern hielt Hauptmann Preston seine Leute ab.

Jetzt stob alles auseinander; der Ruf: „Bürger heraus!" heulte durch die Straßen, auf allen Türmen begannen die Glocken zu wimmern; das 29. und 14. Regiment traten ins Gewehr.

„Wußten Sie nicht, daß Sie ohne Befehl einer Zivilbehörde nicht schießen sollten?" fragte Gouverneur Hutchinson den Hauptmann Preston. — „Ich habe es getan," antwortete Preston, „um meine Leute zu schützen." Hutchinson beruhigte das Volk durch die Versicherung, daß die Garnison in ihre Kasernen konsigniert sei, daß alles aufs genaueste untersucht werden solle, daß ein Verhaftbefehl gegen den Hauptmann Preston ausgefertigt sei. Preston und die Soldaten, die gefeuert hatten, überantworteten sich dem Sheriff.

Wie ein Lauffeuer verbreitete sich durch die Kolonien die Kunde von der „Bostoner Metzelei;" das Schreckliche der Bluttat an sich, die Fülle von Reden, die der allgemeinen Empörung Luft machten, alles das weckte eine Entrüstung, die sich nicht wieder legte. Allüberall wurde der Tag zum Gedächtnis der armen Opfer und der Tyrannei Englands gefeiert bis zum Jahr 1783, von wo an der 4. Juli an die Stelle des Metzeleigedenktages trat.

Die Aburteilung durch ein Geschworenengericht ersah sich aber die öffentliche Meinung in Boston mit einem merkwürdigen politischen Instinkt als Gelegenheit, um aller Welt zu zeigen, daß die Abneigung der Amerikaner nicht den Persönlichkeiten und Werkzeugen gelte, sondern nur dem System englischer Gewalttätigkeit. Die Klugheit gebot, den Prozeß zu verschieben, bis sich die augenblickliche Erregung gelegt haben würde. Er wurde erst nach 7 Monaten vorgenommen. Und nun trat der Patriot John Adams als Verteidiger des Hauptmanns Preston auf und verhalf dem Gefühle der Humanität zu seinem Recht. Alle wurden freigesprochen, nur gegen zwei Mann eine leichte Strafe verfügt. Denn das war festgestellt worden, daß die Soldaten durch Tätlichkeiten erbittert waren. Auch in der Folge, durch die ganze Zeit der Revolution, hat derselbe humane Sinn alle Taten der Amerikaner gelenkt. —

Indessen war in England ein neues Parlament gewählt worden und Lord North beeilte sich, durch ein neues Gesetz alle Zölle in Amerika aufheben zu lassen, außer für Tee. Dieser Posten blieb stehen, ähnlich wie man eine Schildwache stehen läßt auf einem Platze, um zu beweisen, daß man ein Recht auf diesen Platz hat und dies Recht zu behaupten gedenkt, trotzdem der Platz selbst allen Wert verloren hat. In demselben Atem, mit dem man das Recht des Teezolls verteidigte, gab man die Nutzlosigkeit dieses Zolls als Einnahmequelle zu. Es sollte eben nur das Recht des Parlaments zur Auflage von Hafenzöllen angesichts der neuesten Ereignisse in Amerika erhärtet werden. Fast kindisch erscheint es: die Schildwache, die man auf wertlosem Terrain stehen ließ, sollte durch bloßen täglichen Anblick ärgern. Ein seltenes Beispiel von allem Mangel an politischer und psychologischer Erwägung. Bei der Aufhebung der Stempelakte hatte man doch das ganze Ärgernis beseitigt. Warum jetzt den Tee allein als Stein des Anstoßes stehen lassen? Auf Antwort braucht man nicht zu warten, so wenig als auf die anderen Fragen: Dieser rasche Wechsel von Strenge und Milde, diese Schwäche der Ministerien, diese Zersetzung der englischen Parteien, diese Korruption im Parlament, am Hof, bei allen öffentlichen Geschäften, worin hatten sie ihren Grund? Die riesenhaften Erfolge, die im Frieden von 1763 von England eingeheimst waren, das märchenhafte Anwachsen seines Reichtums, der Goldzauber hatten die Grundlagen und Ziele für alle Lebenskreise durchaus umgestaltet, was aber fehlte, war eine überlegene Befähigung, welche das Wohl des Staates bei diesen inneren Fährlichkeiten sichergestellt hätte. Der König hielt sich für den richtigen Mann und hatte dazu noch das weitere Unglück, daß ihn seine Umgebung für den richtigen Mann hielt und dafür ausgab.

„Um das Recht nicht einschlafen zu lassen," behauptete der König, „müsse irgend eine Steuer immer vorhanden sein." Lord North, ein Mann von unzweifelhaften Kenntnissen und großer

Intelligenz, wäre mit den Kolonien gerne in den Zustand vor der Stempelakte zurückgekehrt, allein er hielt offenbar die kleine Teesteuer, 3 Pence pro Pfund, für nicht wichtig genug, um seine zur Gewohnheit gewordene Liebenswürdigkeit in Widerspruch umzuwandeln. Der Teezoll war zu der unverdienten Ehre gelangt, äußeres Zeichen und Merkmal der Oberherrlichkeit zu werden. „Wir können den Amerikanern nichts bewilligen," meinte der Kolonialsekretär Lord Hillsborough, „als was sie mit dem Strick um den Hals erbitten." Es liegt in diesen Worten wohl eine Anspielung auf die knechtische Art, mit der die Vertreter des dritten Standes bei den alten Reichsständen Frankreichs ihre Bitten vorzutragen hatten.

Schlimm genug war es schon, daß sich Lord North in Kolonialangelegenheiten von Lord Hillsborough leiten ließ, viel schlimmer aber, daß er in juristischen Fragen dem Rat des Generalprokurators, späteren Kanzlers Thurlow folgte. Niemand besaß einen heimtückischeren Groll gegen Amerika als er und es scheint, daß sein Einfluß auf den König und auf North viel dazu beitrug, den Bruch mit Amerika unvermeidlich zu machen. Lecky, sein Landsmann, schildert Thurlow so: „Er war kein großer Rechtsgelehrter, aber kraftvoll und prompt in der Debatte, ein Mann von schroffem Wesen und unbezwinglicher Dreistigkeit, grob, heftig, anmaßend, unverschämt und frevelhaft. Ein löwenartiges Gesicht, eine laute, gebieterische Stimme, wilde, buschige Brauen, ein Benehmen wie das eines übermütigen Advokaten, der sich an der Verlegenheit eines schüchternen Zeugen weidet, ein vollständiger Mangel an jeder Rücksicht, Bescheidenheit oder Unentschlossenheit, — das alles machte den Eindruck hochfahrender und überreicher Kraft. Über eine einzige Frage, die Vortrefflichkeit des afrikanischen Sklavenhandels, scheint Thurlow eine echte, fast begeisterte Überzeugung gehabt zu haben. Bei seinem angeborenen Hang aber zu harten und despotischen Maßregeln scheint er es in der Politik gemacht zu haben wie in seinen Prozeßschriften, indem er sich jenes Ansehen cynischer, brutaler, fast sorgloser Offenherzigkeit gab, die zuweilen der beste Schleier für eine heuchlerische und berechnende Natur ist."

Das Ministerium North war ja ungewöhnlich arm an Kapazitäten; so konnte es geschehen, daß Thurlow mit seinem „majestätischen Verstand" der böse Dämon des Königs, des Ministers und Englands wurde. Neben Thurlow machte sich noch der Einfluß Webberburns geltend, eines Mannes, der nicht so unbeirrt einherschritt wie Thurlow, aber durch seine feine Dialektik bestach.

Die Nachricht von dem Bostoner Blutbad traf in London ein, als eben Lord North erklärt hatte, er werde sich durch keine Drohungen und Bündnisse der Kolonien einschüchtern und zu Zugeständnissen verleiten lassen. Man bedauerte, daß das Militär ohne Mitwirkung der Zivilbehörde gehandelt habe, blieb aber in dem ewigen Hin- und Herschwanken zwischen Zwangsmaßregeln und geduldigem Abwarten, ob die Zeit nicht heilend und versöhnend wirken werde. Vergebens mahnten Pitt und Burke noch in den Jahren 1773 und 1774, die Regierung möge jeden Stein des Anstoßes entfernen, jede Steuer, auch diese sinnlose Teesteuer, aufheben und sich mit dem Zustand begnügen, wie er vor der Stempelsteuer gewesen.

In Amerika hatte man immer hervorgehoben: auf 3000 Meilen Entfernung, über den Ozean hinüber, läßt sich mit Gesetzen und Regierungsverordnungen nicht regieren in einem Lande, für das alle diese Dekrete zu spät kommen und nicht passen. In England fehlte durchaus die Anschauung der Dinge und der Menschen, wie sich diese wirklich in Amerika herausgebildet hatten. Der König mochte sich diese Zustände und Persönlichkeiten vorstellen, etwa wie drüben in Hannover; die Klasse der weniger unterrichteten Engländer pflegte ja ohnehin alles, was außerhalb ihrer Insel lag, als minderwertig zu betrachten; in demselben Lichte erschien ihr wohl auch Amerika. Bis vor kurzem hatte ja ganz Amerika noch im Dunkel gelegen; man wußte, daß Bauholz, Häute, Pelze, Teer, Tabak, Reis von dort herüberkommen; um Land und Leute hatte man sich blutwenig bekümmert. Wenn man Namen nennen hörte, wie Benjamin Franklin, Georg Washington, Samuel Adams, James Otis, John Adams, hatte man mitleidig gefragt, wer diese Unbekannten seien. Seit dem Jahre 1763 war das durch die Presse etwas besser geworden; man kannte die Namen und die Ansichten der leitenden Männer. Aber vom Volke dort drüben, von dem Freiheitsdurst, von dem Stolz, von dem Wagemut, von dem klugen, vorsichtigen Wesen, das in dem Kolonistenblut sich erzeugte, davon hatte man keine Vorstellung. Noch weniger war man sich in England klar darüber, daß die Leiter des amerikanischen Volkes und die Agitatoren, welche im Warmhalten ihrer Landsleute einen Lebensberuf gefunden hatten, sich nicht wieder ins Dunkel zurückscheuchen lassen werden. Jedes Kind mußte ja herausfühlen, daß es die Amerikaner bei ihren Gegnern mit Schwachköpfen zu tun hatten, die manchmal zu brutaler Gewalttätigkeit sich verstiegen, aber nicht im stande waren, ein verständiges System durchzuführen. Theoretiker mochten auf ihrer Stube Versöhnungspläne ausarbeiten; aber daneben her lief eine Reihe nicht berechenbarer Faktoren: die Störrigkeit des Königs und der Höflinge, welche auf die Frivolitäten Thurlows hörten; der Geist des Merkantilsystems, der in schweigendem Gehorsam verharrende, fleißig arbeitende Kolonien verlangte und in England besonders einflußreich war; Streber, die sich im Kampfe hervorzutun trachteten; der durch das bestimmte Auftreten der Kolonien beleidigte Stolz.

Vom Sommer 1771 ab schien in Amerika die Ruhe wieder einzukehren. Der Gouverneur von Massachusetts berichtete, daß in allen Kolonien sich Geneigtheit zeige, den Streit mit dem Mutterland einzustellen. „Hancock und die meisten Mitglieder seiner Partei sind ruhig, alle lassen in ihrer Heftigkeit nach, nur nicht Samuel Adams." John Hancock, den reichen Kaufmann, gedachte man schon längst durch Gunstbezeigungen von seinen Gefährten zu trennen. Zu gleicher Zeit erfreute sich das Ministerium einer beispiellosen Stärke im Parlament. Dieser Umstand zusammen mit der Selbsttäuschung, welche die augenblickliche Stille der Amerikaner für Schwäche hielt, läßt wenigstens zum Teil den borniertem Dünkel und die Starrköpfigkeit erklären, welche England von jedem Einlenken den Kolonien gegenüber abhielten und zu immer falscheren Maßregeln antrieben.

Und doch fehlte es nicht an Mahnungen zur Aufmerksamkeit.

Ein kleines Kriegsschiff von 8 Kanonen, die „Gaspee", unter dem Leutnant Dubbingston, sollte mithelfen, den Zollgesetzen an der neuenglischen Küste Gehorsam zu erzwingen. Hier am Strand von Rhode Island blühte ein frisches, fröhliches Schmugglertum, dem das kleine Kriegsschiff mit seinem übereifrigen Befehlshaber ungemein lästig fiel. Gut; am 2. Juni 1772 machte die „Gaspee" wieder Jagd auf ein verdächtiges Fahrzeug. Dieses entkam, nachdem die „Gaspee" sich auf einer Sandbank festgerannt hatte. Mit wildem Jubel wurde die Nachricht von dem letzteren Ereignis in Providence, der Hauptstadt von Rhode Island, aufgenommen. Nach Dunkelwerden machten sich 8 Boote mit wohlbewaffneten Männern auf den Weg, sich des festsitzenden Fahrzeugs zu bemächtigen. Es gelang; der Befehlshaber wurde erschossen, die Mannschaft überwältigt und das Schiff in Brand gesteckt. Ein bitterböser Streit mit den Regierungsbehörden entstand; große Belohnungen wurden für Entdeckung der Täter ausgesetzt. Nicht einer konnte namhaft gemacht werden, obwohl alle sie kannten. In London wetterte und donnerte Thurlow, daß das ein Verbrechen sei viel schwärzerer Art als Seeräuberei, und der König verordnete, daß die Rädelsführer ausgeliefert und zur „verdienten Strafe" nach England geschafft werden. Es gelang niemals, einen zu fassen.

In Virginia kam während des Frühlings 1772 das Abgeordnetenhaus wieder auf den Sklavenhandel zu sprechen. „Der Gedanke an Sklaverei verfinstert das Bild unserer Zukunft," sprach Patrick Henry. Das Haus wandte sich dieserhalb an den König selbst, der grausamerweise auf der Duldung des schändlichen Handels bestehe. — „Tief durchdrungen von diesen Gesinnungen, bitten wir Ew. Majestät untertänigst, den Gouverneuren dieser Kolonie ferner nicht mehr zu verbieten, den Gesetzen, welche diesem schändlichen Handel Einhalt tun sollen, ihre Zustimmung zu versagen." Für den Augenblick wichtiger war, was vom Abgeordnetenhaus der Virginier im Frühling 1773 beschlossen wurde: jede einzelne Kolonie solle ein Korrespondenzbureau wählen und alle diese Bureaus seien bestimmt, unter sich in Verbindung zu treten und sich von allen Geschehnissen, von allen Absichten und Meinungen Nachricht zu geben, auch Rat in schwierigen Lagen zu erteilen. Alle anderen Kolonien, Massachusetts namentlich, brachten sofort den Plan zur Ausführung und dankten den Repräsentanten Virginias für ihre Wachsamkeit und Festigkeit.

Wie oben (S. 222. 235) gesagt, ist die **Steuer auf Tee beibehalten** worden, gewissermaßen nur, um das Recht der Steuerauflegung im Grundsatz zu wahren und alltäglich die Amerikaner fühlen zu lassen. Die fortgesetzte Weigerung Amerikas aber, Tee aus England zu empfangen, setzte die Ostindische Kompanie, in deren Händen der Vertrieb lag, in nicht geringe Verlegenheit. Ungeheure Vorräte mußten in ihren Speichern verderben; sie erbot sich, gegen völlige Aufhebung der Steuer die doppelte Summe an den Fiskus zu entrichten. Aber das Kabinett verschmähte die letzte günstige Gelegenheit, den Amerikanern den Vorwand ihrer Widersetzlichkeit zu entreißen; sonst hätte man ja **auf den Prüfstein des Gehorsams** verzichten müssen. Die Regierung zog es vor, durch große Zollvergünstigungen die Kompanie in den Stand zu setzen, ihren Tee billiger als die Schmuggler zu liefern.

Bestand die Londoner Regierung starr auf ihrer Steuer, so zeigten sich die Kolonien nicht minder fest entschlossen, jede Steuer zurückzuweisen und keine steuerpflichtige Ware in ihre Häfen einzulassen. Aus dem Verein der „Söhne der Freiheit" war ein ausgebreiteter Geheimbund unter dem Namen „Caucus" hervorgegangen, der es sich zur Aufgabe machte, **volkstümliche Selbsthilfe gegen mißliebige Beamte und gegen die Einfuhr englischer Waren zu organisieren**. Durch die Vermittlung der Korrespondenzbureaus erfuhren alle Kolonien, was in diesem, in jenem Hafen geschah oder beabsichtigt werde. Die Ausführung konnte ruhig dem Geheimbund überlassen bleiben. Zu gleicher Zeit, gegen Ende 1773, ließ die Ostindische Kompanie Teeschiffe nach Charleston, Philadelphia, New York, Boston abgehen. Philadelphia, wohl die größte und kaufkräftigste Stadt in den Kolonien, begann den Widerstand. Ihre Einwohner versammelten sich in einem großen Meeting und leugneten das Recht des Parlaments, Amerika zu besteuern, verdammten ganz besonders den Teezoll und erklärten jeden, der solchen Versuch unterstützen würde, für einen Feind des Vaterlandes; zudem forderten sie die Teeagenten auf, ihr Amt niederzulegen. Binnen wenigen Tagen war denn auch kein einziger mehr übrig.

Das Beispiel wirkte ansteckend. Es begann dieselbe Geschichte wieder wie bei der Stempelsteuer. Das Teeschiff von Philadelphia mußte umkehren und seine Ladung zurück nach England tragen; in Charleston zwang man die Teeagenten von ihrem Amt zurückzutreten und in New York war man entschlossen, dem gegebenen Beispiel zu folgen. Mit Anwendung radikaler Mittel aber ging Boston allen Städten voran. Die Beschlüsse von Philadelphia wurden mit Beifall angenommen und die Teeagenten aufgefordert, ihr Amt niederzulegen. Sie weigerten sich. — Am 28. November lief das Teeschiff, der „Dartmouth", einem Bostoner Quäker gehörig, im Hafen von Boston ein. Unter dem Vorsitz von John Hancock versammelten sich mehr als 5000 Personen, welche einmütig verlangten, daß der Tee dahin zurückgehen müsse, woher er gekommen. Der Eigentümer schützte vor, das stehe nicht in seiner Macht. So wurde es mit Hin- und Herreden Mitte Dezember 1773. Und jetzt hinderte in der Tat der kommandierende Admiral ein Auslaufen des Teeschiffes dadurch, daß er zwei Kriegsschiffe vor den Hafen legte. Die Dinge spitzten sich bedenklich zu. Die Städte in der Umgebung von Boston erklärten ihre Bereitwilligkeit, herbeizueilen. „Wir sind bereit," sprachen die Männer von Lexington, „unser Vermögen und alles, was uns im Leben teuer ist, für die gemeine Sache zu opfern."

Man stand am Schluß des Jahres, 31. Dezember 1773. In einer Kirche hatten sich 7000 Mann versammelt und nochmals den Beschluß gefaßt, daß der Tee nicht gelandet werden dürfe. Es war schon dunkel, als eine Schar von 40—50 jungen Männern, als Mohawkindianer verkleidet, in Ausführung des Willens ihrer Mitbürger sich des Teeschiffes bemächtigte und ohne Beschädigung irgendwelchen anderen Eigentums die ganze Teeladung, 340 Kisten, ins Wasser stürzte. Ohne die Stille und planmäßige Ordnung des Vorgangs zu stören, sah die versammelte Menge zu. In drei Stunden war alles vorüber und die Stadt Boston trat in aller Ruhe ins neue Jahr 1774 hinüber.

Alle Kolonien billigten, was Boston getan; die Korrespondenzbureaus gerieten in lebhafte Bewegung und kamen zu dem Resultat, daß die Londoner Regierung die wirksamsten Mittel gewählt habe, um die Kolonien einig zu machen. „Alte Eifersüchteleien wurden vergessen und es herrschte zwischen allen Kolonien die vollkommenste Eintracht." — Vor Zeiten, erzählt man uns, hatte man des Kaisers Hut auf einer Stange „zur Prüfung des Gehorsams aufgehangen". Wer seine Reverenz nicht machte, galt als unzufriedener, schlechter Untertan und verfiel in Strafe. An sich war die Teesteuer ein unbedeutend, lächerlich Ding, von boshaften, übermütigen Höflingen ersonnen, den Gehorsam zu erproben, „ein Prüfstein des Gehorsams". Und die Teeagenten und bewaffneten Zollwächter mochten sich vorkommen wie die Schildwachen vor dem Hut:

> 's ist doch ein Schimpf für einen Reitersmann,
> Schildwach zu stehn vor einem leeren Hut,
> Und jeder rechte Kerl muß uns verachten.

Statt daß man tagtäglich die Teesteuer mit hinuntergeschluckt und seine Verbeugungen der Oberhoheit Englands gemacht hätte, lagen jetzt Tee und Schildwache samt Zollgesetz und Beamtenhoheit und Oberherrschaft verhöhnt auf dem Meeresgrund. Wie es bei der Beleidigung von Schildwachen, beim Stürzen der Oberhoheit zu geschehen pflegt, so wurde sofort zur Züchtigung der Frevler geschritten, damit an ihnen ein Exempel sich vollziehe; und werden sie nicht beigebracht, so büße die Stadt für die begangene Ungebühr und das ganze Land! — Nach Thurlows Ansicht waren hochverräterische Handlungen begangen; so kam es im Frühling 1774 zur Züchtigung: **Schließung des Hafens von Boston**, und um die Stadt zum Niederknieen zu zwingen, Ernennung des Generals Gage zum Zivilgouverneur; Einquartierung von Truppen in Boston.

Während dieser den Revolutionskrieg vorbereitenden Jahre war Benjamin Franklin der amtliche Agent in London für Pennsylvania, Georgia, New Jersey und Massachusetts gewesen; zugleich der Wortführer und Verteidiger der Rechte seiner Landsleute in England, ihr Berichterstatter und Ratgeber. Von den Agitatoren, wie sie hauptsächlich in Massachusetts und Virginia hervortraten, hob Franklin sich gewaltig ab. Vor allem: **er war ein entschiedener Feind jedes Krieges**; gegen alle Rhetorik, gegen alles Erhitzen der Gemüter durch feurige Worte empfand er eine natürliche Abneigung. Aufklären wollte er, unterrichten, überzeugen. Für ihn war es der leitende Gedanke, daß ein ruhiges, inneres Gleichgewicht notwendig sei und zugleich ein gewisses Maß materiellen Wohlstandes, um das Gefühl der Befriedigung und Glückseligkeit im Menschen zu begründen; „denn", schrieb er einmal, „für einen leeren Sack ist es schwer, aufrecht zu stehen".

Die vollständige Trennung der Kolonien von England schien in den Augen Franklins eine Notwendigkeit zu sein; aber zugleich glaubte er, der abgesagte Feind des Krieges, an friedlichen Ausgleich. Deshalb riet er den Kolonien zur Einigung und Rüstung, um England von der Notwendigkeit eines Zurückweichens zu überzeugen. Jedem der beiden streitenden Teile suchte er die Augen zu öffnen. Daher kommt es, daß man Franklin beschuldigt hat, er sage das Gegenteil von dem, was er wolle. Seine Gegner hielten es einfach für unmöglich, daß ein Staatsmann so rückhaltslos die Wahrheit sagen könne. Und doch tat es Franklin, und damit gleicht er an verblüffender staatsmännischer Offenheit dem deutschen Kanzler Otto v. Bismarck. Zu ihrem Schaden mögen die Gegner manchmal das Gegenteil der rückhaltslos wahren Eröffnungen geglaubt haben. „Meine Aufrichtigkeit," sagt Franklin selbst von einem Teil seiner staatsmännischen Tätigkeit, „war meine einzige Verschmitztheit." Sobald er aber sah, daß der Krieg doch kommen müsse, war all sein Sorgen auf einen einzigen Punkt zugespitzt: **eine europäische Bundesgenossenschaft für die amerikanische Revolution**.

„Da die Erörterung des Rechtsstandpunktes beim wirklichen

Ausbruch eines Krieges nicht an der Zeit ist, und da ein Mangel gemeinsamen Handelns alle Hoffnung auf eine gemeinschaftliche Wiederherstellung des Rechtszustandes zerstören könnte, so ist es das Beste und Sicherste für die Kolonien, in einem jetzt während des Friedens versammelten Gesamtkongresse (Kontinentalkongreß) sich nach einer feierlichen Aufstellung und Erklärung ihrer Rechte untereinander fest zu verpflichten." So hatte Franklin im Sommer 1773 geschrieben, und von da ab verschwand die Berufung eines solchen Kongresses nicht mehr von der Tagesordnung, bis er am 5. September 1774 in Philadelphia wirklich zusammentrat. — Nicht weniger wirksam erwies sich Franklins Tätigkeit in England. Einige seiner **Flugschriften** gingen besonders scharf mit der von höfischem, höchst servilem, unenglischem Geist geleiteten Regierung ins Gericht.

In einem erdichteten „Erlasse Friedrichs des Großen" läßt er diesen Herrscher die preußische Kolonie Britannia, die ja von preußischen und deutschen Ansiedlern gegründet worden sei, mit Gesetzen bedenken, wie diese: „Wir verbieten für diese und künftige Zeiten Eisenhämmer und andere Eisenfabriken in Unserer britischen Kolonie ꝛc." Noch mehr Aufsehen erregte eine zweite Flugschrift unter dem Titel: „Regeln, um ein großes Reich kleiner zu machen", sie schüttet ein volles Maß von Hohn über die selbstzufriedenen englischen Staatsmänner aus. Zudem war es Franklin gelungen, die verräterischen Briefe des Gouverneurs Hutchinson von Massachusetts und eines anderen hohen Kolonialbeamten, die ihm ein Unbekannter in die Hände gespielt, zu veröffentlichen. Diese Schreiben standen im schneidendsten Gegensatz zu den freundschaftlichen Versicherungen der englischen Regierung und enthüllten ihren wirklichen Feldzugsplan. Solche feige Hinterlist englischer Oberbeamten erbitterte natürlich das Volk in den Kolonien und trieb es zu Gewalttätigkeiten. Was Franklin als Agent von Massachusetts hier getan, war einfach seine Pflicht.

Verwunderlich ist es deshalb, daß Franklin zu Anfang des Jahres 1774 in London vor den Geheimen Rat gestellt wurde, um sich darüber zu verantworten, wie die Papiere in seinen Besitz gekommen. Da stand der beinahe siebzigjährige Mann, der größte Schriftsteller und Denker, den bis daher Amerika hervorgebracht hatte, Mitglied von mehreren der ersten gelehrten Gesellschaften Europas, da stand er inmitten eines Kollegiums von Höflingen, unter denen einer der verworfensten Menschen als öffentlicher Ankläger auftrat. Alle freuten sich auf das Schauspiel wie auf eine Bärenhatz. Dem ohnmächtigen Ärger und der Maßlosigkeit des Schimpfens gegenüber blieb der kluge Amerikaner vollständig gefaßt; durch den steten Hinweis auf Recht, Gesetz und Freiheit wußte er die Gegner zu entwaffnen. Das Umdenken hatte sich bis jetzt bei Franklin langsam vollzogen; von nun an mag für ihn und viele Amerikaner das Vertrautmachen mit republikanischer Unabhängigkeit als einer notwendigen Sache wesentlich erleichtert worden sein.

Schon im Sommer 1770 hatte König Georg daran gedacht, die Bostoner mürbe zu machen durch Schließung des Hafens und eine angemessene Garnison. Zu Anfang des Jahres 1774 kam **General Gage, der Oberkommandierende in Amerika,** nach London, um dem König Vortrag über die zweckmäßigsten Maßregeln zu machen. Der König rühmte dem Minister North gegenüber, wie Gage als rechtschaffener und entschlossener Mann gesprochen habe: solange wir Lämmer seien, zeigen sich die Amerikaner als Löwen; dem Ernst gegenüber werden sie bald zahm werden. „In Wahrheit," schloß der König, „jetzt sieht jedermann ein, daß das verhängnisvolle Nachgeben im Jahr 1766 die Amerikaner ermutigt hat, Jahr für Jahr ihre Forderungen zu steigern bis zu jener vollständigen Unabhängigkeit, welche wohl einem selbständigen Staat gegenüber einem anderen zukommt, aber den Gehorsam ganz und gar vernichtet, den eine Kolonie ihrem Mutterlande schuldet."

König und Ministerium und kommandierender General bestärkten sich gegenseitig in der Notwendigkeit, Boston zu züchtigen, und zugleich in der Möglichkeit, dies durch militärischen Zwang durchführen zu können. So wurde eine Reihe von Gesetzen dem Parlament vorgelegt und von diesem gutgeheißen. Vom 1. Juni 1774 ab die schon genannte **Schließung des Hafens von Boston;** vollständige Absperrung vom Meere so lange, bis die Stadt Entschädigung bezahle für den vernich-

teten Tee, und durch ihr Verhalten Bürgschaft leiste, daß in
Zukunft die Gesetze befolgt und die Steuern bezahlt werden;
ferner Beschränkung des Versammlungsrechts und der
vom Volk ausgehenden Exekutive, sowie der Wahlen; nebstdem
Feststellung des Rechts, Gefangene zur Aburteilung in andere
Kolonien oder nach England zu verbringen. — Das war der
kurze Inhalt der einschneidendsten Gesetze; andere wegen der
besonderen Stellung der Truppen und wegen größerer Begünstigung Kanabas kamen hinzu.

In den Maitagen des Jahres 1774 traf die Kunde von
dem Hafenschließungsgesetz in Boston ein; Stadt und Hafen
sollten der Verödung anheimfallen, das Zollamt nach Marblehead, der Sitz des Gouvernements nach Salem verlegt werden.
Am 17. Mai landete der zum Zivilgouverneur ernannte
General Gage in Boston unter Salutschüssen von Schiffen
und Batterien. Von dem Senat und den Beamten empfangen,
ward er durch das Kadettenkorps der Stadt unter John
Hancocks Führung nach dem Staatenhaus eskortiert, wo der
Senat eine Adresse überreichte und den Amtsantritt des Generals durch Musketensalven und Vivatrufe feierte. Hierauf ging
es zu festlichem Diner in der größten Halle der Stadt.

Soweit ging alles noch loyal und in liberalem Sinne ab.
Denn gerade durch Vermittlung des Generals hofften die Bürger
auf Abhilfe. Allein Gage erwies sich als ein Mann, ebensowenig geeignet zu versöhnen als zu unterwerfen. Durch freundliches Wesen und als gemütlicher Gesellschafter erwarb er sich
wohl die Zuneigung der Zechgenossen, wußte aber weder Vertrauen noch Scheu einzuflößen. Er war keineswegs bösartig,
aber an Geist arm und von Willen schwach, dabei so wenig
fest in eigener Überzeugung, daß er jedem schlimmen Rat zum
Opfer fiel, hin und her schwankend zwischen Nachgiebigkeit und
unbarmherziger Strenge. Seine Instruktionen machten ihm die
Festnehmung und angemessene Bestrafung von Samuel Adams,
John Hancock und anderen Patrioten zur Pflicht; allein der
General fürchtete sich so sehr vor diesen Volksmännern, daß er
ihre Verhaftung nicht einmal versuchte. Nach Verlauf von
wenigen Monaten war Gage, der voll Vertrauen auf einen

leichten Sieg gekommen war, entmutigt und eingeschüchtert. In einem Augenblick hielt er seine Streitmacht für genügend, um den Winter unbelästigt hinbringen zu können; im nächsten aber verlangte er Verstärkung, ja eine Armee von 20000 Mann, zusammengesetzt aus kanadischen Rekruten, Indianern und aus Mietlingen in verschiedenen Staaten des europäischen Festlandes angeworben.

„Mit 10000 Mann regulärer Truppen können wir durch den ganzen amerikanischen Kontinent marschieren," meinten die Kreaturen des Ministeriums. Gage selbst hielt zunächst vier Regimenter als Verstärkung für genügend. Im Sommer 1774 kamen deshalb in Boston an: Das als „Königs-Regiment" bekannte 4. und das 42. Regiment; ferner zwei Kompanien Artillerie mit 8 Geschützen und das 5. und 38. Regiment. Mit den schon in Boston vorhandenen Regimentern (14., 29. und 47.) hatte jetzt Gage deren sieben unter seinem Kommando und zwar fünf in Boston, eines im Fort William und eines in Salem; zwei weitere wurden noch von Quebec und eines von New York herbeigerufen; auch irreguläre leichte Truppen sollten errichtet werden.

Um einige Tätigkeit in den Müßiggang so vieler Tausende von englischen Soldaten zu bringen, ließ Gage am 1. September 1774 den Vorrat von Schießpulver, den die Provinz Massachusetts für ihre Miliz in einem Magazin bei Cambridge verwahrte, wegnehmen. Diese Gewalttat brachte das Land in Feuer und Flammen. Schon am nächsten Tag sammelten sich Tausende von Landwehrmännern an, um gegen Boston zu marschieren. Gage begann die Landenge zu befestigen, die Boston mit dem Festland verbindet, war aber so klug, vorerst untätig zu bleiben, „eine Niederlage wäre verderblich und der erste Streich wird viel entscheiden". Der Aufstand selbst verlief sich, brachte aber doch viele Vorteile als eine Art von Übung und Probe. Die Einwohner von Boston und der Kolonie Massachusetts versammelten sich trotz der Verbote wie in früheren Zeiten und erklärten: Die Maßnahmen der englischen Regierung seien zu verdammen als grausam und unmenschlich; niemals würde sich die Stadt unterwerfen; am besten wäre es, wenn über diese und andere Angelegenheiten in einem Kontinentalkongreß verhandelt werden könnte. In derselben Weise sprachen sich die übrigen Kolonien aus und zahlreiche Vereine, darunter auch „die patriotische Gesellschaft von Stadt und County Philadelphia", die im Jahr 1772 zum Schutze der Freiheit von den dortigen Deutschen gegründet worden war.

Verlassen lagen die Wasser der Massachusettsbai; die dem Untergang geweihte Stadt schien ausgestorben und verödet zu sein. Am 1. Juni 1774 von der Mittagsstunde an hörte jedes Geschäft in Boston auf; die Blokade mit Schließung des Hafens hatte begonnen. Müßig strich der Matrose herum, wertlos lagen die Werften da; nur die englischen Kriegsschiffe belebten den Hafen. Die Stadt selbst auf ihrer Halbinsel glich einem Gefängnis. Und in der Tat, die Bürger hätten verzweifeln und nachgeben müssen, wenn nicht ganz Massachusetts, alle Städte und Kolonien des Kontinents die Sache der Bostoner zu der ihrigen gemacht hätten. Mit aufmunternden Worten und freigebiger Hand traten sie heran. Südkarolina schickte Reis, Virginia und Nordkarolina bares Geld, die Hinterwäldler brachten von ihrem ersten Weizen dar; viele Deutsche sammelten sich am Ufer des Shenandoah in Woodstock um ihren Geistlichen Peter Mühlenberg und ließen durch ihn ihre Gaben an die Bedrängten gelangen. Es wäre nicht möglich, alle Beweise von Freigebigkeit aufzuzählen; jedes Dorf, jedes einzelne Haus fühlte sich ja beleidigt und verletzt durch die boshafte Grausamkeit, welche sich in der Maßregelung Bostons kundgab.

Indessen war der seitherige Gouverneur Hutchinson, der eben durch den General Gage abgelöst worden war, in London angekommen und wurde sofort zum König geführt. Beinahe zwei Stunden lang ließ dieser sich auseinandersetzen, wie Boston verlassen und vereinsamt dastehe, gezwungen, bald zu Kreuz zu kriechen. „Ich habe soeben den Gouverneur von Massachusetts gesprochen," schrieb der König an Lord North, „und bin nun fest überzeugt, daß die Kolonie sich bald unterwerfen wird." So tappten die Leiter der englischen Regierung blind weiter und ließen sich von doppelzüngigen Schönrednern an der Nase führen.

Einzelne Anzeichen hatte Hutchinson herausgegriffen, welche für seine Auffassung sprachen, über diesen aber vergaß er die Würdigung der allgemeinen Stimmung. Der Sinn der meisten Menschen wird ja leicht durch materiellen Vorteil bestimmt. In der Tat hatten kleinere Seestädte gehofft, die Geschäfte des gebannten Boston zu sich herüberziehen zu können; in Pennsylvania weigerten sich die Quäcker, zu den Waffen zu greifen, manche Kaufleute mochten nicht gern auf den Handel verzichten. New York war der Sitz einer königlichen Regierung, an deren kleinem Hof ein loyaler Ton herrschte; leidenschaftlich verlangte man hier nach einer Aussöhnung und hätte nur ungern die Gunstbezeigungen entbehrt, welche von den königlichen Ämtern ausgingen. Bereichert durch den Handel, in gastfreier Eleganz auf ihren Landgütern sitzend, hegten manche Einwohner in Südkarolina warme Anhänglichkeit ans Mutterland und pflegten ihre Kinder zum Zweck der Erziehung „nach Hause" zu schicken. Auch in Virginia war das Gefühl der Loyalität noch vorherrschend und öffentlich sprach kaum der Feurigste von Unabhängigkeit.

Solche einzelne Symptone liebevoll ausbauend, war Hutchinson beschäftigt gewesen, sich seinen Glauben an baldige Unterwerfung zurechtzumachen und denselben auch dem König und den übrigen Leitern der Regierung beizubringen. Der Fehler, in den Hutchinson verfiel, ist stets der Fehler kleiner Seelen gewesen. Den viel größeren Fehler haben die leitenden Männer in England gemacht. Sie ließen sich über die Amerikaner berichten, als wären diese ein fremdes, unbekanntes Volk. Besser hätten sie die Blätter englischer Geschichte nachgelesen und dabei bedacht, daß die Amerikaner Fleisch von ihrem Fleisch seien, Blut von ihrem Blut, daß Stolz und Selbstvertrauen, Kraftgefühl und ererbter Freiheitssinn sich in der Brust dieser Kolonisten noch gesteigert sehen durch die Schönheit des neuen Vaterlandes und durch das Gefühl, sich dies Vaterland selbst geschaffen zu haben.

Die Volksvertreter von Massachusetts, ihrer Rechte und ihrer Hauptstadt beraubt, versammelten sich zunächst in Salem; Mitte Oktober in Concord, 25 Kilometer von Boston entfernt im inneren Lande gelegen. Sie nannten sich „Kongreß der Provinz Massachusetts" und wählten John Hancock zu ihrem Präsidenten. Später tagten sie in Cambridge, stets damit beschäftigt, wie sie einem „von Siegen berauschten Land, das im stande sei jährlich 20 Millionen Pfund auf Kriegführung zu verwenden", Widerstand leisten könnten. Man ernannte ein Sicherheitskomite, ernannte Oberoffiziere, sorgte für Organisation der Miliz, für Munition. Eine Anzahl Bürger wurde für bestimmten Sold geworben, um jeden Augenblick unters Gewehr treten zu können, daher „Minutenleute" genannt. An Gage richtete man einen Protest nebst dem Ersuchen, die Befestigung von Boston einzustellen.

Als Hauptstädte der Kolonien hatten Boston, New York und Philadelphia gegolten; jetzt stand Boston fast unter dem Kriegsgesetz, New York beherbergte eine starke Garnison; nur **Philadelphia blieb als freie Stadt übrig**. Deshalb wurde sie von den unter sich verbundenen Bureaus der einzelnen Kolonien zum **Versammlungsort des Kontinentalkongresses** bestimmt. Aus zwölf Kolonien waren am 5. September 1774 in allem 53 Abgeordnete erschienen; Georgia trat erst später bei. Peyton Randolph aus Virginia wurde zum Präsidenten ernannt und man einigte sich dahin, daß jede Kolonie, groß oder klein, eine Stimme haben solle. Jetzt saßen sie in weihevoller Stimmung, die Volksmänner alle aus dem grimmig entschlossenen Norden, aus dem feurig ungeduldigen Süden und aus der vorsichtigeren Mitte des Landes. „Da sind einige prächtige Leute aus Virginia," schrieb ein Delegierter aus Philadelphia, „welche die Köpfe hochtragen. Es sind die vorzüglichsten Leute der Kolonie, sowohl wegen ihres Reichtums als wegen ihrer Einsicht. Dagegen sind die Bostoner wahre Milchsuppen." Aus Virginia waren Patrick Henry, Randolph, Washington, Lee, Dickinson da, aus Südkarolina Rutledge, aus Massachusetts Samuel und John Adams, Robert Payne. Wer der Hervorragendste war? „Wenn Sie darunter Beredsamkeit verstehen," antwortete Patrick Henry, „so ist Herr Rutledge aus Südkarolina sicher der beste Redner; wenn aber von gründlichen Kenntnissen und richtigem Urteil die Rede ist, halte ich den Oberst Washington für den größten Mann der Versammlung."

Bald lernten sich die Abgeordneten gegenseitig kennen; denn kaum ein Tag verging ohne luxuriöses Gastmahl, sehr zum Ärger der am alten Puritanertum Hängenden. Am 7. September 1774 wurde der Kongreß mit Gebet eröffnet; zwei Ausschüsse, einer für die Rechte der Kolonien, ein anderer für die britischen Gesetze, die auf Fabriken und Handel Bezug haben, sind aufgestellt. In den mehr als 50 Sitzungen, die folgten, wurde zunächst die Erklärung der Rechte einstimmig angenommen unter Aufzählung aller der Maßnahmen und Parlamentsbeschlüsse, die verurteilt werden und der zehn Punkte, welche die Forderungen der Kolonien enthalten: Sicherheit für Leben, Freiheit und Eigentum durch die weitgehendste Selbstregierung. — Vom 1. Dezember 1774 an sollte von Großbritannien und Irland keine Einfuhr mehr stattfinden und vom 10. September 1775 keine Ausfuhr mehr aus den Kolonien nach England, falls bis dorthin die Beschwerden nicht abgestellt wären. Dann kamen die Petitionen; eine solche an das englische Parlament lehnte der Kongreß rund ab; dagegen wandte er sich mit höchst ehrerbietigen Worten an den König und in besonderen Ansprachen an das Volk von Großbritannien, an das von Kanada und an die Bewohner sämtlicher Kolonien. Zu Ende Oktober vertagte sich der Kongreß, nachdem er den Wiederzusammentritt auf Mai 1775 anberaumt und hiezu auch Neuschottland und Kanada eingeladen hatte.

Man pflegt zu sagen, daß auf diesem Kongreß von Unabhängigkeit noch keine Rede war, daß niemand daran dachte sich gewaltsam von England loszureißen. Aber die Erklärung der Rechte, was war sie anders als eine Art von Ultimatum? Neben dem Volk von England wollten die Kolonisten von nun an stehen, nicht unter ihm; und das mit vollem Recht. Richtig ist, an Bemühungen, den Bürgerkrieg abzuwenden, fehlte es nicht; aber immer wieder trieb Samuel Adams seine Freunde an, die Kriegskunst zu studieren und dem Widerstand geordnete Formen zu geben. An Aussöhnung glaubten die mit den Verhältnissen in England Vertrauten längst nicht mehr, und bevor noch der zweite Kongreß im Frühjahr 1775 zusammengetreten war, sprach Patrick Henry: „Wenn wir frei sein wollen, müssen wir Schlachten schlagen; bei Gott, wir müssen Schlachten schlagen!" — Gerade diese strengen, kalten Formen, in denen sich der Kongreß mit einer gewissen Feierlichkeit offiziell bewegte, dies Hervortreten mit Beschwerden an die Völker, an Landsleute und Nachbarn, diese scharfe Umgrenzung der Forderungen in der Erklärung der Rechte, — all dies trug eine Fülle von Kraft und Selbstgefühl zur Schau, einen Ausdruck von Entschlossenheit, die vor keiner Gefahr mehr zurückbebte.

Die Presse der ganzen Welt machte sich zum Herold für die Rechte der Amerikaner; am 25. Februar 1775 schrieb Franklin: „Die Blicke der ganzen Christenheit sind jetzt auf uns gerichtet, und die Ehre unseres Volkes ist ein sorgsam zu hütender Gegenstand von der höchsten Wichtigkeit. Wenn wir in diesem Kampfe unsere Rechte zahm aufgeben, so wird das ganze nächste Jahrhundert unsern Ruf in der Welt nicht wieder herstellen. Wir werden als Feiglinge, Polterer und Narren gebrandmarkt und dementsprechend nicht allein von diesem hochmütigen Volke der Engländer, sondern auch von der ganzen Welt verachtet und mit Füßen getreten werden."

Die selbstbewußte Würde, mit welcher der Kongreß zum Volk von England redete, machte dort nicht geringen Eindruck. Man sprach von Versöhnung; man ließ Franklin mit Lord Howe unterhandeln; Edmund Burke und neben ihm Lord Chatham, der vordem als William Pitt die Herzen gelenkt, hielten ihre berühmten Versöhnungsreden. Alles im Anfang des Jahres 1775. Zu spät. Die Gedanken auf beiden Seiten hatten sich schon viel zu eingehend mit den Waffen vertraut gemacht und die schönen Reden, die übrigens nur einen Teil der Beschwerden Amerikas abzustellen bereit waren, verhallten ohne Wirkung; rhetorische Leistungen, schön und großartig um ihrer selbst willen und vielleicht von Anfang an auch so gedacht. „Chathams Staatsweisheit nützte nicht mehr als das Pfeifen des Windes." — König und Ministerium blieben entschlossen, das Einschüchterungssystem und die strengsten Zwangsmaßregeln gegen Amerika fortzusetzen. Man begann sich über den Eifer und das Pathos der Kolonisten lustig zu machen. Unter großer Heiterkeit des Unterhauses verspottete einer der englischen Beamten, die mit wenig Ruhm aus Amerika zurückgekehrt waren, den dort herrschenden religiösen Eifer, die Sitten und Gebräuche; die Amerikaner seien keine Soldaten und würden auch niemals solche werden; von Haus aus seien sie kleinmütig, jeder Disziplin unfähig; eine geringe Streitmacht werde sie unterwerfen können.

Doch fehlte es in England auch nicht an Stimmen, die rieten, man solle die Kolonien ohne weiteres freigeben. „Mögen sie ihre eigenen Wege gehen und, wenn sie mit uns nicht mehr die Lasten unseres Reiches tragen wollen, uns auch die Last ihrer Beschützung abnehmen." Es war eine eigentümliche Sache mit diesem englischen Volk. Bald sympathisierte es mit den sich aufbäumenden Amerikanern nach dem Grundsatz: „Widerstand gegen Tyrannei ist in England immer Gebrauch gewesen"; bald setzte es sich aufs hohe Roß, verlangte die Niederwerfung der „Rebellen", die Herstellung der Oberhoheit Altenglands und die gewinnbringenden Handelsmonopole. Fast noch mehr schwankte die Regierung: bald hart, bald mild, heute brutal und herausfordernd, morgen kleinlaut und verzagt, horchte sie nach allen Seiten hin um guten Rat und zeigte sich den klugen Amerikanern als ein Gegner, wie sie ihn ungeschickter nicht wünschen konnten.

Und die Amerikaner? Wenn sie zurückdachten vor das Jahr 1764, so hatten sie sich unter englischer Herrschaft so wohl und frei gefühlt, wie kaum jemals andere Kolonien. Seither waren einige kleine Bosheiten und Schikanen geeignet gewesen, sie aufzuregen und zu erbittern. Wenn sie nur ein Stück ihrer eifersüchtig gewahrten Selbstregierung abtraten, so konnten sie wieder in aller Ruhe leben. Wer aber, riefen die Führer des Volks, wer grenzt dieses Stück ab? Wird es nicht immer größer werden, bis es die ganze Freiheit verschlungen hat? — Und wenn einmütiger Widerstand beschlossen wurde, sollte man wirklich die Schiffe hinter sich verbrennen? Gab es keine Rückkehr mehr in die alte bequeme Lage? Sollte dies Volk der Kolonien, dem es noch an jedem Gefühl enger nationaler Zusammengehörigkeit fehlte, dem zum Teil auch Begeisterung und Grimm abgingen, sollte dies Volk in den ganzen Ernst eines Kriegs gestürzt werden? — War denn der Sturm, der von der Gewalttätigkeit des Mutterlandes ausgegangen, nicht bloß über die Häupter hingefahren, hatte er denn auch die Tiefen des Volkes aufgewühlt und zwar so nachhaltig, daß es einen vielleicht jahrelangen Krieg auf sich zu nehmen bereit war?

III. Der erste Schuß und seine Wirkungen

Concord ist eine kleine Stadt im Binnenland von Massachusetts gelegen, 25 Kilometer nordwestlich von Boston. Sie mag im Jahr 1775 ungefähr 1500 Einwohner gezählt haben und zeichnete sich durch einen recht patriotischen Geist aus; 200 Mann hatten sich bewaffnet und waren bereit auszurücken. Das Städtchen liegt auf beiden Seiten des Concordflusses; die Straße nach Boston, zum Teil rauh und uneben, streckenweise von Waldstücken eingefaßt, führt etwa auf halbem Wege durch das Dorf Lerington, das kaum halb so viel Einwohner zählte als Concord. Wegen seiner ziemlich weiten Entfernung von der Küste hielt man Concord für einen durchaus sicheren Platz, nach dem sich Detachements von englischen Truppen aus Boston kaum wagen würden.

In Concord versammelte sich denn auch Mitte Februar 1775 der Provinzialkongreß von Massachusetts. Man beschäftigte sich mit den Maßregeln zum Widerstand. Miliz und Minutenmänner wurden aufgefordert, sich unermüdet in den Waffen zu üben; man hielt zur Fabrikation von Gewehren und Bajonetten an und ermahnte die Einwohner von Boston und Umgegend, keine Lieferung für die englischen Truppen zu machen. Der Ankauf von Pulver, Geschütz und Ausrüstungsstücken wurde beschlossen; in Worcester und Concord sollten Depots errichtet werden.

Zur Überwachung all dieser Maßnahmen war ein Sicherheitsausschuß von 11 Vertrauensmännern aufgestellt worden, der auch die höheren Offiziere ernannte, darunter General Ward, der im französischen Krieg gedient hatte. Einer stillen Verschwörung glich das ganze Volk. Doch das Klirren der Waffen,

Kommandoruf auf dem Gemeindeanger, das Geknatter auf den
Schießplätzen, das Summen und Brausen in den Tiefen aller
Volkskreise, das alles konnte den englischen Spionen nicht entgehen. So wurde General Gage in Boston über die meisten
Vorgänge auf dem laufenden erhalten, wie in Volksversammlungen gewirkt werde, wie die Geistlichen den Leuten zureden,
sich das Volk Juda als Beispiel zu nehmen. Er hatte ungefähr
3000 Mann zu seiner Verfügung und schon Ende Februar ein
Detachement über Marblehead nach Salem geschickt, um dort
ein Magazin mit Kriegsvorräten zu zerstören. Zum Blutver-
gießen war es nicht gekommen, aber mit drohender Miene standen die aufmarschierenden Minutenleute da und die Leidenschaft
des Landvolks konnte jeden Augenblick zur lichten Flamme empor-
schlagen.

Inzwischen hatte Gage bestimmten Befehl erhalten, jedes
den Kolonien gehörige Fort in Besitz zu nehmen, sich der
von den Rebellen gesammelten Kriegsvorräte zu bemächtigen;
alle, die der Rebellion verdächtig seien, festzunehmen, noch mehr
Zwangsmaßregeln einzuführen und die öffentliche Sicherheit zum
ersten Gegenstand seiner Erwägung zu machen. — Etwas viel verlangt von einer kleinen Garnison, die in Neuengland, einem feindlichen Gebiete von fast 800 000 Einwohnern, nur durch äußerste
Vorsicht einem Mißerfolg entgehen konnte. Dennoch beschloß
Gage einen Schlag zu tun und dieser galt der Zerstörung
der Magazine in Concord. In der Nacht vom 18. zum
19. April sollte das Detachement unter Führung des Oberstleutnant Smith und des Major Pitcairn von Boston auf-
brechen. Die besten Truppen der Garnison, Grenadiere und
leichte Infanterie, zusammen 800 Mann, wurden zur Verfügung
gestellt. Der Marsch war wohl so gedacht, daß die Truppe,
deren Aufbruch und Ziel durchaus geheim gehalten wurden, bald
nach Tagesanbruch Concord erreichte, um ihr Zerstörungswerk
zu vollziehen und am nächsten Tage zurückzukehren.

So gut das Geheimnis gehütet sein mochte, schon vor dem
Abmarsch, um 10 Uhr Abends, hatten die Leiter der Bewegung
in Boston Nachricht von dem Plan. Es ist neuestens die Ansicht ausgesprochen worden, daß die Frau des Generals Gage

den Patrioten habe Andeutungen zugehen lassen. Gage lag in New York in Garnison seit dem französischen Krieg; im Jahr 1758 hatte er sich mit einer Amerikanerin aus der Kolonie New Jersey verheiratet und diese habe ihre Landsleute nicht ohne Wink über die drohende Gefahr lassen wollen. — Gut; im Mondlicht marschierten die Truppen ihrem Ziele entgegen; das konnten sie nicht bemerken, daß hinter ihnen auf einem der Bostoner Kirchtürme etliche Laternen verabredete Feuerzeichen gaben, aber jetzt hörten sie Schüsse vor sich, neben sich; eine Glocke beginnt zu wimmern, eine andere, weiter entfernt, schließt sich an; man hört Reiter in rasender Eile zur Seite durch Hohlwege, über die Felder und Wiesen galoppieren; das ganze Land scheint in Bewegung. Man sah es noch nicht, aber man fühlte es, wie die Leute aus ihren Häusern stürzten und ins Gewehr traten.

Bald nach Mitternacht war die Kunde von dem Anmarsch der Engländer nach Lexington gekommen. Die Minutenmänner, die Leute des ersten Aufgebots, begannen sich zu sammeln. John Hancock und John Adams waren anwesend. Um zwei Uhr Morgens marschierten die Wehrleute auf der Gemeindewiese auf, 130 Mann stark. Der Hauptmann Parker ließ laden, ermahnte aber, nicht den ersten Schuß zu tun, sondern den Feind zuerst feuern zu lassen. Eine Wache wurde ausgestellt und die Leute gingen zunächst wieder auseinander, auf den Trommelschlag wartend. Hancock und Adams entfernten sich in der Richtung auf Woburn.

Kaum dämmerte der Tag, rückten auch die Engländer an; ihrer Trommel folgend stellten sich die Wehrmänner von Lexington in zwei Gliedern auf der Gemeindewiese auf. Jetzt sah man die englische Vorhut; sie hielt und lud die Gewehre, um dann im Geschwindschritt vorzurücken, an ihrer Spitze Major Pitcairn. Dieser ritt auf 40 bis 50 Schritte an die amerikanischen Wehrmänner heran und schrie ihnen zu: „Geht auseinander, ihr Halunken! Ihr Rebellen, auseinander! Legt die Waffen nieder!" Wie festgebannt blieben die Amerikaner auf ihrem Posten; sie hatten ja Befehl, nicht zuerst zu feuern, fanden sich auch einer mindestens vierfachen Übermacht gegenüber. Da schoß

Pitcairn seine Pistole los und kommandierte: Feuer! Eine Salve
krachte und 16 Amerikaner stürzten tot oder verwundet nieder,
die übrigen stoben auseinander. Erst jetzt faßten sich einzelne
der Flüchtigen, sammelten sich und gaben, ohne Schaden anzu-
richten, ein paar Schüsse auf die Engländer ab. Wenige Tage
später hat der Milizhauptmann von Lexington folgende Erklärung
zu Papier gegeben:

„Lexington, April 25., 1775.

Ich, John Parker, volljährig und Kommandant der Miliz
von Lexington, bezeuge und erkläre, daß am 19. in der Morgen-
frühe um 1 Uhr etwa die Nachricht zu mir kam, einige Offiziere von den regulären Truppen reiten auf der Straße hin
und her, stoßen und beleidigen die Leute, so ihnen auf dem
Weg begegnen. Ebenso erhielt ich Nachricht, daß eine Anzahl
regulärer Truppen auf dem Marsch von Boston her sich befinde,
mit dem Auftrag, die Magazine der Provinz in Concord weg-
zunehmen. Auf dies hin traf ich Anordnung, daß die Miliz
sich am Gemeindehaus in besagtem Lexington versammle, um
zu beraten, was zu tun sei, und beschlossen, uns nicht zu zeigen
oder uns mit besagten regulären Truppen (wenn sie sich nähern
sollten) zu befassen, außer sie sollten uns beleidigen oder be-
lästigen; und auf ihre plötzliche Annäherung hin ordnete ich
unmittelbar an, daß unsere Miliz sich zerstreue und nicht Feuer
gebe. In demselben Augenblick standen besagte Truppen schon
vor uns, stürzten wütend vorwärts, feuerten und töteten acht
von uns, ohne irgend eine Veranlassung von uns empfangen
zu haben.

John Parker."

Die Engländer, ihres leichten Sieges froh, machten auf der
Gemeindewiese kurzen Halt, brachten ein dreimaliges Hurra aus
und setzten ihren Marsch nach Concord fort. Längst hatten diese
Grenadiere und leichten Füsiliere die Stunde herbeigewünscht,
wo sie den ruhmredigen Bürgern ihre Sticheleien und ewigen
Foppereien heimgeben könnten, wo der erzwungene Müßiggang
ein Ende nähme und der Miliz gezeigt würde, was ein rechter
und echter regulärer Liniensoldat zu leisten verstehe. Der Tag
hatte also für sie ganz gut angefangen.

In Concord flüchtete man den Inhalt der Magazine nach den Bergen und Wäldern; die Mehrzahl der Weiber und Kinder folgte dahin nach. Von benachbarten Dörfern rückten die Bewaffneten an und die Wehrmänner, etwa 200 Mann, nahmen Aufstellung auf ihrem gewöhnlichen Paradeplatz, gingen aber auf eine Anhöhe jenseits des Concordflusses zurück. Indessen waren die Engländer in Concord eingezogen. Es war 7 Uhr in der Frühe des 19. April, ein sonnenheller Tag. — Im Städtchen gab es wenig mehr an Kriegsvorräten zu zerstören; im Unmut darüber mag es wohl gewesen sein, daß die Soldaten ein paar der verlassenen Häuser plünderten, einige Geschützlafetten und den Freiheitsbaum verbrannten, wobei auch das Gerichtshaus Feuer fing. Das alles sahen die amerikanischen Wehrmänner von ihrer Anhöhe am Concordfluß. Es waren ihrer jetzt 400—500, nachdem alle Nachbarn sich angeschlossen. Mit dem sicheren Instinkt der Angehörigen eines Volksheeres erkannten sie, daß es jetzt Pflicht sei, für den Schutz ihres Eigentums einzutreten. Was kümmerten sie sich um den König von England und um das Recht des Parlaments, was um alle spitzfindigen Auslegungen? Da liegt dein Recht klar vor Augen: dein Heim bedroht von Feinden, gleichgültig, ob diese einen roten Rock tragen oder das Fell des Indianers. Die Offiziere der Amerikaner besprachen kurz die Lage und dann erschallte das Kommando zum Antreten. So marschierten sie geschlossen in zwei Gliedern die Anhöhe herab, Offiziere vor der Front; man wollte auch jetzt dem Feind den ersten Schuß lassen.

Und die Engländer ließen nicht lange warten; sie sandten eine Salve herüber; der Hauptmann der Concorder, Isaak Davis, und mehrere andere fielen. Jetzt drang laut das Kommando des amerikanischen Führers durch die Luft: „Feuer, Kameraden, in Gottes Namen Feuer!" Eine kleine Zahl Engländer fiel tot oder verwundet. — So verlief der erste Angriff, den in diesem Krieg die Amerikaner auf diejenigen machten, die glaubten, hier Oberherren spielen zu können. Diese Landbewohner von Massachusetts hatten sich längst in ihrem Stolz verletzt gefühlt durch die Geringschätzung, mit der die englischen Soldaten und Offiziere von den Farmern und ihrer Bravour zu sprechen pflegten; längst hatten sie sich danach gesehnt, ihnen einmal ein Stück amerikanischer Tatenlust auf den Rücken zeichnen zu können. Und der Tag schien sich in seinem Verlauf dazu gut anlassen zu wollen.

Die Engländer gingen in Unordnung zurück und ließen die Amerikaner im Besitz der Brücke. Jetzt begann die Lage der Engländer schwierig zu werden. Auf den Hügeln rings zeigten sich ganze Schwärme von Amerikanern; es wurde nötig, sich Boston wieder zu nähern; vielleicht kam auch die Verstärkung an, um welche Oberstleutnant Smith dringend gebeten hatte. Das letztere ist wohl der Grund, warum er sich nicht allzusehr beeilte, Wagen für seine Verwundeten zusammensuchte und erst gegen 12 Uhr Mittags Concord verließ, um auf demselben Weg, den er gekommen, und der sich durch unebenes Gelände, durch Wälder und Dickicht schlängelt, nach Boston zurückzukehren.

Der Rückmarsch der Engländer gab für die Minutenmänner und den gesamten Landsturm der Umgegend das Zeichen zur Jagd, zum Hetzen des ohnehin schon ermüdeten Feindes. Angesehene Gutsbesitzer und Geistliche führten die einzelnen Schwärme heran; auf kleinem Umweg gewannen sie Vorsprung vor der langsam auf der Straße sich hinwälzenden hilflosen englischen Kolonne und legten sich in Hinterhalt; andere Nachbarn rannten noch weiter, deckten sich hinter Hecken und Gebüsche, ließen die Truppen anlaufen wie das Wild und gaben dann Feuer. Es mögen nie mehr als 500—600 Mann gewesen sein, die den Engländern auf den Fersen blieben, sie zur Seite begleiteten oder ihnen voraneilten, aber es waren von Strecke zu Strecke immer neue 500—600 Mann, welche die Erstgekommenen ablösten und selbst wieder dieselbe Aufgabe an Späterkommende abtraten. Denn jetzt wimmelte der Landsturm aus allen Städtchen und Dörfern heraus und zog auf Feldwegen und Wiesenpfaden, über Hügel und durch Täler den Flintenschüssen nach, um noch einen Anteil an der Jagd zu erhaschen. Ein fortwährendes Rennen und Laufen, Gewehrknattern und Jagen von Reitern auf den nahezu unbewehrten Flanken der langgedehnten englischen Marschkolonne.

Bis jetzt waren Engländer und Amerikaner sich gegenüber=

getreten in vorschriftsmäßiger **geschlossener Linie**; Not und Gelegenheit verbanden sich, um den Amerikaner ins Einzelgefecht, **ins Schützengefecht** zu führen; an die Stelle der Salve, die das vorgeschriebene Feuer bildete, trat das dem Ermessen des einzelnen Schützen überlassene Plänklerfeuer. An eine geregelte Schützenlinie ist noch nirgends zu denken, aber es wird berichtet, daß man kaum jemals zehn Amerikaner beisammen gesehen habe; in ganz kleinen Gruppen bewegten sie sich und einzeln. Es wird hinzugefügt, den Engländern sei das höchst ungewohnt vorgekommen; es schien, als habe es „Rebellen" geregnet, so wimmelte Feld und Busch von ihnen.

Eine fatale Lage für Truppen, welche, wie die englischen Regimenter, nur auf Parade und geschlossenes Gefecht eingeübt waren. Die berittenen Offiziere stiegen ab und Streifpatrouillen, Seitendeckungen suchten den Marsch zu schützen. Mit kurzen Ruhepausen befanden sich die Engländer seit 15 Stunden auf dem Marsch. Dennoch, von Schrecken getrieben, begannen sie regellos zu laufen, als sie Lexington erblickten. „**Wie Schafe wurden sie vor den Amerikanern hergetrieben.**" Da kam Rettung. Die Verstärkung, um die der Oberstleutnant Smith bald nach Mitternacht gebeten, kam jetzt endlich an. In unbegreiflichem Unverstand, sagt der neueste Bericht, sei Lord Percy erst kurz vor 10 Uhr Vormittags mit der ersten Brigade (Walliser Füsiliere, 4., 47., 38. Regiment, 2 Geschütze, zusammen 1200 Mann) zur Hilfeleistung abmarschiert. Es war jetzt zwei Uhr Nachmittags; Percy ließ seine Geschütze auffahren, formierte ein großes Viereck und nahm die Abgehetzten auf, denen „die Zunge aus dem Halse hing, wie Hunden nach einer Jagd". Aber nur eine Pause von einer halben Stunde war vergönnt; es galt, die rettende Halbinsel von Boston zu erreichen. Percy übernahm mit seinen Leuten und Geschützen die Sicherung und weiter keuchte der Haufen, der in seiner Erbitterung und Beschämung sich nicht wenige Ausschreitungen zu schulden kommen ließ.

Wären die Amerikaner durch planmäßige Führung zusammengehalten und geleitet worden, so würde es wohl möglich gewesen sein, das ganze feindliche Detachement zur Kapitulation zu zwingen.

Da aber ihr Vorgehen nur in gelegenheitlichen Einzelgefechten bestand, so gelang es den Engländern, kurz nach Sonnenuntergang über die Landenge nach Charlestown und Boston zu entkommen; sie zählten 65 Tote, 180 Verwundete, 28 Gefangene und hatten bis auf wenige Patronen ihre ganze Munition aufgebraucht; 83 Amerikaner waren tot oder verwundet.

Für die Sache Amerikas war ein glänzender Sieg erfochten; die gefürchteten Soldaten mit den roten Röcken hatte man um ihr Leben rennen und laufen und keuchen sehen. Als das Knattern der Gewehre schwieg, als die Pulse wieder ruhiger schlugen, da mögen die Amerikaner selbst erstaunt gewesen sein über ihre eigenen Entschlüsse und Taten. So blickten 17 Jahre später von den Hügeln bei Valmy die nur halb organisierten Soldaten Frankreichs verwundert auf die preußischen Regimenter, wie sie umwandten, den Rücken zeigten und sich anschickten, das französische Gebiet zu räumen; Vive la nation! Vive la république! schallte es ihnen nach und mit dem Rufen zog noch nie gefühltes Selbstvertrauen bei den Siegern ein. — Am 19. April 1775 schien mit dem Rückzug der Engländer aus dem inneren Land an die Küste die Alte Welt Abschied genommen zu haben, um die Neue Welt Amerika von ihrer Herrschaft zu befreien und sie sich selbst zu überlassen. Zugleich hatte die Kriegskunst ein neues Kunststück gesehen: den Kampf schwärmender, wimmelnder, aufgelöster Schützen gegen die schwer bewegliche, geschlossene Truppe, der die Kunst des raschen Überspringens von einer Formation in die andere abgeht.

Noch in der Nacht vom 19. zum 20. April strömten die Minutenleute und der Landsturm vor die Mauern von Boston; die ganze Kolonie Massachusetts stand unter Waffen. Der Provinzialkongreß trat zusammen und forderte Neuengland auf, eine Armee von 30000 Mann aufzubieten unter dem Kommando des alten Generals Ward mit dem Hauptquartier zu Cambridge nächst Boston, um diese Stadt einzuschließen und zu belagern. Die Engländer und wer ihnen in Amerika anhing, die Loyalisten oder Tories genannt, wurden allenthalben mit gewaltigem Haß verfolgt; eine wahre Kampfwut begann die Massen in den Kolonien zu beseelen. —

Die Nachricht von dem Treffen bei Lexington, wie man die Zusammenfassung aller Kämpfe am 19. April zu nennen pflegt, kam in den letzten Tagen des Mai 1775 nach London. Es ist kein Zweifel, zu jeder Zeit hatte England in allen Bevölkerungsschichten viel Sympathien für Amerika. Der gutmütige Lord North hätte gerne durch Zugeständnisse oder Verzicht sich aus der Verlegenheit gezogen; aber der König, der wohl sah, daß er niemals wieder einen so fügsamen Minister bekommen würde, wußte jeden Gedanken an Rücktritt fernzuhalten. Hilflos stand North dem Ungestüm seiner Kollegen, Leuten wie Thurlow, gegenüber. Doch ließ er die Hoffnung niemals ganz fallen. Dadurch kamen denn auch so verwirrte, sich gegenseitig lähmende Maßregeln zu stande: grimmiger Kriegsentschluß und zugleich Versöhnungsversuche.

Jetzt nach der Kunde von Lexington wandte sich der Strom der öffentlichen Meinung mehr und mehr gegen Amerika. Wütend fiel man über Hutchinson her, der mit seinen Schönfärbereien (S. 249) die Regierung irregeleitet habe. Allgemein mißbilligt wurde auch das Verhalten des Generals Gage. Sir William Howe sollte zu seinem Nachfolger bestimmt und ihm die Generale Henry Clinton und John Bourgoyne beigegeben werden. Wesentliche Verstärkungen müssen die Armee in Boston auf 10000 Mann bringen. Wie die Rebellen zu unterwerfen seien, das war jetzt ein Gegenstand des Nachdenkens, vor dem alles andere in den Hintergrund trat. Damit aber Verwirrung und Zweizüngigkeit nicht fehlen, wurde der Admiral Lord Howe, der Kommandant der verschiedenen Geschwader an der Küste Amerikas, zugleich zum Friedenstifter ausersehen.

Und wieder hörte man gerne Renommistereien und Selbsttäuschungen. „Glauben Sie mir, Mylords," sprach Lord Sandwich, „schon das Knallen eines Kanonenschusses wird die Amerikaner veranlassen, davonzulaufen, so schnell als ihre Füße sie zu tragen vermögen." Die Kolonisten seien roh, ungeschult und feig. Je mehr von ihnen im Feld stehen, desto leichter sei der Sieg. — „Sie sind in Rebellion begriffen," meinte dagegen Edmund Burke, „und sie haben schon so viel getan, daß sie dadurch genötigt werden, noch weit mehr zu tun." — Trotz der Ruhm=

redereien des Lord Sandwich aber sahen die Einsichtigen klar, daß England allein nicht genug Hilfsmittel besitze, um Amerika unterjochen zu können. Man schlug vor, die Küste zu blockieren und das Land durch Not auf die Knie zu bringen. Der König solle Neger, Indianer, Kanadier bewaffnen, Russen oder Deutsche herbeirufen. In Irland solle man werben, in Hannover; der Landgraf von Hessen warte darauf, daß man seine Dienste verlange. Tolle Pläne und leicht ausführbare schwirrten durcheinander; 3000 Musketen mit 200 Patronen für jede wurden eingeschifft, um an königstreue Indianer und Neger verteilt zu werden.

Durch das weite Land der amerikanischen Kolonien aber schmetterte die frohe, die erlösende Kunde von dem ruhmvollen Schmerzenstag von Lexington; von Flußufer zu Flußufer, von Berg zu Berg rief man sich zu, wie die Rotröcke die ersten Schüsse abgegeben und die ersten Opfer niedergestreckt, wie dann der Landsturm zur Wehre gegriffen und die Engländer vor sich hergetrieben habe, wie Boston jetzt umlagert werde. Von einem Gebiet zum andern ritten die Herolde, zu den großen Seen, über die Gebirge an den Ohio und zum Lorenzstrom nach Quebec. An der Küste entlang drang der Schrei und von hier über die blauen Berge bis in den fernsten Talwinkel. Langsam über die Gebirgsketten kletternd drang die Kunde zu den Jägern in das unvergleichliche Tal des Elkhorn zu dem Beratungsfeuer, um das die Männer sich gelagert, ein Engländer und zwei Deutsche: Patterson, Steiner und Hagen. „Am 19. April hätten König Georgs Truppen bei Lexington in der Massachusettskolonie die Amerikaner Rebellen geheißen und sie wie Hunde niedergeschossen." — „Ein Hurra für Lexington!" riefen einmütig die gebräunten Jäger und Lexington ward die zu gründende Stadt von den Vätern der Republik Kentucky genannt. —

Das erste, was in Massachusetts geschah, war eine Ansprache, die der Sicherheitsausschuß in der Frühe des 20. April erließ: „Wir beschwören euch bei allem, was teuer, bei allem, was heilig ist, wir bitten euch, wie ihr es vor eurem Lande, vor eurem Gewissen und vor Gott selbst verantworten könnt, euch zu beeilen und durch alle möglichen Mittel die Anwerbung von Leuten zur Bildung der Armee zu fördern und die Leute mit jener Beschleunigung, welche die ungeheure Wichtigkeit und augenblickliche Dringlichkeit der Sache verlangt, nach dem Hauptquartier von Cambridge abzusenden." Von allen Seiten strömten denn auch Milizen und Minutenmänner herbei, um die Stadt, die von Gage in aller Eile befestigt wurde, immer enger einzuschließen. Am 23. waren schon 2000 Mann aus New Hampshire da unter dem Kommando des alten Veteranen John Stark, den sie zu ihrem Obersten ernannten. Stark war im Buschkrieg wohl erfahren und wußte in seinem Regiment auch eine gewisse Disziplin einzuführen. Israel Putnam (S. 113. 127) führte den Landsturm von Connecticut herbei, bei welchem Benedikt Arnold aus Newhaven eine Kompanie Freiwilliger befehligte.

Rhode Island schickte ein Regiment von 1000 Mann unter Nathanael Greene als Kommandanten. Dieser Führer mag als Repräsentant einer ganzen Reihe von Amerikanern seiner Zeit gelten, lauter Autodidakten seltenster Art. Im Grunde Ackerbauer und geschickte Handwerker, versenken sie sich als praktische Naturen zunächst in Geometrie und Feldmeßkunst. Die Beschaulichkeit des einsamen Lebens führt zu philosophischen Studien, zur Lektüre der griechischen und römischen Klassiker, englischer Literatur. Mit der politisch-militärischen Bewegung kehrt sich wieder der Praktiker heraus: man sieht den Exerzitien und Manövern der englischen Truppen in Boston zu, durchstöbert die Buchläden nach Abhandlungen über Kriegskunst und stellt in der Heimatstadt eine Kompanie Freiwilliger zusammen, an deren Bewegungen man das sich allmählich schulende Auge übt.

Zunächst stellte das Feldlager bei Cambridge nichts anderes dar als eine bewaffnete Versammlung von guten Freunden und Nachbarn, die den bedrohten Landsleuten zu Hilfe gekommen waren. Nach Kolonien, Grafschaften, Gemeinden fanden sie sich wohl gegliedert, auch ein gemeinschaftliches Haupt war vorhanden. Jeder trug zudem einen kleinen Vorrat von Lebensmitteln und Patronen mit sich. Noch bildeten die Wehrmänner eine ungezählte Masse und standen auf ihren Posten, wie sie eben kamen; es mochten sicher 20000 Mann, eher mehr, sein. Ohne Artillerie, ohne Munitionsreserve, ohne geregelte Lebensmittelzufuhr war es ein Wagnis von ihnen, sich hier zu einem großen Heere zusammenzuscharen. Allein so sahen die Leute ihren Dienst auch gar nicht an. Der ersten inneren Regung waren sie gefolgt, um Hilfe in der Not zu bringen. Die Sache mußte ja nach ihrer Ansicht bald erledigt sein; sollte das nicht zutreffen, so sahen sie kein Arg darin, wieder nach Hause zu gehen, um einem anderen Aufgebot oder den inzwischen geworbenen Truppen das Werk, das getan werden mußte, zu überlassen.

Manche Wehrleute kehrten schon am nächsten Tage nach ihrer Ankunft wieder in die Heimat zurück, um andere Kleider zu holen; viele gingen mit der Erlaubnis ihrer Hauptleute auf Urlaub nach Hause. So war die Stärke jeden Tag eine andere und konnte mit Genauigkeit nie ermittelt werden. Dem Namen nach war ja General Ward Oberkommandant, aber er fühlte sich nicht im stande, unter diesen Männern voll unbändigen Freiheitsgefühls und Selbstbestimmungsrechts Disziplin einzuführen. Denn Disziplin ist ja nichts anderes als der zur Gewohnheit gewordene Zwang, auf eigenen Willen und jegliches Selbstbestimmungsrecht zum Besten des Ganzen zu verzichten. Daß man das Beste der Kolonie, der Gemeinde wahrzunehmen und zu fördern habe, das war diesen Wehrleuten ein geläufiger Begriff, auch der, daß die Neuenglandkolonien sich im Augenblicke großer Not gegenseitig beispringen; aber fremd klang noch, daß man das große amerikanische Vaterland im Auge behalten müsse, daß man Opfer für dieses zu bringen, daß man vielleicht jahrelang im Dienst zu bleiben habe. Zudem war der General Ward ein so gebrechlicher Herr, daß er nicht zu Pferde steigen konnte; an große, selbständig gefaßte Entschlüsse nicht gewöhnt. Er fühlte, daß es für ihn bald ein Ding der Unmöglichkeit sein werde, die Armee beisammen zu halten und fürchtete, bald allein vor den Toren von Boston zu stehen.

General Gage hatte die Erlaubnis gegeben, daß es den Familien freistehe, die Stadt zu verlassen und zwar mit allen ihren Habseligkeiten, Lebensmittel ausgenommen. Mehrere Tage lang dauerte der Auszug. Der Provinzialkongreß verteilte

5000 Unbemittelte in die Dörfer des inneren Landes. Bald zog indessen der englische General die Erlaubnis zurück. Um aber die Kosten für die Auszügler zu bestreiten, um die Löhnung zahlen zu können, gab die Kolonie in verschiedenen Emissionen Papiergeld aus, deren kleinere Stücke „Soldatennoten" genannt wurden. Der seltsamen Vorstellung, als ob Gage immer noch Gouverneur von Massachusetts sei, machte der Provinzialkongreß, der jetzt als provisorische Regierung auftrat, ein Ende durch den Erlaß vom 5. Mai: „daß General Gage sich unfähig gemacht habe, der Kolonie ferner in irgend welcher Eigenschaft zu dienen, daß ihm künftig niemand Gehorsam zu leisten schuldig sei, und daß man sich vor ihm als einem unnatürlichen und verstockten Feind zu hüten habe."

Gage dagegen verkündigte am 12. Juni das Kriegsgesetz für ganz Massachusetts und erklärte John Hancock und Samuel Adams für strafwürdige Rebellen und Verräter, auf welche der Generalpardon, welcher der irregeleiteten Menge zu gut komme, keine Anwendung finde. An die Regierung in London ließ er das Ansuchen ergehen, sie möge 15000 Mann in Boston konzentrieren, von denen ein Teil aus Jägern, Kanabiern und Indianern bestehen könne; weitere 10000 in New York und 7000 mit Kanabiern und Indianern am Champlainsee. Der Plan war wohl durchdacht und die Regierung griff später auf ihn zurück. Vorerst kamen unter Howe, Clinton, Bourgoyne Verstärkungen in Boston an, welche die Garnison des eng eingeschlossenen Platzes auf 10000 Mann brachten. Es schien, als sollten die Grenzen für die Belagerten immer enger gezogen werden; denn wenn es auch der neuenglischen improvisierten Armee an Einheit und Zusammenhalt fehlte, so lebte doch in ihren einzelnen Stücken eine kühne Unternehmungslust, welche durch die Wegnahme ausgesetzter Terrainteile zu kleinen Erfolgen führte. —

Am 22. April langte die Kunde von Lexington in New York an und nahm allen bisherigen Zwang von den Einwohnern weg. Das Volk versammelte sich, schloß das Zollhaus und warf die Regierung nieder. Ohne Unterschied griffen Presbyterianer und Anhänger der Hochkirche zu den Waffen;

kleinlaut waren die sonst so zuversichtlichen Royalisten geworden. Es scheint zu dieser Zeit keine Garnison oder doch nur eine schwache in New York gewesen zu sein. — **Pennsylvania und die kleineren Kolonien von New Jersey und Delaware** blieben in Darlegung ihres Gemeinsinns hinter keiner anderen zurück. In Philadelphia übten sich 30 Kompanien, jede 50—100 Mann stark, täglich in den Waffen. Die Bezirke Berks und Reading zeigten sich besonders eifrig. Die Damen von Philadelphia zupften Scharpie und fertigten Verbandzeug für die Verwundeten an.

Im größten Teil der Kolonien hörte die britische Regierung einfach deshalb auf, weil keine Soldaten da waren, die königlichen Behörden zu schützen. **Der Gouverneur von Virginia**, Dunmore, drohte, sich Soldaten aus den der Freiheit zurückgegebenen Negern zu schaffen und diese auf die weißen Amerikaner loszulassen. Aber schon am 2. Mai setzte Patrick Henry eine kleine Armee von 5000 Mann nach Williamsburgh in Marsch; der Gouverneur entkam auf ein Kriegsschiff. Auf entlaufene Neger und eine Schar von Anhängern Englands gestützt, suchte Dunmore an der Küste Schaden zu stiften, ohne zu einem nennenswerten Erfolg zu gelangen. Schon im März hatte Georg Washington, unterstützt durch Henry Lee, Jefferson und andere, die Errichtung von regulären Truppen verlangt; dem war nicht stattgegeben worden, aber jetzt, zu Beginn des Mai, traten überall die Leute in Kompanien und Regimenter zusammen. So auch in **Maryland**. In **Südkarolina** bestand eine nicht zu unterschätzende Partei von Tories oder Treugesinnten, wie sie von ihren Freunden, den Engländern, genannt wurden. Dennoch drang der patriotische Geist hier, wie in **Nordkarolina**, durch. Es wurden zwei Regimenter Musketiere und ein Regiment Scharfschützen errichtet. **Georgia** ließ sich durch die Nachricht von den Vorgängen bei Lexington der Union zuführen. Die meisten Gouverneure flüchteten auf englische Kriegsschiffe, oder wurden verhaftet und gefangen gesetzt. — In den ersten Tagen des Mai 1775 hatte England in allen 13 Kolonien fast keinen Posten mehr in der Hand als Boston. Jeden Fußbreit Erde mußte es sich an der Küste durch seine Flotte erkämpfen. Allerdings saß es noch fest in Kanada, sich stützend auf die festen Plätze Quebec, Montreal, Halifax.

Mit hellem Blick erkannte der französische Gesandte Garnier in London die Lage und schrieb an den Minister Vergennes nach Paris: „Die Amerikaner zeigen bei ihrer Handlungsweise und selbst bei ihren Irrtümern mehr Nachdenken als Enthusiasmus; denn sie haben nach der Reihe bewiesen, daß sie zu folgern, zu unterhandeln und zu fechten wissen." Ganz richtig; dies Kolonistenblut, das im Notfall mit Einsicht und Zähigkeit zu fechten weiß, macht sich blutwenig aus Kriegsruhm. Diese praktischen Menschen wußten auch, daß der Enthusiasmus unnötig viel Kraft verbraucht, in einem einzigen Augenblick verfeuert und aufgehen läßt, was jahrelang vorhalten könnte. Deshalb erscheinen von Anfang an die leitenden Männer entschlossen, in jedem gegebenen Augenblick nicht mehr von Begeisterung, Opferwilligkeit und Kraft dranzusetzen, als durchaus und dringlicherweise notwendig ist. Das herbe Urteil, von dem jungen Lafayette später gefällt: „In jedem Café auf den Boulevards in Paris ist mehr Begeisterung für die amerikanische Freiheit, als in allen dreizehn amerikanischen Kolonien zusammen," — ist im ganzen genommen nicht ganz ungerechtfertigt.

So wenig Anhänger an die Sache Englands, so wenig Tories, gab es wohl nirgends als unter den eingewanderten Deutschen und ihren Nachkömmlingen. Wir wissen, daß sie hauptsächlich in Pennsylvania und in New York, im Tal des Hudson und des Mohawk in größerer, geschlossener Masse saßen. Schon der Buchhandel zeigt deutlich die Gesinnung dieser aus deutschem Blut stammenden Amerikaner. Unter den Schriften des Jahres 1775 erschien zu Philadelphia: „Schreiben des evangelisch-lutherischen und reformierten Kirchenrats, wie auch der Beamten der teutschen Gesellschaft in der Stadt Philadelphia an die Teutschen Einwohner der Provinzen von New York und Nordkarolina". Insbesondere wird hier hervorgehoben: „Die Teutschen in Pennsylvanien nah und fern haben sich sehr hervorgetan und nicht allein ihre Milizen errichtet, sondern auch auserlesene Corps Jäger formiert, die in Bereitschaft sind zu marschieren, wohin es gefordert wird; und diejenigen unter den

Teutschen, welche selbst nicht Dienste tun können, sind durchgehends willig, nach Vermögen zum gemeinen Besten zu kontribuieren."

Eine andere Agitationsschrift, die in starker Sprache zum Widerstand gegen die Engländer und zur Erringung der Unabhängigkeit auffordert, erschien unter dem Titel: „Zuschrift aus der Versammlung der Repräsentanten des Staates New York. Aus dem Englischen übersetzt. Philadelphia. Gedruckt bei Steiner und Cist in der zweyten Straße." — In Millers „Staatsboten" findet sich eine beredte Aufforderung an alle Deutschen, sich der Freiheitspartei anzuschließen. Wie bitter die Knechtschaft sei, hätten sie ja in Deutschland erfahren. „Gedenkt und erinnert die Eurigen daran, daß ihr der Dienstbarkeit zu entgehen und die Freiheit zu genießen unter den größten Beschwerlichkeiten und Ungemach nach Amerika gegangen seid. Gedenkt, daß die englischen Staatsdiener und ihr Parlament Amerika auf eben dem Fuß und vielleicht ärger haben möchten." Nach amerikanischem Zeugnis „waren die Deutschen, welche einen großen Teil der Bewohner von Pennsylvania ausmachten, alle auf der Seite der Freiheit".

Im Mai 1776 beschloß der Kongreß, ein ausschließlich aus Deutschen bestehendes Bataillon in Dienst zu nehmen; 5 Kompanien davon stellte Pennsylvania, 4 Maryland. Namentlich in Lancaster, Berks und Reading County ließen sich zahlreiche Deutsche für die pennsylvanischen Regimenter anwerben, besonders für das 2., 3., 5., 6. und 8. Regiment. Aus Berks County ist General Heister hervorgegangen. Ein alter preußischer Soldat, Christoph Ludwig, war als Bäcker in Philadelphia sehr wohlhabend geworden und sah sich 1777 zum Oberaufseher der Bäckereien in Washingtons Armee ernannt.

Eine besondere Stelle unter den Freiheitskämpfern, welche aus deutschem Blute stammen, aber schon durch ihre Geburt, noch mehr durch eigene Wahl und alle ihre Gefühle Amerikaner sind, nimmt der spätere General Peter Mühlenberg ein. Er ist als der älteste Sohn des „Patriarchen der lutherischen Kirche", des Pastors Heinrich Mühlenberg, in Philadelphia am 1. Oktober 1746 geboren. Erste Ausbildung im elterlichen

Hause durch den Vater und auf der Akademie in Philadelphia. Zur Weiterbildung wurde er 1763 mit zwei Brüdern nach Halle geschickt. Aber Peter wollte auf der Universität nicht recht gut tun. Er siedelte nach Lübeck über und trat als Lehrling in einen Kaufladen. Nach drei Jahren kehrte Peter ins Vaterland zurück. Der Prediger an der schwedischen Kirche in Philadelphia, Karl Magnus v. Wrangel, unterrichtete ihn und im Jahr 1772 wurde Peter Mühlenberg zum Pastor der deutsch-lutherischen Kirche in Woodstock im Shenandoahtal, Virginia, ernannt. Er war bald ein Liebling der Gemeinde und trat in freundschaftliche Verbindung mit Patrick Henry und Georg Washington. Auch als Prediger entsagte er dem Weidwerk und männlichen Übungen nicht.

Namentlich aber nahm er teil an dem Gang der Politik und an den Fragen der Freiheit und Unabhängigkeit. Er wurde Vorsitzender eines Korrespondenzausschusses und hielt Vorträge über die Berechtigung des bewaffneten Widerstands. Virginia machte sich infolge der Ereignisse bei Lexington und vor Boston kriegsbereit und stellte zu den vorhandenen 2 Regimentern noch 6 neue auf; Peter Mühlenberg wurde zum Kommandeur des 8. Regiments ernannt auf ausdrücklichen Wunsch Georg Washingtons und Patrick Henrys. Nun galt es ins Feld zu ziehen; nicht ohne Abschied wollte der neue Oberst seine Gemeinde verlassen. Von nah und fern hatten sich Mitte Januar 1776 die Leute zur Abschiedspredigt in der Kirche von Woodstock eingestellt. Peter Mühlenberg stand letztmals als Pastor auf der Kanzel. In eindringlichen Worten sprach er von den Pflichten gegen das Vaterland; wie es eine Zeit gebe zum Predigen und Beten, wie aber auch die Zeit zum Kampfe ihr Recht habe und diese Zeit sei jetzt gekommen. Nachdem er den Segen gesprochen, warf er den einhüllenden Talar der geistlichen Würde hinter sich und stand nun im Schmuck des Waffenrocks als Regimentskommandeur vor seiner Gemeinde. Er stieg von der Kanzel herab und ließ die Trommeln rühren. Da loderte die Begeisterung in hellen Flammen auf. Greise brachten ihre Söhne, Frauen ihre Männer herbei als Mitkämpfer für die Freiheit. Nahezu 300 Mann stellten sich an jenem Tage aus Woodstock und Umgebung unter Mühlenbergs Fahne.

Bald wurde sein Regiment höchst ehrenvoll genannt. Militärische Befähigung und feuriger Pflichteifer trafen bei Mühlenberg zusammen; am 21. Februar 1777 ist er vom Kongreß zum Brigadegeneral ernannt worden und machte in der Folge noch mehr von sich reden.

Wir haben oben (S. 68) gesehen, wie Tausende von Deutschen als „des Königs bienstpflichtige Knechte" am Hudson angesiedelt wurden, wie sie ins Tal von Schoharie entwichen und das des Mohawk mit kleinen Städten und Dörfern füllten, wie sie gegen Franzosen und Indianer (S. 74. 75) im Felde standen. Die Söhne und Enkel dieser bescheiden blickenden Einwanderer samt den Neukömmlingen waren im Lauf der Jahrzehnte Amerikaner geworden. Der weite Raum, das Gefühl der Freiheit, der Kampf ums Leben hatten Selbstvertrauen und ganz neue Seelenkräfte geweckt, welche sich himmelhoch unterschieden von den untertänigen Gefühlen des deutschen Bürgers und Bauern im 18. Jahrhundert. Die Schöpfer ihres eigenen Glücks wollten auch seine Verteidiger sein.

Obwohl in der Stadt New York eine starke englische Partei saß und die Klasse der Gleichgültigen vielleicht noch stärker war, zögerten doch die Farmer und kleinen Handwerker auf dem Lande nicht, sich für die Sache der Freiheit zu erklären. Auf die Kunde, die von Lexington herüberkam, trat man unters Gewehr, legte Vorräte von Waffen und Munition an. Saß in der Stadt New York schon ein schlimmer Feind, so vielleicht ein noch schlimmerer im Mohawktal. Der alte Royalist William Johnson (S. 73. 118) war 1774 gestorben; sein Sohn aber und namentlich sein Schwiegersohn Guy Johnson, der zugleich Indianeragent war, fuhren fort, die Sache ihres königlichen Herrn und Englands fanatisch zu verteidigen. Guy Johnson war englischer Oberst und warb fortgesetzt für Englands Sache. Der eingefleischte und leidenschaftliche Royalist war zugleich befreundet mit Joseph Brant, dem Häuptling der Mohawkindianer, und mit den Führern der aus dem schottischen Hochland stammenden Ansiedlern, lauter tapferen Royalisten. Als die Bewegung für die Freiheit immer weitere Kreise zog unter den Kolonisten aus englischem und holländischem, namentlich aus deutschem Blut, wurde dem Oberst Guy Johnson der Boden der Heimat zu heiß; er siedelte nach Kanada über und ging, wie die Folge zeigen wird, von hier aus gegen die alte Heimat am Hudson und Mohawk vor.

Einzelne Loyalisten waren noch im Mohawktal zurückgeblieben, aber im ganzen befand es sich jetzt, im Sommer 1775, in den Händen der aus deutschem Blut hervorgegangenen Republikaner. Ihr Sicherheitsausschuß formierte sofort die Streitkräfte in 4 Bataillone, deren eines von dem Obersten Nikolaus Herckheimer kommandiert wurde. Zum größeren Teil bestanden die sämtlichen Bataillone aus deutschem Nachwuchs, namentlich das Bataillon Herckheimers weist fast ausschließlich deutschklingende Namen auf.

Heute liegt das Mohawktal ziemlich in der Mitte des Staates New York; im Sommer 1775 war es Grenzgebiet, und da der Krieg tatsächlich mit dem Geplänkel bei Lexington begonnen hatte, konnte jeden Tag ein Einfall der Engländer von Kanada her stattfinden. Zwei Wege standen den Feinden zu Gebot; sie konnten vom Ontariosee und Oneidasee her kommen; hier war die Mohawklandschaft durch das Fort Stanwix gedeckt. Oder wählten die Engländer den Weg gerade von Norden, über den Champlainsee. Nach beiden Seiten mußte man sich decken; denn es verlautete, daß die Johnsons in Montreal Tories und Indianer zum Grenzkrieg werben und ein ganzes Regiment Jäger, „Johnsons königliche Grüne", errichtet haben. In diesem Grenzkrieg hat nachmals Nikolaus Herckheimer sich die größten Verdienste um die junge Republik erworben. Er entstammte (S. 73) einer aus der Pfalz ums Jahr 1722 eingewanderten Familie und war im Mohawktal geboren.

Kaum irgend ein Punkt an der nördlichen Grenze hat die Augen von jeher so auf sich gezogen und die Phantasie der Umwohner so beschäftigt wie das Fort Ticonderoga am Champlainsee, das die Straße von Quebec und Montreal an den Hudson deckte. Das Gebiet von Vermont, das bald als neuer Staat in die Union eintreten sollte, begann sich eben mit kecken Ansiedlern zu bevölkern. Ihnen lag die Gefahr von Ticonderoga am nächsten. In Bennington versammelten sich die tollkühnen „Green Mountainboys", Milizen von Massachusetts kamen dazu, auch Benedikt Arnold stellte sich ein. Es mochten wenig über 100 Mann sein; aber seit Lexington hatte sich der Mut mächtig gehoben; nichts schien unmöglich. Man trat den Marsch nach Ticonderoga an. Man wußte, daß bloß 50 Mann in dem Fort lagen, daß aber eine Wegnahme nur durch Überfall gelingen könne. Ein solcher wurde in der Nacht vom 9. zum 10. Mai ausgeführt und lieferte das Fort in die Hände der kecken Angreifer. So geschah es auch mit dem nahegelegenen Crown Point, wo nur 12 Mann lagen.

Die Sieger erbeuteten noch eine Menge Geschütz, Gewehre und Vorrat an Pulver. Benedikt Arnold, der sich etwas auf das Seewesen verstand, errang in kecker Fahrt noch einen Vorteil auf dem Champlainsee selbst und rief auf 50 Meilen in der Runde die Waffenfähigen auf, sich mit Schanzgerät zu versehen und in den beiden genommenen Forts zu sammeln, um diese zu hartnäckiger Verteidigung einzurichten. —

Welche Kraft, welche Zentralgewalt aber war vorhanden, alle diese aus der innersten Tiefe der Volksseele aufsteigenden Bewegungen, alle diese Einzelerscheinungen, all diese Unternehmungslust und Freiheitsregung zusammenzuknüpfen zu geregeltem und systematischem Tun? Wer vermochte in die Umlagerung von Boston, in den Schutz der Grenze, in die ganze Bekämpfung des Feindes Einheit zu bringen? Wer führte die noch Zweifelnden, die Schwankenden und Gleichgültigen in das gemeinsame nationale Lager der Freiheit hinüber? Eine recht starke Hand mußte es offenbar sein, die das alles durchführte, eine Macht, die vor keinem Mittel zurückschreckte und rücksichtslos durchfuhr.

Es ist ein seltsames Beispiel von Beharrungsvermögen, das sich im Verhalten des amerikanischen Volkes kundgibt wie in den Taten des Kontinentalkongresses. Nach allem, was vorgefallen, hätte man denken sollen, daß der Zorn der Männer jedes Band, das noch einigen Zusammenhalt mit England bedeutete, rücksichtslos zerrissen hätte. Im Gegensatz dazu zeigen

sich an der Oberfläche des Volkslebens neben einem tumultuari=
schen Zusammenströmen im Kriegslager wie in den Volksver=
sammlungen unendlich viel Zweifel und Gleichgültigkeit; und
über all dem ein fast schüchternes Auftreten der Zentral=
gewalt, ein geflissentliches Fortspinnen des alten überlieferten
Verhältnisses zu England im Kontinentalkongreß.

Ist das alles an sich schon seltsam genug, so ist der Um=
stand doch noch wunderlicher, daß in der innersten Seele die
leitenden Männer fast alle von der Notwendigkeit überzeugt
waren, den weiteren Entwicklungsgang des amerikanischen Vol=
kes wirtschaftlich, politisch, geistig, von den Bahnen loszulösen,
die ihm seither von der Regierung in England vorgeschrieben
waren. Es steht das im Einklang mit den Beobachtungen der
Fremden: „In dem Verhalten des amerikanischen Volkes zeigt
sich mehr verständige Berechnung als überstürzender Enthusias=
mus." Bei den Männern, die wie Franklin geartet waren, kam
dazu noch der sehnliche Wunsch, das ganze Werk der Trennung
ohne Waffengewalt durchzuführen, England durch Belehrung
zur Umkehr zu bringen, bevor der Prozeß zum bitteren Ende
durchgespielt wird.

In sehr vielen Kreisen, in den meisten vielleicht, sagte man:
man liebe England und schrecke vor dem Gedanken zurück, sich
jemals von ihm zu trennen und die Geschicke Amerikas in
eigene, selbst vorgezeichnete Bahnen zu lenken. Aber diese Liebe
zu England wies doch recht bezeichnende Eigentümlichkeiten auf.
Ja, man wollte England lieben, wenn es von seiner Oberherr=
schaft bloß den Gebrauch machte, den die Abgeordnetenkammern
der Kolonien billigten. Und zum andern: ja, die Amerikaner
liebten England, aber es war nicht dieses heutige England,
das sie liebten; vor ihnen stand das allen als Heimatideal
überlieferte England, das Vaterland der Freiheit, der rechtlichen
Gesetzmäßigkeit, der geistigen und moralischen Machtfülle, nicht
das England aus diesen Tagen, in dem sich eben eine Um=
wandlung vollzog, durch welche neben die leitenden roya=
listisch=höfischen Elemente eine übermütige Handelsfirma trat.
Um diese Prozesse beobachten zu können, dafür standen die
Amerikaner zu fern. Nur wenige unter ihnen, wie Franklin,

traten so nahe und mit so hellem Auge heran, daß sie die
Änderung der Zeiten wahrnehmen konnten. So kam es, daß
die alte Anhänglichkeit in Konflikt geriet mit dem neuen Wunsche
nach Freiheit und Selbstregierung. Nur eines lag klar und
offen da: man durfte die bedrängten Brüder in Massachusetts,
speziell in Boston, nicht im Stich lassen.

Nach der Verabredung trat der zweite Kontinentalkongreß am 10. Mai 1775 in Philadelphia in der zur Verfügung
gestellten Halle der Zimmermannszunft zusammen; Benjamin
Franklin, Samuel Adams und John Adams, John Hancock,
Thomas Jefferson, Georg Washington, Randolph, Patrick Henry,
Dickinson und andere Vorkämpfer befanden sich darunter. Vertreten waren 12 Kolonien durch 51 Deputierte, die ohne bestimmtes Gesetz von den Einzelkolonien gesandt worden waren;
die 13. Kolonie, Georgia, stellte sich erst kurz vor Schluß des
Kongresses ein. Die Vollmachten der meisten Vertreter lauteten:
„Zur Wiedergewinnung und Erhaltung der Freiheiten und
Rechte der Kolonien, und um sie in Verteidigungszustand zu
setzen." Zum Präsidenten wurde Peyton Randolph aus Virginia gewählt. Als diesen aber andere Geschäfte abriefen,
hoben die Volksvertreter einstimmig John Hancock aus
Massachusetts auf den Präsidentenstuhl: „wir wollen den
Engländern zeigen, wie hoch wir ihre Verdammungsurteile einschätzen." Denn es war schon bekannt geworden, daß Samuel
Adams und Hancock geächtet werden sollten. Der Entschluß,
Massachusetts in seiner aufrechten Haltung zu unterstützen, war
ja niemals auch nur einen Augenblick zweifelhaft. — Für die
Behandlung der Geschäfte zerlegte sich die Masse der Abgeordneten in eine Reihe von Ausschüssen; obenan standen die militärischen, in denen allen Georg Washington eine entscheidende
Stimme führte. Über dies Arbeiten schreibt John Adams an
seine Frau: „Von 7—10 Uhr des Morgens ist fast der gesamte
Kongreß in verschiedenen Ausschüssen beschäftigt. Von 10—4 Uhr,
bisweilen auch bis 5, sind wir im Kongreß, und von 6—10 Uhr
wieder in Ausschüssen beisammen. Ich erwähne dies nicht, damit
du glauben sollst, ich sei ein wichtiger Mann, — nicht ich allein
bin so in Anspruch genommen, nein, der ganze Kongreß ist es."

Es hat nachmals wieder einen so eifrig, so hingebungsvoll arbeitenden Kongreß gegeben, der auch die Aufgabe sich stellte, die Stücke eines getrennten Volkes zur Einheit zusammenzuführen, die deutsche Nationalversammlung in Frankfurt am Main während der Jahre 1848 und 1849. Auch dieser deutsche Kongreß erfreute sich vollständiger Freiheit, Redeübungen zu halten, sich in Ausschüsse zu gliedern, Beschlüsse zu fassen, Gesetze aufzustellen, — aber ihm stand kein einziger Beamter zu Gebot, der Folge geleistet, kein einziger Soldat, welcher das Schwert erhoben hätte. In allem mußte diese Repräsentation des deutschen Volkes die Einzelstaaten ersuchen, ob sie die Güte haben wollten, dies und jenes Gesetz bei sich anzunehmen, ob sie da eine Armee aufstellen, ob sie dort einschreiten, ob sie Geld geben wollten. Eine Flotte schuf sich schließlich die deutsche Nationalversammlung auch, aber ihre Flagge wurde nirgends anerkannt und ging endlich, wie die ganze Zentralgewalt, an Machtlosigkeit unter.

Ähnlich, aber doch nicht ganz so schlimm, stand es mit dieser Zentralgewalt der Amerikaner, mit diesem Kongreß in Philadelphia. Eine exekutive, gebietende Macht stand ihm nicht zur Seite. Man konnte seine Befugnisse unbegrenzte nennen, unbegrenzt nämlich, wenn die einzelnen Kolonien den guten Willen hatten, Folge zu leisten. Weil aber alle etwas Gemeinschaftliches hatten, nämlich einen gemeinschaftlichen Feind, so leisteten sie schließlich auch Gehorsam, wenn auch oft unmutig genug und mit so wenig Aufwand als möglich. Schon am Tage der Eröffnung des Kongresses, am 10. Mai, war davon die Rede, wie man trotz der bisherigen Weigerung des Königs von neuem mit einer ehrerbietigen Petition vor ihn treten müsse, damit er sich entschließe, den Vermittler im Streite der Kolonien mit der englischen Regierung zu machen. Einzelne Abgeordnete, unter der Führung von Dickinson, machten sich zum Träger dieses Gedankens. Allein er wurde vorerst aus dem Feld geschlagen schon am nächsten Tage durch den Bericht über die Vorfälle in Massachusetts am 19. April und den folgenden Tagen. Einstimmig wurde der Beschluß gefaßt, das Verhalten der Kolonie Massachusetts zu billigen und sie zum Ausharren zu ermahnen.

Ein anderer Beschluß betraf New York. Die Stadt hatte angefragt, wie sie sich zu verhalten habe bei dem bevorstehenden Landen neuer englischer Regimenter. Sie solle, wurde die Stadt belehrt, sich dem Landen nicht widersetzen, aber keine Befestigungen errichten lassen, sich auf der Defensive halten, jedoch Gewalt mit Gewalt vertreiben, falls es der Schutz der Einwohner und des Eigentums erfordere. Die Wunderlichkeit eines derartigen Rates läßt sich nur aus dem Wunsch des Kongresses erklären, die Anwendung von Gewalt möglichst hinauszuschieben und die Stimmung zu begünstigen, die einen stillschweigenden Waffenstillstand zwischen allen Parteien schließen ließ. Dies Zeitgewinnen brachte einige Vorteile; man vermochte Pulver und Waffen herbeizuschaffen, die Armee wenigstens einigermaßen zu organisieren; der wirkliche Vorteil des Zeitgewinns aber lag doch auf seiten des Feinds; er bekam Gelegenheit, Verstärkungen übers Meer zu führen, die Anhänger Englands in den Kolonien zu sammeln und zu bewaffnen, mit den Indianern abzuschließen, deutsche Hilfstruppen zu mieten. Im ersten Anlauf hätte man vielleicht die Engländer von Boston ins Meer werfen und ihnen die Wahl lassen können, die amerikanischen Küstenstädte zu zerstören; durch das Zuwarten begann der amerikanische Landsturm die Geduld zu verlieren, wurde unlenksam und lief auseinander.

Zu dem Rat, welcher der Stadt New York erteilt worden war, stimmte es auch, daß der Kongreß von neuem erklärte, er wünsche keine Trennung von Großbritannien. Ja er ging so weit, trotz des anfänglichen Widerspruchs, eine neue „untertänige Vorstellung und Bitte an den König" zu richten. In demselben Augenblick aber raffte sich der Kongreß wieder auf, wies das versöhnliche Anerbieten des Lord North nachdrücklich zurück und richtete Adressen an das Volk von Großbritannien, an die Irländer, an die Bevölkerung von Kanada, in denen namentlich auch ausgeführt war, daß bei Lexington die Engländer der angreifende Teil gewesen, daß die Amerikaner sich in der Notwehr befunden.

Die allermeisten Beschlüsse wurden, um ihr Gewicht zu erhöhen, mit Einstimmigkeit gefaßt. Gegensätze waren ja vorhanden, Eifersucht und Argwohn, aber die Selbstüberwindung vieler Mitglieder vermochte doch immer wieder einigend zu wirken. Von vornherein aber wußte man, daß die **Erklärung der Unabhängigkeit heute noch keine einstimmige Annahme** finden würde. Ursprünglich setzte die Neuenglandpartei einen dahin zielenden Antrag auf ihr Programm; auch Franklin und die Mehrzahl der Virginier wußten, daß die Unabhängigkeit schließlich nicht vermieden werden könne. Allein sie glaubten, die Hoffnung der anderen auf Frieden und Versöhnung nicht trüben zu dürfen, trotzdem es nicht an Kundgebungen des Volkes für gänzliche Unabhängigkeit fehlte.

Im Westen des Staates Nordkarolina liegt Charlotte, der Hauptort des Bezirks (County) Mecklenburgh. Georgs III. Gemahlin Charlotte, geborene Prinzessin von Mecklenburg, hat der Stadt und dem Bezirk den Namen gegeben. Presbyterianer aus Schottland und Irland waren in diese Bergwildnis geflüchtet und gründeten ein politisch und religiös freies Gemeinwesen. Da drang der Schrei über das bei Lexington vergossene Blut in den Hinterwald von Charlotte. Die Männer traten zusammen in Waffen, und während man sich im Kongreß noch immer scheute, das letzte Wort zu sprechen und das Verhältnis zu England durch einen feierlichen Staatsakt zu lösen, ward hier, wie es scheint am 31. Mai, in der Wildnis frank und frei ausgesprochen, daß auf dem Boden von Amerika ein freies und unabhängiges Volk wohne. Die in Charlotte gefaßten Beschlüsse wurden im Monat Juni nach Charleston und an den Kongreß in Philadelphia befördert.

„Wir Bürger des County Mecklenburgh lösen hiermit alle staatlichen Bande, welche uns mit dem Mutterland verbunden haben, wir entledigen uns jeden Gehorsams gegen die britische Krone und schwören ab jede politische Verbindung, jeden Vertrag, jede Gemeinschaft mit der Nation, welche so leichtsinnigerweise unsere Rechte und Freiheiten zu Boden getreten und das Blut der amerikanischen Patrioten bei Lexington vergossen hat. Wir erklären uns hiermit für ein freies und unabhängiges Volk, wir sind, wie wir dies von Rechts wegen sein sollten, ein souveränes, sich selbst regierendes Gemeinwesen unter keinerlei Gebot irgend einer Macht, als Gottes und des Kontinentalkongresses. Zur Erhaltung dieser Unabhängigkeit verpflichten wir uns in feierlicher Weise, uns gegenseitig beizustehen mit unserem Leben, mit unserem Besitztum und unserer heiligen Ehre. Wer immer, in welcherlei Form oder Weise, die englischen Anmaßungen gegen unsere Freiheiten und Rechte unterstützt, der ist ein Feind dieses Landes, ein Feind Amerikas, ein Feind der angeborenen und unveräußerlichen Rechte der Menschheit."

Diese Erklärung der tapferen Männer in Mecklenburgh County hat in der Folge nach zwei Seiten hin Weiterungen erfahren. Die amerikanische Kritik behauptet, in die ursprüngliche Erklärung seien nachträglich Worte und Wendungen eingeschmuggelt worden, welche es wahrscheinlich machen sollten, daß die endgültige Unabhängigkeitserklärung vom 4. Juli 1776 von jener Vorläuferin in Nordkarolina entlehnt habe. — Zum anderen haben deutsche Forscher geglaubt, es sei ihre Pflicht, um den Ruhm der Landsleute zu mehren, Mecklenburgh County mit deutschen Ansiedlern zu bevölkern. Nun zeigt freilich die Geschichte, daß die amerikanische Luft aus dem schüchternen, dem heimatlichen Elend entrinnenden deutschen Bauern einen tüchtigen Freiheitskämpfer gemacht hat. Aber zum Vorkämpfer auf dem Wege zur Freiheit verspürte er weder Beruf noch hinlängliche Befähigung; das mußte er dem geschulteren, aus England stammenden Mitbürger überlassen, dem er als guter Kamerad sich anzuschließen sofort bereit war. In Mecklenburgh County befand sich vielleicht unter der Masse der aus englischem, schottischem, irischem Blut Stammenden auch der eine oder andere versprengte Deutsche; einer der unterschriebenen 23 Namen scheint in der Tat auf deutsche Abstammung hinzuweisen (John Pfifer). —

Gerade bei der formlosen Masse des Landsturms in Massachusetts mußten immer wieder die **militärischen Aufgaben des Kongresses** in den Vordergrund treten. Am 26. Mai faßte er den Beschluß, daß „die Vereinigten Kolonien" durch die Feindseligkeiten Englands genötigt seien, sich unverzüglich in Verteidigungszustand zu setzen. Damit ist mehrerlei gesagt: die bisher getrennten Kolonien sind, wenigstens auf militärischem Gebiet, als Einheit gedacht; ferner: durch den einstimmigen Beschluß, daß der Kongreß die Verteidigung einzurichten habe, übernimmt eben der Kongreß als **Zentralgewalt**, hier als **Kriegsherr**, die gesamte Kriegführung. Demzufolge wird von diesem Zeitpunkt an die vom Kongreß aufgestellte Armee als **Kontinentalarmee**, d. h. Unionsarmee bezeichnet im Gegensatz zu den Milizarmeen (Landsturm) der einzelnen Kolonien. Um die Kosten aufzubringen, wurden im Namen der „Vereinigten Kolonien" für 3 Mill. Doll. Schatzscheine ausgegeben. Ein Ausschuß unter dem Vorsitz von Washington und Schuyler erhielt den Auftrag, die notwendigen Vorschriften und Regulative zu entwerfen. Vor Ablauf des Jahres 1775 erwartete man noch eine günstige Antwort vom König; deshalb entschloß sich der Kongreß zu der höchst bedenklichen Maßregel, alle militärischen Verpflichtungen vorerst mit dem Ende dieses Jahres zu begrenzen.

Der Krieg sollte also ein nationaler werden; die Armee, welche zunächst von Neuengland gestellt war, zu der aber auch die Kontingente von New York, Pennsylvania, Virginia nebst zehn Kompanien Büchsenschützen treten sollten, diese Armee war bestimmt, als Kontinentalarmee in die Dienste der Zentralgewalt, des Kongresses, zu treten. Alles das erforderte notwendig die **Aufstellung eines Oberbefehlshabers**. Nur durch die Ernennung eines Generalissimus wurde es dem Kongreß möglich, die Leitung aller auf den Krieg bezüglichen Angelegenheiten zu übernehmen.

Mit der Wahl eines Mannes für den Posten eines Oberbefehlshabers stellte sich der Kongreß vor eine besonders schwierige Aufgabe. Ein so hoher Würdenträger stand nur fest, wenn er einstimmig von allen Kolonien ohne einzige Widerrede anerkannt war. Seltenen Takt mußte er besitzen, um sich über Tausende eigenwilliger Menschen zu erheben; große Festigkeit des Charakters, um eine Überlegenheit zu behaupten; gerechten und humanen Sinn, um die Zuneigung von solchen zu erwerben, die nicht an Verehrung der Autorität an sich gewohnt waren; überlegene militärische Kenntnisse, um sowohl den Veteranen als den Dilettanten zu imponieren.

Da standen zwei Offiziere, Charles Lee und Horatio Gates,

welche den großen Krieg in Europa gesehen hatten. Aber sie galten nicht als richtige Amerikaner, waren in England geboren. Die Neuenglandarmee, welche für jetzt den Kern der Kontinental= armee bildete, hatte einen Kommandanten, einen Neuengländer, den alten General Ward. Ließen es sich die Neuengländer ge= fallen, daß man jetzt einen Fremden über sie setzte? Wenn man auch von den „Vereinigten Kolonien" sprach, standen sich diese nicht immer noch fremd gegenüber?

Da kam Hilfe von den Neuenglandstaaten selbst. Ihre Ver= treter waren die ersten, welche den Obersten Washington aus Vir= ginia zum Oberbefehlshaberposten vorschlugen und zeigten sich als die eifrigsten, seine Wahl und Bestallung durchzusetzen. Als der Tag der Wahl herannahte, wurde der Vorschlag der Neuengländer von dem Vertreter Marylands erneuert. Die Stimmen wurden durch Ballotage gesammelt und bei der Zählung zeigte es sich, daß Oberst Georg Washington einstimmig zum Ober= befehlshaber ausersehen war. Es geschah das im Kongreß am 15. Juni und zwar in Abwesenheit Washingtons. Am nächsten Tage erschien er auf seinem gewöhnlichen Platz und erklärte unter Dankesbezeigung die Annahme der Wahl. „Da= mit nicht bereinst," fuhr er fort, „wenn das Glück uns nicht be= günstigt, mein guter Name verunglimpft werde, so bitte ich jedes Mitglied dieser Versammlung, es nicht zu vergessen, daß ich heute mit der größten Aufrichtigkeit erkläre, wie ich mich nicht für fähig halte, alle Pflichten der Stelle zu erfüllen, zu der ich so ehrenvoll erhoben werde." — Schon vor der Wahl hatte der Kongreß den monatlichen Gehalt des Obergenerals auf 500 Doll. festgesetzt. Washington war entschlossen, keinerlei festen Gehalt anzunehmen, sondern auf Wiedererstattung aus eigenen Mitteln, wie es ihm sein großes Vermögen erlaubte, zu leben. „Der Kongreß möge mir gestatten, zu versichern, daß, da mich eigennützige Rücksichten nie hätten bewegen können, dies beschwerliche Amt mit Aufopferung meiner häuslichen Ruhe und Glückseligkeit zu übernehmen, ich nicht gesonnen bin, den geringsten Vorteil daraus zu ziehen. Ich werde eine genaue Rech= nung über meine Ausgaben halten. Diese, daran zweifle ich nicht, wird man mir bezahlen; und das ist alles, was ich verlange."

Am 19. Juni übersandte der Kongreß dem General Washington seine Bestallung, in welcher er zum Oberbefehlshaber aller Truppen ernannt wurde, „um zu kommandieren die gesamte Kontinentalarmee, die schon errichtet ist oder noch errichtet werden soll, für die Verteidigung der amerikanischen Freiheit". Alle Mitglieder des Kongresses verpflichteten sich, „dem genannten George Washington, Esquire, mit ihrem Leben und Eigentum beizustehen". Dagegen solle der neue Oberfeldherr noch besonders sorgen, „daß die Freiheiten Amerikas keinen Nachteil erfahren".

Am 22. Juni erfolgte die Ernennung von vier Major-Generals (Divisionskommandeure) und zwar: Ward, Charles Lee, Schuyler und Israel Putnam, außerdem von acht Brigadegenerals: Pomroy, Montgomery aus New York, Wooster, Heath, Spencer, Thomas, Sullivan, Nathanael Green aus Rhode Island. Mit demselben Rang wie diese wurde Horatio Gates zum Generaladjutanten ernannt. — Diese Ernennungen für die Kontinentalarmee von seiten des Kongresses haben nichts zu tun mit der Auswahl, welche die einzelnen Kolonien unter ihren Milizoffizieren trafen, um sie zu höheren Chargen, zu Obersten und Generalen, zu befördern.

Die Lage der Dinge verlangte gebieterisch die Anwesenheit des Oberbefehlshabers im Feldlager von Cambridge vor Boston. Am 21. Juni verließ er Philadelphia, nachdem er auf Ansuchen der Offiziere mehrere Kompanien Infanterie, Schützen und leichte Reiter gemustert. Auf der Straße nach New York begleitete ihn ein Trupp leichter Reiter und die Generale Schuyler und Charles Lee; ersterer ein ritterlicher, braver Patriot von unzweifelhaft holländischer Abkunft, letzterer ein englischer Glücksritter, der kürzlich Land in Virginia gekauft hatte und vorgab, die Sache der amerikanischen Freiheit mit Leidenschaft ergriffen zu haben, ein Mann, der darauf pochte, größere militärische Erfahrung zu haben als sonst jemand in Amerika, dessen Eigensinn und Reizbarkeit aber der militärischen Brauchbarkeit enge Grenzen steckte. Überall beeiferte sich das Volk, dem obersten Befehlshaber alle Ehren zu erweisen. So auch in New York.

Es war eine üble Lage, in der sich gerade die Stadt New

York befand. Der Gouverneur Tryon war eben in England gewesen und konnte jeden Augenblick in den Hafen einlaufen. Von der anderen Seite, auf der Landstraße, die durch Jersey von Philadelphia herführt, näherte sich das neue Haupt der Armee, welche von den Engländern, somit natürlich auch von dem erwarteten Gouverneur Tryon, die Rebellenarmee genannt wurde. Washington kam zuerst an; man ritt ihm zum Empfang entgegen, man hielt Parade ab und sprach freundliche Begrüßungsworte. Ein paar Stunden später landete Tryon und erhielt dieselben Ehrenbezeigungen. Ein recht bezeichnendes Bild für das Doppelgesicht, das damals noch die Stadt New York zeigte.

Am 26. Juni verließ Washington New York und hatte am 2. Juli bei Watertown den Kriegsschauplatz in Massachusetts erreicht. In New York selbst ließ er als Truppenkommandanten den General Schuyler zurück, der zugleich den Auftrag erhielt, den Gouverneur Tryon im Auge zu behalten und auf die Anschläge Guy Johnsons zu achten, der als leidenschaftlicher Royalist (S. 271) geschäftig war, in Kanada Indianer und Tories zu sammeln und als eine stete Drohung für den nördlichen Teil der Kolonie New York betrachtet werden mußte.

Der Kongreß hat manchen glücklichen Griff getan, der Freiheit zu dienen, aber niemals einen glücklicheren, als da er den Kommandostab dem virginischen Obersten überwies. Georg Washington hatte lange genug mitten im politischen Leben gestanden, um die Schwierigkeiten der Lage voll zu erkennen: eine Regierung ohne Machtausstattung, ohne Exekutive, nur so lange wirksam, als die einzelnen Kolonien für gut fanden, zu gehorchen; eine Revolution, deren ersten Erfolgen man freilich jetzt zujubelte, als deren Träger sich die allermeisten der Volksgenossen bekannten, der aber doch manche feindlich, viele gleichgültig gegenüberstanden; dazu keine Artillerie, kein Pulvervorrat, keine Ingenieure; der Generalstab mit seinen Zweigen erst im Entstehen; keine Offiziere und auch kein Weg, solche zu bekommen; keine regelmäßig angeworbene Armee und die meisten Mitglieder des Kongresses von Mißtrauen gegen eine solche erfüllt; also alles abhängig von dem Eifer der Freiwilligen, die

bis 31. Dezember 1775, auf nicht einmal sieben Monate, an=
geworben waren.

Und doch brachte Washington das Opfer, nachdem er durch
reifliche Überlegung alle die Jahre und die letzten Monate herein
die Überzeugung von der Notwendigkeit einer Befreiung Amerikas
sich zu eigen gemacht und sich selbst mit der Sache der Revo=
lution identifiziert hatte.

Seine große Bescheidenheit und Schweigsamkeit lenkte nur
selten die Aufmerksamkeit auf seine Person. Umsomehr muß
der klare Blick bewundert werden, mit welchem die Mitglieder
des Kongresses den richtigen Mann für diese schwierige Zeit
herausfanden, einen Mann, der mit keinerlei brillanten Eigen=
schaften oder genialen Einfällen bestach, der zugleich gänzlich
frei war von allem, was den Demagogen kennzeichnet, der nie=
mals an sich selbst dachte, sondern mit dem lautersten Streben
darauf ausging, die Zentralgewalt des unvollkommen geschlossenen
Bundes zu stärken und die Freiheit für sein junges Volk zu
erkämpfen.

Das Heldentum, das in Georg Washingtons Seele steckte,
verlangt seinen eigenen Maßstab. Ihn mit gewöhnlichen Heer=
führern zusammenstellen zu wollen wäre verfehlt. Nein, er war in
seiner Art so vielseitigen und tiefen Geistes wie Friedrich der
Große, vollkommen und überlegen; seine Persönlichkeit
erwies sich immer mehr als eine Macht für sich.

So konnte es auch geschehen, daß der Erfolg der amerika=
nischen Revolution von ihm weit mehr abhing, als sonst von
irgend einem Umstand. Auch in den schlimmsten Zeiten ver=
zagte er nicht; Gleichgültige und Laue weckte er auf und schleppte
im Verein mit erprobten Gesinnungsgenossen sein Volk vorwärts
auf dem betretenen Wege, es mochte wollen oder nicht.

Wie alle Große, wie Cromwell, Friedrich der Große, wie
Bismarck, besaß Georg Washington in der Tiefe seiner Seele
ein verborgenes Gut, aus dem er immer neue Kraft schöpfte,
das ihn nie am Werte seines Volkes verzweifeln ließ; er hatte
dies Volk studiert, er wußte sich in seine Lage, in seinen Gedanken=
gang zu versetzen und paßte sich ihm an. Und darin liegt eben
das, was die Großen von anderen Menschenkindern unterscheidet.

Mit seinen 43 Lebensjahren befand sich der junge General eben im besten Mannesalter; eine imponierende, hohe Gestalt, gestreckten Wuchses, vortrefflich zu Pferde sitzend; unermüdliche Arbeitslust wohnte in diesem kraftvollen Körper; großartige Ansichten und energischer Wille sprachen aus diesen dunkelblauen Herrscheraugen. Die Buchstaben seiner Handschrift sind groß, deutlich, bestimmt und gleich; wenn sie etwas verraten können, so ist es: Geschlossenheit des Charakters, Bestimmtheit, Vorliebe für Ordnungsmäßigkeit in allen Dingen. Was er schriftlich niederlegte, klingt bewundernswert klar und hell, erscheint fast durchsichtig. In der Wahl des Ausdrucks ist er hervorragend glücklich. Seine anmutigen Wendungen, seine sorgfältig gebauten Perioden, die mit warmer Empfindung gesprochenen Worte verraten überall den Sohn der Aufklärungszeit.

Die Beschäftigung mit Geometrie in seiner Jugend sagte diesem rechnenden und praktischen Verstand ungemein zu. Der Schulunterricht aber, den er genoß, reichte nicht einmal hin, neben seiner Muttersprache ihm noch eine andere anzueignen. Was er sich an weiterer Ausbildung erwarb von Logik, Philosophie, Geschichte, Literatur, war durchaus sein eigenes Werk. — Aus dem **Geschlecht der Autodidakten**, das damals in Amerika wohl seine zahlreichsten und vollkommensten Vertreter auf den Schauplatz stellte, ragt Georg Washington sicher als der größte hervor. Diese flotten Tänzer, diese eifrigen Fuchsjäger des Südens fanden auf ihren abgelegenen Plantagen geistige Erholung in gedanken- und phantasiereicher Einsamkeit. Der ordnende Verstand, ohne den kein Autodidakt Erfolg haben kann, wußte bald das Wesentliche vom Unwesentlichen zu unterscheiden, den Wust zu vermeiden, Wertvolles aufzuspeichern; lehrte in allen Dingen das Herausgreifen, worauf es ankommt. Und damit ist Washington wieder ein rechter Repräsentant seines Volkes, das auch geistig sich selbst aus dem Kolonistenblut heraus entwickelt hat und stets Feind aller Nachbeterei gewesen ist, während andere Nationen, wie die deutsche, ihre Zeit und Eigenart damit verloren, daß sie ein Jahrhundert und länger sich zu Affen eines fremden Volkes gemacht haben.

Einen Teil seiner militärischen Ausbildung hat Washington unter englischen Gamaschenhelden genossen. Mit blutiger Schrift sah er hier die Fehler des militärischen Mechanismus, der hergebrachten Schablone verzeichnet; er lernte, was unter allen Umständen vermieden werden muß. In selbständigen Feldzügen erwarb er sich die Befähigung, Menschen zu beurteilen, zu behandeln und am richtigen Platze zu verwenden. Die Eigentümlichkeit der amerikanischen Streitkräfte legte nahe, wie wichtig es sei, unerschöpfliche geistige Tätigkeit mit Geduld und Festigkeit zu paaren.

Wohl aus seinen mathematischen Studien heraus floß für Washington die Fähigkeit, die technische Seite seines Berufes rasch zu überschauen und den Blick für kriegerische Kombinationen zu schärfen. Ein besonderes Talent für Organisation und Verwaltung war ihm eigen. Allein mit all diesen Vorzügen wäre doch nur ein Führer gewöhnlicher Sorte hergestellt gewesen, wenn nicht wieder besondere Charaktereigenschaften dazugetreten wären. Das hauptsächlichste Stück am großen Soldaten hat ja seinen Sitz im Charakter. Das Methodische, Pünktliche, Gewissenhafte trat denn auch bei Washingtons Veranlagung so deutlich hervor, daß dadurch ein mächtiges Gegengewicht, ein Damm geschaffen wurde gegen das tumultuarische Treiben des aufgebotenen Landsturmes sowohl, wie gegen die Mängel seiner großenteils höchst unvorsichtigen Unterführer. Nur der organisierenden Gestaltungsgabe eines Washington konnte es gelingen, aus diesem Chaos heraus ein kriegsbrauchbares, nach einheitlichem Willen zu bewegendes Instrument von festem Gefüge zu formen. Alle Schwächen dieses Instruments dem Feinde zu verbergen, wieder auszugleichen, die Unarten mit Geduld zu ertragen, das Stumpfgewordene in Schneide zu verwandeln, ohne das Mißtrauen des Kongresses zu erregen, darin lag die Aufgabe des amerikanischen Oberfeldherrn in viel höherem Grade als in wohldurchdachten strategischen Operationen, und mit jener Aufgabe hat er zugleich ein Stück seiner weltgeschichtlichen Mission erfüllt.

Washingtons Zeitgenosse und Mitarbeiter, Thomas Jefferson, sagt über ihn: „Sein Geist war groß und machtvoll, ohne zu denen ersten Ranges zu gehören; sein Verstand durchdringend, obwohl nicht so scharfsinnig wie der Newtons, Bacons oder Lockes; und so weit er sah, war kein Urteil so gesund wie das seinige. Er war langsam im Fassen eines Entschlusses, da er von Erfindungsgabe oder Einbildungskraft wenig unterstützt wurde, aber sicher in der Ausführung. Seine Offiziere bemerkten gewöhnlich, daß ein Kriegsrat für ihn von großem Vorteil sei; er hörte alle Ansichten ruhig an und wählte sich aus, was er für das beste hielt; gewiß hat kein General seine Schlachten je besser geplant. Aber wenn er im Verlauf des Treffens gestört wurde, wenn plötzliche Umstände irgend ein Glied der Kette seines Plans reißen machten, konnte er ihn nur langsam den neuen Verhältnissen anpassen und verbessern. Die Folge davon war, daß er im Feld oft Mißerfolge hatte. Furcht kannte er nicht, persönlichen Gefahren trat er mit kühlster Ruhe entgegen. Der stärkste Zug in seinem Charakter war vielleicht die Klugheit; er handelte nie, bis jeder Umstand, jede Überlegung für reif erachtet und abgewogen worden war; bei Zweifeln trat er zurück, aber wenn er sich einmal entschlossen hatte, führte er seine Absicht allen Hindernissen zum Trotz durch. Seine Unbescholtenheit stand vollkommen fest, seine Gerechtigkeit war die unbeugsamste, die ich je gekannt habe; keine Beweggründe des Interesses oder der Verwandtschaft, der Freundschaft oder des Hasses waren im stande, ihn in seiner Entscheidung verwirrt zu machen. Er war fürwahr in jedem Sinne des Worts ein weiser, guter und großer Mann. Sein Temperament war von Natur reizbar und stimmungsreich, aber Nachdenken und fester Wille hatten die Oberhand gewonnen."

Herrschen über die Herzen und Gemüter in so wild bewegter Welt, wie Washington jetzt in eine hineintrat, herrschen kann in solcher Welt nur ein Mann, von dem ein Zauber ausgeht. Und der Zauber, den Georg Washington um sich verbreitete, mit dem er die Herzen gewann, mag zum großen Teil in der Milde seines Urteils, in seiner unbeugsamen Wahrhaftigkeit zu suchen gewesen sein, in erster Linie aber lag er doch in dem Enthusiasmus, der aus allem sprach, was er vollzog, in dem Enthusiasmus, dessen stilles, geräuschloses Glimmen sich so wohltuend unterschied von dem wichtigtuenden Lärm ringsum. Mit der Helle, die nur der lauterste Enthusiasmus entfachen kann, hat er auf der Bahn zur Freiheit seinem Volke vorangeleuchtet und es auch glücklich durch Klippen und Sturm zum Ziele geführt. —

Wenige Tage vor der Wahl des Oberbefehlshabers erließ der Kongreß seine erste Ansprache an die Bewohner der „Vereinigten Kolonien", indem er sie aufforderte, einen Buß- und Bettag zu halten, an welchem sie „König Georg III. als ihren rechtmäßigen Souverän anerkennen und von der alles überwachenden Vorsehung die Wiederherstellung der beeinträchtigten Rechte Amerikas und Wiederaussöhnung mit dem Mutterland erbitten sollten". Man ließ also für den König beten und ordnete zugleich Rüstungen an, seine Truppen zu vertreiben; man scheute sich, die Unabhängigkeit auszusprechen und machte sich doch faktisch unabhängig. Dadurch lähmte der Kongreß die aufflammende Begeisterung und ließ das Volk nicht voll zum Bewußtsein von der Notwendigkeit raschen und einigen Handelns kommen; **eine Begeisterung aber, der nur ein langsames Fortspinnen gestattet ist, pflegt sich rasch zu verflüchtigen.**

Anfangs Juli war Georgia in den Bund eingetreten, der nun die Bezeichnung erhielt: „**Die dreizehn vereinigten Kolonien.**" Ein nach den Ideen Franklins entworfenes Aktenstück machte die Runde bei den Vertretern, auf dessen Grundlage der Bund dieser dreizehn Kolonien als eine vorläufige staatenbundliche Organisation bis auf weiteres bestehen sollte. Gleichzeitig schickte der Kongreß geheime Agenten nach Paris, Madrid, nach dem Haag, nach Berlin, Kopenhagen und St. Petersburg, um die fremden Mächte zu sondieren, sie in sein Interesse zu ziehen und darüber zu belehren, daß die Kolonien bei ihrem bewaffneten Widerstand sich in der Notwehr befänden. Auch gab er den Generalen Schuyler und Montgomery Befehl, die Revolution der Amerikaner an der Spitze ihrer Truppen nach Kanada zu übertragen.

Mit all diesen Maßnahmen ging der Kongreß zum direkten Angriff auf England über, wie es sonst Sache eines durchaus unabhängigen Staates ist. Offenbar handelte er hier nach dem

Vorsatz, daß er sich die endliche Erklärung der Unabhängigkeit nur durch eine Reihenfolge unvermeidlicher Ereignisse abzwingen lassen, daß er vorerst noch zuwarten wolle.

Und Zuwarten entsprach ganz und gar dem Temperament und der materiellen wie geistigen Verfassung dieses Kolonistenvolkes, dem zum Kriegführen keine starke Regierung, keine Organisation, kein Pulver, keine Kanonen zur Verfügung standen, das nur zwei Erfordernisse im Vorrat hatte: eine Fülle von Zeit und unbegrenzten Raum der Kriegsschauplätze.

IV. Die beiderseitigen Streitkräfte und die möglichen Kriegsschauplätze

Durch ihre Wehrverfassung waren die beiden staatlichen Gemeinwesen, Großbritannien und die Vereinigten Kolonien von Amerika, wenigstens was den Landkrieg betrifft, für längere und energische Kriegführung so schlecht als möglich organisiert. Von alten Zeiten her war man gewohnt, in England wie in Amerika, heute wie vor 130 Jahren, die Streitkräfte zu unterscheiden in das Aufgebot der Miliz und in die geworbene stehende Armee, welch letztere das für die eigentlichen Operationen bestimmte Instrument darstellt. Bisher ist in den Kolonien das stehende Heer vom Mutterland gestellt worden. Im Verlauf des Kriegs gegen die Franzosen und Indianer, der mit dem Frieden von Paris 1763 zum Abschluß kam, war die stehende Armee der Engländer ins Feld gezogen, unterstützt von den Miliztruppen der einzelnen Kolonien. Doch mußte man es auch in den Kolonien nicht anders, als daß besondere Truppenteile auf 6 oder 12 Monate angeworben wurden, um bei weitergehenden Unternehmungen oder bei Besatzungen im Anschluß an die englischen Truppen verwendet zu werden.

So ergibt sich der Grundsatz der Werbung als Gemeinschaftliches für beide Teile; für die Amerikaner, als im eigenen

Lande fechtend, kommt dazu noch der Beistand der Miliz in den einzelnen Kolonien. Aber etwas Unterscheidendes in der Art der Werbung trat namentlich zu Anfang des Kriegs hervor: die Engländer warben ihre Leute auf 12 Jahre, mindestens auf 7 Jahre an, die Amerikaner auf 6, 7, höchstens 12 Monate, zuweilen sogar nur auf 2 Monate, bis endlich im Laufe des Krieges selbst die Dauer der Anwerbung zum Vorteil des Dienstes auf mehrere Jahre erstreckt wurde. Aber geworbene Heere waren es, die auf beiden Seiten ins Feld zogen. Weder Engländer noch Amerikaner hatten je andere Soldaten gesehen als geworbene, sie kannten gar kein anderes System. Das Werben von Soldaten, ja gelegentliches Pressen, lag auch ganz und gar im englischen Wesen und die Amerikaner hatten sich noch nicht weit genug von diesem entfernt, um auf ein ganz neues System zu kommen. Die Miliz aber war eine für sich bestehende bürgerliche Einrichtung, die mit dem geworbenen Heer nicht viel zu tun hatte, ja in den Augen der Freiheitswächter einen Gegensatz zum eigentlichen Kriegsheer bildete, obwohl dieses zum Teil aus der Miliz sich rekrutierte.

Die Armeen der großen europäischen Militärmächte, Frankreich, Österreich, Preußen, gingen im Grundsatz auch aus Werbung hervor, aber um Geld zu sparen, um Massen aufstellen zu können, war man schon zur Aushebung, zur zwangsweisen Heranziehung der Söhne aus den nicht privilegierten Bevölkerungsklassen, geschritten. Dadurch entstanden die großen Friedensheere, mit denen man, nach Einberufung der Urlauber und vermehrter Werbung, ins Feld rückte. Frankreich und Preußen konnten jeden Augenblick mobil machen und sich im Felde zeigen, sobald sie nur über die nötigen Geldmittel verfügten. Während des Krieges selbst hatte vor kurzem Friedrich der Große neue Truppenteile aus dem Boden wachsen lassen: seine berühmten Freikorps, das von Meyer, Wunsch, Kleist und anderen, welche für die schwer bewegliche Maschine der Linienarmee den Schützendienst versahen und den kleinen Krieg führten. Engländer und Amerikaner schaffen sich heute, wie sie es vor 130 Jahren taten, eine große Feldarmee eigentlich erst mit der Mobilmachung und während des Krieges selbst.

Noch etwas Gemeinschaftliches außer dem System der Werbung besaßen die beiden kriegführenden Brüder: das Reglement. Um unter englischer Führung ins Feld rücken zu können, wie es eben geschehen war im Franzosenkrieg, mußten die Amerikaner mit dem englischen Reglement und anderen Dienstvorschriften vertraut sein. Diese zeichneten sich durch außerordentliche Genauigkeit für den Drill, durch höchst umständliche und feierliche Parademäßigkeit aus. So existierten auch für den Generalstab und die verschiedenen Zweige der Armeeverwaltung ausführliche, aber den wirklichen militärischen Bedürfnissen wenig entsprechende Vorschriften. Die Umständlichkeit der englischen Reglements gab schon früher Veranlassung, vereinfachte Vorschriften für die amerikanische Miliz zu verfassen, aber erst während des Feldzugs selbst kam die amerikanische Armee zu einem eigenen Reglement.

Einer der französischen Berichterstatter schreibt aus dem Jahr 1768 über die Streitkräfte in den Kolonien: „Die englischen Truppen betragen kaum 10000 Mann, darunter gar keine Reiterei." Es bleibt in der Tat eine Eigentümlichkeit des sich entspinnenden Krieges, daß fast gar keine Reiterei auftritt. Die Engländer brachten ein einziges Regiment hinüber; die Patrouillen scheinen meist von Offizieren geritten worden zu sein. So hatten auch die Amerikaner keinen zwingenden Grund, Reiterei aufzustellen; sie verfügten über ein paar Reitertrupps, Regimenter genannt, aber zu entscheidender Verwendung kamen sie nirgends.

Der Krieg auf den verschiedenen Schauplätzen entwickelt sich recht eigentlich als ein Kampf des von Artillerie unterstützten Fußvolks, und zwar zumeist des in Linie auftretenden geschlossenen Fußvolkes. Abgewichen von der geschlossenen Linie sind zuerst die Amerikaner und haben, sich den Bodenverhältnissen anpassend, die zerstreute Linie mit einzelnen Schützen und Schützengruppen zur Anwendung gebracht und die kommandierte Salve durch das in das Belieben des Schützen gestellte Einzelfeuer ersetzt. Erst im Laufe des Krieges aber ist System in das ursprünglich instinktmäßig Eingeführte und von der Not Gebotene gebracht worden.

Die Operationen auf allen Kriegsschauplätzen gestalten sich denn auch im Vergleich zu den Taten europäischer Armeen sehr unbedeutend; denn zumeist treten der Zahl nach nur untergeordnete Kräfte auf, wie das bei Armeen, die rein auf Werbung beruhen, natürlich ist, und aus Werbung ging ja die Armee hervor, hüben und drüben. Bedeutend und großartig werden die Bilder, die dieser Krieg bietet, erst, wenn ins Auge gefaßt wird, wie der Streit in wildem Wechsel bald dahin, bald dorthin überspringt, so daß es schwer wird, bei der Unendlichkeit des Raumes, überallhin zu folgen. —

Lange hat man sich in England bei den Fiktionen einer Volksvertretung, einer happy constitution, bei den traditionellen Formen und dem konservativen Wert einer äußeren Frömmigkeit beruhigt. Liebevoll hätschelte man sich weiter in seiner wirklichen und eingebildeten Größe und blieb blind dafür, daß erhöhte staatliche und wirtschaftliche Aufgaben in allen Teilen der Welt auch erhöhte Anforderungen an die allezeit bereite Streitmacht des Staates stellen. Es ging nach dem Frieden von 1763 wie in jener Zeit, aus der Sallust über Rom klagt: „Furcht vor dem Feind bewahrte den guten Geist im Staat. Sobald aber diese Besorgnis geschwunden war, machten sich Zügellosigkeit und Übermut geltend." Die öffentliche Meinung hatte sich in England noch immer nicht mit dem Gedanken vertraut gemacht, daß die Heeresmacht, die vor 30 Jahren genügt hatte, jetzt unzureichend war. Die Minister fanden sich nicht stark und sicher genug, um das Armeebudget zu erhöhen und hatten deshalb versucht, einen Teil der Lasten für die Kolonialarmee auf Amerika abzuwälzen durch Versuch mit allerhand Steuern. Über diesen Versuchen war es zum Streit gekommen und jetzt war nach menschlichem Ermessen der Krieg da, ohne daß die englische Armee auch nur entfernt einem solchen gewachsen gewesen wäre. Der König hatte freilich schon lange behauptet, daß die Armee weit unter dem Bestande sei, welchen die Sicherheit des Reichs erfordere, daß man doch das Sparsystem nicht auf die Spitze treiben solle. Lord North, jener wunderliche Minister, der in seinem Herzen alle gegen Amerika getroffenen Maßregeln mißbilligte, der sich aber vom König immer wieder födern und einfangen ließ, Lord North schreibt vom August 1775: „Das Unglück ist, daß im Beginn dieses amerikanischen Handels eine Unlust herrschte, die Armee und die Flotte zu verstärken. Ich schlug zu Anfang dieses Sommers vor, Werbekommandos nach Irland zu schicken, fand aber Widerstand im Kabinett; wäre der Vorschlag angenommen worden, so würde die Armee zu dieser Stunde um 2000—3000 Mann stärker sein." In so bescheidenen Grenzen halten sich noch die Wünsche des Ministers! Kaum gehen 2—3 Jahre vorüber und er muß sie schon verhundertfachen. Die Stimmung der öffentlichen Meinung wie des Unterhauses gegen ein größeres stehendes Heer erwies sich so stark, daß sie nicht zu bewältigen war. Noch im Dezember 1774 ist die Zahl der Matrosen von 20 000 auf 16 000, die der Landtruppen in Großbritannien auf den wirklichen Stand von 17 547 Mann fixiert worden.

Unter diesem Stand von Landtruppen sind zu verstehen die im Vereinigten Königreich England mit Wales und Schottland stationierten Truppen; Irland hatte seine eigene Armee von 15 000 Mann. Außerhalb Großbritanniens und Irlands, namentlich in Gibraltar und Indien, stand mindestens die doppelte Zahl von Truppen. Nun wird die Einwohnerzahl von England und Wales für das Jahr 1775 (wohl zu nieder) auf 6 244 115 angegeben; dazu Schottland mit 1½ Millionen, ergäbe nicht einmal 8 Millionen, was anderen Angaben widerspricht. Für Irland pflegt man in jener Zeit 2½ Millionen anzugeben. Wahrscheinlich ist, daß 1775 Großbritannien und Irland nicht unter 11 Millionen Einwohner zählten. Diese hätten zusammen gegen 120 000 Mann Landtruppen, Matrosen und Seesoldaten zu unterhalten gehabt und zwar in Friedenszeiten; reichlich ein Prozent der Bevölkerung; jedenfalls eine ganz beachtenswerte Leistung, da alles durch Werbung aufzubringen war.

Als mit der Nachricht vom Treffen bei Lexington der Krieg unvermeidlich schien, wurden sofort 28 000 Matrosen und 55 000 Mann Landtruppen verwilligt. Das alles aber stand vorerst noch auf dem Papier. Bald zeigte sich auch, daß man bei weitem zu nieder gerechnet und die Schwierigkeiten in Amerika unterschätzt hatte. Werber durchzogen die schottischen Hochlande und die entferntesten Distrikte Irlands, und die armen Katholiken von Munster und Connaught, die lange von der englischen Armee ausgeschlossen gewesen waren, fanden jetzt willkommene Aufnahme. Doch stellten sich Rekruten nur langsam ein. Es herrschte keine Begeisterung für einen Krieg gegen englische Ansiedler.

Als die Entscheidung im Herbst 1777 bei Saratoga gegen England ausgefallen war, verdoppelten sich die Anstrengungen. Die Städte Liverpool, Manchester, Edinburg und Glasgow stellten je ein Regiment auf; verschiedene unabhängige Kompanien wurden in Wales geworben und die patriotische Begeisterung war so stark, daß nicht weniger als 15 000 Soldaten aus Privatmitteln dem Staat angeboten wurden. Im Jahr 1779 soll England, die gemieteten Truppen eingeschlossen, zum mindesten 314 000 Mann unter Waffen gehabt haben. Zu gleicher Zeit aber wandte die liberale Opposition ihren ganzen Einfluß auf, um der Regierung Verlegenheiten zu bereiten; sie tat alles, was in ihrer Macht stand, um die gegen Amerika gerichtete Bewegung niederzuhalten und griff die Anwerbung von Truppen vermittelst Privatzeichnungen als verfassungswidrig und freiheitsgefährlich an; in vielen Kreisen verherrlichte man die amerikanischen Freiheitskämpfer und feierte ihre Siege.

Abgesehen von den Leibgarden des Königs und von Besatzungstruppen war eine stehende Armee in England lange eine unbekannte Sache geblieben. Man hielt sich an das Aufgebot der Miliz, in welcher der Landadel eine große Rolle spielte. Voll Abscheu und Mißtrauen aber blickte man auf eine vom König geworbene Truppe mit vom König bezahlten Offizieren. Schon der Name eines stehenden Heeres war der ganzen Nation verhaßt und keinem Teil der Nation in höherem Grad als den Kavalieren, welche im Unterhaus saßen. Bei dem Namen „Stehendes Heer" dachten sie unwillkürlich an das Rumpfparlament, an den Protektor Cromwell, an die Beraubung der Kirche, an die Abschaffung des Adels, an das finstere Regiment der heiligen Männer unter den Puritanern, an Geldstrafen und Güterkonfiskationen, an den Schimpf, welchen die der Hefe

des Volks entsprungenen Generale den ältesten und ehr=
würdigsten Familien angetan hatten.

In dieser eigentümlichen englischen Welt taten die mit der
Restauration des Jahres 1660 zurückgekehrten Stuartkönige
schwer. Und doch mußte namentlich Jakob II. zur Stütze seines
Despotismus stehende Truppen haben. Aus dieser Zeit schreiben
sich denn auch die ältesten englischen Regimenter her,
6 zu Pferd und 15 zu Fuß. Die zunächst folgenden Kriege,
Spanischer Erbfolgekrieg, Schlesische Kriege, Siebenjähriger
Krieg, haben den Bestand wesentlich erhöht. — Im Jahr 1775
zählte man als stehendes Heer: Garden 6 Regimenter zu Pferd
und 3 Fußregimenter. Feldarmee: 4 Regimenter schwere Rei=
terei, 18 Dragonerregimenter; 71 Regimenter Infanterie; 1 Ar=
tillerieregiment von 4 Bataillons; Ingenieurkorps.

Nach dem Verlust bei Saratoga, Herbst 1777, und dem
Bündnis Frankreichs mit Amerika zu Anfang 1778 wurde dies
stehende Heer noch vermehrt um 5 Dragonerregimenter und
35 Infanterieregimenter.

Der französische Sendling Oberst Kalb berichtet aus dem
Jahr 1768, daß von englischen Truppen in Amerika
stehen: 16 Regimenter von je 10 Kompanien zu 70 Mann im
Frieden und 100 im Krieg, 1 Kompanie Artillerie und In=
genieure. Schon vor der Katastrophe des Jahres 1775 ging
man damit um, die Zahl der englischen Regimenter in Amerika
auf 20 zu erhöhen. Im Jahr 1776, als der Krieg in größerem
Maßstab begann, berechnet sich die englische Streitmacht in
Amerika auf rund 80000 Mann, die deutschen Miettruppen,
die Tories und Indianer eingeschlossen. Die Zahl der eng=
lischen Regimenter belief sich dabei wohl auf 25 zu Fuß, das
17. leichte Dragonerregiment und das 4. Bataillon des Artillerie=
regiments; im Jahr 1779 aber zählte man 49 englische Re=
gimenter in Amerika mit einem Sollstand von 53000 Mann.

Die Formation der Armee sieht in Friedenszeiten keine
Einteilung in Brigaden und Divisionen vor; meist formiert
das Regiment 1 Bataillon zu 8 Musketierkompanien, 1 leichte
und 1 Grenadierkompanie; in allem 1000 Mann; doch gibt
es Regimenter, die stärker sind und sich anders zusammen=

setzen, auch solche, die schwächer sind; durchschnittlich wird ein Bataillon, wie es in Amerika auftritt, etwa zu 800 Mann zu rechnen sein.

Ausbildung und Einübung der englischen Truppen vollzog sich lediglich als Dressur durch die Korporale und Sergeanten, welche zugleich die Träger der militärischen Überlieferung waren. Daß sich die Offiziere um das Detail der Ausbildung, um das Wohl und Wehe ihrer Mannschaften, um die tausend kleinen Bedürfnisse und Wünsche des gemeinen Mannes bekümmerten, war eine ganz unbekannte Sache. Je roher und schlechter sich der Stoff erwies, aus dem der Soldat herauszuarbeiten war, je ferner sich die Offiziere von diesem hielten, desto mehr wurde es Sache des Stockes und einer brutalen Art von Disziplin, die Menge zusammenzuhalten und an Gehorsam zu gewöhnen. An die Intelligenz und Selbsttätigkeit des Mannes wurden die bescheidensten Anforderungen gestellt. Deshalb blieb ihm auch das Verhalten beim kleinen Krieg, das Schützengefecht eine durchaus fremde Sache. Durch die Not den Amerikanern gegenüber machte man mit den Truppen, die man als „leichte" bezeichnete, einige schüchterne Versuche im Schützendienst, aber im ganzen verließ man sich auf den Zauber, der nach dem Glauben der Zeit in den exakten Linien der Gefechtsfront, in dem Avancieren in Linie und in dem Durchfeuern mit Salven durch die ganze Linie verborgen lag. Mit diesen und ähnlichen Kunststücken, mit der Wucht der Masse gedachte man das lockere Gefüge des amerikanischen Gegners zu erdrücken.

Die gravitätische Würde der Linientruppen verbot den Schützendienst als etwas Untergeordnetes von selbst. Auch galt es für unklug, die einzelnen Leute im Gelände zu zerstreuen, sich verdecken und so aus den Augen ihrer Vorgesetzten kommen zu lassen; die Verlockung zum Desertieren wurde gar zu groß. Nur in der Geschlossenheit des Kompanie- und Bataillonsverbandes hielt man die Leute für sicher. — Und darin liegt keineswegs ein Mangel oder Vorwurf für die englische Armee allein; nein, alle Armeen litten damals unter den Verlusten, die sie auf dem Marsch, im Lager, in der Verwirrung des Gefechts durch Desertion zu erleiden hatten. Dennoch aber hielt sich der englische Soldat, wie eine im Jahr 1773 in London erschienene Schrift über militärische Erziehung dartut, den anderen weit überlegen: „Gerade so, wie die Art der britischen Regierung höher steht als alle anderen Regierungen, die unter der Menschheit je existiert haben, so hoch steht auch ein britischer Soldat über dem Charakter jedes anderen Soldaten und zwar in der Aneignung von jederlei nützlicher Erkenntnis, in Disziplin, in militärischer Fertigkeit, in Selbstverleugnung, im geduldigen Ertragen von Beschwerden und Strapazen, in Tapferkeit und Großmut, in Liebe zum Vaterland und in jeder anderen intellektuellen oder moralischen Vollkommenheit."

Bekleidet ist der Mann mit dem historischen roten Waffenrock, den verschiedenfarbige Aufschläge zieren; dreieckige Hüte bei den Musketieren, hohe Mützen bei Grenadieren und leichten Truppen. Die Offiziere tragen seidene Feldbinde, orange mit Gold.

Durchaus nicht im Einklang mit dem selbstzufriedenen Blick auf die hergebrachten Einrichtungen stand das Ergebnis der Rekrutierung. Es fehlte an aller Lust, sich für die Armee oder Flotte anwerben zu lassen. Das Matrosenpressen scheint auf einem unvordenklichen Herkommen zu beruhen. Dies System von Gewalt und List machten sich jetzt auch die Werber für die Landarmee zu nutze. „Auch kam die Regierung bald auf den Gedanken, daß körperlich tüchtige Verbrecher mit mehr Nutzen zur Niederhaltung der revoltierenden Kolonisten gebraucht werden könnten, und man hat Grund zu glauben, daß eine Menge von Verbrechern, und zwar von solchen der schlimmsten Sorte, um diese Zeit in die englische Armee und Flotte eingereiht wurde. Dieses Faktum darf nicht vergessen werden, wenn man über das Licht, in welchem britische Soldaten in Amerika betrachtet wurden, und über die Gewalttaten und schlechte Aufführung, die sich britische Soldaten zuweilen zu Schulden kommen ließen, ein Urteil fällen will. Es ist in der Tat merkwürdig genug, wenn man sieht, ein wie großer Teil des Rufs, den England in der Welt hat, sich auf das Tun einer Streitmacht gründet, die meist aus der Hefe der englischen Bevölkerung, und zu einem nicht unbeträchtlichen Teil aus der englischen Verbrecherwelt stammte." In derartigen Betrachtungen ergeht sich Lecky, einer der hervorragendsten englischen Geschichtschreiber.

Als der eigentliche Leiter der Regierung und ihrer Kampf= mittel erscheint der König selbst, und er war fest entschlossen, kein Stück seiner Besitzungen aufzugeben. Zwangsmittel sollten geschaffen werden so stark wie niemals zuvor. Weil aber die eigene Volksmasse verhältnismäßig wenig zahlreich und dazu widerwillig war, so sah er sich in die demütigende Notwendig= keit versetzt, fremden Beistand zur Unterwerfung der eigenen Untertanen aufzusuchen. Das war nicht allzu schwer. Vorerst freilich wollte das Geschäft nicht recht in Gang kommen. Als Kurfürst von Hannover konnte der König über eine Anzahl hannöverischer Bataillone verfügen; er sandte 2355 Mann aus ihnen nach Gibraltar, wo dadurch eine gleiche Zahl Engländer abgelöst wurde und nach Amerika eingeschifft werden konnte. In Holland befand sich von alten Zeiten her eine schottische Brigade; Georg III. forderte sie zurück, aber die Holländer gaben sie nicht heraus. Ähnlich ging es mit Ruß= land; zunächst schien Kaiserin Katharina geneigt, dem gegen Rebellen fechtenden englischen König 20000 Mann zu über= lassen. Als es aber an die Ausführung ging, zog sie ihr Wort zurück. Viel ergiebiger gestaltete sich der Handel, als die eng= lische Regierung sich an die Despoten in den deutschen Klein= staaten wandte.

Mit dem Ende des Siebenjährigen Krieges war für diejenigen deutschen Landesfürsten, welche gewohnt waren, durch Vermieten ihrer Truppen sich ein schön Stück Geld zu verdienen, eine magere Zeit angebrochen. Kaum aber drang die Kunde vom Tag von Lexington in das deutsche Binnenland, als auch schon im August 1775 der Landgraf von Hanau ein Schreiben an Georg III. richtete, er fühle sich gedrungen, mit allen Kräf= ten, die ihm zu Gebot stehen, für Englands Wohl auf den Plan zu treten. Ein grenzenloser Eifer fuhr in die deutschen Kleinfürsten hinein. Einer drängte sich vor den andern. Gegen= seitig suchten sie sich zu verleumden, um selbst den Vorzug zu erhalten; so brachte der Ansbacher Markgraf vor, daß mit dem Pfalzgrafen am Rhein nicht gut abschließen sei, weil er zu viel Katholiken einreihe. Jeder wollte eben in erster Reihe von England beachtet und zum Geschäft zugelassen sein.

Es war schon vor alten Zeiten so gewesen, daß der Überfluß an Menschen aus den Binnenländern der Schweiz und Deutschlands nach der Wasserkante abfloß. Die Seefahrernationen, Holland, Venedig, England, waren es vor allen, die des schwerwiegenden Armes der deutschen Knechte bedurften. **Im Binnenland der Schweiz und Deutschlands saßen die Menschen eng aufeinander.** Die Landwirtschaft vermochte nicht alle zu ernähren; Industrie war kaum in den Anfängen vorhanden; auswärts aber lockte reichlicher Verdienst. So zogen die unternehmungslustigen Leute dahin, wo man ihre starken Arme schätzte und bezahlte: nach den Seehäfen und in das Feldlager. — Vormals waren die jungen Bursche auf eigene Hand ausgezogen oder es hatten sich mehrere um einen Unternehmer, um einen bekannten Feldhauptmann, zusammengeschart. Bei dem Klang der Werbetrommel spitzte man die Ohren und zog dorthin, wohin sie rief, ähnlich wie heute arbeits- und erwerbslustiges Volk einem neuen Industriebezirk zuzieht, einem Bergwerk, einem riesigen Ozeandampfer.

Jegliche freie Regung aber, jede Selbstbestimmung mußte nach den Abmachungen, welche den Dreißigjährigen Krieg zum Abschluß führten, untergehen; alle Macht und damit auch das **Unternehmertum für fremde Dienste war dem Landesherrn zugefallen.** Wenn Venedig, Holland, England Truppen brauchten, so wandten sie sich durch ihre Agenten an die verschiedenen deutschen Territorialherren: Herzoge, Landgrafen, Fürsten und Grafen. Die Bedingungen wurden gestellt: für jeden Mann so und so viel Geld, dazu noch besondere Vorteile für Tote und Verstümmelte. Der Vertrag kam zu stande und der Fürst trieb nun durch seine Werber und Häscher die Menschen auf, bewaffnete sie, übte sie ein und ließ sie nach dem Einschiffungsort abgehen. Hier erhielten sie ihre Befehle und fochten nun für den Brotherrn an den Küsten des Mittelmeeres, in Indien oder in Amerika. Die Kasse des Verkäufers oder, wenn man milder reden will, des Unternehmers, des deutschen Landesfürsten, befand sich immer vortrefflich dabei.

Seit der Entdeckung von Amerika, seit man gelernt hatte, rund um die Erde zu fahren, von allen Küsten Reichtümer nach Hause zu bringen, hatte sich ja die ganze Welt verändert. Man dachte anders über die Preise aller Dinge, der Reichtum selbst war gewandert und wurde in veränderter Weise eingeschätzt. Während in Spanien, in Holland und England die Gunst der Weltlage, das Weltmeer selbst, die stete Verbindung mit den überseeischen Ländern Gelegenheit schufen, Reichtum aufzuhäufen, blieb es auf der dem Weltverkehr verschlossenen deutschen Scholle die Steuerkraft der Bewohner allein, welche für das Gold des Welthandels Ersatz zu schaffen hatte. Daneben aber suchte man durch allerlei Kunststücke das Gold der seefahrenden Nationen in das Binnenland hereinzulocken. Solches Hereinlocken fremden Geldes hätte sich wohl am ausgiebigsten vollzogen, wenn man im stande gewesen wäre, eigene Produkte im Tausch gegen das fremde Gold hinzugeben. Aber da waren weder natürliche Schätze des Landes, noch Erzeugnisse der Kunst und der Industrie in hinreichender Menge vorhanden. Was sich allein im Lande überflüssiges, auswärts Begehrtes fand, das waren die starken Arme der Untertanen. So war der Entschluß bald gefaßt. Denn die Naivität des absolutistischen Herrschertums, wie es sich allmählich in den deutschen Kleinstaaten herausgebildet hatte, sah Land und Leute als Privatbesitz des Fürsten an. Ob der Fürst viel oder wenig warb, ob er seinen Haufen von Lohnsoldaten nur als Spielerei betrachtete zur Erhöhung des Glanzes am Hofe, ob er sie zu wirklicher Kriegstüchtigkeit ausbildete für eigene Zwecke, oder ob er sie als Handelsware benützte, gleichgültig; kein Mensch kümmerte sich darum, solange das alles ohne Gewalt und Zwang geschah.

Der alte deutsche Stolz hatte sich in zagen Philistersinn gewandelt, kleinstädtische Armseligkeit war überall auf deutschem Boden eingezogen; nirgends bedurfte man kecken Sinnes und starker Fäuste. Und doch waren die Menschen dieselben geblieben, voll Phantasie und Abenteuerlust, voll goldener Träume. Sie folgten dem Stern Friedrichs des Großen ebenso gern wie dem Angebot der Fremden. So pflegte die Zahl der freiwilligen Rekruten zu überwiegen. Man verurteilt auch nicht allzu streng die Verträge, die da und dort ein Regiment oder mehrere in den Dienst von Holland, von Frankreich, von Österreich oder Venedig führten. Viel schärfer ist man mit den **deutschen Landesfürsten, die von 1776 ab durch eine Reihe von Jahren für den englischen Dienst Zehntausende von Soldaten gegen die für ihre Freiheit kämpfenden Amerikaner geliefert haben**, ins Gericht gegangen.

Und Grund genug ist vorhanden: nirgends trat niedrige Habsucht der den Menschenhandel betreibenden Fürsten so schamlos zu Tage, wie hier, niemals sind so viele Gewaltmittel zur Anwendung gebracht worden, um in volkarmen, kleinen Gebieten die nötige Anzahl von Rekruten aufzutreiben, ob man gleich vorgab, die Landeskinder zu schonen und Fremde anzuwerben.

Noch andere Umstände erbitterten die öffentliche Meinung. Bis jetzt hatten vermietete deutsche Landeskinder gegen Türken und Franzosen gefochten; jetzt aber galt der Kampf dieser nach Amerika verhandelten Soldknechte einem mit Sympathie betrachteten, für seine Freiheit blutenden Volk. Und der Mann, an dem das ganze deutsche Volk und die Welt hinaufblickte, Friedrich der Große, konnte nicht Worte des Hohns genug finden über den ehrlosen Menschenschacher. —

Der Landesherr von Hessen-Hanau hatte „dem besten der Könige" schon im August 1775 seine Dienste angeboten und im November desselben Jahres schrieb der Fürst von Waldeck: seine Offiziere und Soldaten verlangen nichts Besseres, als eine Gelegenheit zu finden, sich für Se. Majestät von England opfern zu dürfen. Der rührige Agent Englands, Oberst William Faucitt, fand auch bald den Herzog von Braunschweig und den wegen seiner tüchtigen Armee bekannten Landgrafen von Hessen-Kassel willig, Lieferungsverträge abzuschließen. Von den übrigen sich anbietenden Kleinfürsten wurden noch der Markgraf von Ansbach-Bayreuth und der Fürst von Anhalt-Zerbst zu Verträgen herbeigezogen. So entstanden sechs Verträge.

Am 15. Januar 1776 wurde mit dem Landgrafen von Hessen-Kassel ein Vertrag aufgestellt. Der König von England schloß ein Schutz- und Trutzbündnis mit ihm und in Ausführung dieses Bündnisses verpflichtete sich der Landgraf gegen Werbegeld und jährliche Subsidien zunächst 12800 Mann zu stellen. Sein Kontingent sollte stets als geschlossenes Korps in zwei Divisionen unter Führung eines hessischen Generals Verwendung finden. Kurze Zeit vorher kam man mit Braunschweig zum Schluß, das zunächst 4300 Mann aufzustellen hatte. Hier wie auch bei den anderen Verträgen fiel die Verzierung mit dem Schutz- und Trutzbündnis weg. Dagegen war zugestanden, daß die Truppen unter den Befehlen ihrer eigenen Offiziere bleiben und auch ihre Rechtspflege beibehalten. Ähnlich gestalteten sich die Verträge mit den übrigen vier deutschen Landesherren. Hessen-Hanau sollte zunächst 2038 Mann stellen, Ansbach-Bayreuth 1285, Waldeck 670 und Anhalt-Zerbst 600; zahlreiche weitere Anwerbungen folgten. Dabei ergab es sich, daß von allen sechs deutschen Kleinstaaten, welche Truppen zu liefern hatten, nur Anhalt-Zerbst ein Seestaat war und über eine Küste zu verfügen hatte. Es klingt das lustig genug. In der Tat war durch eine wunderliche Verschiebung auf dem bunt gewürfelten Teppich der deutschen Herrschaftsgebiete die Landschaft Jever (jetzt oldenburgisch) in den Besitz der Fürsten von Anhalt-Zerbst gekommen. Auf der dazu gehörigen Insel Wangeroge waren Kasernen (Eelking, Die deutschen Hilfstruppen 2c. 1863. II, 183) angelegt worden und hier konnte der Lieferant sein Material sammeln.

Überall lauteten die Verträge ähnlich und mußten ähnlich lauten zwischen einem Geldgeber, der um alles in der Welt bewaffnete Arme haben mußte, und Geldnehmern, die jahraus, jahrein die gierige Hand ausstreckten, um gegen Menschenlieferung die Mittel zu erhalten, ihrer Habsucht, ihrer Schlemmerei oder aufgeblasenen Prachtliebe frönen zu können. Die ursprünglich angesetzten Kontingente mußten im Laufe der Jahre bis 1782 verstärkt und mit Ersatzmannschaften versehen werden, so daß im Verlaufe des ganzen Krieges geliefert haben:

Hessen-Kassel . . .	16992	Mann
Braunschweig . .	5723	„
Hessen-Hanau . .	2422	„
Ansbach-Bayreuth .	2353	„
Waldeck	1225	„
Anhalt-Zerbst . .	1152	„
	29867	Mann.

Für diese Mannschaften bezahlte England an die genannten Fürsten im ganzen die Summe von 1770000 Pfd. Sterling (35400000 Mark). Vorausgreifend sei hier schon bemerkt, daß von den beinahe 30000 nach Amerika gelieferten Soldaten ungefähr 12500 nicht mehr nach Europa zurückkehrten. Die wenigsten davon sind im Gefecht gefallen; viele starben in den Lazaretten, aber die meisten der nicht mehr nach Europa Zurückkehrenden hatten sich an die amerikanischen Farmer verdingt oder eigene Sieblungen gegründet.

Unter mancherlei Widerspruch der ohnmächtigen öffentlichen Meinung gingen also in Deutschland die Werbungen vor sich. Widerspruch erhob sich sogar in dem Lager, in welchem man auf das Eintreffen der Deutschen wartete. Das Ministerium, das durch Übergewicht der Stimmen im englischen Parlament seiner Sache durchaus sicher war, hatte die Verträge geschlossen. Mit heftigem Protest widersprachen die Liberalen: es sei eine Gefahr und eine Schande, daß Großbritannien durch derartige Verträge vor ganz Europa bekennen müsse, daß es wegen Abneigung der eigenen Bevölkerung nicht im stande sei, in diesem Krieg aus eigener Kraft die nötige Anzahl von Soldaten aufzubringen. Eine Aussöhnung mit den Kolonien und die Vermeidung dieses unglückseligen Kriegs wäre der Verwendung von Fremden bei weitem vorzuziehen. — „Ist denn nicht der ganze Vertrag," fragte einer der Lords, „eine Zusammensetzung von Schande, Niedertracht und Betrügerei? Ist einer unter Ihnen, meine Herren, der nicht vollkommen einsieht, daß das Ganze ein gewinnsüchtiger Handel ist, bei dem von der einen Seite Truppen gedungen, von der anderen menschliches Blut verkauft wird?"

Dem allem hielten die Tories, die zur Durchführung des Kriegs, zur gänzlichen Niederwerfung der Amerikaner entschlossene Regierungspartei, entgegen: der Mißkredit, in dem reguläre Soldaten bei den Engländern stehen, schaffe für die Werbungen im eigenen Land unendliche Schwierigkeiten. Die Konskription aber sei für England ein Ding der Unmöglichkeit. Wenn man Soldaten haben wolle, müsse man sich eben an Deutschland halten. So stimmte auch jetzt, nachdem sich ganz England, mit Ausnahme weniger Aufgeklärten, in tollen Kriegstaumel gestürzt hatte, die Regierungspartei mit leichter Mühe die liberale Opposition nieder.

Eine deutsche Stimme erhob sich, um wenigstens das Nützliche dieser Lieferungsverträge hervorzukehren. Der Freiherr von Gemmingen, als Gesandter und Agent des Markgrafen von Ansbach-Bayreuth nach London geschickt, schreibt so:

„Es kommt mich immer sehr hart an, mit Truppen zu handeln. Aber der Markgraf ist entschlossen, die Sache um jeden Preis zu stande zu bringen." — „Der Vertrag, den wir soeben abgeschlossen haben, ist viel günstiger, als wir erwarten durften. Die Sache wird natürlich in dem möglichst ungünstigen Licht von Leuten angesehen werden, die es nicht verstehen, eine Staatsangelegenheit im Rahmen des Ganzen und nach ihren besonderen Motiven zu beurteilen. Aber sobald diese Leute sehen, wie fremdes Gold in unser armes Land fließen wird, sobald sie sehen, daß dessen Schulden bezahlt werden, so werden sie und die ganze Welt entzückt sein und anerkennen, daß die Truppen, deren Pflicht es ist, die Feinde des Landes zu bekämpfen, den schlimmsten Feind besiegt haben — unsere Schulden. Selbst der niedrigste Soldat, der nach Amerika geht, gut bezahlt und wohl versorgt, wird mit seinen Ersparnissen zurückkehren und stolz darauf sein, für sein Vaterland und seinen eigenen Vorteil gearbeitet zu haben." — „Ich bin im allgemeinen ein erklärter Feind von solchem Handel mit Menschen; aber es gibt Fälle, in denen Schlechtes sich in eine Wohltat verwandelt und so verhält es sich, wenn ich mich nicht irre, in diesem Falle."

Auch durch anderweitigen Zuspruch suchte man die Leute für England zu gewinnen. Ein Geistlicher läßt sich so vernehmen:

„Diesen Dienst seid ihr dem großen König und der Nation von England schuldig. Weil England mit dem Blut seiner Landsleute bei Schellenberg, wo so viel tausend ihr Leben gelassen und ganze Glieder ihr Grab gefunden, die Freiheit Deutschlands erfochten, ja noch neuerlich bei Dettingen unter Anführung ihres großen Königs Georg II. Majestät, und seines in der Schlacht verwundeten zweiten Sohnes, des Prinzen von Cumberland, einen für Deutschland wichtigen Sieg, mit Blut und Tod so vieler edler Briten, wider Frankreich, und den edlen Frieden erkämpfet hat."

So kamen also die armen Schelme sogar in eine gelinde Art von Begeisterung, in eine Stimmung, an der Ekel vor dem Einerlei des heimischen Garnisondienstes, Hoffnung auf reichen Gewinn ihren Anteil haben, wie das Volkslied vom Jahr 1777 singt:

Frisch auf, ihr Brüder, ins Gewehr,
's geht nach Amerika!
Versammelt ist schon unser Heer,
Vivat, Viktoria!
Das rote Gold, das rote Gold,
Das kommt man nur so hergerollt,
Da gibt's auch, da gibt's auch, da gibt's auch bessern Sold!

Das Leben hätten wir hier satt,
Wir wollen in das Feld,
Weil man ja kaum zu fressen hat,
Dazu so wenig Geld,
Und einen Tag und alle Tag
Dieselbe Plag, dieselbe Klag,
Spießruten, Spießruten, Spießruten, daß es kracht.

Adchö, mein Hessenland, adchö!
Jetzt kommt Amerika,
Und unser Glück geht in die Höh' —
Goldberge sind allda!
Dazu, dazu in Feindesland,
Was einem fehlt, das nimmt die Hand,
Das ist ein, das ist ein, das ist ein andrer Stand!

Während die einen Beifall klatschten, und die anderen die Köpfe schüttelten, bestiegen die deutschen Soldknechte die ihnen zugewiesenen Schiffe, um nach dem Kriegsschauplatz in Amerika überzufahren; die Offiziere voll Unternehmungslust und glücklich, von der heimatlichen Enge und Öde des Daseins erlöst zu sein; die Mannschaften stumpf in ihr Geschick ergeben, mit religiösen Trostsprüchen sich erquickend oder abenteuerlichen, schwadronierenden Gesellen ihr Ohr leihend.

Die Dinge in Amerika sahen sich für die Engländer immer bedenklicher an; ihre kleine Armee unter General Howe in Boston eingeschlossen; die Amerikaner nach dem Eintreffen ihres jungen Oberbefehlshabers, Georg Washington, immer unternehmungslustiger. Deshalb pressierte es; schon im Februar 1776 begannen die Braunschweiger zu marschieren, zu Anfang März die Hessen; jene wurden in Stade, diese in Bremerlehe eingeschifft. Rasch mußten die anderen Truppenteile folgen, damit sie dem Sommerfeldzug 1776, der alles entscheiden sollte, den gehörigen Nachdruck geben. Die Hessen waren in zwei Divisionen formiert: 1. Division General v. Heister, 2. General v. Knyphausen; im ganzen 15 Infanterieregimenter, jedes zu 650 Mann in fünf Kompanien; vier Grenadierbataillone zu 524 Mann jedes, ein Jägerkorps zu 600 Mann, drei Kompanien Artillerie, 588 Köpfe stark. Kavallerie war keine vorhanden, aber von den Jägern wurden später einzelne beritten gemacht. Die Hessen blieben ziemlich in allen Feldzügen beisammen, verstärkten sich noch durch die drei Regimenter: Waldeck, Ansbach und Bayreuth. Sie fanden ihre Verwendung zumeist auf dem Kriegsschauplatz in den mittleren Kolonien am Hudson und am Delaware.

Braunschweig stellte vier Infanterieregimenter, je ein Bataillon Grenadiere und Jäger, ein Regiment Dragoner, das aber unberitten blieb. Kommandierender General v. Riedesel. Alle Braunschweiger, zusammen mit dem Hanauer Regiment, den Hanauer Jägern, der Hanauer Artillerie und dem Regiment Anhalt-Zerbst, erhielten ihre Bestimmung in Kanada, landeten zunächst in Quebec und sollten am Champlainsee und oberen Hudson operieren.

Die deutschen Miettruppen behielten wie ihre eigenen Offiziere, so auch ihre Fahnen und Uniformen. Die Hessen hatten blauen Rock und diesen trugen wohl auch die anderen Kontingente, denn in den meisten deutschen Ländern hatte man die preußische

Bekleidung nachgeahmt. So auch die preußischen Reglements. Die Gefechtsformen waren gerade so steif und starr auf die geschlossene Linie zugeschnitten wie bei der englischen Armee, der Drill öde und gedankenlos, der Stock in voller Tätigkeit. Nur die Jäger scheinen etwas mehr Beweglichkeit besessen zu haben; denn ein Teil der Hanauer Jäger konnte nachmals einem kleinen Indianerheere als Kern beigegeben werden.

Es ist kein Zweifel, daß die Engländer für ihr Geld ausgezeichnete Truppen erhielten. Ihr Agent, William Faucitt, scheint ein gutes Auge gehabt zu haben; wo ihm eine Truppe nicht gefiel, wie in Bayern und Württemberg, wies er sie kurzer Hand zurück.

Daß Eifersucht und Feindschaft entstanden zwischen den Truppen verschiedener Nationen, zwischen Deutschen und Engländern, die sich außerdem sprachlich nicht verstanden, ist natürlich. Zudem fühlten sich die Engländer als die oberen, als Brotgeber. „Unsere lieben Hessen," schreibt einer von den Geistlichen, „lernten ihr schweres Dasein ertragen, und ich bemühte mich in meinen Gebeten und Predigten sie in ihrem christlichen Heldenmut zu bestärken. Die Langsamkeit der englischen Generale machte sie unmutig, aber noch mehr die stolzen und beleidigenden Blicke, welche die Engländer auf die Deutschen warfen. Dies führte oft zu blutigen Szenen."

Wenn man freilich bedenkt, in welchem Licht das Verhalten der deutschen Fürsten und demnach auch die Zustände auf deutschem Boden einem Engländer, einem Franzosen oder vollends einem Amerikaner erscheinen mußten, wenn man sich vorstellt, wie die bis auf den heutigen Tag noch vorhaltende Dienstbeflissenheit, wie jeder knechtselige Bückling ausgelegt wird, so muß man sich billig wundern, daß die Geringschätzung des deutschen Elements nicht einen noch höheren Grad erreicht hat. — Der braunschweigische General v. Riedesel erzählt zwar von allerlei Festlichkeiten, die ihm zu Ehren von der englischen Generalität gegeben wurden, von den vielen Aufmerksamkeiten, deren er und seine Frau sich zu erfreuen hatten, allein zugleich wird berichtet: „Der General Riedesel ist weder in den Kriegsrat der englischen Generalität, die Bewegungen dieses Feldzugs betreffend, zugelassen, noch sind demselben die Instruktionen mitgeteilt worden, die der General Bourgoyne vom englischen Ministerium erhalten hatte über die Art, wie diese Kampagne geführt werden sollte."

Man hat behauptet, daß die deutschen Soldaten auf amerikanischem Boden in großer Zahl desertiert seien. Es ist das wohl glaublich. Desertion war überhaupt der Krebsschaden der damaligen Heere. Man desertierte, um einem unleidlichen Dasein zu entgehen oder um neues Handgeld zu bekommen. Die Deutschen, als sie die Schiffe verließen, in denen sie wie Pökelheringe aufgeschichtet gewesen, und den Boden Amerikas auf den zu New York gehörigen Inseln Staten Island und Long Island betraten, fanden eine Masse von Flugblättern vor, die sie zum Desertieren verleiten sollten. Allerlei Schreckensgeschichten erzählte man sich unter den Kolonisten von den „Hessen", mit welchem Namen man die sämtlichen deutschen Miettruppen zusammenfaßte; sie seien die schlimmsten aller Feinde. Benjamin Franklin, Washington selbst und der Kongreß bemühten sich deshalb, den deutschen Gegnern das Desertieren so verlockend als möglich darzustellen. Die Flugblätter, welche trotz aller Überwachung ihren Weg zu den Hessen fanden, erneuerten von Zeit zu Zeit ihre Versprechungen. Eine Proklamation, datiert vom 29. April 1778, verheißt 50 Acker Land jedem Soldaten, der zu den Amerikanern übergeht, und jeder Hauptmann, der 40 Mann mitbringen würde, sollte 800 Acker, 4 Ochsen, 1 Bullen, 2 Kühe und 4 Schweine bekommen. Die Deserteure dürften nicht gezwungen werden, auf amerikanischer Seite zu fechten, sondern hätten sich sofort an die Bebauung ihrer Güter zu machen. Diejenigen Offiziere dagegen, die sich in die Armee der Vereinigten Staaten einreihen lassen würden, sollten um einen Rang vorrücken und bei den Korps Verwendung finden, die nur aus Deutschen gebildet seien.

Derartige Versprechungen blieben natürlich nicht ohne Erfolg. Doch ergab sich die Desertion unter den Hessen geringer, als man erwartet hatte. Dagegen traten viele deutsche Kriegsgefangene in amerikanische Dienste über. Washington mißbilligte das Einreihen von Kriegsgefangenen durchaus und warf den englischen Generalen vor, daß sie im ausgedehntesten

Maße das Einreihen von gefangenen Amerikanern in ihre Armee betreiben. Dennoch wurden immer neue Anstrengungen gemacht, um kriegsgefangene Deutsche in amerikanische Truppenteile unterzustecken.

Eben weil die Operationsarmeen auf beiden Seiten, bei den Engländern wie bei den Amerikanern, auf Werbung und rein nur auf Werbung beruhten, litten sie gleicherweise an dem Fluche der geworbenen Heere, an der Desertion. Diese ist erst beseitigt worden, als aus der allgemeinen Wehrpflicht eine Armee von wahrhaft vornehmer Gesinnung hervorging.

Unter den Truppen aus englischem Blut soll die Desertion hinüber zu den Amerikanern noch beträchtlicher gewesen sein als unter den deutschen Mietsoldaten. Leicht erklärbar. Auf beiden Seiten herrschte die englische Sprache; sobald der englische Soldat den roten Rock auszog, war er von einem Eingebornen nicht mehr zu unterscheiden. Der Deutsche konnte sich nur in vollkommen deutschen Siedlungsbezirken verständlich machen.

Die meisten deutschen Truppenteile blieben 8 Jahre in Amerika, immer durch Ersatztruppen in leidlichem Stand erhalten, und fanden somit auch in 8 Sommerfeldzügen Verwendung; die Winter pflegte man ja im Lager zuzubringen. Als der Krieg beendet war, kehrten von rund 30000 Mann noch etwa 17313 nach Deutschland zurück. Am 25. November 1783 segelten die letzten Hessen aus der Bai von New York hinaus.

Immerhin muß konstatiert werden, daß viele der verkauften deutschen Soldaten Bürger der Republik geworden sind, die mit ihrer Hilfe unterdrückt werden sollte. In seiner Flugschrift: „An die Hessen und andere deutsche Volksstämme, die von ihren Fürsten an England verkauft sind" — blickt Mirabeau weit hinaus in die Zukunft, in welcher er Nordamerika als die Zuflucht der Freiheit begrüßt. Den Landgrafen von Hessen aber verdammt er in beredtem Protest und preist den Patriotismus der Amerikaner. Zu gleicher Zeit, am 18. Juni 1776, hat Friedrich der Große an Voltaire geschrieben: „Wäre der Landgraf aus meiner Schule hervorgegangen, so würde er nicht seine Untertanen an die Engländer verkauft haben, wie man Vieh verkauft, um es zur Schlachtbank zu führen." —

Um das eigene Blut zu schonen, konnte England nicht genug bekommen an fremden Hilfstruppen und fand solche, ohne sie erst übers Meer transportieren zu müssen, auf dem amerikanischen Boden selbst: in erster Linie die mit der Sache Englands sympathisierenden Amerikaner, die Tories, auch Loyalisten oder Treugesinnte genannt; in zweiter Linie die Indianer aus den zahlreichen mit den Kolonisten verfeindeten Stämmen.

Die Bevölkerung der amerikanischen Kolonien zerfiel während der Jahre der Aufstandsbewegung in drei Teile: die einen forderten die Freiheit und kämpften für sie, die anderen hielten unentwegt an England fest, die dritten endlich blieben vollständig gleichgültig. Und diese letztere Klasse scheint einige Zeit die zahlreichste gewesen zu sein. Aus der ersteren Klasse ging die amerikanische Armee hervor und die zweite Klasse, die der Tories, wurde als höchst schätzbare Hilfstruppe von den Engländern zu den Waffen gerufen.

In einigen Kolonien des Südens sollen die Tories fast die Hälfte der Bevölkerung ausgemacht haben. Vom 11. Februar 1777 schrieb Gouverneur Tryon aus New York: „Der Erfolg meines Bemühens, die Einwohner dieser Stadt durch einen Treueid für Se. Majestät und die Regierung zu einigen, hat meinen wärmsten Wünschen entsprochen: 2970 Einwohner haben sich in meiner Gegenwart dazu bereit gefunden." In der ganzen Provinz New York gebe es 5600 Tories. Als Howe im Frühjahr 1776 Boston räumen mußte und seine Truppen zunächst nach Halifax überführte, sollen 1500 Tories mit ihm gezogen sein.

Es gab Leute in den Kolonien, welche lieber gewartet hätten, bis das natürliche Wachstum der Bevölkerung jeden Zwang unmöglich gemacht hätte, welche fürchteten, daß zu viel auf dem Spiele stehe, daß der Ausgang ungewiß sei; welche wohl erkannten, daß diese Revolution das Werk einer energischen Minorität sei, der es gelang, eine unentschiedene und schwankende Majorität auf eine Bahn zu drängen, aus welcher kein Zurückweichen mehr möglich war.

Bedenken dieser Art mögen vielen durch den Kopf gegangen sein, und die älteren Kolonisten waren auch nicht aus dem Holze, aus welchem man eifrige reguläre Soldaten schnitzt.

Nach den ersten Erfolgen der Engländer im Sommer 1776, als Washington von Long Island vertrieben wurde, strömte fast die ganze Bevölkerung der Insel herbei, um freudig ihre Loyalität gegen die Krone Englands zu bezeugen; „einige wohl aus Zwang, aber die Mehrzahl aus eigener Neigung", fügt Washington bei. General Howe, meint Washington weiter, sei im stande, in Amerika ebenso schnell zu rekrutieren, wie die amerikanischen Werbekommandos. Unter den verschiedenen Rechnungsfehlern, welche die englische Regierung in die Irre führten, spielt in der der Tat die Annahme eine gewichtige Rolle, daß es in der Hauptsache gelingen werde, die amerikanische Rebellion durch in Amerika geworbene Regimenter und durch die gemieteten Deutschen niederzudrücken, ohne daß die englischen Soldaten sich allzusehr anzustrengen brauchen. Richtig ist, daß im Verlauf des achtjährigen Krieges viele Tausende Amerikaner die Waffen für den König ergriffen, entweder in vereinzelten Freikorps, oder in den Reihen der englischen Armee. Aber schließlich erwies sich doch die Hoffnung, Amerika werde das Hauptmaterial zur Unterdrückung der Rebellion liefern, als eitel. Eine starke Abneigung gegen das systematische, auf Jahre sich ausdehnende Militärleben war in Amerika den Tories wie den Whigs, den Anhängern Englands wie den Verteidigern der Freiheit, eigen.

Am Schluß des Kriegs werden unter den englischen Streitkräften aufgeführt: Königlich gesinnte Amerikaner 8091 Mann; freiwillige Amerikaner, Riflemen und dergleichen 2000 Mann. Auf Long Island hatte sich im Sommer 1776 ein Korps von Tories gebildet und Oberst Guy Johnson (271. 272), jener leidenschaftliche Royalist, fuhr fort, für seine grünen Toryjäger im Süden von Kanada zu werben. Diese aus Tories zusammengesetzten Freikorps waren es hauptsächlich, welche einen gewissen Zusatz von weißem Blut und methodischer Kriegführung den Hilfstruppen der Indianer zuführten und mit diesen gemeinschaftlich fochten. Denn von allen Truppenteilen, welche von der englischen Krone aufgestellt waren, verstanden sich diese amerikanischen Toryscharen allein auf den Schützendienst und den kleinen Krieg an der Grenze.

Durch unersättlichen Landhunger getrieben hatten die Kolonisten von immer zahlreicheren, bequem gelegenen Landstücken Besitz ergriffen; ursprünglich der Küste nachgehend, drangen sie mit der Zeit tiefer und tiefer ins Innere ein bis an den Fuß der Berge und über diese hinüber. Unter allerlei Vorwänden waren mit den Eingeborenen, den Indianern, Abtretungsverträge geschlossen worden, denen leicht eine fast unbegrenzte Ausdehnung gegeben werden konnte. Ohnehin hatte ja der gute englische König den Kolonisten das Land von einem Ozean bis an den anderen zum Geschenk gemacht. So konnte es nicht fehlen, daß bald ein Gegensatz, eine **Feindschaft entstand zwischen Indianern und Kolonisten**.

Die englische Regierung aber stellte sich mit der Zeit auf einen ganz anderen Standpunkt. Ihr war daran gelegen, daß der Kolonist ein nützlicher Untertan bleibe; ihr galt es, zu verhindern, daß aus den Kolonisten ein trotziges, auf seine Ungebundenheit pochendes eigenes Volk hervorgehe. So kam es, daß England in gewissem Sinn die Eingeborenen begünstigte, um die Kolonisten nicht allzu mächtig werden zu lassen. Demnach pflegten die **Indianer sich bisweilen als Bundesgenossen Englands zu betrachten**, wie sie ehemals auch Bundesgenossen Frankreichs gewesen.

Sicher ist, daß auf beiden Seiten anfänglich ein sehr gerechtfertigter Widerwille gegen die Verwendung von Indianern herrschte. Für die Amerikaner hatten derartige Bundesgenossen auch keinen rechten Sinn; im Lager einer regulären Armee mußten sie durch ihr regelloses, unerträgliches Wesen eine Last sein und im eigentlichen Krieg ließen sie sich nur in beschränktem Maße verwenden; ja, im Buschkrieg, gegen die kleinen Dörfer der Hinterwäldler, gegen abgelegene Farmhäuser, gegen einzelne Bewaffnete, gegen Weiber und Kinder, da mochten sie ihre Aufgabe suchen. Hinter dem Weltmeer lag geschützt die englische Insel, unerreichbar für amerikanische Truppen und deren Bundesgenossen. Wehrlos aber dehnte sich die amerikanische Grenze gegen Kanada, gegen die Seen und gegen den Ohio hin. Hier konnten die mit England verbündeten Stämme das Feld ihrer entsetzlichen Tätigkeit finden. Und mochten sich auch bessere Elemente in England dagegen sträuben; als man zu dem Satze gelangt war, daß gegen Rebellen alles erlaubt sei, da ließ England seine ganze Indianermeute gegen die Grenzbewohner los.

Oberst Guy Johnson, geschworener Feind der Amerikaner und von weitgehendem Einfluß bei allen Indianerstämmen, erhielt im Juli 1775 von der englischen Regierung ein Schreiben des Inhalts: „Die unnatürliche Rebellion, die jetzt in Amerika wütet, erheischt jegliche Anstrengung zur Unterbrückung derselben, und die Kunde, welche Se. Majestät erhalten hat, daß die Rebellen die Indianer zur Teilnahme aufgestachelt und tatsächlich eine Schar derselben für sich angeworben haben, rechtfertigt den Entschluß Sr. Majestät, den Beistand seiner getreuen Anhänger, der Sechs Nationen, zu verlangen. Es ist demnach Sr. Majestät Belieben, daß Sie keine Zeit verlieren, Schritte zu tun, um die Indianer zum Ergreifen des Kriegsbeils gegen Sr. Majestät rebellische Untertanen zu bewegen."

Die Amerikaner hatten in der Tat noch vor dem Treffen bei Lexington eine Kompanie von den in Massachusetts ansässigen Stockbridgeindianern in Dienst genommen, während sie bemüht waren, den verhältnismäßig volkreichen Indianerstämmen an den Grenzen gegen Kanada und die Seen hin Neutralität zu empfehlen.

Schon als General Gage im Jahr 1774 Maßregeln gegen die Rebellen in Massachusetts vorbereitete, schrieb er an den Gouverneur von Kanada, General Carleton: „Ich bitte um Ihre Meinung, wie es am besten anzugreifen wäre, um ein Korps Kanadier und Indianer anzuwerben und mit den königlichen Truppen in dieser Provinz gemeinsam zu verwenden." „Sie wissen," schrieb Carleton an Gage zurück, „was für Menschen die Indianer sind." Im Innern war er dem scheußlichen Plane abgeneigt, und wie er mochten die meisten der englischen Generale denken, allein die Bewaffnung der Indianer war einmal der Wille des Königs und des Parlaments und diese Bewaffnung der Indianer erschien als Vorteil Englands. Nur für England hatte derartige Bundesgenossenschaft Sinn; der Schrecken, der an den Grenzen über Weiber und Kinder kam, konnte ja auch die Männer weich und der Unterwerfung geneigt machen. Auch Dunmore, der Gouverneur von Virginia, schrieb vom April 1775: „Mit einem kleinen Kern von Truppen und Waffen könnte ich unter Indianern, Negern und anderen Leuten eine Streitmacht herstellen, welche die widerspenstigen Einwohner dieser Kolonie sehr bald zum Gehorsam bringen würde."

Von dem englischen König und seinen Ministern wurden nun hauptsächlich durch Vermittlung Guy Johnsons die Bündnisse mit den Stämmen ins Leben gerufen und die Indianer hießen „die treuen Bundesgenossen Sr. britischen Majestät". Ohne Widerspruch blieb das nicht. Als im Parlament einer der Lords ausgeführt hatte, daß es einmal notwendig und möglich sei, sich der Wilden als Helfer zu bedienen, daß man billig gegen seine Feinde von allen Mitteln Gebrauch mache, welche Gott und die Natur in unsere Hände gelegt habe, — da raffte der gebrechliche Lord Chatham (William Pitt) alle Kraft zusammen und rief: „Ich bin erstaunt, empört, solche Grundsätze in diesem Hause, in diesem Lande bekennen zu hören, Grundsätze, ebenso verfassungswidrig als unmenschlich und unchristlich." — „Wie, ihr wollt diese erbarmungslosen Kannibalen gegen eure protestantischen Brüder loslassen? ihr Land zu verwüsten, in ihre Häuser zu brechen, ihr Geschlecht, ihren Namen zu zerstören durch diese furchtbaren Höllenhunde der Wildnis?" Lange donnerte und wetterte der Mann, der mit seiner Stimme ehemals Englands Geschicke gelenkt hatte; „Mylords, ich bin alt und schwach, und jetzt nicht im stande, weiter zu sprechen, aber mein Gefühl und mein Unwille waren zu stark, als daß ich weniger hätte sagen können. Ich hätte diese Nacht keine Ruhe finden können in meinem Bett, hätte mein Haupt nicht auf mein Kissen legen können, wenn ich nicht meinem ewigen Abscheu gegen so ausgeartete, ungeheure Grundsätze Luft gemacht hätte."

Es blieb dabei, die Indianer figurierten unbehelligt als die treuen Bundesgenossen der Krone, wenigstens die große Majorität der Indianer. „Von ihrem Beistande zog England den größeren Anteil, wie des Nutzens, so der Unehre," urteilt der englische Geschichtschreiber. —

Die steifen, gravitätisch pedantischen Formen der englischen Nationalregimenter und der deutschen Miettruppen, die beweglichen Scharen der Tories und die an der Grenze schweifenden Schwärme der Indianer zu einer zusammenwirkenden einheitlichen Masse zu verbinden, wäre nun die nächste Aufgabe der englischen Kriegführung gewesen. Allein der Geist kühner Initiative fehlte vollständig im englischen Lager; Monat um Monat verstrich, ohne daß gegen die noch ungeübte Armee der Amerikaner ein entscheidender Schlag geführt worden wäre, und als man endlich zu einem solchen ausholte, war es zu spät.

Diese englischen Anführer, Gage, Howe, Clinton, wie sie aufeinander folgten, mögen persönlich brave und tapfere Männer gewesen sein, aber sie brachten alle für ihre Aufgabe einen ungeheuren Fehler mit, — sie waren allesamt schüchterne Befehlshaber, nicht gewohnt, in verantwortlicher Weise einen folgenschweren Entschluß zu fassen. Wegen solcher Gleichartigkeit in ihrem Wesen liegt die Vermutung nahe, daß irgend ein Hindernis bestand, das zu entfernen nicht in ihrer Macht stand. Hatten sie vielleicht gemessenen Befehl, die Amerikaner nicht aufs äußerste zu treiben, um immer wieder Versöhnungsversuche machen zu können? Fürchteten sie, daß sie dem König gegenüber, der diesen Zwist recht als seinen Krieg betrachtet wissen wollte, zu viel Selbständigkeit zeigen? Manchen Sieg erfochten sie, ohne ihn auszunützen. Über allen Unternehmungen dieser englischen Führer waltete der Geist der Unfähigkeit und Unentschiedenheit. Sie gewährten dem Gegner, was er wollte — Zeit; Raum hatte er ohnedies. Mancher von den verschiedenen Feldzügen macht den Eindruck, als ob man rasch die Sommerarbeit erledigen wollte, um in die Winterquartiere zu gelangen, wo man sich erholen und wo zugleich der Feind Zeit finden könnte, sich zu besinnen und endlich zur Unterwürfigkeit zurückzukehren.

Fast sollte man glauben, in der Kriegführung hätten gleicherweise zwei Seelen gewohnt, wie im englischen Volk selbst. Denn dieses trat nicht mit einheitlichem Sinn, sondern gespalten in den unheilvollen Kampf ein. Freilich nur eine kleine, aber durch Tradition und Fähigkeit der Führer mächtige Partei, die

Whigs als Anhänger von Chatham, Burke, Rockingham, war es, die sich zur Sache der Amerikaner bekannte und die Rebellion ermutigte. Ihr gegenüber trat die ganze Schar der Tories zusammen, die Anhänger Butes und der König selbst, die nach Herrschaft lüsterne Geistlichkeit der Hochkirche, alle entschlossen, das Zwangsverfahren gegen die Rebellen fortzusetzen und, wenn nötig, aufs äußerste zu steigern.

„Die Tories," schreibt Edmund Burke, „glauben allgemein, ihre Macht und Bedeutung sei mit dem Erfolg dieser amerikanischen Affäre verknüpft. Die Geistlichkeit erhitzt sich erstaunlich dafür." Am größten war die Beliebtheit des Kriegs bei der Kaufmannschaft. „Alle oder die Mehrzahl von ihnen," fährt Burke fort, „fangen an, den haut goût eines gewinnreichen Kriegs zu wittern. Der Krieg ist ihnen wirklich schon eine Art von Surrogat für den Handel. Das Frachtgeschäft war noch nie so lebhaft, weil der Transportdienst gewaltige Dimensionen annimmt. Große Bestellungen halten den Mut der kaufmännischen Welt aufrecht und lassen sie den amerikanischen Krieg nicht sowohl als ein Unglück, sondern als ihre Hilfsquelle betrachten."

Die Unabhängigkeitserklärung vollends und die Eröffnungen Amerikas an Frankreich wurden als der Gipfel der Insolenz und der Undankbarkeit erachtet. Und jetzt gelang es den Tories, „das arme, taumelnde, gedankenlose Volk Englands kopfüber in diesen gottlosen Krieg zu stürzen". Der Haß erwachte gegen die „Untertanen in Amerika" und das Ministerium war des Beifalls der Masse ebenso gewiß, wie der unbedingten Majorität im Parlament. Krieg an sich ist ja niemals unpopulär in England gewesen.

„Jedes Mittel, Amerika in Not zu bringen, muß meine Zustimmung finden," dahin ging die Meinung des Königs. Seine Freunde und die Geistlichkeit wurden nicht müde, Gewaltmaßregeln zu befürworten und populär zu machen; „des Königs Krieg" wurde deshalb auch der Waffengang gegen die Amerikaner genannt und als des Königs Freund galt jeder, der den Rebellen tüchtig zu Leibe ging. —

So beliebt der Krieg in der Welt der Kaufleute und Geschäftsmänner Englands wurde, so unerwünscht und unbeliebt erschien er in allen Kreisen der amerikanischen Kolonisten. Doch über jede Sorge half man sich einstweilen hinüber durch die laut ausgesprochene Hoffnung, daß der Krieg längstens in einem Jahr beendet sein, daß England sich zu Unterhandlungen herbeilassen werde, sobald es die ungeheure Stärke und die Entschlossenheit der vor Boston versammelten amerikanischen Armee kennen gelernt habe.

Von jeher waren die waffenfähigen Männer der Kolonien gewohnt, sich bei einem Einfall der Indianer oder Franzosen zur Abwehr bereitzuhalten. Nach dem Gesetz wurden sie in Alarmlisten verzeichnet und dadurch verbindlich gemacht, ins Feld zu rücken. Beim Franzosenkrieg zu Ende der Fünfzigerjahre hatte Massachusetts 32 Regimenter Miliz in seinen Alarmlisten stehen mit 45000 Mann. Aus dieser Zahl griff es damals 10000 Mann heraus für den eigentlichen Dienst. Die Bevölkerung hatte sich vermehrt; im Jahr 1775 mochte Massachusetts immerhin 60000 Mann in seinen Alarmlisten führen. Um diese Zeit zählten die Vereinigten Kolonien nach einzelnen Angaben 3 Millionen Einwohner, nach anderen etwas über 2 Millionen; in Wirklichkeit mag sich die Einwohnerzahl auf 2700000 belaufen haben; in den Alarmlisten werden demnach wohl 400000 Mann verzeichnet gewesen sein. Aus dieser Zahl war es möglich, die Tüchtigsten und Willigsten herauszugreifen.

Dies Herausgreifen vollzog sich im Wege der Werbung; so bei den Expeditionen, welche gegen Havanna und Martinique im französischen Krieg und bei der Eroberung Kanadas 1759 stattfanden. Aber es wird berichtet, diese Kolonisten ließen sich immer nur auf 12 Monate, für einen einzelnen Feldzug anwerben, und hätten, wenn sie auch ehrenvoll fochten, niemals die Sicherheit und Disziplin englischer Veteranen erreicht; „doch zählten sie in ihren Reihen viele geschickte Offiziere, die vollkommen im stande waren, jede militärische Führung zu übernehmen."

Einen Übergang von der durch Gesetz verpflichteten Miliz zu einem stehenden geworbenen Heere hatte man in Massachusetts schon gemacht durch Aufstellung der

„Minutenleute" (S. 250), die auch als erstes Aufgebot der Miliz bezeichnet werden. In seinen Erkundungsberichten vom Jahr 1768 sagt der Oberst Kalb: „Im Falle eines Aufstandes könnten sich die Kolonisten nur auf ihre Miliz stützen, die allerdings sehr zahlreich, aber durchaus nicht diszipliniert ist (S. 183)."

Von besonderem Reize ist es nun, zu beobachten, in welcher Weise der Kongreß aus der Miliz eine stehende geworbene Truppe hervorgehen ließ. — Auf das Büchsengeknatter beim Gefecht von Lexington hin begann es ja in Neuengland zu wimmeln wie in einem aufgestörten Ameisenhaufen; zu Tausenden strömten sie herbei, die Nachbarn und Freunde, die Schulkameraden von nah und fern; von den Bergen von New Hampshire, vom Tal des Connecticut, von der Küste Rhode Islands; eine ungezählte Schar, die sich unter Kommando des Generals Ward um Boston lagerte. Diese ländlichen Soldaten mit ihren selbstgewählten Offizieren, ihren verschiedenen Regulativen, ohne Zusammenhalt, ohne Munition, Lebensmittel, Löhnung bildeten zunächst nichts als die lockeren Glieder einer Einheit, die erst noch gefunden werden mußte. Durch den sich in die Länge ziehenden Dienst verdampfte der Enthusiasmus schnell und die Leute begannen sich zu verlaufen. Immerhin aber blieben noch genug übrig, um das Rohmaterial darzustellen, aus dem es möglich war, die Anfänge und Grundlagen einer Armee zu bilden. Dies geschah, nachdem sich der Kongreß zum obersten Kriegsherrn erklärt, die Kontingente der anderen Kolonien aufgeboten, einen Oberbefehlshaber ernannt und die von den einzelnen Kolonien auf 7, 9 oder 12 Monate angeworbenen Bataillone als Kontinentalarmee bezeichnet hatte.

Als Washington im Sommer 1775 im Lager vor Boston ankam, war es sein erstes Geschäft, der bis jetzt formlosen Masse eine gewisse Gliederung zu geben, die Leute bekannt zu machen mit den vom Kongreß ernannten Offizieren und den von dieser Oberbehörde ausgegebenen Vorschriften. Durch derartige gemeinsame Bande wurde das erste schwache Reis der Kontinentalarmee — später Unionsarmee — gepflanzt und es blieb fortan die besondere Sorge des Oberbefehlshabers, das

Wachstum und Gedeihen dieser zarten Pflanze zu bewachen und zu fördern.

Zu der ersten Entwicklungsgeschichte der Unionsarmee erhalten wir wertvolle Beiträge in der neuestens veröffentlichten „Legislative history of the General Staff of the Army of the United States" (Senate Documents No. 229. By Raph. P. Thian. 1901) und erfahren daraus, wie schon kurze Zeit nach Washingtons Ernennung der Kongreß am 21. Juli beschloß: „daß ein Truppenkorps in Massachusettsbai zur Aufstellung kommen solle, so stark als es General Washington für notwendig halten würde, vorausgesetzt, daß es 22000 Mann nicht überschreitet."

Durch dies **Bestimmen einer Maximalstärke** verriet der Kongreß schon in den ersten Tagen, während deren er sich mit der Armee beschäftigte, seine innersten Gedanken. Vom ersten Tag an hegten namentlich die Juristen, welche einen außerordentlich starken Bruchteil im Kongreß ausmachten, eine ewige Furcht, es möchte zu **viel Gewalt in Soldatenhänden** vereinigt und dadurch die Möglichkeit geschaffen werden, ein System des Despotismus aufzubauen. Die **Antipathie gegen eine stehende geworbene Armee** hatten die Amerikaner in ganz erklärlicher Weise von ihren englischen Vorvätern überkommen; wie ein Gespenst sahen sie mit drohender Geberde eine Wallensteinfigur, einen Oliver Cromwell, einen Diktator, der alle bürgerliche Freiheit niedertritt, vor sich stehen. Ordentliche Leute, meinte John Adams, werden sich nicht anwerben lassen, wenigstens in den Neuenglandstaaten nicht; ja, unter den armen Irländern und Deutschen, da möchten sich Soldknechte finden; aus diesen aber könnte sich ein ehrgeiziger Soldat leicht willenlose Werkzeuge gegen das Bürgertum schaffen.

Das Zusammenwerfen englischer und amerikanischer Begriffe drohte von Anfang an der kaum organisierten Armee auch schon den Untergang. Nach englischer Meinung nahm kein ordentlicher Mensch Werbegeld; die Engländer aber waren klug genug, den schlechten Stoff zu nehmen und ihn durch eiserne Disziplin und den Stock zum Soldaten zu formen. Derselbe Stoff aber, wenn er der amerikanischen Armee zufloß, sollte ohne eiserne Disziplin, bloß durch den eigenen guten Willen, regiert werden. Die Betrachtungen des Kongresses über das Bedrohliche einer durch den ehrgeizigen Willen des Kommandeurs gelenkten Armee begannen in den Reihen dieser Armee selbst, wo man fleißig die Tagesblätter las, gefährlich zu wirken. Denn die Soldaten glaubten allmählich, daß unbedingter Gehorsam gegen die Offiziere ihrer Würde Abbruch tue und mit ihrer Freiheit unverträglich sei.

So tat der Kongreß, höchst wahrscheinlich ohne es zu wollen, von vornherein der Disziplin Eintrag und hemmte den obersten Befehlshaber bei jedem Schritte. Glücklicherweise für die Sache Amerikas fand sich ein Gegenmittel. Wenn auch, wie John Adams richtig voraussah, manche minderwertige Elemente sich in die Werbelisten eintragen ließen und durch üblen Willen und niedrige Gesinnungen Verdruß und Verlegenheit bereiteten, so fand sich doch immer ein guter Kern zusammen, mit dem es möglich war, die Armee über Wasser zu halten. Auch fehlte es nicht an Unglück und Drangsal, geeignet, schlechte und leichte Ware wegzufegen und die Vorkämpfer in allen Chargen nur umso glänzender hervortreten zu lassen.

Es wäre auch gar nicht nötig gewesen, daß der Kongreß so ängstlich eine Maximalstärke für die Unionsarmee festgesetzt hätte. Denn diese Maximalstärke wurde eigentlich nie vollkommen erreicht, auch später kaum, als, durch die Notlage belehrt, der Kongreß viel weitergehende Zugeständnisse gemacht hatte. Jetzt, im Sommer 1775, ergingen bringende Aufforderungen an die Kolonien, Rekruten zu schicken. Nur sehr zögernd kam man dem Begehren nach. In der Tat lieferte die Rekrutierung eines Monats in dieser höchst kritischen Zeit nur 5000 Mann. Die Dienstzeit der etwa 5000 Mann starken Connecticuttruppen lief mit Dezember 1775 ab; sie weigerten sich, ihre Kapitulation zu erneuern und gaben endlich nach, wenigstens noch 10 Tage im Lager zu bleiben. Um diese Zeit waren noch nicht 10 000 Mann für das neue Feldzugsjahr 1776 angeworben.

Nach den großen Schlägen des Jahres 1776 schien es fast, als wolle die Armee auseinanderfallen. Nur wenige Tausend be=

fanden sich eine Zeitlang bei den Fahnen; freilich eine Schar herrlicher Männer. Trotz hohen Soldes und bedeutender Prämien war es bis jetzt nur selten gelungen, die Leute auf Kriegsdauer oder auf 3 Jahre Dienstzeit zu werben, wie es wirklich geschah bei den 3 Kompanien der New Yorker Artillerie. Allein Washington führte in dieser Angelegenheit eine ganz energische Sprache. Wenn Miliz der Hauptbestandteil des Heeres sei, so werde es zur Unmöglichkeit, den Krieg mit Erfolg zu führen. Bis jetzt hatte sich nämlich der Kongreß darauf verlassen, daß neben der stehenden Armee auch die Miliz Verwendung finde. Den meisten Mitgliedern war ja eine stehende Armee in tiefster Seele verhaßt und sie hielten die Miliz für eine der Freiheit wohltätige Beimischung. Auch der größere Abstand zwischen Offizieren und Mannschaften, wie ihn Washington verlangte, erregte zuweilen Argwohn. Wenn gegen Washington selbst Mißtrauen rege wurde, ob er die ihm übertragene Macht nicht mißbrauchen könnte, so ist der Kongreß deshalb wohl nicht zu verurteilen; denn die ganze sittliche Größe Washingtons sollte sich ja erst zeigen. Und in der Tat, wenn anders geartete Männer, wenn Charles Lee, Horatio Gates, die beide mit Neid auf die hohe Stellung Washingtons blickten, wenn solche Männer zur Geltung gekommen wären, dann hätte eine große stehende, den Führern ergebene Armee in ihrer Hand ein gefährliches Werkzeug abgeben können.

Endlich nach allen schlechten Erfahrungen entschloß sich die Zentralgewalt, der nur notdürftig ihr Dasein erhaltenden Armee eine neue Organisation und etwas mehr Rückgrat zu geben. Im September 1776 befahl der Kongreß, daß der Hauptkörper der Kontinentalarmee aus 88 Bataillonen, jedes zu 750 Mann, bestehe, zu denen die Leute unter außerordentlich günstigen Bedingungen auf Kriegsdauer oder doch auf drei Jahre Dienstzeit angeworben werden sollten. Jetzt erst war man zu der Erkenntnis gekommen, daß der Krieg eine Reihe von Feldzügen in Anspruch nehmen werde, daß es sich darum handle, eine tüchtige Operationsarmee im Felde zu haben, daß nur beim Vorhandensein einer solchen fremde Mächte sich zur Bundesgenossenschaft entschließen werden.

Und doch sah auch diese neu organisierte Kontinentalarmee wunderlich genug aus. Dem Kongreß stand es ja zu, irgend eine Sache zu beschließen, aber behuf Ausführung mußte er sich an die einzelnen Staaten wenden. So verteilte er die 88 Bataillone als Kontingente auf die 13 Staaten und übertrug ihnen die Aufstellung; den großen Staaten: Virginia, Pennsylvania, Massachusetts fiel dabei fast die Hälfte der Bataillone zu. Zugleich nannten die Staaten den Körper, den sie als Bataillon aufstellen sollten, Regiment. In Pennsylvania zählte man auf diese Art 13 Kontinentalregimenter, jedes zu 750 Mann in 10 Kompanien. In jedem Regiment 1 Oberst, 1 Oberstleutnant, 1 Major.

Auf dem Papier sah das alles glückverheißend genug aus; jeder Gemeine sollte nach dem Ende des Kriegs 100 Acker Land erhalten, die Offiziere eine noch größere Fläche. Reichliche Löhnung und Prämien kamen dazu. — Neben diesen 88 Bataillonen (Regimentern) erhielt Washington für seine Person das Recht, weitere 16 Bataillone, 3 Regimenter Reiterei, 3 Regimenter Artillerie und ein Ingenieurkorps anzuwerben.

Trotzdem überall die Vorteile der Anwerbung bekannt gemacht wurden, ging doch der Rekrutenersatz schlecht. In ganz ähnlicher Weise, wie die großen europäischen Mächte zur zwangsweisen Aushebung kamen, sahen sich jetzt auch die jungen amerikanischen Staaten zu einer gewissen Nötigung gezwungen. Die Miliz allein wurde durch Gesetz aufgebracht. So boten also jetzt die Staaten Milizabteilungen auf und nötigten einzelne herausgegriffene Milizmänner bei Gefängnisstrafe, entweder persönlich in die Kontinentalarmee zu treten oder einen Ersatzmann zu stellen. Man verfügte in Virginia auch, daß zwei Milizpflichtige, denen es gelang, einen Rekruten für die Armee zu stellen, für ihre Person frei von jeder Milizpflicht sein sollten. So wurde die Miliz in einzelnen Notfällen das Reservoir, aus dem man zwangsweise Anlehen für die Kontinentalarmee machte. Allein es blieben alle Anstrengungen ohne wesentlichen Erfolg. Die bestimmte Anzahl von Bataillonen kam nie zusammen und niemals erschienen ihre Reihen vollständig gefüllt. Je mehr es Zwang und Hin- und Herhandeln gab, desto schlechter wurde das Material, desto mehr gab es Ausreißer, die der Heimat zuliefen, desto wechselnder wurde der Stand der Armee, desto mehr Leute mußten immer wieder die Staaten auftreiben. Sklaven, die einwilligten, in die Armee zu treten, wurden freigelassen, man begann Deserteure einzureihen und Kriegsgefangene zur Dienstannahme zu überreden. Der Ersatz war ja Sache der Einzelstaaten; so hatte Washington wenig Einfluß auf die Auswahl des Materials.

Es wird berichtet, daß im Laufe des ganzen Revolutionskrieges von 1775 an bis zum Friedensschluß des Jahres 1783 die 13 Staaten zusammen die stattliche Summe von 230 811 Mann regulärer Truppen aufgebracht haben sollen und zwar:

New Hampshire	12 497 Mann,
Massachusetts	67 097 „
Rhode Island	5 908 „
Connecticut	31 959 „
New York	17 781 „
New Jersey	10 726 „
Pennsylvania	25 678 „
Delaware	2 386 „
Maryland	13 912 „
Virginia	26 678 „
Nordkarolina	7 263 „
Südkarolina	6 417 „
Georgia	2 509 „

Diese riesigen Summen lassen sich nur dadurch erklären, daß die Leute, die eingestellt wurden, namentlich zu Anfang des Kriegs, wo das Gefüge der Armee am lockersten war, ungemein oft wechselten, daß auch derselbe Mann zu verschiedenen Zeiten sich in die Werbelisten eintragen ließ. Wie stark die Armee zu jeder Frist war, läßt sich schwer angeben; die amtlichen Nachweise werden oft selbst darüber im Unklaren gewesen sein. Sicher ist, daß Washingtons Armee oftmals nur wenige Tausende zählte. Richtig wird wohl auch sein, wenn angenommen wird, daß die gesamte Kontinentalarmee mit ihrer großen Zahl von Bataillonen niemals den Stand von 36 000 Mann überschritt, wobei die Hauptstärke bei Washington sich befand, einzelne Teile aber entfandt auf befondere Unternehmungen, oder in befeftigten Plätzen, wichtigen Küftenorten verwendet.

Billig fragt man fich: wo ift denn all die Begeifterung geblieben, welche am Tage nach Lexington Zehntaufende von Neuenglandmännern ins Lager vor Boston trieb, welche fich in allen Kolonien bis zur höchften Entrüftung steigerte? Man muß allerdings, um den Entwicklungsgang der Revolutionsarmee fich klarzulegen, gerade auf diefe Anfänge zurückgehen. Alle diefe bewaffneten Scharen dachten nicht von ferne daran, daß der Krieg fich in die Länge ziehen werde; man kalkulierte: einen einzigen kecken Anlauf gewagt und England wird fich fchon befinnen. Das waren Leute, von denen faft jeder einen Haushalt repräfentierte, die genau jeden Tag rechneten, den fie von Haufe weg fein mußten, ja, **die jede Stunde für verloren hielten, die fie im Lager zubrachten.** Ihnen wurde das Herz fchwer, wenn fie an die viele Arbeit zu Haufe dachten, an Weib und Kind. Ganz recht; man fang wieder einen Pfalm zufammen, hörte in der Kompanie, welche zugleich die Heimatgemeinde darftellte, eine kriegerifche Predigt an und fühlte fich für kurze Zeit wieder als Kriegsmann. Aber fchließlich kam man doch zu dem Verlangen: die Durchführung diefes lang ausfehenden Krieges folle man Freiwilligen übertragen, die aus dem Soldatfein ein Gefchäft machen und fich für 6 oder 12 Monate bereit finden laffen. Das genüge nicht, warf man nach Ablauf eines Jahres ein, man dürfe die Operationsarmee durch fo häufigen Wechfel keiner Gefahr ausfetzen, fie fei kein Taubenfchlag; auf Kriegsbauer, kürzeftens auf 3 Jahre müffe die Verpflichtung der Rekruten lauten. So ftand alfo die Sache zu einer Zeit, da die erfte Begeifterung fchon verraufcht war.

Ein Rechtsfall an fich fchafft auch **keine nachhaltige Begeifterung.** Und auf einen folchen Rechtsfall läuft der Streit zwifchen den Kolonien und dem Mutterland hinaus. Ja man hatte manches Unrecht erlitten, manche Eingriffe und den Übermut der englifchen Junker und Beamten tragen müffen. Aber am Ende waren es doch eine Art Landsleute, Abkömmlinge desselben Stammes, mit derselben Sprache, fast auch noch mit derselben geistigen Welt. Eigentliche fühlbare Unterdrückung, Verhöhnung der Volksheiligtümer hatten die Amerikaner nicht über sich ergehen lassen müssen, wie das in etwas späterer Zeit der Fall gewesen ist, als nach dem Frieden von Tilsit Gewalthaber von fremder Zunge und fremder Nationalität die Herren auf deutschem Boden spielten. Verletzung der nationalen Heiligtümer durch ein fremdes Volk, Unterdrückung der eigenen Religion durch eine herrschsüchtige andere, das ist es, was nachhaltigen Männerzorn schafft, Seelenwunden, die zum Sterben treiben und alle irdischen Güter für nichts achten lehren.

Von all dem keine Spur in Amerika; mit kalt abmessendem Verstand verlangte man sein Recht; von juristischen Auseinandersetzungen war man zu rhetorischen Aufreizungen gekommen den offenbaren Bosheiten und auf Unterdrückung abzielenden Gewalttätigkeiten der Engländer gegenüber. Was Deklamationen auf dem Markt und in der Presse nicht vermocht hatten, die Hervorbringung eines nachhaltigen Zornes, einer feindseligen Abwendung von allen Versöhnungsmaßregeln, das brachten im Laufe des Kriegs die Ausschreitungen der Engländer, ihre Barbareien gegen Leben und Eigentum zu stande. Jetzt erst wurden die Herzen verbittert und ein heißes Verlangen entstand, alleiniger und wirklicher Herr sein zu wollen auf dem eigenen Boden.

Zu derselben Zeit, im September 1776, als der Kongreß der Kontinentalarmee neue Formen gab, unterzog er auch die Kriegsartikel einer Durchsicht und machte dieselben etwas schärfer. Schon früher war geklagt worden über "die eigenwilligen, unlenksamen Männer", mit denen der blutjunge Georg Washington im Jahr 1754 in den Krieg um den Ohio zog. Gesetze für die Armee waren auch damals schon vorhanden, aber in den wesentlichsten Punkten blieben sie so mangelhaft, daß sie weder den Desertionen vorbeugten (unter Desertion ist bei den amerikanischen Truppen fast immer das Entweichen nach Hause gemeint), noch Verbrechen straften oder den Gehorsam sicherten. Jetzt wurden Kriegsgerichte angeordnet,

Strafen festgesetzt für Meuterei, Desertion und Ungehorsam, auch die Übelstände aufgehoben, welche sich daher leiteten, daß die einzelnen Kontingente meinten, sich auf die Gesetze ihres speziellen Staates beziehen zu dürfen. Immerhin aber blieb der Übelstand bestehen, daß man versuchte, eine geworbene Armee durch milde Gesetze, ohne eiserne Disziplin zu regieren. In unzähligen Eingaben an den Kongreß und ausführlichen Berichten legt Washington seine schmerzlichen Erfahrungen nieder.

Eine besondere Rolle spielen die Beurlaubungen bei der Feldarmee. Washington klagt wiederholt über „die Ungeduld der Leute, nach Hause zu kommen". Bei der Anwerbung ergab es sich in zahlreichen Fällen, daß die Leute sich nur einreihen ließen unter der Zusicherung ganz bestimmter Urlaubszeiten. Und dieser Urlaub mußte bewilligt werden selbst vor dem Feind. Als im Sommer 1776 die amerikanische Armee Stellung bezog, um den gelandeten Engländern entgegenzutreten, war sie 17225 Mann stark, davon waren „6711 krank, beurlaubt, detachiert". Einige Zeit vorher hat Washington geschrieben: „Ich war genötigt, bis zu 50 Mann von einem Regiment zu beurlauben und ich bin überzeugt, daß die Offiziere auch noch ebensoviele in Urlaub entlassen." Ein Abschlagen des Urlaubs hätte nur das Weglaufen nach der Heimat befördert. Darin lag eine weitere Schwäche der amerikanischen Armee, daß die Reize der Heimat verhältnismäßig nahe lagen. Der englische Soldat und der deutsche Mietling konnten nur zum Feind desertieren.

Wenn es dem Kongreß auch mehr darum zu tun gewesen wäre, eine kleine stehende Armee zu schaffen als kriegstüchtiges, wohldiszipliniertes Instrument, unter strengen Gesetzen dem Willen ihrer Offiziere unbedingt unterworfen, wäre ihm die Ausführung doch kaum möglich gewesen in diesem Kolonistenlande, wo es lohnende Arbeit in Fülle gab, wo alle die persönliche Freiheit beengenden Vorschriften aufs gründlichste verhaßt blieben, wo man gewohnt war, den geworbenen Soldaten bei weitem geringer zu taxieren als den Milizmann. Immerhin schwang sich der Kongreß zu weiteren Taten auf, um eine gewisse Einheitlichkeit in die Kontinentalarmee hereinzubringen;

im Juni 1776 schuf er als Zentralstelle für alle militärischen Angelegenheiten das Kriegsamt (Board of War). Aus ihm ist das heutige amerikanische Kriegsministerium hervorgegangen, ähnlich wie aus der Kontinentalarmee die heutige Unionsarmee.

Die Ernennung der Offiziere durch die einzelnen Staaten brachte ungemein viel Verwirrung und Eifersüchteleien. Deshalb wurde durch Kongreßbeschluß vom 27. Dezember 1776 dem General Washington Vollmacht übertragen, alle Offiziere vom Brigadegeneral abwärts zu ernennen und zu versetzen und die freigewordenen Stellen in allen Zweigen der Armee auszufüllen. Demnach hatte sich der Kongreß nur die Ernennung der Major-Generale (Divisionskommandeure) vorbehalten. Die Wahl der Offiziere durch die eigenen Leute sollte gänzlich vermieden werden; wenigstens wird besonders vermerkt, wenn eine derartige Wahl, wie bei den Green Mountain Boys, ausnahmsweise gestattet war.

Damit wurde dem Oberbefehlshaber eine gewisse Machtabrundung zu teil in derselben Zeit, da er sich nach vielem Mißgeschick dazu entschließen mußte, den Hudson an die Engländer zu überlassen und sich selbst an den Delaware zurückzuziehen. Es waren die Tage, da der Kongreß sich mit dem Gedanken vertraut machen mußte, seinen Sitz von Philadelphia nach einem sichereren Platz zu verlegen, und die Truppen massenweise anfingen, das Lager zu verlassen und allen Gesetzen der Disziplin Hohn zu sprechen. Thomas Paine, der mit seinen Schriften mächtig auf die Gemüter wirkte, schrieb in diesen Tagen zu Ende 1776: „Das sind die Zeitläufe, welche die Seelen der Männer auf die Probe stellen. Der Sommersoldat und der Sonnenscheinpatriot werden in solchen Entscheidungsstunden gar klein in ihrem Dienst fürs Vaterland, derjenige aber, der es aufrecht erhält, verdient Liebe und Dank von Mann und Weib."

Nachdem im Sommer 1775 Georg Washington sein Amt als Oberbefehlshaber der Armee angetreten hatte, gab es nichts wichtigeres zu tun, als dieser auch einen Generalstab mit seinen verschiedenen Tätigkeiten und Zweigen zu geben. Zum Generaladjutanten mit dem Rang eines Brigadiers wurde Horatio Gates ernannt, als Engländer geboren, wohl im stande, an der Organisation einer Armee mitzuarbeiten, jedoch innerlich überzeugt, daß er von Rechts wegen an die erste Stelle gehöre. Gates blieb nur ein Jahr auf seinem Posten und hatte zu seinem Nachfolger den Oberst Joseph Reed.

In jener Zeit, da eine vielfache Arbeitsteilung in der Beaufsichtigung von Ausbildung und Disziplinierung einer Armee stattfand, kam dem Generalinspektor eine ganz besondere Bedeutung bei. Es wird in dem oben angeführten Werke berichtet, daß Washington das Wirken eines Generalinspektors stets im Auge behielt und große Dinge von dessen Amtsführung hielt. Erstmals wurde die Stelle als Generalinspektor der Kavallerie einem französischen Offizier, dem Oberstleutnant de la Balme zu Ende des Jahres 1777 übertragen; die Inspektion für das Geschützwesen einem anderen Franzosen. Das geschah aushilfsweise.

Vom 13. Dezember 1777 wird berichtet, wie der Kongreß der Meinung sei, daß etwas wesentliches für die Hebung der Disziplin in der amerikanischen Armee und für Abstellung der zahlreichen Mißbräuche in den verschiedenen Verwaltungsstellen geschehen müsse; deshalb sei die Aufstellung eines Generalinspektors notwendig, übereinstimmend mit dem System der am besten disziplinierten europäischen Armeen. Erfahrenen und wachsamen Generaloffizieren müsse dies Amt übertragen werden, die ein richtiges Verständnis haben von der ganzen Armeewirtschaft, von den Manövern und der Disziplin, wie das alles in einer wohlgeordneten Armee gehandhabt werden müsse. Die Hauptgeschäfte für die Inspektion sollen diese sein:

Von Zeit zu Zeit die Truppen Musterung passieren lassen und nachsehen, daß jeder Offizier und Soldat wohl unterwiesen sei im Exerzieren und in den Manövern, welche durch das Kriegsamt veranlaßt sind; sich überzeugen, daß die Disziplinargesetze genau beobachtet werden, daß die Offiziere ihre Mannschaften anständig behandeln und ihnen Gerechtigkeit widerfahren lassen.

Die Regimentskommandeure sollen vom Generalinspektor über die Zeit zur Vornahme solcher Musterungen benachrichtigt werden, damit die nötigen Nachweise zur Stelle sind und zwar:

Nachweis über Bekleidung. Nachweis über Waffen und Ausrüstung.

Nachweis über Rekruten und Verrechnung der Summen, welche für diesen Zweck verwendet worden sind.

Nachweis über Zahl und Namen der Verwundeten mit Unterscheidung solcher, die ganz dienstunfähig und anderer, die noch im Invalidenkorps zu verwenden sind.

Nachweis des Abgangs im Regiment durch Tod, Desertion und auf sonstige Art.

Nachweis, was an Löhnung und Rationen vom Regiment bezogen wird.

Ein Nachweis aller Offiziere des Regiments mit Bemerkungen für jeden Einzelnen über Führung, Fähigkeiten und Anstelligkeit.

Alle diese Nachweise, von den Stabsoffizieren jedes Regiments unterzeichnet, sind durch den Generalinspektor sorgfältig zu prüfen, um dann, versehen mit dessen Bemerkungen und von ihm unterzeichnet, dem Kongreß übergeben zu werden.

Seine Musterungen soll der Generalinspektor vor dem Beginn und gegen das Ende eines jeden Feldzugs abhalten und außerdem noch zu solchen Zeiten, wie sie der kommandierende General bestimmen wird oder wie es ihm selbst geeignet scheint oder wie er Ordre vom Kriegsamt bekommt, wobei er jedesmal den kommandierenden General benachrichtigt, um dessen Genehmigung für die Musterung des fraglichen Truppenteils zu erhalten. Und zwar soll der Generalinspektor seine Musterung sehr eingehend vornehmen, Mann für Mann, alle Klagen und Anbringen von Soldaten und von Offizieren abhören und dem Kongreß alle Bitten und Beschwerden, die er von Belang hält, mitteilen. Auch soll sich der Generalinspektor mit den vom Regimentskommandeur den Offizieren gegebenen Qualifikationen nicht begnügen, sondern besagte Offiziere persönlich prüfen, ihnen kleine taktische Aufgaben stellen und alle Maßregeln ergreifen, die ihn in stand setzen, dem Kongreß wahrheitsgemäß

zu berichten. Zu demselben Zweck und um eine gewisse Gleich=
förmigkeit herbeizuführen, war es Sache des Generalinspektors,
die Rechnungen der Regimentskassen zu prüfen.

Zugleich ernannte der Kongreß den Brigadegeneral Thomas
Conway zum Generalinspektor. Es leuchtet ein, welches
wichtige Amt in die Hände eines solchen Inspektors gelegt war.
Er stand in direktem Verkehr mit dem Kongreß und ganz selb=
ständig dem kommandierenden General gegenüber. Je nach
seinem Charakter konnte der Generalinspektor der Armee sehr
nützlich, aber auch gefährlich werden. Jedenfalls blieb sein
Verkehr mit dem Kongreß unter Umgehung des kommandieren=
den Generals eine höchst bedenkliche Sache und es scheint, daß
der ganze Entwurf über die Tätigkeit des Generalinspektors
dem Mißtrauen des Kongresses entsprang, der sich in diesem
hohen Offizier einen kontrollierenden Agenten im Lager und
in der Umgebung des kommandierenden Generals zu schaffen
suchte.

Der Bericht über die Entwicklungsgeschichte des General=
stabes sagt nun, daß zum Glück für die Armee, für die Dis=
ziplin und die Operationen der Plan des Kongresses nicht zur
Ausführung kam, daß Washington den eben ernannten General=
inspektor Conway nicht in Tätigkeit setzte, daß vielmehr am
5. Mai 1778 der Kongreß den Plan des Generals Wash=
ington für die Aufrichtung einer wohlorganisier=
ten Generalinspektion annahm. Es soll das wohl heißen,
daß Washington durch seinen vom Kongreß jetzt angenommenen
Plan das Bedenkliche und Gefährliche in der Amtsführung des
Generalinspektors entfernt und ihn vollständig, auch mit seinen
Berichten, unter das Kommando des Oberbefehlshabers gestellt
hatte. Auf Washingtons Empfehlung wurde Friedrich Wil=
helm v. Steuben (Baron Steuben) mit dem Rang als Major=
General zum Generalinspektor der Armee ernannt. Steuben
blieb vom 5. Mai 1778 bis 17. April 1784 in dieser Stellung.
Sein Nachfolger als Generalinspektor der Reste der Kontinental=
armee, die als Kern für die Unionsarmee im Dienste blieben,
war der Major William North.

Zum Generalauditeur (Judge Advocate General) war

mit der ersten Aufstellung der Armee der Rechtsanwalt Oberstleutnant William Tudor aus Boston ernannt worden. Die Ernennung des „Generalquartiermeisters für die Armee der Vereinigten Kolonien" überließ der Kongreß dem kommandierenden General, der den Oberst Thomas Mifflin aus Pennsylvania auf diese Stelle beförderte, mit welcher die Sorge für Anordnung der Märsche, der Lager, Ordre de Bataille, Aufbringung von Fourage, Wagen und Pferden, Zelten, Baracken, Werkzeugen verbunden war. Unter dem Kriegsamt standen die Zweige des Proviant= und Bekleidungswesens, die Stellen, welche Lieferung und Einkauf zu besorgen hatten. Der erste Vorstand (Commissary General) war Joseph Trumbull.

Am notwendigsten zeigte sich zunächst die Aufstellung einer Zentralbehörde für den Spitaldienst; sie erfolgte am 27. Juli 1775 mit Vorschriften, welche sich nach den englischen Reglements richteten. Zum ersten Generalarzt (Director General and Chief Physician) wurde am selben Tage Dr. Benjamin Church aus Massachusetts ernannt. James Warren, der aus dem gleichen Staat stammte, übernahm das Amt als Vorstand der Kriegskasse. Das Ingenieurkorps blieb lange Zeit fast unbeachtet; erst im Jahr 1779 erhielt es eine richtige Organisation unter dem aus Frankreich herübergekommenen Oberst Louis du Portail.

Um Vorsorge zu treffen für das Geschützwesen, für Munition und andere Vorräte, war schon im Mai 1775 im Kongreß eine Kommission unter Washingtons Vorsitz ernannt worden.

Der Mangel an Pulver war das Schlimmste für die um Cambridge bei Boston versammelte Truppenmacht, die als Hauptarmee zum Unterschied von den detachierten Korps auch Grand Army genannt wurde. — In allen Kreisen sprach man von der Kunst, Pulver zu machen. Man las die Anzeige: „Es wird ein Mann verlangt, der sich auf die Läuterung des rohen Schwefels gründlich versteht, so daß derselbe zur Verfertigung von Schießpulver gebraucht werden mag." — Kaum hatte Washington sein Kommando angetreten, als er entdeckte, daß nicht Pulver genug vorhanden war, um den Bedarf an Patronen auch nur für einen Gefechtstag ausgeben zu können.

Es scheint aber, daß schon früher mit der Fabrikation von Pulver in den Kolonien Versuche angestellt worden sind. Jedenfalls wurden jetzt Waffen- und Pulverfabriken in verschiedenen Staaten errichtet. Bis sie aber im stande waren, ordentliche Quantitäten zu liefern, galt es, auf geheimen Wegen, unbeobachtet von den englischen Wächtern, Pulver in Europa und Westindien zu kaufen. Daneben brachten die unversehens auftauchenden amerikanischen Kaper mit keckem Griff manch englisches Schiff, das Munition nach Boston oder Quebec bringen sollte, in die Häfen des revolutionierten Landes. Patronenmachen und Kugelgießen wurden eine häusliche Beschäftigung und bald lieferten die Fabriken auch Bajonette zu den Jagdgewehren der Hinterwäldler.

Im Juni 1775 ließ der Kongreß bekannt machen, daß aller Schwefel und Salpeter gesammelt und entweder nach New York oder Philadelphia überführt werden solle, um so rasch als möglich Pulver zu erzeugen.

Die Ernennung eines **Mustermeisters**, dem die Musterrollen der Regimenter unterstanden, und eines **Vorstandes für die Unterbringung von Kriegsgefangenen** vollendete die Reihe der verschiedenen Würdenträger im Generalstab und den ihm verwandten Zweigen.

Für das im Augenblick Notwendigste, für Waffen und Pulver, war mit der Zeit ziemlich ausgiebig gesorgt. Weit schlimmer stand es um die eigentliche Armeeverwaltung. Nach englischem Vorbild hegte sie bei ihrem bequemen, schleppenden Gang eine außerordentliche Abneigung gegen jede Art von Reform und energischer Tätigkeit. In allen Zweigen des Armeedienstes wickelt sich immer derselbe Faden ab: man ist glücklich, daß man so viele Bataillone und ansehnliches Material auf dem Papier hat. Daß man das alles aufbrauchen, daß der Krieg so lange dauern könne, daran denkt kein Mensch. Und **das Resultat ist deshalb alljährlich dasselbe: der Krieg ist noch immer da, schlimmer als je, aber die Bataillone sind nicht da, die Rekruten fehlen; die Vorräte**

sind aufgebraucht, keine neuen beschafft, und auch die Gelder
mangeln, um solche in aller Eile zusammenzubringen. Zuerst
wird gezögert, dann überhastet. Das alles hat man oft genug
verdammt und belächelt. Mit Unrecht. Diese Kolonistenstaaten
waren so schlecht als möglich in der Verfassung, einen längeren
Krieg führen zu können; ihre einzige gesetzlich bestehende Streit=
macht war die Miliz. Und mit dieser allein konnte es auch
der Vertrauensseligste nicht unternehmen, Krieg zu führen. So
war der Kongreß dazugekommen, die geworbene Kontinental=
armee aus dem Boden zu stampfen, die keine gesetzliche Berechti=
gung hatte, die so bald als möglich wieder heimzuschicken man
sich herzlich sehnte. Denn Kriegsruhm zu ernten, glänzende
Schlachten zu schlagen, das erschien als ein an sich nicht Be=
gehrenswertes; weit lieber hätte man die Gegner müde und
durch die lange Zeitdauer mürbe gemacht, um endlich wieder
Frieden und Freiheit zu haben. —

Unter den Persönlichkeiten, welche schon zum Teil genannt
worden sind, befinden sich nicht wenige fremde Offiziere.
Als der Krieg ausbrach, kam die englischen Diplomaten mit
ihrem bösen Gewissen eine heimliche Furcht an, Friedrich der
Große möchte sich durch Überlassung preußischer Offiziere an
die Amerikaner für die ihm zugefügten Beleidigungen rächen.
Nun, der König von Preußen schickte keine Offiziere als
Exerzier= und Lehrmeister hinüber; denn er wurde gar nicht
darum angegangen. Aber mit sichtlichem Gefallen blickte er
auf die mannhafte Art, mit der die junge Republik sich wehrte,
und machte aus seinem freundschaftlichen, absichtlich zur Schau
getragenen Anteil kein Hehl.

Es liegt auch gar nicht im Wesen amerikanischer Truppen,
sich gern unter die Befehle Fremder zu stellen. Und doch floß
aus der Anwesenheit fremder Elemente eine außerordentliche
Förderung der amerikanischen Armee. Von 29 amerikanischen Ge=
neralen waren nicht weniger als 11 in Europa geboren. Unter
den ersten Glücksrittern stellten sich die Polen Pulawski und
Kosciuszko zur Verfügung. Einen wesentlichen Nutzen zog die
Armee aus den beiden französischen Generalen Lafayette und
de Kalb, die 1777 im Lager Washingtons eintrafen. Denn auch

Kalb, der schon 1768 (S. 182) als Berichterstatter in den Kolonien gewesen war, erschien den Amerikanern natürlich als Franzose, ob er gleich als Deutscher geboren war. Viele andere französische Offiziere rückten nach und ließen sich mit Nutzen verwenden. Aus französischen Diensten kam ferner General Conway (S. 330), ein geborener Irländer, der für einen besonderen „Meister der Disziplin" galt, aber vor dem klaren Auge Washingtons nicht bestand und durch sein intrigantes Wesen viel zu den Spaltungen in der Armee beitrug. — „Keinem von den fremden Offizieren verdanken die Vereinigten Staaten so viel als ihm"; so spricht sich der amtliche Bericht über den Generalinspektor Friedrich Wilhelm v. Steuben aus, den wir mit Stolz neben Kalb als deutschen Landsmann nennen, wenn er auch den Amerikanern zunächst als Franzose erschien, als ein von dem französischen Kriegsminister der Republik zur Verfügung gestellter Kriegsmann.

Es war eine bunte Gesellschaft, die im Lager Washingtons zusammenströmte, und es bedurfte des ganzen Taktes und des prüfenden Auges einer Persönlichkeit, wie es gerade Washington war, um die bloßen Glücksritter und Abenteurer von den für die junge Freiheit Begeisterten, die borniertem Kavaliere von den denkenden Männern zu unterscheiden. Und die gleichen Eigenschaften, gepaart mit unendlicher Geduld und menschenfreundlicher Strenge, waren nötig, um die Eifersüchteleien der Amerikaner gegen die fremden Eindringlinge einzuebnen, um jedem seinen Platz anzuweisen, keinen zu beleidigen, alle bei guter Laune zu erhalten.

Bezüglich der Formation ist schon gesagt worden, daß derselbe Truppenkörper, der Regiment benannt wurde, im Gefecht als Bataillon erscheint, zu 10 Kompanien, jede zu 75 Mann. In der Regel sollten 6 Bataillone eine Brigade bilden und 2 Brigaden eine Division; aber auch das Zusammenstoßen von wenigen Bataillonen wird Brigade genannt. Das wesentlichste Stück der Uniform war der blaue Rock mit gelben Aufschlägen und dreieckigem Hut. In England meinte man, die Farben für den Rock seien von den Whigs entlehnt oder auch, die Whigs hätten von dorther ihre Farben genommen. Zweifellos ist, daß die Erscheinung der französischen Hilfsarmee in Amerika die gleichmäßige Uniformierung mit Rangabzeichen für jeden Grad außerordentlich förderte. Vom 18. Juni 1780 wird angeordnet (oder vielmehr nur in Erinnerung gebracht), daß die Major-Generale zum blauen Rock zwei Epauletten tragen mit zwei Sternen auf jedem, dazu eine schwarze und eine weiße Feder auf dem Hut; die Brigadegenerale je einen Stern auf den Epauletten und eine weiße Feder; alle Stabsoffiziere zwei Epauletten; Kapitäns eine Epaulette auf der rechten Schulter, Subalterne eine solche auf der linken. Adjutanten der Generale grüne Feder auf dem Hut, die der kommandierenden Generale weiß und grüne Federn. Alle Offiziere nahmen aus Höflich= keit gegen die verbündeten Franzosen von 1781 ab zu ihrer schwarzen Kokarde noch die weiße an.

Die leichte Infanteriedivision, um sie von der übrigen In= fanterie zu unterscheiden, soll schwarz und rote Federn aufstecken.

„Allen Offizieren und anderen ist, aus einleuchtenden Grün= den, streng verboten, rote Röcke zu tragen." — „Von dem Wunsche beseelt, tapfere Gesinnung unter seinen Soldaten zu ehren und jegliche Art von militärischem Verdienst zu pflegen und aufzumuntern, verordnet der Oberbefehlshaber, daß jedem Soldaten, der eine hervorragende Tat vollbracht hat, gestattet sein solle, auf der linken Brust eine Figur in Herzform von scharlachrotem Tuch= oder Seidenzeug, mit schmaler Borte, zu tragen." Andere Auszeichnungen fanden ihren Platz auf dem linken Arm.

Die von Washington am 1. Januar 1776 im Lager vor Boston aufgepflanzte rotweiße Streifenfahne war vom Kongreß angenommen worden, doch wurde das englische Kreuz nach der Unabhängigkeitserklärung durch ein blaues Eckfeld mit 13 Sternen ersetzt. Wenn in hessischen Tagbüchern von Fahnen die Rede ist, die gelb, weiß und hellblau waren, so sind darunter Milizfahnen eines einzelnen Staates zu verstehen; eine solche war auch die blaue mit dem Halbmond, die auf dem Fort Moultrie in Südkarolina wehte. Ein Teil der Fahnen mit den 13 abwechselnd rot und weißen Streifen scheint eine Zeit= lang auch den Bostoner Freiheitsbaum in der Ecke gehabt zu haben. — Die Flagge mit den 13 rot und weißen Streifen samt den Sternen im blauen Feld ist durch Kongreßbeschluß vom 14. Juni 1777 festgesetzt worden; vom 20. Juni 1782 aber stammt das große Staatssiegel mit dem Adler, 13 Pfeilen, 13 Sternen und im Schnabel flatterndes Band mit der Inschrift: E pluribus unum.

Zunächst wurde jeder Truppenkörper nach den Dienstvorschriften seines eigenen Staates ausgehoben und behandelt. Sache des Kongresses war es, für Organisation und Führung der Armee gemeinschaftliche Bestimmungen zu treffen. Bis jetzt waren die Kolonien gewohnt gewesen, kein gemeinschaftliches Kriegsgesetz anzuerkennen, höchstens sich, soweit der gute Wille reichte, auf eine Zeitlang englischem Oberkommando zu fügen. Jetzt sich ganz gleichmäßig von Leuten kommandiert und behandelt zu sehen, die gar nicht zu ihrer Kolonie gehörten, das ging ihnen vollständig gegen den Strich. Sie hätten sich unter anderen Gesetzen anwerben lassen und es gehe nicht, daß man sie jetzt den Vorschriften des Kongresses unterwerfe. Weder durch Überredung noch durch Strenge gelang es vorerst, die partikularistischen Vorurteile, welche Kolonie von Kolonie trennten und etwas Gemeinschaftliches als unleidlichen Zwang erscheinen ließen, ganz zu besiegen.

Eine besondere Feierlichkeit war mit der Beeidigung der Offiziere verbunden, welche in Gegenwart eines Generals zu geschehen hatte und unterschrieben werden mußte. Die Ausführlichkeit und Deutlichkeit des Eides war offenbar bestimmt, jeden Schwankenden oder gar Royalisten auszuschließen. „Ich — anerkenne die Vereinigten Staaten von Amerika, daß sie freie, unabhängige und souveräne Staaten sein sollen und erkläre, daß das Volk dieser Staaten keinerlei Verbindung oder Gehorsam dem König von Großbritannien, Georg III., schuldig ist, und ich leugne, verweigere, schwöre ab jede Verbindlichkeit oder Gehorsam gegen ihn; und ich schwöre, daß ich bis zu meiner letzten Kraft stützen, aufrecht erhalten und verteidigen will die besagten Vereinigten Staaten gegen den genannten König Georg III. und seine Erben und Nachfolger und seine und ihre Anhänger und Beistände und will den besagten Vereinigten Staaten dienen in der Stellung eines —, mit Treue nach meinem besten Geschick und Verständnis. So helfe mir Gott." —

Erst allmählich kam der Kongreß zu der Erkenntnis, daß sich von seinem Sitz in Philadelphia aus die Armee nicht regieren, der Gang der Operationen nicht leiten lasse, daß dem Oberbefehlshaber ein größeres Feld der Tätigkeit eingeräumt werden müsse. Erst allmählich überzeugten sich auch die von Mißtrauen gegen die angeworbene stehende Armee erfüllten Mitglieder von der Reinheit der Absichten des Generals; das Gespenst eines kommenden Militärdespotismus verschwand; schrittweise gab der Kongreß den Forderungen des Oberbefehlshabers nach und ließ ihn aus dem Haufen bewaffneter Menschen ein schneidiges Kriegsinstrument machen.

Bis dahin lebte Washington wesentlich von den Fehlern seiner Gegner. Die übertriebene Vorsicht und die Ungeschicklichkeit der englischen Generale wurden seine Rettung. In seiner eigenen Kampfweise spielt immer die Absicht eine Rolle, bei möglichst geringem Einsatz wenigstens einige Erfolge davonzutragen. Ermüdende Märsche, Entbehrungen aller Art, Winterquartiere in schneebedeckten Einöden, Vermeiden entscheidender Schläge, Zusammenschmelzen der Truppen, unvergleichlicher Heroismus einzelner Teile derselben und der Führer, das sind die Bilder, die in seiner Kriegführung immer wiederkehren. Rasch ist aus dem Autobidakten ein Meister geworden, dessen Auge jede Schwäche erlauert, der zuzugreifen und seine Hand auf das zu legen weiß, worauf es ankommt, der gerade als Autodidakt größten Stils keinen taktischen Aberglauben kennt, aber durch seine Fechtweise, deren Merkmal das mit der geschlossenen Linie verbundene geleitete Schützengefecht ist, die Gegner durch Zerstörung ihres nur an die geschlossene Linie sich heftenden taktischen Aberglaubens verwirrt.

Wie die Engländer es taten, so sahen sich auch die Amerikaner nach Hilfstruppen um, welche geeignet waren, der stehenden Armee ihre Aufgabe zu erleichtern. Von Anfang an mögen die amerikanischen Staatsmänner sich einige Rechnung auf den Beistand einzelner mit England verfeindeter europäischer Staaten gemacht haben. Aber vorerst sahen sie sich mit der Aufbringung von Streitkräften rein auf den eigenen Boden angewiesen, wenn sie auch jetzt schon Zufuhr von Kriegs= material aus Frankreich erhielten. Milizen, Freischaren und mit einer gewissen Einschränkung auch Indianer mußten als Hilfstruppen mitwirken.

Nicht bloß als Hilfstruppe, nein als eine die ganze Last des Krieges tragende Streitmacht erscheint zu Anfang des Krieges, im Frühjahr und Sommer 1775, die Miliz der ein= zelnen Staaten. Sie wird erst in die Stellung einer Hilfs= truppe zurückgedrängt mit jedem Schritt, durch den der Kongreß die Organisierung einer stehenden gemeinschaftlichen Armee nach den Forderungen Washingtons zuläßt. Mit ebensoviel Vor= liebe pflegten Engländer und Amerikaner die Miliz zu betrach= ten, wie sie mit Abneigung und Mißtrauen auf die stehende Armee blickten. Die Miliz erscheint als die einzige durch das Gesetz bestimmte Streitmacht. Dazu kommt noch weiter: dem partikularistischen Sinn, der immer noch Kolonie von Kolonie, Staat von Staat trennt, tut es wohl, in der Miliz eine Streitmacht zu erblicken, die nur den Gesetzen des einzelnen Staates unterworfen ist, dem Rufe des Staates folgt, während die gemeinschaftliche Kontinentalarmee als etwas Frem= des, Oktroyiertes erscheint. Schwer gehen die Gelder heraus für diese stehende Armee, viel leichter werden Mittel flüssig gemacht für die liebe alte Miliz, bei deren Zusammensetzung man sicher ist, daß sie sich nicht durch einen ehrgeizigen Führer mißbrauchen läßt, die mehr als alles andere die souveräne Ho= heit des einzelnen Staates vor Augen führt.

In ähnlicher Weise wie die Kontinentalarmee war die Miliz in Regimenter formiert und die einzelnen Staaten ernannten die Offiziere bis hinauf zum General. Dadurch entstanden zweierlei Offiziere: solche von den Staaten ernannte und andere durch den Kongreß oder den General Washington angestellte; diese im stehenden Heer, jene in der Miliz. Bei gemeinsamem Dienst gab das vielfach Verwirrung und Eifersüchtelei. Denn zu ge= meinsamem Dienst konnte die Miliz jedes einzelnen Staates durch den Kongreß oder den Oberbefehlshaber aufgerufen wer= den. Je nachdem die Stimmung des Staates und der Miliz selbst war, wurde diesem Ruf Folge geleistet. Im Dezember 1776 fand sich Washington nicht wenig bedrängt; er habe gehofft, schreibt er, durch die Miliz des Staates New Jersey eine Verstärkung zu erhalten, sei aber grausam getäuscht worden. Ein neuerer amerikanischer Geschichtschreiber sagt: „Die Milizen kamen oder gingen, je nachdem der Patriotismus oder der Egoismus, der Enthusiasmus oder Entmutigung bei ihnen die Oberhand gewannen. Oft unerschrocken im Gefecht, waren sie auch manchmal die Veranlassung zu einer Panik, wie alle undisziplinierten Truppen, auch zeigten sie sich als so zügellose Burschen, daß es auf gleiche Weise unratsam war für ihre Generale, ihnen zu trauen, als für ihre Feinde, sie zu verachten."

Zuzeiten, namentlich wenn es ihren Heimatorten galt, waren die Milizen vollzählig rasch bei der Hand und schlugen sich heldenmütig, imponierten dem Feind auch nicht wenig durch ihre kräftigen Gestalten und ihr vortreffliches Aussehen.

Ein braunschweigischer Offizier, bei Saratoga Herbst 1777 gefangen, schreibt so über die aus den Kolonien New York und Neuengland zusammengeströmten Milizen: „Wir passierten das feindliche Lager, in welchem alle Regimenter benebst der Artillerie ausgerückt waren und unter dem Gewehr standen. Nicht eins davon war ordentlich montiert, sondern ein jeder hatte das Kleid an, in welchem er auf das Feld, in die Kirche oder in den Krug gehet. Sie standen aber wie Soldaten, wohl gerichtet und mit einem militärischen Anstand, an dem wenig auszusetzen war. Alle Gewehre waren mit Bajonetten versehen und die Riflemen hatten Büchsen. Die Leute standen so still, daß sie uns in die äußerste Verwunderung setzten. Nicht ein Kerl machte Miene, mit seinem Nebenmann zu reden; noch mehr, alle Kerls, die in Reih und Glied standen, hatte die liebe Natur so schlank, so schön, so nett, so nervicht erschaffen, daß es eine Lust war sie anzusehen, und daß wir uns alle bei dem Anblick eines so schön erschaffenen Volkes verwunderten. Nun die Größe vollends! Kerls im Durchschnitt von 6—7 Zoll nach preußischem Maße! und ich lüge nicht, daß man weit eher 8—10zöllige Kerls sah, wie einen 5zölligen (— 6 Fuß als selbstverständlich zu Grund gelegt —). Ganz im Ernste, das englische Amerika übertrifft in Ansehung des Wuchses und der Schönheit der Mannsleute die meisten in Europa. Und in Ansehung des weiblichen Geschlechts! — Davon ein andermal!"

In der Tat, viel Patriotismus und gemeinsames Fühlen ließ sich in diesen, von der englischen Regierung künstlich auseinander gehaltenen Kolonien nicht erwarten. Zugleich hatte sich ein starkes Gefühl für Häuslichkeit herausgebildet, eine Abneigung damit gegen alles, was wie der Befehl oder die Einmischung eines Vorgesetzten aussah. Doch fehlten soldatische Eigenschaften keineswegs. Die Leute wußten mit Spaten und Axt umzugehen, die in manchen Lagen des Kriegs eine so große Rolle spielen; von Jugend auf waren die meisten an den Gebrauch der Feuerwaffen gewöhnt; ihre große natürliche Lebendigkeit und die durch vortreffliche Schulen entwickelte Intelligenz ließen erwarten, daß sie sich bald in allen militärischen Obliegenheiten Fertigkeit aneignen werden.

Aus allen diesen natürlichen Anlagen flossen ebensoviele Vorzüge als Mängel, braves Verhalten neben Unlenksamkeit, in reichem Maße, wie es bei jedem milizartigen Gefüge der Fall sein wird. Eine Gefahr kam hier noch dazu: das Übertragen der Mängel von der Miliz auf die stehende Armee.

Im kleinen Krieg vermochten Freischaren besonders gute Dienste zu leisten. Hervorzuheben sind die „Green Mountain Boys" von Vermont, die Legion des Marquis Armand mit dem Jägerkorps des Freiherrn v. Ottendorf, Schotts Dragoner und die Truppe leichter Dragoner, welche Bartholomäus von Heer in Pennsylvania angeworben hatte, das Freikorps Pulawski. Deserteure annehmen, Gefangene einstellen, das vollzog sich ohne viel Aufsehen bei Freischaren, während Washington gegen solches Verfahren in der stehenden Armee stets Widerspruch erhob. Der hessische Offizier Wiederhold sah, als er in Reading zu Anfang des Jahres 1780 in Gefangenschaft war, zwei Schwadronen von Armands Korps durch die Stadt ziehen. Dabei sagt er, daß das Korps 400 Mann zählte und vollständig aus deutschen Deserteuren bestand.

Die Neger, wohl eine halbe Million stark, verhielten sich während des ganzen Kriegs mit wenigen Ausnahmen vollständig passiv. Damals waren alle Kolonien noch Sklavenstaaten; bei den ersten Kämpfen in Massachusetts standen einzelne Neger mit dem weißen Mann in Reih und Glied; später errichtete Rhode Island ein aus Negern bestehendes Regiment.

Viel mehr Sorge als die Schwarzen machten die Indianer. Der Wunsch Amerikas war, daß der rote Mann neutral bleibe; für die junge Republik hatte die Verwendung von Indianern keinen Sinn; sie focht lediglich gegen die Soldaten Georgs, aber für diejenigen, welche unter den entlegenen Farmen Schrecken verbreiten wollten, für diese war jene schnöde Bundesgenossenschaft unbezahlbar. Deshalb sprach man mit Recht unter den Kennern indianischer Angelegenheiten im englischen Lager: „Die Idee einer indianischen Neutralität ist Unsinn, trügerischer, gefährlicher Unsinn. Wenn wir Engländer mit den Amerikanern übereinkämen, strikte Neutralität durch Nichtverwendung der Indianer zu beobachten, so würden diese ohne Unterschied beide Teile plündern und skalpieren." Da ist es natürlich klug, sich zum voraus dieser Skalpierer durch Bundesgenossenschaft zu versichern, wie denn auch die Engländer taten.

Die Amerikaner aber schickten ihre Agenten oder Missionare zu den Indianern und ließen im August 1775 sagen: „Es ist Uneinigkeit zwischen den weißen Menschen Englands und den weißen Menschen Amerikas; das ist eine Sache, die euch nicht angeht; die weißen Menschen werden das unter sich abmachen."

Und zu den Häuptlingen der Sechs Nationen, die an den großen Seen und an der kanadischen Grenze wohnten: „Dies ist ein Familienzwist zwischen uns und Altengland. Ihr Indianer werdet davon nicht berührt. Wir wünschen nicht, daß ihr die Axt gegen des Königs Truppen erhebt. Wir wünschen, daß ihr zu Hause bleibt und euch auf keine von beiden Seiten stellt, sondern das Beil tief vergraben haltet." Die Folgen dieses Verfahrens führten nur wenige Indianerschwärme, Splitter von früher befreundeten Stämmen, Trümmer von halb untergegangenen, ins Lager der Amerikaner.

Die Vorliebe für ihre neugeschaffene Flotte und besonders für das Kaperwesen bildete bei den Amerikanern einen merkwürdigen Gegensatz zu dem vielfach ausgesprochenen Widerwillen gegen den Dienst in der Landarmee. Mit dem ersten Schuß, der in Massachusetts fiel, bestiegen die alten Freibeuterkapitäne vom Franzosenkrieg her ihre flinken Schiffe, spannten Segel und machten alle Meere für die englischen Kauffahrer unsicher. Zu Ende des Jahres 1776 waren nicht weniger als 250 englische Westindienfahrer von den amerikanischen Kapern aufgebracht worden. Die jungen Leute drängten sich in diesen durch seine kecken Handstreiche und seinen Gewinn anziehenden Dienst, und er ist es wohl auch, der durch seine Lockungen die Rekrutierung der Landarmee beeinträchtigt hat. Man sei förmlich auf Kaperei erpicht, man denke an nichts anderes, klagte man in den Neuenglandstaaten; in Rhode Island allein sollen 16 Kaper ausgerüstet worden sein.

„Da unsere junge Seemacht (Am. Dipl. Corr.) sich der ganzen aus der Plünderung des britischen Handels erwachsenden Ernte, die wir sonst mit Frankreich und Spanien hätten teilen müssen, allein erfreut, so findet sie so reichliche Nahrung, daß ihr Wachstum und ihre Stärke dadurch wunderbar zugenommen hat und ferner zunehmen muß."

Mit der Kaperei fand die private Unternehmungslust in den einzelnen Staaten ihren Ausdruck; der Kongreß seinerseits ordnete noch im Jahr 1775 den Bau von 10 Kriegsschiffen an, Kreuzer, deren stärkster 36 Kanonen führen sollte; zu Ende 1776 zählte die Flotte 26 freilich zumeist kleinere Schiffe. Einige größere entstammten später französischen Werften.

So wären zu Land und zu Wasser Vorkehrungen für den Krieg getroffen gewesen. Der schwächsten Seite im Verteidigungsplan der Amerikaner aber war schwer abzuhelfen — dem Stande der Finanzen. Reichtum war ja wohl im Lande vorhanden und dieser mehrte sich trotz des Krieges in einzelnen Kreisen durch die über die Maßen populär gewordene Kaperei; Frankreich sandte nicht unbedeutende Zuschüsse, — und doch blieb die Geldnot in den amerikanischen Kassen eine stehende Klage aller Behörden. Der Kongreß stand vollkommen hilflos da; er war nicht im stande, auch nur die kleinste Steuer auszuschreiben und die Einzelstaaten ließen sich nicht immer bereit finden, dem noch gar nicht einheitlich organisierten Gemeinwesen mit offener Hand beizuspringen. In seiner Not gab der Kongreß Papiergeld aus und die einzelnen Staaten ahmten sein Beispiel nach.

In den alten Kulturstaaten Europas, durch die hundertmal das Elend heulte, pflegte der Völkerstreit mit Vorliebe immer wieder dieselben Kriegsschauplätze aufzusuchen. Die Täler des Rheins und der Donau, die Ebene des Po, Sachsen, Flandern sind von je die Lieblingstummelplätze gewesen. Immer ist der Krieg wieder gern in die Gefilde eingebrochen, die er schon einmal durchzogen. Man durfte begierig sein, welchen Schauplatz er in Amerika wählen werde, welche Strecken er bevorzugte, welche nur nebensächlich berührte.

Zunächst stand es den Engländern frei, ihre Fahne aufzupflanzen, wo sie wollten; in Kanada, am Tal des Lorenzstroms mit den Stützpunkten Quebec und Montreal besaßen sie eine recht bequeme Operationsbasis. New York hatten sie bis jetzt als ihren Hauptwaffenplatz angesehen; mit Recht, schon wegen seiner zentralen Lage. Da kam die große Gefahr in Boston, in ganz Massachusetts; der militärische Schwerpunkt wurde hierher verlegt. Für die Amerikaner also ein **nördlicher Kriegsschauplatz**. Er bot ihnen die wenigsten Vorteile; denn gerade Neuengland lag vom Zentrum des Landes ab und ihm fehlte für etwaige Rückzugsbewegungen die erforderliche Tiefe des Hinterlandes. Auch den Engländern wäre ein anderer Schauplatz ihrer Tätigkeit erwünschter gewesen, ein solcher, wo keine so feindselige Bevölkerung saß, wie in Neuengland, und wo sich mit leichterer Mühe ein Stoß ins Herz führen ließ. Darum, als sie den nördlichen aufgaben, wählten sie den **mittleren Kriegsschauplatz**: New York, Hudsontal, Ticonderoga, Montreal samt dem seitlichen Gelände. Wenn die Engländer von hier aus zugleich den **südlichen Kriegsschauplatz** auf-

suchten, so geschah es, um die Gegner zu teilen und die königs=
treuen Elemente der südlichen Staaten für den Angriff auf die
Rebellen nutzbar zu machen.

Es sind zuweilen im Laufe des Kriegs alle drei Kriegs=
schauplätze zumal aufgesucht worden, aber im Grunde lag die
Entscheidung doch immer auf dem mittleren Schauplatz. — Die
Tätigkeit auf dem nördlichen Theater kann nur als Einleitung
betrachtet werden. Der Krieg im Großen beginnt damit, daß
die Engländer im Frühjahr 1776 Boston räumen und im
Sommer desselben Jahres in New York landen, während
Washington von Boston nach New York marschiert. Darauf
Verdrängung Washingtons von New York und vom Hudson.
Schüchterner Versuch, von Montreal und Ticonderoga nach
New York zu gelangen. Im Sommer 1777 ein für die Ameri=
kaner nachteiliger Kampf um den Delaware; ihr Rückzug nach
Valley Forge. Zugleich große kombinierte Operation der Eng=
länder von Ticonderoga nach dem Hudson und New York. Ihr
Scheitern bei Saratoga. Damit ist der Krieg in seinem ersten
Teil zu Gunsten Amerikas entschieden und Washington hat
nirgends ein besseres strategisches Urteil an den Tag gelegt,
als durch die Rückkehr von Valley Forge im Sommer 1778
an den Hudson, die Hauptlinie des mittleren Kriegstheaters,
wo später auch die kleine französische Hilfsarmee eintraf. Daß
die letzte Entscheidung und damit die faktische Beendigung des
Krieges sich 1781 auf dem südlichen Kriegsschauplatz abspielte,
ist ein Zufall, an welchem der Sieg der Franzosen über die
englische Flotte den größten Anteil hat.

Sie mochten anbeißen, wo sie wollten, immer mußten die
Engländer ungeheure Schwierigkeiten für ihre Operationen finden.
In dem weitläufigen, dünn bevölkerten Lande gab es keine
Mittelpunkte, keine Hauptstädte oder festen Stützen von
solcher Wichtigkeit, daß ihr Besitz eine dauernde Herrschaft ver=
bürgt hätte. Die Hauptstadt war überall und Befestigungen
gediehen den geübten Revolutionssoldaten über Nacht. Es ist
richtig, die Engländer waren mit ihrer Flotte im stand, die
ganze Küste zu beherrschen; sie konnten landen, wo sie wollten,
in Trümmer legen, was sie hinderte. Doch irgendwo mußten

sie einen Hauptstützpunkt sich gründen und ihre Streitkräfte erlaubten es ihnen kaum, sich der gesamten Küste zu widmen. Freilich die wichtigsten Städte: New York, Philadelphia, Charleston, Savannah fielen den Engländern nach und nach in die Hände, aber die neugeschaffene Republik erwies sich so gewandt und viellebig, daß sie nirgends mit tötendem Griffe zu fassen war. In keinem Lande der Welt war es leichter, einem entscheidenden Schlage auszuweichen. Nach wenigen Jahren wurde es klar, daß mit Schlachten und Feldzügen allein sich hier nichts ausrichten ließ. Auf Zwiespalt, Gleichgültigkeit, Verrat mußte man seine Hoffnung setzen.

Es wird berichtet, daß General Gage schon im Juli 1775 dem englischen Kriegsministerium Boston als einen höchst unvorteilhaften Stützpunkt bezeichnet habe. Als Operationsbasis wäre New York bei weitem vorzuziehen.

In der Tat lag in dem Aufgeben des nördlichen Schauplatzes im Frühjahr 1776 und in dem Festsetzen auf dem mittleren Kriegsschauplatz ein wesentlicher Gewinn für die Engländer.

In keinem Lande spielen die Wasserwege eine so hervorragende Rolle als in Amerika. Einer der merkwürdigsten dieser Wege führt vom Lorenzstrom in ganz scharf von Norden nach Süden gehender Richtung bis zum Hafen von New York. Die ganze Strecke beträgt 600 Kilometer. Die Verbindungsstraße ist ein wirklicher Wasserweg mit Ausnahme des Übergangs über die Wasserscheide zwischen Lorenz- und Hudsonstrom. Hier allein ist eine Landstrecke zu überschreiten; der ganze übrige Weg führt durch eine von Norden nach Süden gehende Spalte.

Als eine fast isolierte Erhebungsmasse füllt das wasserreiche Abirondackgebirge die Länderstrecke nördlich vom Mohawkfluß bis zu dem langgestreckten Champlainsee und dem Lorenzstrom. Hier entspringt der Hudson, macht eine leichte Biegung bei Fort Edward, wo er sich dem Georgsee auf 30 Kilometer nähert und fließt dann scharf südwärts nach Albany, wo er schon so weit zum Meeresspiegel herabgestiegen ist, daß die Flut ziemlich große Schiffe bis hier herauf trägt.

Scharf nordwärts zum Lorenzstrom fließend eilt der Richelieu=
fluß aus dem langgestreckten Becken des Champlainsees, der auch
den Abfluß des Georgsees empfängt. Weil dieser letztere Abfluß
nicht schiffbar ist, befindet sich hier eine Tragestelle, eine Land=
strecke, über welche man die leichten Kähne zu schleppen pflegte,
um sie wieder in die Fluten des Georgsees zu tauchen. Mit
einem seiner südöstlichen Ausläufer aber umschlingt das Adiron=
dackgebirge die Südenden vom Georg= und vom Champlainsee
und trennt die für den Lorenz bestimmten Wasser von den zum
Hudson abfließenden. Auf dieser Wasserscheide liegt zugleich die
Halbscheid der Entfernung zwischen Lorenzstrom und Hafen
von New York; nach jeder dieser Örtlichkeiten sind es 300 Kilo=
meter.

Will man vom Lorenzstrom nach New York gelangen, so fährt
man also in den Richelieufluß hinein, kommt bei Fort St. John
vorbei in den Champlainsee; auf diesem mehr als 100 Kilo=
meter südwärts fahrend, hat man Fort Ticonderoga er=
reicht. Dieser Befestigung war ihr Platz von der Natur an=
gewiesen an der Tragestelle hinüber zum Georgsee; sie beherrscht
diese Tragestelle und erhält dadurch ihre strategische Bedeutung;
wie Fort Niagara da sich erhebt, wo die Wanderer ihre Kähne
um den großen Fall herumtragen müssen. So hat der Platz
Ticonderoga sicher schon seine Bedeutung gehabt lange vor der
Entdeckung des Weltteils.

Von Ticonderoga aus hat der Wanderer die Wahl zwischen
zwei Wegen; entweder nimmt er seinen Kahn auf die Schulter
und trägt ihn hinüber zum Georgsee, fährt auf diesem süd=
wärts bis zum Ende und übersteigt dann die Wasserscheide, bis
er bei Fort Edward den Hudson erreicht und hier ziemlich ge=
borgen ist; oder er fährt von Ticonderoga noch weiter südwärts
bis zum Ende des Champlainsees und übersteigt dann die hier
etwas breitere Wasserscheide bis Fort Edward; der Hudson leitet
ihn dann weiter nach Albany und New York.

General Carleton, nach dem Frieden von Paris als Gou=
verneur mit der Regierung Kanadas betraut, empfahl vor allen
Dingen, die viel versuchte Feste Ticonderoga samt dem benach=
barten Crown Point in gutem Stand zu erhalten, New York

und Quebec zu Waffenplätzen umzuschaffen und so die beiden Provinzen Kanada und New York, die Flüsse Lorenz und Hudson, so fest aneinander zu ketten, daß beim Ausbruch einer Empörung 10000 bis 15000 Mann unverzüglich aus der einen Kolonie nach der anderen oder nach irgend einem sonstigen Punkt der Besitzungen befördert werden könnten.

Damit ist dieser nordsüdlichen Straße ihr ganzer Wert zugesprochen; sie ist die wichtigste strategische Linie auf dem gesamten Gebiet der Kolonien. Wenn sie der Feind in Händen hatte, zerschnitt er das ganze Gebiet der neuen Republik in zwei Teile, die bei Beherrschung des Meers durch den Gegner keine Kommunikation miteinander pflegen konnten. Das große Ziel der Engländer für das Jahr 1777 war denn auch auf Beherrschung dieser Linie gerichtet. Der eine Kopf der Linie lag am Meer, New York, von den Engländern zu ihrem Hauptquartier und Waffenplatz umgeschaffen; als der andere Kopf aber stellte sich Ticonderoga dar, das im ersten Anlauf von den Schwärmern Neuenglands „im Namen des Großen Jehovah und des kontinentalen Kongresses" eingenommen worden war, bald aber den Engländern wieder in die Hände fiel. Nun besaßen sie die beiden Köpfe der für Amerika wichtigsten Linie und im Sommer 1777 boten sie all ihre Macht auf: englische Regimenter, deutsche Soldknechte, Toryjäger, Indianerhorden, um vom Champlainsee aus die Wasserscheide zu überklettern, Fort Edward zu erreichen und sich in der Ebene am Hudson gegen Albany hin auszubreiten. Von rechts und links, namentlich aus dem Tal des Mohawk, sollten Hilfstruppen zuströmen und die Unbesiegbarkeit des englischen Heeres erhöhen. Washington befand sich weit weg, im Gedränge; die Sache der Republik schien verloren zu sein. Da eilten von allen Seiten die Milizen herbei und stemmten sich im Hudsontal, am Mohawk und anderen Orten den Eindringlingen entgegen; es war ein Sieg erreicht, der in seinen moralischen Folgen schon die letzte Entscheidung in sich trug.

Niemals ist es den Engländern gelungen, die ganze strategische Linie in ihre Gewalt zu bekommen; den Kopf auf der einen Seite, New York, den hielten sie fest bis zum Frieden

1783, aber das Mittelstück mit Albany und Mohawktal ist ihnen stets mit Erfolg streitig gemacht worden.

Die Königstreuen aufzumuntern und von ihnen Beihilfe zu erhalten, das war einer der Gründe, warum der südliche Kriegsschauplatz von den Engländern aufgesucht wurde. Insbesondere galt es auch, einer Hauptnährmutter der Rebellion, dem Staat Virginia, beizukommen. Allein mit diesem südlichen Kriegsschauplatz verhielt es sich ähnlich wie mit dem nördlichen. Er bot dem eindringenden Angreifer außerordentlich viel Schwierigkeiten. Von der Küste und der mitwirkenden Flotte sich entfernen, hieß sich unendlich vielen Gefahren aussetzen. Wollte man von Richmond aus nach Norden dringen, etwa auf Baltimore oder Philadelphia, so galt es, zahlreiche Ströme zu überschreiten, deren Ufer dem Feind immer wieder Gelegenheit zur Verteidigung bot. An der vielgezackten Küste selbst aber kam man nicht vorwärts. Alle Vorteile blieben auf Seite des Feindes. Und Richmond war 500 Kilometer von dem Zentralwaffenplatz New York entfernt. Traf die Flotte, das einzige mögliche Verbindungsmittel, ein Unfall, so war die Katastrophe da.

V. Zustände und Taten im Feld

Während der Kongreß Mittel zur Verteidigung schuf und Führer ernannte, während der neue Oberbefehlshaber auf dem Wege von Philadelphia nach dem Lager vor Boston sich befand, während man jedes Körnchen Pulver in den Kolonien zusammenscharrte, trug der Wind neuen Waffenlärm ins Land.

In die Bai von Boston erstrecken sich zwei Halbinseln, die durch einen dünnen Hals mit dem Festland zusammenhängen und unter sich durch einen schmalen Meeresarm getrennt sind. Der Raum auf der einen dieser Halbinseln wird von der Stadt Boston eingenommen, auf der anderen Halbinsel liegt, Boston gerade gegenüber, die kleine Stadt Charlestown. Der übrige Teil dieser Halbinsel ist mit wiesigem Grunde bedeckt, aus dem sich mehrere Hügel erheben; zunächst bei Charlestown liegt Breedshill, weiter entfernt gegen das Festland hin Bunkershill.

Wer diese Höhen im Besitz hat, ist Herr über die ganze Umgebung. Ein Wunder war es, daß keiner von beiden Teilen, weder der in der Stadt Eingeschlossene, noch die Masse der Umlagerer, auf den Gedanken gekommen war, von diesen Anhöhen auf der Halbinsel von Charlestown Besitz zu ergreifen und sich dort einzugraben. Und wenn auch der Gedanke aufstieg, so war es damals auf beiden Seiten weit vom Gedanken bis zur Ausführung.

Die Belagerer, jetzt in der Stärke von etwa 16000 Mann, mit Artillerie und Munition schlecht versehen, arbeiteten emsig an ihren Werken, die auf der Landseite die ganze Stadt einschlossen und nur den Zweck hatten, jedes weitere Eindringen der Engländer ins Binnenland zu verhindern. In der Stadt selbst wohnten ja ihre eigenen Mitbürger und Verwandten; warum sie noch mehr ängstigen als unbedingt nötig war oder gar bombardieren? Der eingeschlossene General Gage gab sich redlich Mühe, durch Erlaß von Proklamationen Besorgnisse vor seiner Macht und Rache zu erregen; in Wirklichkeit mag er über annähernd 10000 Mann verfügt haben. Es ist schwer, unter den widersprechenden Angaben die richtige herauszufinden. Längst hatte er Verstärkungen erhalten durch die Generale Howe, Clinton und Bourgoyne, welche Männer, wenn noch Lord Cornwallis hinzugefügt wird, als Befehlshaber in Amerika das Schicksal der englischen Waffen in den kommenden sieben Jahren bestimmten. Nach diesem Zuwachs hatte Gage wohl nicht viel weniger als die eben genannte Stärke unter seinem Befehl. Damit wuchs auch etwas wie Tatenlust in ihm heran. Fast zwei Monate waren seit dem Tag von Lexington vergangen und es schien Zeit zu sein, daß wieder etwas geschah. Mit ihrem linken Flügel hatten die Aufständischen sich auf dem Prospekthügel und anderen Höhen gesetzt, hinter diesen, 6—7 Kilometer von Boston entfernt, befand sich ihr Hauptquartier im Städtchen Cambridge; ihr rechter Flügel aber dehnte sich über die Dorchester Höhen aus.

Gerade dieser letzteren Höhen beschloß Gage sich zu bemächtigen und setzte den 18. Juni für die Unternehmung fest. Durch seine Spione in der Stadt gut bedient, erfuhr aber das amerikanische Hauptquartier schon am 13. Juni, was geplant war. Also zuvorkommen, darüber war man einig, als am 16. Juni die Kriegshäupter der Amerikaner zusammentraten, und zwar zuvorkommen durch eine nächtliche Unternehmung auf die Höhen der Halbinsel von Charlestown, auf Bunkershill. Unverweilt ging man an die Ausführung. Am Abend des 16. Juni war der Oberst William Prescott mit 800 Mann aus Massachusetts und je 200 aus Connecticut und New Hampshire parat, um nach seinem Bestimmungsort abzugehen. Da standen die Leute, den Hut in der Hand, auf Spaten oder Gewehr gestützt und lauschten dem Gebet, das Langdon, der Präsident des Harvardkollegs, sprach.

Als der Morgen des 17. Juni heraufzog und die englischen Offiziere nach ihrer Gewohnheit mit den Ferngläsern den Horizont rings in der Nachbarschaft musterten, waren sie erstaunt, auf der Anhöhe von Breedshill, die gerade hinter Charlestown sich erhebt, Hunderte von geschäftigen Menschen mit Hacke und Spaten hantieren zu sehen an einem festungsartig aussehenden Erdwerk, das schon eine ziemliche Höhe erreicht hatte. Zugleich fingen die Geschütze der im Hafen liegenden Kriegsschiffe an, gegen die über Nacht improvisierte Feste zu donnern. In der Stadt wirbelten die Trommeln und die englischen Regimenter traten ins Gewehr. Oberst Prescott aber stieg auf die Krone seines zu einem Teil schon fertig gestellten Erdwerks, ging gemächlich hin und her und überzeugte durch sein Beispiel die ruhig weiter Arbeitenden von der verhältnismäßigen Gefahrlosigkeit ihrer Lage. Er hatte mit dem Schlag zwölf Uhr auf Breedshill den Spaten in den Boden stoßen und das Werk beginnen lassen. Wie die Bären arbeiteten seine Leute; mit jeder Viertelstunde sah man die Schanze wachsen.

Sobald Prescott erkannt hatte, daß die Engländer einen Angriff planen, schickte er Boten nach Cambridge, um Verstärkung, Lebensmittel, Munition herbeizubringen. Zugleich wurde alles zum Gefecht vorbereitet und die Verteidigungslinie auf Breedshill nach der linken Seite ausgedehnt dadurch, daß

Haufen von Gras, das die Mäher liegen gelassen hatten, zwischen zwei Reihen von Fenzstangen gesteckt wurden. Subordination, die über Gutdünken und Artigkeit hinausging, kannten Prescotts Leute kaum; so konnte es geschehen, daß viele von ihnen, als sie zum Wegtragen der Werkzeuge befehligt wurden, nicht mehr erschienen und wegliefen. Gegen 12 Uhr Mittags mag Prescott nur noch 700 Mann stark gewesen sein. Zu derselben Zeit aber machten sich, ohne irgend Befehl erhalten zu haben, Freiwillige im Lager auf und zogen eilenden Schrittes Prescott zu Hilfe, sobald sie gehört hatten, daß es endlich Ernst mit den Engländern werden sollte. Jeder von den Fehlenden ward durch einen begeisterten Kämpfer ersetzt; nach der Mittagsstunde mag Prescott wieder 1200 Mann oder etwas mehr gezählt haben. Der eben zum General der Massachusettsmiliz ernannte Joseph Warren nahm das Gewehr auf die Schulter und ließ sich von Prescott seinen Platz in der Schanze anweisen. Auch den alten Indianerkämpfer John Stark duldete es nicht mehr in seiner Baracke; mit seinen New Hampshirerekruten zog er dem Grasbollwerk zu und nahm hinter ihm Stellung.

In Cambridge selbst hielt General Ward, der nichts aufs Spiel setzen wollte, auch mit der Munition sparsam umgehen mußte, das Gros der Armee in Bereitschaft, um einem allgemeinen Angriff der Engländer entgegentreten zu können. Ihm war es vor allem darum zu tun, ein entscheidendes Fechten und Feuern zu vermeiden.

Jetzt, kurz nach der Mittagsstunde, hatten die Engländer ihre Boote in Boston beisammen und brachten die Truppen nach Charlestown herüber: das 5., das 38., 43. und 52. Regiment mit 10 Grenadierkompanien und etwas Feldartillerie; später kamen noch dazu das 47. Regiment, 1 Bataillon Seesoldaten und etliche leichte Kompanien; zusammen über 3000 Mann unter General Howe, der später noch durch Clinton unterstützt wurde.

Es war gegen 3 Uhr Nachmittags, als die Engländer sich bei Charlestown entwickelten; die Verteidiger in der Schanze auf Breedshill sahen deutlich, wie ein Teil der englischen Linien sich gegen die Front der Schanze dirigierte, ein anderer Teil gegen die Grasmauer auf der linken Flanke; zugleich stieg der Rauch aus dem in Brand gesteckten Charlestown auf, die Kriegsschiffe und die englische Feldartillerie begannen ihr Feuer. Den Verteidigern standen 6 leichte Geschütze zur Verfügung, aber sie wurden kaum zur Verwendung gebracht. Als nun die Engländer antraten, langsam und in guter Ordnung, auch dann und wann, nach dem Brauche jener Zeit, unterwegs Halt machend und feuernd, ging Prescott durch die Reihen seiner Leute und sprach ihnen Mut ein: „Die Rotröcke werden die Schanze nimmermehr erreichen, wenn ihr mit eurem Feuer wartet, bis ich Befehl dazu gebe. Dann zielt gegen die Brustbänder, namentlich gegen die schönsten Uniformen. Zielt ruhig und gemessen, meine Jungen!"

Die roten, wandelnden Mauern kamen näher und näher, 60 Schritt, 50 Schritt; die Schützen hielten den Atem an, zielten und zielten, jeder seinen Mann aufs Korn nehmend, 40 Schritt, beinahe 30 Schritt; die Geschütze zu Land und zu Wasser schwiegen; da schnitt Prescotts Kommando: „Feuer!" durch die unheimliche Stille. Es krachte die Salve zumal und ihr folgte ein wohlgenährtes Schützenfeuer aus der Schanze. Die Angreifer schwankten einen Augenblick, dann fluteten sie den Hang hinunter bis zum brennenden Charlestown.

Die Verteidiger aber atmeten auf und wie sie so den Hang mit Toten und Verwundeten bestreut sahen, wußten sie gewiß, daß sie Sieger bleiben würden. Auch an der Grasverschanzung waren die wie zur Parade entwickelten Linien von kommandiertem Nahfeuer empfangen und zurückgetrieben worden.

Und jetzt ereignete sich ein unerhörtes Wunder für die tapferen Männer in der halbvollendeten Schanze und hinter der Grasmauer: der Feind entschloß sich, genau auf denselben Wegen, wie das erste Mal anzurücken. Nur durch einen schmalen Hals hängt die Halbinsel von Charlestown mit dem Festland zusammen; die Angreifer konnten unbelästigt hieher marschieren und die Schanze von der Seite angreifen. Dann waren die Verteidiger höchst wahrscheinlich verloren. Aber es schien, als ob die Engländer an ihrer Landestelle und an der Nähe ihrer Kriegsschiffe klebten.

Der zweite Angriff scheiterte wie der erste an der musterhaften Feuerdisziplin der Amerikaner. Es schien, als könnten sich die Zurückflutenden nicht mehr zu einem dritten Angriff sammeln; so stark hatte das aus den Deckungen strömende Feuer in ihren Gliedern gewütet. Wieder ging Prescott durch die Reihen seiner Leute und sprach Mut ein, verteilte Dank, Anerkennung. Kein einziger zagte, alle waren entschlossen, nochmals den Gegner zu empfangen. Ängstlich aber zählte man die Patronen: 3—4 höchstens auf den Mann, viele nur noch einen Schuß; man öffnete die Geschützpatronen und verteilte das Pulver so sorgsam, als handle es sich um Juwelen. — Es ist beinahe hundert Jahre nach dem Tag von Bunkershill im Feldzug der Deutschen gegen Frankreich; in dem Kirchhof von Beaune la Rolande zählt der Hauptmann, der die wenigen Hundert der Verteidiger kommandiert, mit sorglicher Miene die Patronen; für jeden Mann gab es deren noch sieben; denn die Braven hatten schon drei Angriffe der französischen 8000 Mann starken Division abgeschlagen. So wie mauerartig die Flut gegen den Strand heranrollt, so unaufhaltsam näherte sich die Masse der Angreifer dem Trümmerhaufen des Kirchhofs. Unheimlich nahe kommen die vordersten Reihen; da löst das Kommando: „Feuer!" die Beklemmung. Die Angreifer strömen zurück. Die deutschen Männer im Kirchhof aber teilen ihre Patronen unter sich; für jeden noch drei Stück; dann soll das Bajonett entscheiden. Die letzte Probe ihres Todesmuts ist der tapferen Schar durch heranrückende Hilfe erspart geblieben.

Auf Bunkershill aber am 17. Juni 1775 hatten von der Schar Prescotts kaum 50 Mann Bajonette für ihre Flinten; war die letzte Patrone verfeuert, so glich das Gewehr einem gewöhnlichen Prügel. Und die englischen Sturmkolonnen sammelten sich aufs neue, jetzt in etwas mehr umfassender Form. Prescott befahl, erst auf 20 Schritt Feuer zu geben. Die Salve krachte denn auch mit tödlicher Wirkung; die Angreifer schwankten einen Augenblick, dann, tapfer sich fassend, stürzten sie vorwärts, feuerten und kletterten zugleich in die Verschanzung. Jetzt feuerten nur noch die Engländer; die Amerikaner hatten

ihre letzte Patrone dran gegeben, arbeiteten eine Zeitlang mit
dem Kolben, bis die Musketen zerbrachen. Dann wandten sie
sich zum Rückzug. Feind und Freund, gleich erschöpft, mischten
sich untereinander, während die New Hampshire- und Connecticut-
männer am Graswall noch kurze Zeit das Zurückweichen deckten.
Dadurch kam einige Ordnung in den Rückzug, der sich über die
Landenge hinüber wälzte und bei der Aufnahmestellung am
Prospecthill ein Ende fand. Die entsetzlichen Verluste, welche
die Engländer gehabt, waren wohl schuld, daß eine ernstliche
Verfolgung unterblieb, obwohl Clinton eine solche warm befür=
wortete. Sie zählten 224 Mann tot, 830 verwundet, in allem
über 1000 Mann Verlust, darunter 157 Offiziere. Die Ameri=
kaner hatten 150 Tote, 270 Verwundete, 30 Gefangene, die
beim Rückzug abgeschnitten worden waren; unter den Gebliebenen
befand sich Joseph Warren, der freiwillig in Reih und Glied
dienende junge General.

Oberst Prescott erbot sich, wenn man ihm drei frische Regi=
menter gebe, seinen Posten wieder zu nehmen. Denn selten
hat wohl das Aufgeben des Schlachtfeldes einem Siege so gleich
gesehen wie hier. Ein Zauber war gebrochen, ein Aberglaube
niedergekämpft, seit wenig mehr als 1000 Wehrmänner die
gewiß dreifache Überzahl sorgfältig gedrillter Soldaten zur Um=
kehr gezwungen hatten. Durch ganz Amerika feierte man den
moralischen Sieg und die Männer, die bis zur letzten Patrone
sich selbst und dem Lande treu geblieben.

Auf der mit Blut getränkten Halbinsel selbst aber setzten
sich die Engländer fest und schufen die auf Breedshill und
Bunkershill angefangenen Schanzen zu starken Werken um. Im
übrigen trat die alte Untätigkeit auf beiden Seiten ein; die
Amerikaner konnten sich zu keinem Angriff entschließen und der
englische Befehlshaber war zufrieden, wenn es ihm gelang,
seine Leute vom Desertieren abzuhalten. —

Es steht eine Ulme bei Watertown; unter ihr übernahm
am 3. Juli 1775 Georg Washington das Oberkommando
über die Masse von 15000 bewaffneten Menschen, welche
demnächst zur Kontinentalarmee umgeschaffen werden sollte.

Außerordentlich entgegenkommend war er von dem Abgeord=

netenhaus von Massachusetts, das in Watertown seine Sitzungen hielt, mit vollem Vertrauen von der Armee aufgenommen worden. Die 36 Regimenter, aus denen diese im Augenblick bestand, faßte er zusammen in sechs Brigaden und drei Divisionen. Am 9. Juli hielt er den ersten Kriegsrat ab und am 10. ließ er seinen ersten Bericht an den Kongreß abgehen, dem bald weitere folgten. Was den Inhalt dieser ersten Berichte bildete, das wiederholt sich in den zahlreichen Meldungen der nächsten vier oder fünf Jahre fortwährend: Klagen über die schlechten Ergebnisse der Rekrutierung, über die Mängel des Offizierkorps, über die kurze Dienstzeit der Mannschaften, über die Schwierigkeiten, irgend eine Art von Disziplin einzuführen.

Mit Verwunderung sah Georg Washington auf das Treiben und Gebaren dieser ungebärdigen, schwer zu behandelnden jungen Hausväter von Neuengland, denen es nicht im Schlaf einfiel, irgend eine Autorität über sich, irgend einen Willenszwang anzuerkennen, die von ihren Volksversammlungen her gewohnt waren, an alles und jedes einen kritischen Maßstab anzulegen, alles zu sezieren und, je nachdem, in der allerentschiedensten Weise abzuurteilen, die bei jeder Kleinigkeit nach der Berechtigung und nach dem vernünftigen Zweck fragten und sich niemals bereit finden ließen, etwas über ihre nächste Verpflichtung hinaus zu tun. Der aus dem Süden kommende Pflanzer, wo die sozialen Unterschiede den Massen des Volks schon eine gewisse Disziplin geben, vermochte sein Erstaunen und seine Verstimmung über den Ton, der im Lager herrschte, nicht ganz zu bergen. Es scheint, daß Washington die Eigenart dieses Volkes von Neuengland nie ganz verstehen lernte.

Auf einer Strecke von etwa 15 Kilometer stand die amerikanische Armee in einem Halbkreis um Boston herum hinter ihren zahlreichen Verschanzungen; rechter Flügel auf den Höhen von Dorchester, linker auf Prospecthill und Winterhill am Mysticfluß. Mitten durch die Linie floß der Charlesfluß, an dem auch Cambridge lag mit dem Hauptquartier. Washington berichtet, daß er 14500 Mann zum Dienst brauchbar gefunden habe. Es war eine außerordentlich bunt aussehende Gesellschaft, geordnet nach Gemeinden, Verwandtschaften, nach Bezirken und Kolonien,

getrennt untereinander durch verschiedene Gesetze und Anord=
nungen, ohne Gleichförmigkeit in der Uniformierung. Als die
Vorschriften und Gesetze, welche der Kongreß für die Konti=
nentalarmee verfaßt hatte, den Mannschaften bekannt gegeben
wurden, wollten viele sich ihnen nicht unterwerfen.

Hier begann Washington seine geräuschlose, systematisch jahre=
lang fortgesetzte Arbeit, in der er sich niemals unterbrechen oder
irre machen ließ, obwohl er sagt, daß dadurch sein „Leben zu
einer ununterbrochenen Kette von Ärger und Anstrengung ge=
macht ward". Zugleich tritt ein Weiteres klar hervor: Washing=
ton durfte nicht aussetzen, er hatte keine Zeit zur Erholung,
er durfte nicht zurücktreten, keine Pause machen. Denn da
war keiner von den übrigen Generalen, der ihn
hätte ersetzen können. Charles Lee, von dessen Genialität
man vieles fabelte, entbehrte vor allem der Geduld, des Re=
spektes vor der Zivilgewalt dieser Staaten, der ruhigen Über=
legung, der Selbstzucht; dem General Gates ging die erforder=
liche Charakterfestigkeit ab, den anderen Generalen die nötige
Erfahrung und klares Urteil; allen aber die geistige Über=
legenheit, die Möglichkeit, eine Herrschaft über die Köpfe und
Herzen zu gewinnen. So begann Amerika seinen Krieg mit
einem einzigen General, für den es keinen Stellvertreter oder
Nachfolger gab.

Mit seinem Reformwerk fing Georg Washington
beim Offizierkorps an, unter dem sich eine Menge von Un=
fähigen befand. Zunächst galt es, einen trennenden Unterschied
zwischen Offizieren und Mannschaften durchzuführen, die bis jetzt
auf dem Fuß vollständiger Gleichheit zu leben gewohnt waren.
Ein Zusammenwirken zwischen Vorgesetzten und Untergebenen, also
Befehlen und Gehorchen, hatte es eigentlich nur gegeben, soweit
das freundliche Einvernehmen zwischen Offizieren und Mann=
schaften und guter Wille Veranlassung geben mochten. Eine
durchgreifende Befehlserteilung, die Sicherheit, daß dieser, jener
Befehl ausgeführt sei, daß auf diese Ausführung eine neue
Tätigkeit sich gründen lasse, das alles gab es bis jetzt nicht.
Um die ersten Begriffe geläufig zu machen, verfehlte Washington
nicht, in jedem einzelnen Fall durch rasch eingesetzte Kriegs=

gerichte Aburteilung herbeizuführen. Eine andere Sorge betraf die Herbeischaffung von Lebensmitteln und Uniformen. Denn es war ein ewiges Laufen in Urlaub und nach Hause, um alle diese Bedürfnisse zu befriedigen; fortwährend kamen Mütter, Frauen, Schwestern, Knaben und Mädchen ins Lager, um Lebensmittel zu bringen und bei dieser Gelegenheit Besuch zu machen bei nahen und entfernten Verwandten, Nachbarn und Gemeindegenossen. Dazwischen versammelten beliebte Feldprediger auf irgend einem Platz eine andächtige Gemeinde, hielten Gebete ab oder sangen Psalmen.

Schon etliche Wochen hatte der Oberbefehlshaber seine reorganisierende Tätigkeit im Lager von Cambridge ausgeübt, als er ein Element anzugliedern vermochte, wie es nicht erwünschter kommen konnte. Es rückten zu Ende Juli und Anfang August in der Stärke von 1400 Mann die 12 Schützenkompanien an, welche auf Veranlassung des Kongresses in Virginia, Pennsylvania und Maryland angeworben worden waren. Die meisten hatten 1000, ja 1200 Kilometer Fußmarsch zurückgelegt und schon dadurch eine gewisse Art von militärischer Anschauung und Disziplin sich angewöhnt. Sie waren die ersten Truppen, bei deren Anwerbung die Autorität des Kontinentalkongresses tätig war, und bildeten fortan recht den Kern der Kontinentalarmee. Dem Brauch zufolge, nach welchem die allermeisten öffentlichen Tätigkeiten in den Kolonien immer nur auf ein einziges Jahr bestellt waren, sind auch diese Schützen, wie die übrigen Rekruten, unseligerweise nur auf ein Jahr verpflichtet worden. Nichtsdestoweniger blieben viele von den Offizieren und Mannschaften während des ganzen Krieges im Dienst und zeichneten sich bei jeder Gelegenheit aus. Sie trieben vornehmlich den Schützendienst als Plänkler in zerstreuten Gruppen und Linien, dienten der leichten Infanterie als Vorbilder und haben einen Umschwung in der ganzen Kriegsweise aller zivilisierten Völker angebahnt. Sie sind es, welche die herzhafte Art und Weise gelehrt haben, mit welcher der einzelne Mann vorgeht, Sprung auf Sprung, oder schleichend; unter Ausnützung jedes Terraingegenstandes sich vorschiebend, um den Feind zu überraschen. Unter den kühnen Männern, welche diese 12 Kompanien führten, fand sich der Hauptmann Daniel

Morgan, der sich später als Vorkämpfer der Republik einen Namen gemacht hat. So zogen 17 Jahre später unter den Freiwilligenbataillonen des revolutionären Frankreich die jungen Männer zu Feld, welche bestimmt waren, als Marschälle von Frankreich dem großen Soldatenkaiser zu dienen.

Die englische Armee in Boston wurde nach allen Verstärkungen auf 11500 Mann angeschlagen; doch sollen davon nie mehr als 6500 in Reih und Glied gestanden sein. Krankheiten und Desertion zehrten unaufhörlich an dem Bestand und zwangen den General Gage zur Untätigkeit, auch wenn er die herbe Lehre von Bunkershill hätte vergessen können. Von den Bewohnern der Stadt war kaum die Hälfte mehr übrig, 6700 etwa, und diese durch strenge militärische Anordnungen meist auf ihre Häuser beschränkt. Breedshill und Bunkershill trugen jetzt auf ihrem Rücken englische Redouten und die Vorposten waren so weit vorgeschoben, daß sie an manchen Punkten mit den im Halbkreis herumgestellten amerikanischen Feldwachen und Posten hätten reden können.

Gelegentlich gab es Kanonaden oder Scharmützel auf den vorgeschobenen Linien; auch weitergehende kleine Handstreiche wurden von den Amerikanern ausgeführt. Aber offenbar spürte keiner von beiden Teilen Lust, sich aus den Verschanzungen herauszuwagen. Wenn die Engländer zu kanonieren anfingen, fand sich Washington nicht immer in der Lage, das Feuer angemessen zu erwidern. Denn bei genauer Revidierung des Pulvervorrats ergab es sich, daß für jedes Geschütz nur wenige Ladungen und für jeden Mann (S. 331. 332) nur neun Patronen vorhanden waren. Das Land erwartete neue Siege, vielleicht auch der Kongreß; allein der Pulvermangel, den Washington selbst vor seinen Offizieren und dem gesamten Publikum geheim halten mußte, machte von vornherein jede ernste Unternehmung unmöglich. Seine Berichte an den Kongreß erhielten einen neuen stehenden Artikel.

Für die weitere Einschulung der Armee, für Festigung des an sich lockeren Gefüges war es von außerordentlichem Wert, daß am 15. Oktober als Kriegskommissäre, vom Kongreß gesendet, Franklin, Lynch und Harrison eintrafen.

Namentlich die Erscheinung Franklins, des Führers der Kommission, im Angesicht seiner Geburtsstadt, wurde besonders willkommen geheißen. Er verbreitete die feste Überzeugung, daß Amerika niemals besiegt werden könne. Hier festigte sich das Freundschaftsbündnis zwischen Washington und Franklin und auch Nathanael Greene aus Rhode Island fühlte sich von letzterem besonders angezogen. Die Kommission selbst sah sich vervollständigt durch die Vertreter der Neuenglandkolonien und die Führer der Armee. Die Kriegsartikel wurden von neuem durchgesehen und eine Organisation vereinbart, nach welcher eine Armee von mindestens 20000 Mann aufgestellt und ausgebildet werden sollte. Dabei sprach man die Hoffnung aus, daß von den Wehrmännern, deren Dienstzeit am 30. November oder 31. Dezember ablief, sich manche aufs neue, wenn auch nur auf ein Jahr, werden anwerben lassen. Noch war man fast allgemein der Ansicht, daß mit diesem Termin der Krieg zu Ende sein werde.

Um die Unterstützung des Kongresses zu erhalten, führte Washington einen ununterbrochenen Schriftwechsel mit ihm. Seine Briefe wurden während der Sitzungen in Philadelphia der ganzen Versammlung vorgelesen und kaum irgend eine wichtige Verfügung für die Armee ohne sein Anraten getroffen. Freilich hörte man immer zugleich wieder flüstern von den Gefahren einer militärischen Macht, von dem Ehrgeiz emporstrebender Feldherren und von den Ketten, die ein stehendes Heer für ein sorgloses Volk schmiede. Eine Armee im Angesichte des Feindes auflösen und eine neue bilden aus oftmals widerstrebenden Elementen, das sei ein Wirrwar, schrieb Washington, den man nicht zum zweiten Male durchleben könne. Deshalb schlage er vor, ein reichliches Handgeld zu bieten und die Werbungen auf Kriegsdauer festzusetzen.

„Ich erkläre mich," sprach John Adams, „zu Gunsten des Antrags, Truppen für die ganze Dauer des Kriegs anzuwerben; dabei aber verkenne ich nicht, daß man Grund haben kann, einer solchen Maßregel abhold zu sein, denn der Krieg kann zehn Jahre dauern." Andere Kongreßmitglieder aber fuhren fort, Luftschlösser zu bauen, ließen im englischen Parlament die Op=

Position mit Chatham oder Rockingham über den König und seine Anhänger siegen, den Krieg endigen, den Frieden schließen und die Kolonien, unter Bestätigung aller Freiheiten, dem reuigen Mutterland in die Arme sinken.

So fand sich der Kongreß nicht in der Laune, die rührenden Bitten Washingtons zu beachten. Dagegen wurden neue Generale ernannt und die fünf mittleren Kolonien von New York bis einschließlich Maryland zu einem Militärdepartement, die vier südlich des Potomac gelegenen zu einem weiteren vereinigt.

Die Anwerbungen für die Armee aber gingen langsam vor sich; denn die Wehrmänner von Neuengland zeigten sich wohl geneigt, den Feind aus Boston zu vertreiben, empfanden aber heftigen Widerwillen, sich in eine jede Selbstbestimmung ausschließende Lage zu versetzen, welche sie weit von der Heimat wegführen könnte. Auch waren sie gar nicht willens, sich mit dem gebotenen Sold zu begnügen, der dazu noch in dem stets tiefer sinkenden Papiergeld bezahlt wurde.

Als mit Beginn des Jahres 1776 sich die alte Armee aufgelöst hatte, belief sich die neue auf nicht ganz 10000 Mann, davon noch 1000 Mann auf Urlaub abwesend. Um Hilfe zu schaffen, wandte sich Washington an die Gouverneure der einzelnen Kolonien. Dadurch erhielt er 5000 Mann Miliz gestellt, die den größten Teil des Januar im Lager blieb. Um diese Zeit schrieb Washington: „Die Geschichte hat vielleicht keinen zweiten Fall zu erzählen, wie den unserigen: sechs Monate lang eine Stellung, einen Büchsenschuß weit vom Feinde, ohne Pulver zu behaupten, und zugleich unsere Armee aufzulösen und eine neue zu rekrutieren, während einige zwanzig britische Regimenter uns gegenüberliegen." — „Meine Lage war eine solche, daß ich Kunstgriffe brauchen mußte, um sie vor meinen eigenen Offizieren zu verhehlen."

Nach dem Brauche jener Zeit pflegten die kommandierenden Generale während der Wintermonate die Armeen zu verlassen nach Übergabe der Führung an einen Stellvertreter. Auch Washington hatte auf eine ähnliche Abwechslung im Kommando gerechnet, um während des Winters jedesmal nach Familie und eigenen Angelegenheiten sehen zu können. Nun lag es aber klar zu Tage, daß er nicht für einen einzigen Augenblick in seiner Arbeit einhalten, daß er keinem anderen Auge die Wachsamkeit überlassen dürfe. So entschloß sich seine Gattin, noch im Dezember 1775 ins Lager nach Cambridge zu kommen. Sie blieb bis zum Frühling und hat es während des ganzen Krieges so gehalten, indem sie bei Eröffnung des Sommerfeldzugs aus dem Lager nach Mount Vernon zurückkehrte.

Neben dem unaufhörlichen Schriftwechsel mit dem Kongreß gab es für Washington noch eine Menge von Anschreiben an die Regierungen der einzelnen Kolonien, um ihnen klar zu machen, daß sie keinen Anspruch auf die Mitwirkung der Kontinentalarmee bei ihren zahlreichen privaten Beängstigungen haben. Räuberische Expeditionen britischer Kriegsschiffe bedrohten die ganze Küste von Neuengland. Der Gouverneur von Connecticut glaubte für den Küstenschutz auf einen Teil seines Kontingents bei der Kontinentalarmee rechnen zu dürfen und nur schwer war es ihm begreiflich zu machen, daß die einzelnen Kolonien rein auf ihre Miliz angewiesen seien, daß die Kontinentalarmee als Operationsheer und als stehende Truppe zusammenzuhalten und für Ziele bestimmt sei, welche von den Sonderinteressen der einzelnen Kolonien oftmals sich trennen.

Bei der Schlacht um Bunkershill waren den Engländern Gefangene in die Hände gefallen. Man erzählte, diese seien in Gefängnisse geworfen worden und haben schlechte Behandlung zu erfahren. Washington schrieb dieserhalb an den General Gage und beschwerte sich auch darüber, daß die Offiziere mit den Soldaten in dieselben Gefängnisse gesperrt seien. In bombastischen Worten versicherte Gage vom 13. August, daß die Gefangenen, deren Leben nach den Gesetzen dem Henker verfallen sei, besser versorgt werden, als sie es verdienen; die Briten seien ja von jeher „ausgezeichnet durch ihre Milde und haben im vorliegenden Fall ihre gewöhnliche Milde noch übertroffen". Ein Rangunterschied zwischen den Gefangenen finde freilich nicht statt, da kein Rang anerkannt werden könne, der nicht durch den König bestätigt sei.

Washington war empört. Zunächst, in der ersten Aufwallung, dachte er an Wiedervergeltung und gab Befehl, die gefangenen

Engländer ins innere Land zu führen und sie in jeder Hinsicht
gerade so zu halten, wie nach den Berichten jene unglücklichen
Dulder, die als kriegsgefangene Amerikaner sich in den Händen
der Engländer in Boston befanden, behandelt würden. Wash=
ington widerrief aber diesen Befehl und ordnete an, daß gegen
die gefangenen Engländer mit aller nur tunlichen Rücksicht zu
verfahren sei. — Wenige Dinge aber sind sich so gleich ge=
blieben vom Anfang des Kriegs bis zu seinem Ende, als die
Beschwerden Washingtons über die empörende Behandlung der
Gefangenen von seiten der Engländer und die Versicherungen
von englischer Seite, daß die an den Gefangenen geübte Hu=
manität ohnegleichen sei.

In seiner durchsichtigen, kräftigen Sprache, die in ihren
Wendungen, wenn von dem Sprachgebrauch des Zeitalters ab=
gesehen wird, zuweilen an Bismarck erinnert, ließ Washington
sich am 26. August unter anderem so in seiner Antwort an
Gage vernehmen: — „Ob Tapferkeit, Milde, Geduld bei den
Engländern oder den Amerikanern mehr hervorleuchten, ob unsere
tugendhaften Mitbürger, die von der Tyrannei gezwungen
worden sind, die Waffen zu ergreifen, um Weib und Kind und
Eigentum zu verteidigen, oder jene gedungenen Werkzeuge der
unrechtmäßigen Gewalt, des Eigennutzes und der Rachsucht, den
Namen von Rebellen und Bestrafung durch den Strang ver=
dienen; ob die Macht, die mich auf diese Stelle setzte, eine an=
maßliche sei oder auf die natürlichen Begriffe von Freiheit ge=
gründet: alle diese Fragen haben mit der Sache, um die es
sich hier handelt, nichts zu schaffen. Ich vermied absichtlich jede
politische Erörterung und will mich auch jetzt des Vorteils nicht
bedienen, den die heilige Sache meines Vaterlandes, die Sache
der Freiheit und der Menschenrechte mir über Sie gewährt" —
— „Sie geben vor, jeden Unterschied des Ranges zu verachten,
der nicht mit dem Ihrigen aus gleicher Quelle stammt; mir scheint
keiner ehrenvoller zu sein als der, welchen die unbestochene Wahl
eines tapferen, freien Volkes erteilt; denn dies ist der reine,
ursprüngliche Quell jeder Gewalt."

Noch bevor der Winter einbrach, wurde Gage nach England
zurückberufen, angeblich um die Krone bei ihrem Vorgehen gegen

die Rebellen zu beraten; das Kommando in Boston ging auf den General Howe über, den Bruder des Generals Howe, der im letzten Krieg bei Verteidigung der Kolonien gegen die Franzosen (S. 114) gefallen war und ein gutes Andenken in Amerika hinterlassen hatte. Dem neuen Befehlshaber war es freigestellt, in Boston zu bleiben oder den Kriegsschauplatz nach New York zu verlegen. Er zog zunächst das erstere vor. Bald wurde er auch seiner beiden ältesten Generale beraubt; Bourgoyne segelte nach England ab, um hier seine Instruktionen für den Feldzug in Kanada zu erhalten und Clinton schiffte sich ein zu einer Unternehmung in den südlichen Kolonien.

Der Winter selbst war gelinde und der Zustand der amerikanischen Armee begann sich merklich zu bessern. „Wenn wir Pulver hätten," meinte Washington, „wollte ich dem Feind eine Dosis verabreichen, die ihm nicht sonderlich gefallen sollte." Viele langweilige Wochen und Monate verbrachten Belagerer und Belagerte, indem sie sich, ziemlich auf die Nähe eines Büchsenschusses, von ihren Werken aus beobachteten. Es ist möglich, daß Howe das Ereignis mit Freuden begrüßte, das ihn zwang, einen Platz zu verlassen, an dem offenbar kein Ruhm zu holen war. In der Nacht vom 3. zum 4. März 1776 gelang es Washington, seinen rechten Flügel an den Dorchesterhöhen vorwärts zu schieben, einzugraben und damit die Stadt Boston unmittelbar zu bedrohen. Unbehelligt von den Belagerern traf der englische General sofort Anstalten zum Einschiffen seiner Truppen, die noch 7000—8000 Mann gezählt haben mögen; ihnen schlossen sich 1100, nach anderen Angaben, 1500 Tories aus Boston an. Am 17. März verließen die Transportschiffe den Hafen.

Washington, dem die Schonung von Boston besonders am Herzen lag, sandte zunächst einzelne Detachements in die Stadt; am 20. März hielt er selbst seinen Einzug. Wenige Tage darauf wohnte er dem althergebrachten Donnerstagsgottesdienst bei. — Die Bürger von Boston, Massachusetts, Neuengland dankten ihm mit aufrichtigen, warmen Worten und sind ihm treu geblieben den ganzen Krieg hindurch. Der Kongreß aber überreichte dem Feldherrn eine goldene Medaille, auf der um das Bild des

Siegers die Worte stehen: Georgio Washington supremo duci exercituum Comitia Americana. Auf der Kehrseite: Hostibus primo fugatis. Bostonium recuperatum 17. Martii 1776. Das Lob, das ihm so reichlich von allen Seiten gespendet wurde, wandte Washingtons bescheidener Sinn seiner Armee zu: „Allerdings waren sie anfangs weiter nichts als eine Schar eingeschulter Feldarbeiter, dennoch aber habe ich nächst Gott ihrer Tapferkeit und treuen Pflichterfüllung den Erfolg zu danken, welcher mir den einzigen Lohn verschafft hat, den ich zu empfangen wünsche — die Zuneigung und Achtung meiner Mitbürger."

Die beiden feindlichen Heere stoben nach zwei entgegengesetzten Seiten auseinander: das englische auf der See richtete seinen Lauf nordostwärts nach Halifax in Neuschottland, um die deutschen Miettruppen und andere Verstärkungen zu erwarten; Washington aber mit dem amerikanischen schlug den Landweg ein nach Südwesten, nach New York, wo er am 13. April eintraf. Diese Stadt gedachte er zum Hauptmittelpunkt für den Widerstand der Amerikaner zu machen. —

Im Gegensatz zu der Untätigkeit vor Boston hat zu derselben Zeit ein Bewegungskrieg stattgefunden, wie er wechselvoller und abenteuerlicher gar nicht denkbar ist. Es ist oben (S. 273) gezeigt worden, wie die Forts Ticonderoga und Crown Point am Champlainsee in die Hände der Amerikaner fielen. Damit hatten sie das Übergewicht auf dem mittleren Kriegsschauplatz gewonnen; in aller Mund, wenigstens in New York und in den Neuenglandstaaten war nun die Eroberung von Kanada, der Zug nach Quebec. Bis daher hatte hauptsächlich Connecticut Truppen nach Ticonderoga geschickt, um den Platz zu sichern als Ausgangspunkt für irgend eine Aktion. In der Tat erhielt gegen das Ende des Juni General Schuyler den Auftrag vom Kongreß, die Stellung, als den Schlüssel zum Eintritt in das Hudsontal, zu sichern und nach Kanada vorzudringen. Washington billigte diesen Gedanken und war bereit, von sich aus, von seiner Stellung vor Boston aus, die Unternehmung in der Weise zu unterstützen, daß er ein Detachement nordwärts in das Gebiet von Maine entsandte mit dem Auftrag, den Kennebecfluß aufwärts zu bringen, das Grenzgebirg zu überschreiten und den Chaudièrefluß abwärts zu marschieren, um den Lorenzstrom in der Nähe von Quebec zu erreichen. Ein kühner Plan; ein Plan so kühn, wie derjenige Schuylers, von Ticonderoga aus sich Montreals zu bemächtigen und dann zur Belagerung Quebecs zu schreiten, bevor es dem englischen Gouverneur von Kanada, dem General Carleton, gelinge, Streitkräfte zu sammeln, und dem alten Feind der Freiheit, Guy Johnson, die Indianerstämme aufzuwiegeln.

General Schuyler, ein feuriger, opferfähiger Patriot, dabei arglos und freimütig, war bei seinem schwachen, kränklichen Körper vielleicht nicht der rechte Mann, um an die Spitze einer Expedition zu treten, welche voraussichtlich die äußerste physische Kraftanstrengung verlangte. Er fand die Dinge unter den unlenksamen Rekruten aus Connecticut im Lager am Champlainsee nicht so, wie er gewünscht hätte; er ärgerte sich über die Lässigkeit der Schildwachen, die familiäre Gleichheit zwischen Offizieren und Mannschaften, über den Mangel an Disziplin, die Schwäche der einzelnen Abteilungen. Der Kongreß hörte seine Klagen an und beschloß, durch Rekruten aus Neuengland und New York den Stand dieser Nordarmee auf 5000 Mann zu bringen. Mit Erfolg bemühte sich Schuyler, das vor ihm liegende weite Land, in das er eine Invasion machen sollte, zu erforschen, die Kanadier der amerikanischen Sache geneigt zu machen und die Intrigen Guy Johnsons unter den Indianern, seine Täuschungen der Behörden von Shenectady und Albany, zu hintertreiben.

Am 26. August erhielt Schuyler ein Schreiben Washingtons, welches die Besetzung von Kanada dringend verlangte; „Ausdauer und Mut haben zu allen Zeiten Wunder verrichtet; es ist kein Augenblick Zeit zu verlieren." Es verrät dies Drängen einen außerordentlich richtigen Blick. Ein Land wie Kanada mit den Stützpunkten Quebec und Montreal bot den Engländern die beste Operationsbasis zu einem Zug nach dem Hudson, ins Herz der Kolonien. Der Besitz irgend eines Punktes an der Küste war nichts dagegen.

Richard Montgomery war einer der Brigadegenerale

Schuylers. Aus irländischem Blut stammend hatte er vor einiger Zeit den englischen Dienst verlassen und sich am Hudson unter den günstigsten häuslichen Verhältnissen angesiedelt. In seiner Ungeduld und Kriegslust drängte er den bedächtigen Schuyler vorwärts und stand in der Tat zu Anfang des September auf dem Wege nach dem Fort St. John. Schuyler folgte, wurde jedoch krank und mußte nach Ticonderoga zurückkehren. So ging das Kommando im Feld auf Montgomery über, der mit regem Erfindungsgeiste seine Untergebenen auf das günstigste zu beeinflussen und durch den Zauber seiner heiteren Überlegenheit und seines kühnen Wesens sie an sich zu fesseln wußte. Anfangs freilich hatte er zu klagen, wie es Schuyler schon getan mit den Worten: „Wäre Hiob General und in meiner Lage gewesen, so wäre er wegen seiner Geduld nicht so berühmt geworden." „Die Neuengländer leiden an Heimweh," schreibt Montgomery, „je weiter es vorwärts geht, desto dünner werden ihre Reihen." Freilich schälte sich zugleich der gute Kern wetterharter Gesellen heraus. Es waren ihrer etwa 1500 Mann. Seit Mitte September lag Montgomery vor der Feste St. John. Ein anderes Fort in der Nähe, Chambly, war am 18. Oktober übergeben worden, wobei die erste Trophäe dieses Kriegs, die Fahne des 7. englischen Regiments, den Amerikanern in die Hände fiel; sie wurde dem Kongreß zugesandt. — Indessen bemühte sich General Carleton, für St. John Entsatz herbeizuführen. Er sammelte in Montreal 800 Reguläre, Indianer und Kanadier, machte auch einen Versuch, wurde aber geschlagen. So fiel St. John am 3. November den Amerikanern in die Hände; am 12. November zogen sie ohne weiteren Widerstand in Montreal ein; bis jetzt war alles gut gegangen. Allein ohne den Besitz von Quebec bedeutete das alles nichts. Dort war der Hauptwaffenplatz der Engländer, dorthin hatte sich auch General Carleton zurückgezogen. Ein brennendes Verlangen trieb Montgomery an, trotz der Unbilden des Winters vorwärts zu bringen auf Quebec. Ein weiterer Beweggrund kam noch dazu. Vorerst sammelte er sich in Montreal, fast 200 Kilometer von Ticonderoga, mehr als 200 Kilometer von Quebec entfernt; mit letzterem verbunden durch den Lorenzstrom.

Um die Kanadier für das große Unternehmen des amerikanischen Volkes zu gewinnen, hatte Washington, wie oben gesagt, versprochen, den Zug nach Quebec durch eine Expedition von Boston aus zu unterstützen. Quebec liegt genau nördlich von Boston, in der Luftlinie 450 Kilometer entfernt. Es mußten Gebirge überstiegen, Stromschnellen umgangen, Wildnisse durchschritten werden. Am 13. September brach das Korps auf, 1100 Mann stark unter Benedikt Arnold, zwei Bataillone Neuenglandinfanterie, dazu drei Scharfschützenkompagnien, eine von Virginia, zwei von Pennsylvania. Washington gab die Worte zu einer Proklamation an die Kanadier mit: „Die Sache Amerikas und der Freiheit ist die Sache eines jeden tugendhaften amerikanischen Bürgers, welcher Religion oder Abstammung er auch sein möge. Kommt daher und scharet euch um die Fahne der allgemeinen Freiheit."

Bald rudernd, bald die Boote schleppend drang die mutige Schar durch die dichten Waldungen einer pfadlosen Wildnis auf die jetzt verschneite Höhe des Grenzgebirges gegen Kanada hin. Bis hierher hatten sich die tapferen Bursche gut durchgeschlagen; auch Boten hatte Arnold vorausgeschickt, um das sicher mehr als 200 Kilometer entfernte Kommando der Nordarmee aufzusuchen und Quebec auszukundschaften. Es ging vom 22. Oktober an abwärts am Chaudièrefluß. Jetzt erst begann das Elend in jeder Gestalt; Lebensmittel fehlten, Schuhe, Kleider, begannen zu zerreißen; die Unsicherheit des Schicksals drückte manche Gemüter nieder; das alte Übel der Desertion machte sich fühlbar. Da kam man mit der Annäherung an Quebec wieder in bewohntes Land und die Seelen lebten auf.

Zerlumpt und barfuß, ohne Geschütze natürlich, mit nur wenig Munition für ihre Musketen und Büchsen, kamen die auf 700 Mann zusammengeschmolzenen Abenteurer vor Quebec an. Voll Selbstvertrauen stellte Arnold seine Leute angesichts der Wälle auf und schickte einen Parlamentär, welcher die Übergabe von Quebec verlangte. Der Parlamentär wurde nicht empfangen. Gewalt aber konnte Arnold nicht brauchen, denn er hatte nur fünf Patronen auf den Mann; die meiste Munition war durch verschiedene Unglücksfälle verloren gegangen. Allein er wußte bald, daß Montgomery in Montreal eingezogen sei; so beschloß er, auf ihn zu warten, um dann einen gemeinschaftlichen Angriff zu wagen.

Nicht umsonst hoffte er. Montgomery sicherte die den Feinden abgenommenen Plätze St. John und Montreal und schiffte sich am 26. November mit 300 Mann und etwas Artillerie auf dem Lorenzstrom ein. Am 3. Dezember stieß er zu Arnold und vereinigte sich mit dessen „hungerfesten Veteranen". Bald standen die 1000 Amerikaner samt 200 Kanadiern in Parade aufmarschiert vor der Stadt. Eine Aufforderung zur Übergabe hatte nicht den mindesten Erfolg; auch ließ sich mit den der amerikanischen Sache günstig gesinnten Bürgern keine Verbindung anknüpfen. Dazu der Boden steinhart gefroren. Aber auch wenn man Schanzen aufwerfen konnte, hätten die Geschosse der leichten Kanonen doch keinen Eindruck auf die dicken Mauern gemacht. Und die Zeit drängte gewaltig. Für die meisten Mannschaften bedeutete der 31. Dezember 1775 das Ende ihrer Dienstzeit und Montgomery wußte, sie werden sich nicht weiter zum Dienst verpflichten. Also Sturm auf Quebec vor dem letzten Tage des Jahres!

Zurüstungen zum Sturm füllten die nächsten Tage. Das Wetter zeigte sich ungünstig. Nur wenige Stunden vom alten Jahr blieben übrig. Endlich erhielten die Truppen Befehl, sich in der Nacht vom 30. zum 31. Dezember bereit zu halten. Die Besatzung rings um die ganze Umwallung der Stadt sollte alarmiert werden; durch die Werke der unteren Stadt aber an der Wasserseite wollte Montgomery selbst mit 300 Mann angreifen. Führer und Zimmerleute waren an der Spitze. Durch eine enge Spalte der Südfront drang Montgomery in der Tat ein und sammelte etwa 70 Mann gegen das den Weg versperrende Blockhaus. Die Wache aber war aufmerksam geworden und empfing die Stürmenden mit Kartätschen. Montgomery, sein Adjutant und die nächsten um ihn stürzten tot zusammen.

Jetzt wurde es in den Wachhäusern und Kasematten der Festung lebendig; alle Schießscharten spieen Feuer; ein weiteres Vordringen gegen einen durchaus gedeckten Feind war hier unmöglich; die Alarmtrommeln wirbelten, die Glocken läuteten. Unter Morgans Führung drangen die Scharfschützen aus Virginia und Pennsylvania dennoch in die Stadt; Arnold mußte verwundet weggetragen werden. Jetzt begann der Morgen zu dämmern; der helle Tag ließ die Amerikaner erkennen, daß sie rettungslos abgeschnitten und eingepfercht seien. Gegen zehn Uhr ergaben sie sich, in allem 300 bis 400 Mann; der toten und verwundeten Amerikaner waren es 60. Die Engländer hatten kaum nennenswerten Verlust.

So kam der letzte Tag des Jahres 1775 herauf; der tapfere Montgomery ward in Quebec mit kriegerischen Ehren in Anwesenheit des Gouverneurs, Generals Carleton, und aller Offiziere der Garnison zu Grabe getragen; vor den Wällen der Festung suchte Arnold, wiewohl verwundet, den Rest seiner Leute zusammen; es waren ihrer kaum 400, und auch für viele von diesen war die Dienstzeit schon abgelaufen und sie begehrten, entlassen zu werden. Für Washington, als er den Hergang erfuhr, war dieser nichts weiter als eine neue Verurteilung des Anwerbens auf kurze Zeit. „Hätte Montgomery nicht gefürchtet," schrieb er, „daß ihn die Truppen in einem so kritischen Moment verlassen würden, und hätte er die Blockade von Quebec fortsetzen können, so würde nach den besten Berichten, die ich habe einholen können, eine Kapitulation notwendig haben erfolgen müssen." — Die Einnahme von Quebec hätte natürlich von vornherein dem Krieg eine ganz andere Wendung gegeben. Die Engherzigkeit des Kongresses, seine Begünstigung ganz kurzer Dienstzeiten von 6, 9, und 12 Monaten, sollte erst noch weiteres Unheil stiften, bis er endlich zur der Einsicht kam, daß militärische Geschäfte und Taten auch in militärischem Geiste gedacht und ausgeführt werden müssen. Die Bekehrung des Kongresses zu einer Dienstzeit für die geworbenen Soldaten von mindestens drei Jahren ließ gerade nicht lange auf sich warten, aber sie vollzog sich doch erst zu einer Zeit, in der durch die kurze Dienstzeit und laxe Handhabung der Disziplin schon so viel Unheil, Verwirrung und Tiefstand der verfügbaren Mittel angerichtet war, daß es äußerst schwer wurde und viel Zeit erforderte, um das neue System durchzuführen.

Benedikt Arnold hielt mit seiner zusammengeschmolzenen Mannschaft vor Quebec aus und setzte sich in Verbindung mit dem General Wooster, der in dem mehr als 200 Kilometer entfernten Montreal kommandierte. Mit Leidenschaft hielten die nördlichen Kolonien an dem Lieblingsgedanken einer Eroberung von Quebec fest; auch der Kongreß ließ sich willig finden, die Nordarmee auf 10000 Mann zu bringen. Voll Eifer und guten Willens zogen die Freiwilligen über den gefrorenen Champlainsee ins unwirtliche Land Kanada hinein; am 1. April vereinigten Wooster und Arnold 2000 Mann unter ihrem Befehl bei Quebec. Einige Batterien wurden auf den Abrahamshöhen errichtet. Aber die alte unheilvolle, kaum begreifliche Geschichte wiederholte sich von neuem: am 15. April war die Dienstzeit für die Hälfte der Mannschaft zu Ende. In aller Eile ließ Washington von der Kontinentalarmee vier Bataillone nach dem Norden abgehen; in der Luftlinie war Quebec fast 800 Kilometer von seinem Hauptquartier New York entfernt; allerdings zum Teil Wasserweg; der Kongreß drängte: eine einzige Stunde könne entscheidend sein. Auf dies hin erteilte Washington noch sechs Bataillonen unter dem General Sullivan Marschbefehl; weitere Truppen aber könne er nicht entbehren, da New York und der Hudson allzu wichtig seien.

Noch eine andere Hilfstruppe machte der Kongreß mobil; er sandte eine Kommission mit Franklin an der Spitze nach Kanada, um namentlich die unruhig gewordene katholische Geistlichkeit zu beschwichtigen und sich ihres Einflusses auf die Kanadier zu versichern. Auch ein neuer Kommandierender ging nach Quebec ab, General Thomas. Aber zugleich war ein neuer Feind erschienen, — die Blattern; von der schwachen amerikanischen Kriegsmacht vor Quebec waren 900 Mann zu kraftlos und krank, um Dienst tun zu können. Lebensmittel und Munition wurden knapp. Unter diesen Umständen beschloß der Kriegsrat den Rückzug aus Kanada am 5. Mai. Fast zu gleicher Zeit aber, am 6. Mai, kamen Kriegsschiffe und Transportfahrzeuge mit dem 29. englischen Regiment den Lorenzstrom herauf. Die gelandeten Truppen machten sofort einen Ausfall auf die sich zum Abzug rüstenden Amerikaner und schlugen sie in die Flucht. Die nächsten Tage brachten das 47. englische Regiment nach Quebec, Guy Johnson regte sich mit seinen Indianern und die katholischen Kanadier zeigten sich den Amerikanern immer mehr abgeneigt. Da entschied auch die Kommission Franklins: unter der Mannschaft könne nur schwer die nötige Disziplin wiederhergestellt werden, weil sie auf zu kurze Zeit angeworben werde; am besten sei es, die Armee aus Kanada herauszuziehen und die Straße um Champlain= und Georgsee zu befestigen.

Indessen beschleunigte sich der Gang der Dinge; General Thomas starb an den Blattern; an seine Stelle trat General Sullivan, der bestrebt war, die amerikanische Armee in Sorel an der Mündung des Richelieuflusses in den Lorenzstrom zu sammeln. Nachdem Benedikt Arnold Montreal geräumt und Sullivan viele Verluste erlitten hatte, schien es unmöglich, dem Feind ferner die Spitze zu bieten. Denn die Engländer hatten sich gewaltig verstärkt; der neue **Oberbefehlshaber für Kanada, General Bourgoyne**, war am 1. Juni mit der ersten Abteilung der **braunschweigischen Miettruppen unter General v. Riedesel** angekommen, und die englische Armee, den Lorenzstrom von Quebec aufwärts segelnd, zählte gegen 10 000 Mann.

In St. John sammelte der amerikanische General alles, was nach der Räumung von Sorel noch übrig war von der stolzen amerikanischen Nordarmee; im ganzen 5000 Mann, die Hälfte davon krank, gebrochen, ausgemergelt.

Zum Glück war die Verfolgung matt und langsam; es gab noch ein Gefecht auf dem See, das für die Engländer günstig endete; auch Crown Point fiel ihnen noch in die Hände, allein sie räumten es wieder und bezogen Winterquartiere am Richelieufluß entlang und am Lorenz. Die braunschweigischen Truppen, welche hier erstmals auftraten, waren kaum mit dem aller Orten weichenden Feinde ins Gefecht gekommen und ihr Führer, General v. Riedesel, schreibt vom 26. Oktober 1776 von Crown Point aus an seine Gattin: „Wenn dieser Krieg auf diese Art auch das künftige Jahr so fortgeht, so werde ich hier mitten im Kriege meines Lebens sicherer sein als auf den Exerzierplätzen in Wolfenbüttel und Braunschweig."

Ticonderoga, jetzt ein großes Hospital für die Flüchtlinge aus Kanada, war den Amerikanern verblieben. An dieser Feste endete der groß angelegte nordische Feldzug, bei dessen Gelingen freilich auf eine Reihe von Faktoren gerechnet war, die versagten. Dahin gehört die Zuneigung der Kanabier französischer Abstammung und katholischen Glaubens. Eine Art wohlwollender Neutralität brachten sie wohl den Amerikanern entgegen, aber zu einer bewaffneten Erhebung in Massen wollte es nicht kommen. Die Indianer hatte lange nichts so sehr in Erstaunen gesetzt als die Flucht der Engländer aus Boston; einige Zeit neigten sie sich deshalb wohl auch den Amerikanern zu; zuletzt aber gingen sie, wie sie immer pflegten, mit dem, der sich als der Stärkere erwiesen, und hingen für die ganze Zukunft hier im Norden den Engländern an.

Wenn irgendwo der Kongreß abzulesen vermochte, daß es unmöglich sei, eine Angriffsbewegung auszuführen oder eine gute Gelegenheit auszunützen mit Truppen von so kurzer Dienstzeit, wie seither üblich, so ist ihm hier Gelegenheit geboten worden in diesem kanadischen Feldzug, der mit eindringlicherer Schrift schrieb als alle theoretischen Ausführungen.

Sein Ergebnis hat für den ganzen Krieg jeden Gedanken an eine Eroberung von Kanada, seither mit so großer Vorliebe und in richtiger Erkenntnis gepflegt, in die Tiefe versenkt; in treuem Gedächtnis ist bewahrt worden das Elend seines Ausgangs, aber zugleich die Mannhaftigkeit und Größe der Männer, welche nach Überwindung aller Gefahren der winterlichen Wildnis sich vor den Mauern von Quebec die Hände gereicht. —

Während des Sommers 1775 berichtete der Gouverneur Martin von Nordkarolina nach London: „Die Bewohner von Südkarolina vergessen ganz ihre eigene Schwäche und spielen prahlerisch die Rebellen, während doch Charleston, das Haupt und Herz ihrer gerühmten Provinz, durch eine einzige Fregatte vernichtet und das Land dadurch in das größte Unglück gestürzt werden kann. Aus Mitleid mit ihnen und aus Pflichtgefühl gegen meinen König und mein Vaterland spreche ich meine aufrichtige Meinung dahin aus, daß die Rute der Züchtigung nicht geschont werden darf." Diese Berichte und andere Versprechungen Martins verleiteten die englische Regierung zu dem Glauben, daß es gelingen werde, mit einer mäßigen Flotte die Hafenstädte einzunehmen und mit ein paar Regimentern die Auswanderer aus dem schottischen Hochland, die in den Karolinas saßen, so weit zu ermutigen, daß sie die Waffen gegen ihre freiheitfreundlichen Mitbürger ergriffen; auch sei zu hoffen, daß die Neger sich empören und ihre Hände in das Blut ihrer Herren tauchen. Mit den „Blusenmännern", wie man die Milizen in Virginia und den Karolinas wegen ihres die Uniform darstellenden Jagdhembes zu nennen pflegte, werde man schon fertig werden.

Die Engländer machten kein Hehl aus ihrer Unternehmung nach dem Süden. General Clinton von der Bostoner Armee war zum Führer der Landtruppen ausersehen, welche in sieben irländischen Regimentern bestanden, die in Cork versammelt waren; Admiral Parker sollte die Flotte kommandieren. Im Frühjahr 1776, längstens im Sommer konnte der Triumphzug sich abspielen. Washington seinerseits ordnete den General Charles Lee mit zwei Regimentern ab, um längs der Küste hinzuziehen, die lokalen Streitkräfte aufzubieten und dem Feind eine etwaige Landung zu verwehren. Charles Lee, von dessen militärischer Genialität man die höchsten Erwartungen hegte, weil er als englischer Offizier den großen Krieg in Europa gesehen, verstand es meisterhaft, überall großartig aufzutreten und seine Person in den Vordergrund zu rücken. Er wurde denn auch zum Gouverneur des Militärdepartements südlich des Potomac ernannt.

Dem weiten Hafen von Charleston lagert sich eine Insel vor, Sullivans Island, deren feuchter Boden dicht mit halb= tropischem Wald bedeckt ist. Sobald man die Absichten der Engländer erfuhr, erhielt zu Anfang März 1776 der Oberst William Moultrie den Auftrag, hier ein Fort zu errichten, das etwa 1000 Mann zu fassen vermöge.

Man baute in Charleston Barrikaden, man warf Schanzen auf, stellte die Miliz und die Freiwilligen in Reih und Glied

(Errichtung des deutschen Füsilierkorps — German Fusiliers — durch den Patrioten Michael Kalteisen, 100 Mann stark), nach allen Richtungen sandte man Boten, um Hilfe herbeizurufen, als am 1. Juni die Nachricht an der Küste entlang lief, eine englische Flotte von 40 bis 50 Segeln halte auf den Hafen von Charleston ab. Indessen verloren die englischen Kommandeure der Landtruppen, 3000 Mann stark, viele Zeit mit Erforschen der besten Landungsstelle. General Clinton war von dem jungen General Cornwallis begleitet, der wohl hier zum ersten Male den Strand erblickte, an welchem er etliche Jahre später nochmals landete.

Auf seiten der Amerikaner hatte Oberst Moultrie sein Fort auf Sullivans Island wenigstens auf drei Seiten fertig gestellt und hierbei besonders die weichen, faserigen, niemals splitternden Palmettoklötze verwendet. General Charles Lee war eingetroffen; von allen Seiten strömten Milizbataillone, Kontinentalregimenter und Schützenkompanien herbei. In der Nacht zum 24. Juni traf auch Mühlenbergs Regiment (S. 270), 8. virginisches, ein. „Die Kompanien," sagt Bancroft, „bestanden größtenteils aus Mühlenbergs deutschen Gemeindemitgliedern und dieses Korps war von sämtlichen virginischen Regimentern das vollständigste, bestbewaffnete, bestgekleidete und bestausgerüstete." So war man also auf seiten der Amerikaner fertig zum Widerstand und voll Selbstvertrauen.

In der Nähe von Sullivans Island, wo Moultries Feste sich befand, liegt Long Island, eine öde Sandfläche. Hier setzten Clinton und Cornwallis ihre Truppen ans Land, um bei der Beschießung ihrerseits mitzuwirken. Am Vormittag des 28. Juni gab der Admiral Parker das Zeichen zum Beginn der Beschießung. Sechs Kriegsschiffe, darunter zwei von je 50 Kanonen, „Bristol" und „Experiment", begannen Bomben nach dem Fort zu werfen. Allein das schwammige Palmettoholz wurde wohl gequetscht, aber nicht durchschossen. Oberst Moultrie hatte 26 Geschütze, zu jedem derselben freilich nur 28 Schuß; unter seinen 500 Mann befanden sich nur 22 eingeübte Artilleristen. Langsam ließ er Schuß auf Schuß abgeben, mit dem Pulver sparend und auf die größten Schiffe zielend.

Es kamen ihrer immer mehr herbei und zeigten sich mit der Munition außerordentlich verschwenderisch.

Nach der Mittagszeit ließen Clinton und Cornwallis von der leichten Infanterie, von den Grenadieren und dem 15. Regiment die Boote besteigen, um von dem Sandhaufen Long Island aus Sullivans Insel zu erobern. Sie fanden aber die Ufer so gut verschanzt und besetzt, daß eine Landung ihnen sicherer Untergang deuchte. Die Landungstruppen kehrten wieder um. Dagegen drohte der Schanze Moultries große Gefahr von zwei Seiten her. Drei englische Kriegsschiffe, „Sphinx", „Aktäon" und „Sirene", Fregatten von 28 Kanonen, suchten in den Rücken des Forts zu gelangen, wo es noch unfertig war. Durch Ungeschick der Lotsen aber fuhren die Schiffe bei dem seichten Meeresgrund auf. Um ein Uhr etwa begann das Fort langsamer zu feuern, fast zu verstummen; denn Oberst Moultrie hatte allen Grund, noch sparsamer als bisher mit dem Pulver zu sein. General Charles Lee antwortete auf eine Bitte um Pulver: „Wenn Sie unglücklicherweise Ihre Munition verschossen haben sollten, ohne den Feind zurückgeschlagen oder in den Grund gebohrt zu haben, so vernageln Sie ihre Kanonen und ziehen Sie sich zurück." Das war nun gar nicht nach Oberst Moultries Geschmack; nur mit seiner Schanze wollte er untergehen.

Von einem anderen Kommandanten aber und von einem kleinen Schiffe erhielt Moultrie 700 Pfund Pulver und konnte nun wieder unbesorgter dreinfeuern. Das größte der englischen Schiffe, der „Bristol", mußte, übel zugerichtet, sich aus dem Feuer ziehen; dem „Experiment" ging es nicht viel besser. Die Sonne senkte sich; noch immer tobte der Geschützkampf. Um neun Uhr Abends endlich fuhren die Schiffe auf die hohe See hinaus. Sie zählten 205 Tote und Verwundete. Seltsamerweise hatten die Amerikaner in der Schanze nur 11 Tote und 26 Verwundete trotz zehnstündiger Kanonade. Eines der aufgefahrenen Fahrzeuge konnte nicht loskommen und wurde in die Luft gesprengt. Die auf Long Island gelandeten Truppen schifften sich wieder ein, um einen anderen Kriegsschauplatz zu suchen. Alle südlichen Kolonien atmeten auf, in Charleston aber jubelte man den tapferen Verteidigern zu und es wurde beschlossen, für alle Zeiten der Schanze den Namen „Fort Moultrie" zu geben. Das alles geschah schon in jenen Sommertagen des Jahres 1776, in denen ein neuer Stern strahlend über dem Boden Amerikas aufgegangen war.

VI. Unabhängigkeit

— „Sie mögen lernen, daß jede Kolonie ihr Mutterland ehrt, solange sie gut behandelt wird, daß sie sich aber abwendet, wenn sie Ungerechtigkeit zu erdulden hat. Denn Kolonisten werden nicht ausgesandt, um der Zurückbleibenden Knechte zu werden, sondern um ihresgleichen zu bleiben." So sprachen mehr als 400 Jahre vor Christus die Abgesandten der Kerkyräer, um den Athenern klarzulegen, daß sie mit der Auflehnung gegen ihr Mutterland Korinth nur ein Gebot der Selbsterhaltung befolgen, daß sie mit dieser Abwendung nichts Tadelnswertes beginnen und es wohl verdient hätten, wenn Athen sie in seine Bundesgenossenschaft aufnähme.

Mehr als 2000 Jahre, nachdem die Kerkyräer gesprochen, richtete das amerikanische Volk die Frage an sich, oder vielmehr waren es zwei und mehr Fragen, um die es sich handelte: „Sind wir in irgend welchem Betracht nicht gleichwertig mit den Engländern?" und weiter: „Sind unsere natürlichen Rechte in irgend welcher Hinsicht geringer als die der Menschen überhaupt?" Und daraus folgt: „Müssen wir Amerikaner den übrigen Völkern der Erde stets fremd bleiben? Dürfen wir bloß durch Vermittlung Englands mit ihnen verkehren, oder ist es erlaubt, daß wir selbständig mit ihnen in Verbindung treten?"

Auf die Beantwortung dieser Fragen lief eigentlich der ganze Prozeß zwischen Amerika und England hinaus. Die Weigerung des englischen Parlaments war es, was fortwährend die Ansprüche der Kolonien steigerte, und tatsächlich standen diese durch ihre Handlungen gegen Großbritannien und das Ausland schon als unabhängige Staaten da, als es ihnen einfiel, daß zur staatsrechtlichen Unabhängigkeit nichts weiter fehle, als das Wegwerfen aller seitherigen Täuschungen, die öffentliche Erklärung der Unabhängigkeit. —

Bei dem ersten Aufflackern einer Revolution ist es von besonderer Bedeutung, wenn gleich zu Anfang ein tüchtiger Wind in den glimmenden Holzstoß fährt, aus Rauch und Dunst die helle Flamme emporsteigen läßt. Zuweilen ist es das Brausen eines Liedes gewesen, das eine solche Seelenerhebung hervorgebracht hat oder das Wort eines feurigen Redners, oder eine vorbildliche Tat, welche Zagen und Zögern vergessen ließ. Auch in Amerika waren mit rauschendem Beifall Lieder gesungen und pathetische Reden angehört worden. Bezeichnend aber ist es wohl für den Zustand der amerikanischen Volksseele, daß nichts einen so gewaltigen Umschwung der Meinungen hervorzubringen wußte, als die scheinbar ungemein logisch und bestechend folgerichtig aufgebauten Ausführungen einer Flugschrift, „Gesunder Menschenverstand" (Common Sense) betitelt, die in den ersten Tagen des Januar 1776 erschien. Der Verfasser, Thomas Paine, ist in England geboren, wurde als feiner Kopf von Franklin dort gewissermaßen entdeckt und veranlaßt, 1774 nach Amerika überzusiedeln. Vom ersten Tage an kämpfte er unverdrossen für die sofortige Lossagung der Kolonie von England. Es ist richtig, seine Betrachtungen über das Recht der Könige und über die Rechte der Völker sind oft seicht, leidenschaftlich, frivol, seine Beweisführungen fadenscheinig, aber dabei erscheint sein Stil knapp und schneidig, sein Angriff rücksichtslos, der Fluß seiner Rede fortreißend. Er ist es, der die Meinung der Volksmassen in Fluß brachte und sie auf ein feststehendes Ziel, auf die Unabhängigkeit, hinwies. Paines Feder war den Kämpfen für die Unabhängigkeit so notwendig wie die Kanonen.

„Frankreich und Spanien werden nie unsere Freunde sein, solange wir Engländer bleiben; sie werden uns aber freudig die Hand reichen, sobald wir Amerikaner geworden sind." — „Es ist ein lächerlicher Anspruch, daß ein großer Kontinent von einer kleinen Insel regiert werden soll." — „Der Geburtstag einer neuen Welt naht heran, und ein Geschlecht von Männern, welches dereinst so zahlreich wie die ganze Bevölkerung Europas sein wird, soll seinen Teil Freiheit von den Ereignissen einiger Monate erhalten. Unabhängigkeit ist das einzige Band, welches uns einigen und zusammenhalten kann."

Die ganze Presse der Kolonien beschäftigte sich mit der Flugschrift. Der „Gesunde Menschenverstand" bewirkte eine vollkommene Revolution in den Ansichten und Gefühlen der Amerikaner; niemals vorher, in keinem Lande, zu keiner Zeit haben Buchstaben und Papier solch eine Wirkung hervorgerufen. — „Haben Sie das Büchlein ‚Gesunder Menschenverstand' gelesen," schreibt am 24. Januar 1776 General Charles Lee an Washington, „ich habe niemals eine solch meisterhafte und hinreißende Schrift kennen gelernt." Washington dankte dem Verfasser für den großen Dienst, welchen er der amerikanischen Freiheit geleistet, weil er von der nunmehr unvermeidlichen Erklärung der Unabhängigkeit auch eine stärkere Beteiligung des Volkes am Kriege hoffte. Im Lager und am Wachtfeuer wanderte die Schrift von einer Hand in die andere.

Die junge deutsche Buchdruckerfirma Steiner & Cist in Philadelphia ließ sofort eine deutsche Übersetzung erscheinen: „Gesunde Vernunft an die Einwohner von Amerika," 70 Seiten 8°. Bei derselben Firma ließ Thomas Paine seine weiteren agitatorischen Schriften drucken, namentlich: „The American Crisis", von welcher die erste Nummer zu Ende des Jahres 1776 erschien und mit warmen Worten dem Volke zusprach, unverzagt und opferwillig zu bleiben.

Seither gebundene geistige Kräfte pflegt der Krieg, aber auch schon die den wirklichen Krieg vorbereitende kriegerische Luft zu lösen und frei zu machen. Viele von den Männern, welche Träger der nationalen und deshalb revolutionären Bewegung waren, haben sich auch literarisch betätigt, so namentlich Franklin, Dickinson mit seinen Farmerbriefen, John Adams, Hamilton, Jefferson. Die Volksschriften, Staats- und Streitschriften sind zunächst veranlaßt durch Betrachtung der gesetzlichen Beziehungen zum Mutterland. Die Stoffe sind echt amerikanisch, dem Volksleben und den laufenden Begebenheiten entnommen; keine genialen Werke, noch weniger geistreiche Plaudereien; nein, mit den Gedanken der Massen, mit ihren Gefühlen und Sitten, mit den Ereignissen der Gegenwart hängen sie zusammen. Ein außerordentlich wertvoller Besitz für eine eifrig dem Lesen ergebene Nation, wie es die Amerikaner von Anfang an gewesen.

Bei der Gründung der meisten Kolonien Nordamerikas ist die Religion Mitgründerin gewesen. In den Neuenglandstaaten besonders besaß sie einen Einfluß auf die Masse des Volks und sein tägliches Leben wie in wenigen Ländern der Christenheit. Eine Abneigung gegen Papisten, gegen die englische Hochkirche, gegen Andersgläubige überhaupt entstand daraus. Es war ja keine Zeit der Toleranz, in welcher die Neuenglandkolonien ins Leben traten. Einen gewissen Hang zum Aufbäumen und Rebellieren, einen entschieden republikanischen Sinn hatten die Puritaner und Presbyterianer von ihrer englischen Heimat mit ihren kirchlich-politischen Einrichtungen herüber gebracht. So kam man dazu, anzunehmen, daß auf der einen Seite Presbyterianismus und Rebellion, auf der anderen Seite englische Hochkirche und Loyalität zusammenfallen. Das trifft nun mit so scharfer Trennung keineswegs zu. Einen Presbyterianer, Puritaner oder Kongregationalisten wird man freilich kaum als Anhänger Englands, als Tory, Loyalisten finden, wohl aber sind viele von den Führern und hervorragenden Anhängern der Revolution Mitglieder der englischen Hochkirche gewesen. Diejenigen religiösen Gesellschaften, welche von jeher das Tragen von Waffen verdammten, wie die Quäker, standen mit ihren Gefühlen meist im englischen Lager, schon als eifrige Geschäftsleute, die in ihrem Erwerb nicht gerne gestört sein wollten. Doch sonderten sich von dieser Masse auch Nationalgesinnte los, die „fechtenden Quäker", die es mit ihren Ansichten für vereinbar hielten, der Not des Vaterlandes mit gewaffneter Hand beizuspringen. Von den aus deutschem Blut Entsprossenen rühmt man, daß sie ohne jegliches Bedenken die Sache der Nation gegen England ergriffen haben; eine Ausnahme machten nur Mährische Brüder, ein Teil der Methodisten und sonstiger „Stillen im Lande".

Der Kongreß, der eben in Philadelphia beisammen war,

stellte ein treues Abbild des Volkes dar; am liebsten hätte die Mehrzahl seiner Mitglieder die Freiheit der Kolonien gesehen, aber zugleich die staatliche Verbindung mit England beibehalten. Die entschiedenen Führer dagegen, die beiden Adams, Patrick Henry, auch Franklin, erkannten recht gut, daß das alte Verhältnis sich nicht mehr herstellen lasse, daß nichts übrig bleibe als das Losreißen von England. Allein sie durften, um die Leitung der Dinge in der Hand zu behalten, nicht drängen; sie mußten auf die nur Halbwarmen, die Langsamen, die überklugen Rechner warten, bis sie auf den Standpunkt der Entschiedenheit gelangen würden. Damit ist es zu erklären, daß im Kongreß sich so viel Widersprechendes abwickelt. Manches erscheint als Posse oder Heuchelei; anderes als überstürzende revolutionäre Maßregel.

Von den Kolonien hatten sich Massachusetts und Virginia schon im Herbst 1774 offen für den Abfall von England ausgesprochen; am 15. Mai 1776 forderte der Kongreß sämtliche Kolonien auf, sich den neuen Bedürfnissen angepaßte Verfassungen zu geben. Und doch scheute man sich immer noch, das letzte Wort zu sprechen und das Verhältnis zu England durch einen feierlichen Staatsakt zu lösen.

Da kam eine mächtige Hilfe aus England, die Proklamation des Königs vom 23. August 1775, in welcher von der Unterdrückung offener, eingestandener Rebellion die Rede ist. Im Monat November wurde des Königs Proklamation in Amerika bekannt; „diese Nachricht wird dir deinen Weg klar vorzeichnen, obschon er ein gefährlicher ist," schrieb an John Adams sein Weib Abigail. „Ich konnte heute in das Gebet unseres würdigen Pastors um Aussöhnung zwischen unserem jetzt nicht mehr Mutter-, sondern Tyrannenland und diesen Kolonien nicht einstimmen." — „Die einfältige Proklamation des Königs wird nun doch diesem Petitionieren ein Ende machen," meinte der Sprecher des Massachusettskonvents in seinem Schreiben an Samuel Adams; „man erwartet Beschlüsse, die der erhabenen Korporation des Kongresses würdig sind — eine Unabhängigkeitserklärung und Unterhandlungen mit auswärtigen Mächten." Und der leitende Minister Frankreichs, Graf Vergennes, triumphierte: „Diese Proklamation schneidet die Möglichkeit des Rückzugs ab und Amerika oder das englische Ministerium muß unterliegen."

Ebenso deutlich sprach die Thronrede vom 28. Oktober 1775: Der Rebellion müsse mit aller Kraft begegnet werden; aller Handel mit den 13 rebellischen Kolonien sei abgebrochen, das amerikanische Eigentum für gute Prise erklärt. Auf diejenigen, welche sich als gehorsame Untertanen zeigen, werden die kriegerischen Maßnahmen keine Anwendung finden. Sonstige Antwort auf die demütige Petition der Kolonien erfolgte nicht. „Der Name Rebell", meinte Fox im Unterhaus, „ist kein sicheres Merkmal von Schande. Alle großen Verteidiger der Freiheit, die Retter ihres Vaterlandes, die Wohltäter der Menschheit sind in allen Zeitaltern Rebellen genannt worden. Einer Rebellion verdanken wir die Konstitution, welche uns das Recht gibt, in diesem Hause zu sitzen."

Ernste Befürchtungen hegte man weder bei der englischen Regierung noch in der Armee; selbst Edmund Burke, der warme Verteidiger amerikanischer Freiheit, war der Ansicht, daß General Gage mit seiner bedeutenden Macht „die ungeschulten amerikanischen Truppen" besiegen werde. An Unabhängigkeit nur zu denken und vollends Verbindungen mit Frankreich anzuknüpfen, galt bei der Masse der Engländer als Verruchtheit ohnegleichen. Ja das Hinneigen der Rebellen zu dem Erbfeind Frankreich fing an, dem Krieg in England Freunde zu gewinnen.

Ein Mann, mit dem am Ministertische zusammen zu sitzen sich William Pitt nie verstanden hat, von dem er vielmehr stets weit abzurücken pflegte, erhielt jetzt das Amt als Staatssekretär für die amerikanischen Kolonien. Lord George Sackville Germain, ein wegen Feigheit auf dem Schlachtfeld kassierter Offizier, verdankte dem Ministerium Rockingham seine Rehabilitation und ließ von nun an kein Mittel unversucht, sich die Türe zum Tempel des Ruhmes zu öffnen. Er brannte vor heißer Begierde, sich durch Unterwerfung Amerikas einen Namen zu machen. Präzis und pedantisch, fleißig im Kirchenbesuch, voll Eifer am Schreibtisch, aber ohne klares Urteil, pflegte er jeden Gegner mit bitterem Haß zu verfolgen und scheute vor keinem Kampfmittel, auch nicht vor dem grausamsten, zurück.

Durch alle diese Vorgänge in England wurde der Gang der Dinge in Amerika wesentlich beschleunigt. Von der wachsenden Flut demokratischer Gesinnung wurden allmählich immer mehr Bedenken und Reste der Königstreue verschlungen; die Strömung ging sichtlich der Unabhängigkeit zu auch in Staaten, wo seither Zweifel geherrscht hatten, wie in Pennsylvania, Maryland, Südkarolina, New York. Diesem Umschwung der Stimmung entsprachen die Vorgänge im Kongreß zu Philadelphia. Manches Rededuell spielte sich noch ab zwischen dem feurigen Republikaner John Adams und dem vorsichtigen Dickinson, der, dem Einfluß der Quäker nachgebend, immer noch behauptete, das Volk Amerikas sei für die Unabhängigkeit noch nicht vollständig reif. — Was die Armee betrifft, so verriet sie immer Unruhe und Ungeduld, wenn einer der Feldprediger es noch wagte, für den König zu beten. Unmöglich konnte unter nur halbwegs aufrichtigen Menschen das Doppelspiel weiter gehen, die Person des Königs als außerhalb allen Streites zu setzen und sich einzureden, daß man nur die vom englischen Ministerium gesandten Soldaten bekämpfe. Die Generale Washington und Greene ließen keinen Zweifel darüber, daß die Armee eine Unabhängigkeitserklärung mit Ungeduld erwarte.

Schon war ein allgemeines Schatzamt errichtet worden, das Postwesen hatte in Benjamin Franklin ein Haupt erhalten; die auswärtigen Beziehungen verblieben unmittelbar dem Kongreß und einem exekutiven Ausschuß; die indianischen Angelegenheiten zerlegten sich nach territorialer Einteilung in drei Ausschüsse; schon hatten die Kolonien sich neue, den revolutionären Tendenzen angepaßte Verfassungen gegeben und ihre Häfen der ganzen Welt geöffnet. Nach allen diesen energischen Taten und Erklärungen hätte der Kongreß sich Regierungsgewalt beilegen, mit aller Leisetreterei brechen und mit einer allgemeinen Konstitution der freien Vereinigten Staaten hervortreten sollen. Vielleicht allzu peinlich hielt er sich daran, daß die einzelnen, als souverän gedachten Staaten das erste Wort haben und ihren Delegierten dahin gehenden Auftrag geben sollten.

Und das geschah am 7. Juni 1776; im Namen und

Auftrag von Virginia brachte Richard Henry Lee einen von John Adams unterstützten Antrag ein, dahin lautend:

1. Daß die Vereinigten Kolonien freie und unabhängige Staaten sind und von Rechtswegen sein sollen.

2. Daß sie von jeder Untertanenpflicht gegen die englische Krone entbunden sind.

3. Daß alle Verbindung zwischen ihnen und dem englischen Reiche vollständig aufgehoben ist und fortan vollständig aufgehoben bleiben soll. Es ist rätlich, sofort die geeigneten Maßregeln zu ergreifen, um Bündnisse mit auswärtigen Mächten zu schließen, und es ist den Kolonien ein Konföderationsplan zur Erwägung und Genehmigung vorzulegen.

Mehrere Tage nahm die Debatte in Anspruch, bei deren Schluß die Mehrzahl der Kolonien zu einer sofortigen Unabhängigkeitserklärung entschlossen schien. Um vollständige Einstimmigkeit zu erzielen, willigte die Mehrheit am 12. Juni in einen Aufschub, währenddessen die Geschäfte durch drei Ausschüsse vorbereitet werden sollten. Ein Fünferausschuß, mit Thomas Jefferson als Berichterstatter, John Adams, Franklin, Sherman und Robert Livingston als Mitgliedern, erhielt die Aufgabe, die Unabhängigkeitserklärung aufzusetzen und vorzulegen; ein weiterer Ausschuß, bestehend aus einem Mitglied von jeder Kolonie, sollte den Entwurf zu einer zwischen den Kolonien abzuschließenden Konföderation ausarbeiten; ein dritter endlich war bestimmt, Vorbereitungen zu treffen zu den Verträgen mit fremden Mächten.

Die Haut des Königtums, welche noch da und dort äußerlich zum Vorschein gekommen war, wurde in den nächsten Tagen mehr und mehr abgestreift, und als am 1. Juli die Frage der Unabhängigkeit auf der Tagesordnung stand, war eine Zweidrittelmehrheit für die Lossage von England erreicht. Die endgültige Abstimmung aber wurde auf den 2. Juli verschoben. An diesem Tage waren wahrscheinlich gerade 50 Mitglieder im Kongreß anwesend; Dickinson war weggeblieben, so daß Pennsylvania mit Ja stimmen konnte; auch Delaware und Südkarolina traten jetzt auf die Seite der Mehrheit, so daß von zwölf Kolonien — New York konnte erst eine Woche später

beitreten — einstimmig der Antrag auf Unabhängigkeit ange=
nommen wurde.

Es ist schon gesagt worden, daß in dem Fünferausschuß,
dem die Ausarbeitung des Entwurfs zur Unabhängig=
keitserklärung übertragen war, Thomas Jefferson als
Berichterstatter vorantrat. Der junge Jurist aus Virginia
war längst als feiner Kopf und ausgezeichneter Schriftsteller
bekannt. Der Entwurf ist durchaus sein eigenes Werk; was
die übrigen Mitglieder des Ausschusses, namentlich Franklin
und John Adams anbrachten, bestand lediglich in Verbesserung
einzelner Worte und Wendungen; dagegen fiel die längere Aus=
führung, welche von Jefferson als eine Anklage wegen Begünsti=
gung des Sklavenhandels von seiten des englischen Königs ein=
geschaltet war. Der Kongreß hatte seine eigenen Ansichten durch
das unbedingte Verbot des Sklavenhandels und der Sklaven=
einfuhr bereits kundgegeben und konnte bei der Häufung von
Anklagen und Beschwerden gerade diese in dem hochwichtigen
jetzt vorliegenden Aktenstück missen.

Am Nachmittag des 4. Juli 1776 las Harrison die
Erklärung der Unabhängigkeit dem versammelten
Kongreß vor. Ohne Änderung nahmen alle Staaten die
gebotene Fassung an und nun begann der Vorsitzende, John
Hancock, kecken und schwungvollen Federzugs mit der Unter=
zeichnung; die übrigen 55 Mitglieder, deren Namen sich unter
dem Aktenstück finden, unterschrieben zum Teil erst in den fol=
genden Tagen.

In hellen Haufen umstand das Volk von Philadelphia die
Unabhängigkeitshalle; mit Jubel vernahm es die Entscheidung;
ein Druck war weggenommen von aller Brust und erleichterten
Herzens teilte einer dem anderen die frohe Botschaft mit.

In Philadelphia erschien seit 1762 als deutsche Zeitung
„Der Staatsbote". In dieser findet sich schon am Freitag den
5. Juli am Schluß der politischen Nachrichten in großen Buch=
staben („in der kecksten Antiqua, mit der die Druckerei prahlen
konnte") die Ankündigung:

„Gestern hat der Achtbare Kongreß dieses Vesten Landes
die Vereinigten Kolonien Freye und Unabhängige Staaten er=

kläret. Die Deklaration in Englisch ist gesetzt in der Presse: sie ist datirt den 4. July 1776 und wird heut oder morgen im Druck erscheinen." Die Pennsylvania „Evening Post" trat mit ihrer Ankündigung erst am 6. Juli hervor; so ist wohl die erste Kundmachung des weltgeschichtlichen Ereignisses durch die Presse in jener deutschen Zeitung erfolgt.

Die Erklärung selbst aber hat mit einem einzigen Schlag aller studierten Zimperlichkeit, die recht oft das Aussehen bewußter Unaufrichtigkeit annahm, ein Ende gemacht. Mit einer Riesenstimme wie mit tausend Trompeten rief sie in die Welt hinaus, daß eine neue Nation erstanden sei und sich willens zeige, ihren Platz unter den übrigen Völkern einzunehmen. So frohe Botschaft, so hochbedeutsame Kunde ist niemals von einem Meer zum anderen getragen worden, seit die Menschen Geschichte schreiben.

Seinem Wortlaut nach zerfällt der Text in drei Teile: eine Einleitung stellt den Leser und Hörer auf den Standpunkt, den die Leiter des amerikanischen Volkes inne haben; die Ausführung schleudert der englischen Regierung und der Person des Königs 27 Anklagen ins Gesicht und die Schlußfolgerung endlich zeigt in aller Klarheit die Berechtigung der Kolonien zur Bildung eines souveränen, von keiner Macht abhängigen, zu jedem Bündnis befähigten Staates.

In weihevollem Tone wird das Naturrecht der Menschen auf Gleichheit und Freiheit hier zum ersten Male öffentlich und rechtlich durch ein Volk von einem despotischen Herrscher gefordert. Was auf dem Boden Frankreichs innerlich gärte, das war hier, in feierlichen Worten zwar, doch ohne besonderes Pathos, ohne Leidenschaft ausgesprochen; das amerikanische Volk wußte ja nichts von dem Glühen, von der verhaltenen Wut der niedergetretenen Volksseele bei den alten Völkern Europas. Der Kern der ganzen Erklärung, die Aufzählung der Anklagepunkte, gründet sich vollständig auf die englische Rechtsanschauung, nach welcher nicht nur die eben genannten Rechte des Menschen, sondern auch die scharf umgrenzten des englischen Bürgers, in zahllosen Fällen verletzt, den Ausschlag geben.

Georg III. ist das beste Beispiel eines englischen Königs,

der systematisch bemüht war, seine individuelle Ansicht der Nation aufzudrängen, auch in diesem Bestreben sichtlichen Erfolg hatte. Nach den Begriffen des englischen Staatsrechts kann der König freilich überhaupt nicht angeklagt werden; denn er ist ja nach der Verfassung außer Stand gesetzt, überhaupt Böses zu tun. Der einzige verfassungsmäßige Wille ist der durchs Parlament zum Ausdruck kommende Nationalwille. Aber gerade diesem König ist es gelungen, sein persönliches Belieben an Stelle des Nationalwillens zu setzen. Despotenhaß war etwas in der Luft Liegendes weit mehr bei den Völkern Europas, als in Amerika. Das Hervorkehren der Despotenanklage scheint deshalb auf den Eindruck bei den Aufgeklärten Frankreichs berechnet gewesen zu sein. Es liegt diese Vermutung nahe. Zugleich muß man aber fragen: wen sollten die Kolonien eigentlich anklagen? König oder Parlament? Den für sie zuständigen Willen oder gar die Oberherrlichkeit des englischen Parlaments hatten die Kolonien doch nie anerkannt.

Ganz absichtlich und vorbedacht vermieden es die Kolonien, sich mit ihrer letzten Petition an das Parlament zu wenden; ihr Vermittler, ihr Herr, wenn man so will, war stets der König; an ihn wendeten sich ja die Kolonien mit den ehrerbietigsten Worten. „In jedem Stadium dieser Bedrückungen haben wir in den demütigsten Ausdrücken um Abhilfe gebeten; die Antwort auf unsere wiederholten Bitten hat aber nur in wiederholten Beleidigungen bestanden. Ein Fürst, dessen Charakter in dieser Weise alle Kennzeichen eines Tyrannen trägt, taugt nicht, Herrscher eines freien Volkes zu sein." Darum ist es die Person des Königs, gegen die sich alle Anklagen richten. Eingeführt in den Text wird diese Persönlichkeit als „der dermalige König von Großbritannien"; jeder Punkt der Anklagensammlung leitet sich ein mit: „Er —".

Daß die Amerikaner recht hatten, den König als den Schuldigen hinzustellen, bewies die Zukunft. Der Schlag von Saratoga, das amerikanische Bündnis mit Frankreich schienen auf eine Änderung der englischen Politik, auf Berufung des Lord Chatham, des Mannes, der als William Pitt dereinst die englische Welt mit Glück regiert, deutlich genug hinzuweisen,

um endlich Amerikas Rechte anzuerkennen. Lord North beschwor
den König, Chatham zu berufen. Vergebens. Der König
konnte es nie verzeihen, daß Pitt es gewagt, das seitherige
Verfahren anzugreifen; in seiner finsteren und grollenden
Natur hatte sich eine Tiefe des Hasses erzeugt, die sich weder
durch patriotische Regungen noch durch Vernunftgründe dämpfen
ließ. Mit so viel Mühe hatte er das System persönlicher
Regierung aufgebaut und nun sollte die Opposition den Triumph
haben, es zu stürzen und das Treiben der Rebellen zu billigen?
Keine Änderung, sagte der König nachdrücklich, dürfe in der
Regierung vorgenommen werden, welche nicht North an der
Spitze, Thurlow (S. 236) und die übrigen Parteigänger des
Hofs in sich begreife. „So lange noch zehn Männer im
Königreich zu mir stehen, will ich mich nicht in Knechtschaft
begeben." — „Diese Episode," fügt Lecky bei, „erscheint mir
als die schuldvollste in der ganzen Regierung Georgs III. und
ist nach meinem Urteil so schuldvoll, als irgend eine der Hand=
lungen, die Karl I. aufs Schafott brachten."

Der Tropfen Stuartblut, den die Altermutter Sophie ihren
Nachkömmlingen mitgegeben, erscheint in Georg III. kräftig
genug, um ihn mit all der Störrigkeit und Borniertheit, die
den Männern jener unseligen Familie eigen sind, auszustatten.

Vor allem wurde durch die Unabhängigkeitserklärung eines
klar: man sagte sich von der unsinnigen Fiktion einer gesetz=
lichen Revolution, von einem Rechtsprozesse los und bekannte
sich klar und kurz zum offenen Aufstand, jede Hoffnung auf
Versöhnung vernichtend und auf ein ebles, großartiges Ziel
hinweisend.

Alle diese Worte und Wendungen, in die Thomas Jefferson
seine Ausführungen kleidete, waren freilich schon dutzend= und
hundertmal gebraucht worden; aber sein Verdienst ist es, daß
er sie im richtigen Augenblick zu einem überzeugend redenden
Ganzen verband und durch sie der gesamten Menschheit verständ=
lich machte, was in diesen Tagen das amerikanische Volk nach
seiner großen Mehrheit empfand. Eine tiefgehende Wirkung
aber hat die Erklärung der Unabhängigkeit bei allen Völkern
deshalb hervorgebracht, weil aus diesen Worten der heilige

Ernst und die ehrliche Überzeugung von Männern herauszulesen ist, die fühlen, daß ihnen die Aufgabe zu teil wurde, den Geschicken ihres Vaterlandes in ungeheuren Zeiten Gestalt zu geben.

Nach Anrufung der Menschenrechte in priesterlichem Ton, nach allen Anklagen schließt die Erklärung: „Demgemäß geben wir, die im allgemeinen Kongreß versammelten Vertreter der Vereinigten Staaten von Amerika, unter Anrufung des höchsten Weltenrichters für die Rechtschaffenheit unserer Absichten, im Namen und Auftrag des guten Volkes dieser Kolonien, feierlich und öffentlich die Erklärung ab, daß diese Vereinigten Kolonien freie und unabhängige Staaten sind und von Rechts wegen sein sollen; daß sie gelöst sind von jeder Gehorsamspflicht gegen die britische Krone und daß zwischen ihnen und dem Staate Großbritannien jeder politische Zusammenhang vollständig aufgehoben ist und bleiben soll, und daß sie als freie und unabhängige Staaten volle Macht haben, Krieg zu führen, Frieden zu machen, Bündnisse zu schließen, Handel zu treiben und alle anderen Handlungen und Dinge vorzunehmen, welche unabhängigen Staaten mit Recht zustehen. Und mit festem Vertrauen auf die göttliche Vorsehung verpfänden wir für die Aufrechterhaltung dieser Erklärung wechselseitig unser Leben, unser Vermögen und unsere geheiligte Ehre." — Sehr glücklich ist von Jefferson hier der Ton getroffen, von dem man sich namentlich bei der französischen Regierung am meisten Wirkung versprach. Darum handelte es sich ja, die Sache der Kolonien in Frankreich gesellschafts- und hoffähig zu machen, sich durch die Sprache der französischen Philosophie mit allen Menschen zu verständigen, die Alte Welt der Neuen nahe zu bringen und zum Handelsverkehr einzuladen.

Schon im November 1775 wurde im Kongreß ein Antrag gestellt, Gesandte nach Frankreich zu schicken. Denn das fühlten alle: die Frage eines Bündnisses mit Frankreich und die Erklärung der Unabhängigkeit hängen unzertrennlich zusammen. Aber noch wich der Kongreß vor einem so ernsten Schritt zurück. Doch wurde ein geheimer Fünferausschuß — Harrison, Franklin, Johnson, Dickinson und Jay — eingesetzt, dessen ausschließliche Aufgabe es war, „mit Freunden in Großbritannien, Irland und anderen Ländern" zu korrespondieren. Zugleich wurden geheime Fonds zur Besoldung der auszusendenden Agenten bestimmt. Erst als in Amerika bekannt wurde, daß England mit deutschen Fürsten wegen Überlassung von Truppen Verhandlungen führe, wurde man kühner. Jetzt konnte ja das Ansuchen fremder Hilfe nicht mehr zum Vorwurf für die Amerikaner gestempelt werden.

Zu Anfang 1776 wurde Silas Deane, ein Zögling des Yalekollegiums, früher Schulmeister, jetzt Handelsmann, von dem geheimen Ausschuß als Agent nach Frankreich geschickt, um mit der Regierung wegen Überlassung von Waffen, Geschütz, Munition und Uniformen für 25000 Mann zu unterhandeln. Zur französischen Regierung sollte er nach seiner Instruktion so sprechen: „Wir Amerikaner wenden uns in erster Linie an Frankreich, weil nach unserer Meinung bei unserer voraussichtlichen Trennung von Großbritannien Frankreich gerade die Macht sein würde, deren Freundschaft für uns die erwünschteste und ersprießlichste ist."

In Paris war der Boden aufs beste vorbereitet. Aus amerikanischer und amerikafreundlicher Gesellschaft in England war Caron de Beaumarchais, der sich schon durch seine Dramen in hohe Kreise eingeführt hatte, als erklärter Freund der amerikanischen Sache zurückgekehrt. Seine Schwärmerei wirkte ansteckend auf den Adel, auf Diplomatie und Armee. Zunächst verständigte er sich mit dem Minister Grafen Vergennes über die Notwendigkeit einer geheimen Unterstützung der Amerikaner. Es war eine gewagte Sache für Frankreich, so ohne Vorteil für sich das Mißtrauen Englands zu erwecken. Aber Vergennes gab, trotz dem Abraten Turgots, dem Drängen des Amerikaschwärmers nach und setzte Beaumarchais durch Aushändigung von zwei Millionen Livres in den Stand, schon im Sommer 1776 das Handelshaus Rodrigo Hortalez und Cie. zu gründen, das sofort die Unterstützung der Amerikaner auf geheimen Wegen in Betrieb nahm. Massen von Armeebedürfnissen wurden nach Havre und Nantes geschafft und zu Ende 1776 stachen die Schiffe der geheimen Firma in See und setzten ihre kostbare Ladung im Frühling 1777 auf den amerikanischen Strand.

Das Zeitalter der Aufklärung war übersättigt von dem ewigen Einerlei des Tändelns mit den Begriffen von Völkerglück durch Tugend und freie Arbeit, vom Triumph der Freiheit des Wollens und Handelns über die hergebrachten Schranken. Jetzt, durch die Unabhängigkeitserklärung, war die Sehnsucht des Zeitalters, der Gedanke aller Denker, Fleisch und Blut geworden, jetzt stand der Traum greifbar vor Augen. Das ideale und doch maßvolle Pathos, mit dem Amerika redete, führte der neuen Freiheit in ganz Europa enthusiastische Verehrer zu.

In keinem Lande der Welt nahm man die Erklärung der amerikanischen Unabhängigkeit mit so aufrichtiger Selbstlosigkeit, mit so unverhaltener Bewunderung auf als in Deutschland. Klopstock begrüßte in ihr die Dämmerung eines neuen Tages, der Licht für alle Nationen bringen würde, und Herder lebte der Hoffnung, daß, da die Kunst und die heiligsten Gedanken des Menschengeschlechts nur in einer Republik gedeihen könnten, Amerika dazu berufen sei, eine neue Zivilisation zu schaffen; Kant, Lessing, Goethe, Schiller wurden zu aufrichtigen Freunden des jungen amerikanischen Volkes. Hier in Deutschland war alles reiner Enthusiasmus, lautere Freude an diesem herrlichen Zweig der Menschenfamilie, der so aufrecht sein Haupt erhob, während in Frankreich zunächst die Begierde nach Rache es war, was die Sympathien weckte neben dem Verlangen, durch neue Belebung des Handels die alte Großmachtstellung wieder aufzurichten.

Ähnliche Empfindungen wie bei der höheren Gesellschaft Frankreichs regten sich in Friedrich dem Großen. Gegen Ende des Siebenjährigen Kriegs, als William Pitt vom Steuerruder entfernt worden war, hatte er alle Tücke der englischen Politik erfahren müssen, schnöde war er im Stich gelassen worden. Friedrichs Erbitterung gegen England und die Lust, ihm möglichst zu schaden, machte ihn sofort zum Freund der Amerikaner. Noch ein anderes kam dazu. Mit dem Frieden war im König von Preußen der Feldherr durch den sorgsamen Volkswirt abgelöst worden. Landwirtschaft, Industrie, Handel sollten gehoben und durch sie alle Kriegswunden geheilt werden. Am Großen Ozean, am Nordmeer, das nach Amerika hinüberblickt, besaß das damalige Preußen eine kleine Scholle Landes, Ostfriesland mit der alten Seestadt Emden. Ihr Handel bildete einen besonderen Gegenstand der Fürsorge des Königs, der durch sie einen, wenn auch bescheidenen, Anteil am Weltverkehr für Preußen zu sichern trachtete. Namentlich der Absatz schlesischer Leinwand sollte erweitert und wohlfeiler Tabak aus Amerika bezogen werden.

Im Jahr 1751 erschien der König selbst in der Mitte seiner Ostfriesen und erklärte Emden zum Freihafen. Der unbeschreibliche Jubel der Stadt kam zum Ausdruck durch den Spruch auf dem Ehrenbogen: „O Koning, groot van Macht, Van Goedheit, van Verstand, Meer Vader in ons Hart, As Koning van ons Land." Die neugegründete Ostindische Kompanie machte von sich reden; eben kehrten ihre ersten Schiffe mit reichen Ladungen in den Emdener Hafen zurück. Wo aber keine Kriegsflotte über die Handelsschiffe wacht, da werden sie bei jedem Völkerstreit vom Meere weggefegt; so war es auch dem aufblühenden Handel von Emden ergangen. Jetzt aber bot der König selbst und sein Handelsminister, Graf Schulenburg, alles auf, um einen Teil vom Handel Amsterdams nach Emden herüberzuziehen und diesen Hafen zu einem Weltmarkt zu erheben. Bisher waren die preußischen Artikel, Leinwand und Eisenwaren, über England nach Amerika gegangen; jetzt nach der Losreißung der Kolonien schien der richtige Zeitpunkt gekommen, um einen direkten Export von Emden nach Amerika anzubahnen.

Der amerikanische Agent Silas Deane zeigte sich schon im Sommer 1776 in Paris tätig. Hier war der preußische Handel vertreten durch den Agenten Monttessuy, einen der französischen Kolonie angehörigen Berliner. An ihn wandte sich Silas Deane mit der Anfrage, ob er für die Vereinigten Staaten Waffen und Munition aus Preußen beziehen könne. Und Monttessuy meldete sofort die Anträge Amerikas an seinen König und schlug einen amerikanisch-preußischen Handelsvertrag vor.

Vom 9. August 1776 darauf der König an Schulenburg: „Was den Handel mit Amerika anlangt, so ist dabei ein bißchen viel zu hazardieren, denn wenn die Schiffe genommen werden, so ist das ein großer Schaden. Wenn aber Montteffuy virginische Tabaksblätter zum Behuf meiner Tabaksadministration auf eine sehr vorteilhafte Weise und daß solche nicht so teuer wie bisher zu stehen kommen, von daher verschaffen will, so ist deshalb eher etwas zu machen."

Die auf diesen Bescheid sich gründenden Verhandlungen ergaben eine Mitteilung von Silas Deane, daß in Amerika trotz des Kriegs die Tabakpflanzungen weiter betrieben, daß Waffen und Munition an Zahlungsstatt angenommen werden, daß aber wegen der englischen Kriegsschiffe und Kaper das Risiko sehr bedeutend sei. An den im Kongreß zu Philadelphia für den Verkehr mit fremden Mächten niedergesetzten Ausschuß aber schreibt Silas Deane am 1. Oktober 1776: „Vergessen Sie ja Preußen nicht; es ist von der größten Wichtigkeit, daß jemand angestellt wird, der mit dem König unterhandelt. Preußen, stets darauf bedacht, seine eigenen Interessen zu fördern, bedarf nur Auskunft über einige Tatsachen, welche den sich täglich hebenden amerikanischen Handel betreffen, um uns zu begünstigen." Demzufolge sandte Silas Deane seinen Sekretär, einen jungen Maryländer, Namens Carmichael, nach Berlin, um mit Schulenburg sich ins Benehmen zu setzen.

Schon war aber die englische Gesandtschaft auf die Verbindungsfäden zwischen Berlin und Paris aufmerksam geworden und berichtete nach London am 14. Dezember 1776: „Vor ungefähr drei Wochen ist hier von Paris über Hamburg ein junger Mann von sehr feinem Äußern, namens Carmichael angekommen, der allem Vermuten nach ein Emissär der Rebellen ist. Während der acht oder zehn Tage seines hiesigen Aufenthalts hatte er häufige Besprechungen mit dem preußischen Minister, dem er, wie es scheint, Vorschläge zur Anknüpfung von Handelsverbindungen mit den aufständischen Provinzen machte. Möglicherweise mag er auch vorgeschlagen haben, einige preußische Offiziere nach Amerika zu schicken, um durch sie die Rebellenarmee einexerzieren zu lassen."

Neben ihrem Haß hatten die englischen Minister aus der Schule Butes eine heimliche Angst vor König Friedrichs geistiger Überlegenheit und verschmitzter Diplomatie. Stets erfüllte sie ihr böses Gewissen mit Furcht vor Preußens Rache; namentlich besorgten sie, preußische Lehrmeister werden die amerikanische Armee in die Schule nehmen und ihr eine Kriegsfertigkeit beibringen, welche den Sieg verbürge über die schwerfälligen englischen Truppen. Ein solcher preußischer Lehrmeister kam freilich im Lauf der Jahre ins amerikanische Lager, Steuben, aber weder vom großen König noch von dessen Minister gesendet, sondern von dem unermüdlichen Freund der amerikanischen Sache in Paris, von Beaumarchais, entdeckt und vom französischen Minister geschickt.

Der Agent Silas Deane war indessen auf dem wichtigen Posten Paris durch Franklin und Arthur Lee verstärkt worden. Diese für Europa von der Republik ernannten offiziellen Kommissare ließen sich in einem Schreiben an den preußischen Minister Schulenburg vom 14. Februar 1777 so vernehmen: „Wir nehmen uns die Freiheit, Ew. Exzellenz einliegend die Unabhängigkeitserklärung der Vereinigten Staaten nebst den Konföderationsartikeln zu überreichen und Sie zu bitten, dieselben Sr. Majestät dem König von Preußen sobald als möglich vorzulegen. Geben Sie ihm zugleich die Versicherung, daß die Vereinigten Staaten von dem Wunsche beseelt sind, seine Freundschaft zu gewinnen und zwischen beiden Ländern einen gegenseitig wohltätigen Verkehr zu begründen. Wir sind, wenn Se. Majestät es wünscht, gern bereit, die Lage unseres Handels und die daraus für Sie hervorgehenden Vorteile auseinanderzusetzen."

„In der Zwischenzeit haben wir die Ehre, Ew. Exzellenz zu versichern, daß die Berichte von Erfolgen, welche die britischen Truppen über die unserigen gewonnen haben sollen, teils bedeutend übertrieben, teils ganz unbegründet sind, namentlich aber diejenigen, welche von einer Ausgleichung reden. Die jüngsten von Amerika erhaltenen Berichte schließen selbst die Möglichkeit eines solchen Ereignisses aus."

Der König, der seine Erfolge wesentlich dem Umstand verdankte, daß er stets seine Anstrengungen ins richtige Verhältnis zu seinen Kräften zu setzen wußte, vermied es noch, amerikanische Geschäftsträger offiziell zu empfangen und ein Handelsabkommen einzuleiten, um nicht den Zorn der englischen Flotte über seine unbeschützten Küsten und Fahrzeuge heraufzubeschwören. In diesem Sinn schrieb er an Schulenburg: „Ich fühle so gut wie Sie alle die Hindernisse, die sich einem direkten Handel mit den englischen Besitzungen in Amerika, namentlich zu jetziger Stunde, in den Weg stellen. Da ich ohne Marine bin und weder eine Flotte noch bewaffnete Schiffe zu ihrem Schutze habe, so müßten wir diesen Handel unter einer fremden Flagge führen. Als solche hätten wir nur die holländische, welche übrigens von England jetzt ebensowenig respektiert wird wie die anderen. Indessen möchte ich trotz diesen Erwägungen die Kolonien durch eine unbedingte Ablehnung der Vorschläge ihrer Pariser Bevollmächtigten weder beleidigen noch verletzen. Es scheint mir deshalb am geeignetsten, daß Sie versuchen, dieselben in der mir günstigen Stimmung zu erhalten. Von diesem Gesichtspunkt aus können Sie dieselben folgendes wissen lassen: So gern ich auch diese Handelsbeziehungen anknüpfen möchte, so erlauben mir die oben angeführten Hindernisse doch nicht, den Amerikanern Waren in meinen eigenen Schiffen zu senden und selbst, wenn ich mich einer fremden Flagge bediente, so liefe diese doch stets vor dem englischen Beobachtungsgeschwader Gefahr."

„Auf diese Weise können die genannten Kolonien sich nicht beleidigt fühlen, und wir werden immer im stande sein, mit ihnen in Unterhandlung zu treten, sobald einmal die Konjunkturen günstiger werden. Dann können unsere schlesische Leinwand, unsere Tuche und sonstigen Manufakturen dort einen neuen Markt finden. Da der Bankier Schütz von einem solchen Handel mehr versteht als ich und Sie, so werden Sie wohltun, seine Ansichten darüber zu hören. — Alles, was ich Ihnen empfehle, ist also, in Ihre Antwort an die Agenten nichts einfließen zu lassen, was ihre Auftraggeber verletzen oder beleidigen könnte."

Die Amerikaner gingen jetzt schon einen Schritt weiter: sie baten den König, die Vermietung deutscher Truppen an England für die Zukunft zu verbieten, und zeigten die Geneigtheit, einen Gesandten nach Berlin zu schicken. So schien die Stunde immer näher zu rücken, wo in Gemeinschaft mit Frankreich die junge Republik von Preußen auf Anerkennung rechnen durfte.

Wir wissen von Friedrich dem Großen, daß er eine gut verwaltete Monarchie für die vollendetste Staatsform hielt. „Aber," sagte er weiter, „Königreiche sind der Laune eines einzelnen Menschen unterworfen, dessen Nachfolger keinen gemeinsamen Charakter haben. Auf einen nichtsnutzigen Fürsten folgt ein ehrgeiziger, dann ein Frömmler, dann ein Soldat, ein Gelehrter, dann vielleicht ein Schwelger, und der Geist der Nation, durch die Verschiedenheit der Ziele verwirrt und abgelenkt, nimmt keinen festen Charakter an. Republiken dagegen erfüllen besser die Bestimmung ihrer Einrichtung und halten besser aus; denn gute Könige sterben, aber weise Gesetze bleiben."

So ist wohl Friedrich von Preußen der einzige Monarch, der so aufgeklärt und gerecht dachte, daß die junge Republik, welche jetzt in Amerika entstanden war, in seinem Geiste auf keinerlei Vorurteil stieß. Dieselbe Sorte englischer Minister, welche den König so tief verletzt hatte, ganz dieselbe Sorte hatte den Streit mit den Kolonien heraufbeschworen und trat jetzt als bitterster Feind den Amerikanern entgegen. Und darin ist das verknüpfende Band zu suchen zwischen dem alten König und der jungen Republik. — „Frankreich weiß sehr wohl," äußerte Friedrich, „daß es durchaus nichts von mir zu fürchten hat bei einem Kriege mit England. Meine Gleichgültigkeit gegen letztere Macht kann niemand überraschen. Eine gebrühte Katze fürchtet kalt Wasser." — „Niemals in vergangener Zeit ist die Lage Englands so kritisch gewesen. Die Nation selbst scheint mir entartet zu sein. Einst so stolz und so eifersüchtig auf ihre Freiheit, überläßt sie das Staatsschiff der Laune eines Ministeriums, welches ohne Männer von Talent ist. Eine Aussöhnung wäre die weiseste Politik für England und weil es die weiseste wäre, wird sie nicht angenommen werden."

„England will das Opfer von 36 Millionen Kronen für einen Feldzug bringen. Wohlan, seine Regierung kann 36 Millionen leichter finden, als ich einen einzigen Gulden. Aber die größten Summen werden nicht genügen, ihr die Matrosen und

Rekruten zu verschaffen, deren sie bedarf; der Sturm, welcher zwischen den Höfen von England und Frankreich im Entstehen ist, wird losbrechen und zwar nicht später als nächstes Frühjahr. Und ein Blick auf die Lage zeigt, daß, wenn England fortfährt, dieselben Generale zu verwenden, vier Feldzüge schwerlich hinreichen werden, die Kolonien zu unterwerfen. Alle guten Beurteiler stimmen aber mit mir überein, daß, wenn die Kolonien einig bleiben, das Mutterland niemals im stande sein wird, sie zu unterwerfen."

Während der große König Frankreich anfeuerte, einen Schlag gegen England zu Gunsten der Vereinigten Staaten zu führen, während er immer wieder durch Erschwerung des Transports deutscher Söldner seine Sympathien für die Amerikaner an den Tag legte, fuhr er doch fort, in Berlin selbst außerordentlich vorsichtig mit den amerikanischen Agenten zu verkehren. Gegen den Aufenthalt Arthur Lees in Berlin hatte er nichts, vorausgesetzt, daß er seinen eigentlichen Charakter als Agent der Amerikaner nicht enthülle und inkognito komme.

Schulenburg seinerseits nahm Arthur Lees Mitteilungen entgegen. Der Agent führte besonders aus: ein Gewehr, das in Berlin 22 Franken koste, werde in Amerika mit 50 Franken bezahlt. Dafür könne man dort 200 Pfund Tabak kaufen, die in Europa 200 Franken einbringen. Zu einem wirklichen Abkommen konnte sich Schulenburg immer noch nicht entschließen, und der König ließ ihn denn auch wissen: „Wir müssen mit dem Manne — mit Arthur Lee — in demselben Tone fortfahren und ihm sagen, daß trotz meiner Vorliebe für seine Auftraggeber er selbst und diese recht gut fühlen müssen, daß ich, um sie zu begünstigen, mich nicht mit England überwerfen kann."

Indessen fuhr Friedrich fort, den Amerikanern Glück zu wünschen, verspottete die englische Armee und ihre Generale und bekannte sich zur geistigen Bundesgenossenschaft mit den Amerikanern, an deren endlichem Erfolg er nie zweifelte. Er versprach, nicht der letzte zu sein, der die Unabhängigkeit der Vereinigten Staaten anerkennen und in einen Handelsvertrag mit ihnen eintreten werde. An die amerikanischen Gesandten in

Paris ließ er seinen Minister Schulenburg schreiben: „Der König wünscht, daß Ihre großherzigen Anstrengungen mit vollständigem Erfolg gekrönt werden. Er wird nicht zögern, Ihre Unabhängigkeit anzuerkennen, sobald Frankreich, welches an dem Verlaufe dieses Streites unmittelbarer beteiligt ist, das Beispiel hiezu gegeben haben wird." —

Will man das, was durch die Erklärung der Unabhängigkeit geschehen war, eine Revolution nennen, so war diese von der Art, daß beim amerikanischen Volk keines der wesentlichen inneren Verhältnisse verrückt, die Kontinuität des Rechtslebens in keinem Punkte unterbrochen, der Zustand der Personen und des Eigentums nicht länger verändert wurde, als es eben der gegenwärtige Kriegszustand notwendig machte. „Das Volk bemerkte es kaum, daß sich in seiner politischen Verfassung ein Umschwung vollzogen hatte." Es gab da keine Tyrannei, kein Fremdjoch abzuschütteln, keinerlei Zwang in Sprache oder religiösem Glauben; man kehrte ruhig in die Zustände vor dem Jahre 1764 zurück, aus denen man eigentlich nie herausgerissen worden war. Ja, allerdings, da war in den Sechzigerjahren der Versuch Englands mit der Stempelsteuer gekommen; aber die Sache fiel, ehe sie recht in Wirksamkeit trat. Dann konnte man freilich herausfühlen, daß die englische Regierung damit umging, neben dem Merkantilsystem mit Monopol und Unterdrückung von Gewerbe und Handel noch Steuern, wenn auch minimale, aufzuerlegen und zwar aus eigener Machtvollkommenheit. Jetzt kam der Boykott von englischen Waren und Beamten; Volksversammlungen, Preßstimmen, endloses Hin- und Herzerren; endlich Zwang von seiten des Mutterlandes, Verurteilung der „Rebellen" und Entschluß, mit allen Mitteln ihre Niederwerfung zu erzwingen. Dazu die Fiktion auf seiten der Amerikaner und das unsinnige Doppelspiel einer sogenannten gesetzlichen Revolution, bei der man den König von England bekämpft und ihn doch noch verehrt.

Das also war geschehen: Zweifel und Druck und lästige Gewissensfragen mit einem Mal weggenommen; ohne alle Nebengedanken stellten sich die Amerikaner der Welt vor und erklärten, daß sie nichts mehr gemein haben mit den Engländern, daß die Untertanen des Königs von Großbritannien in Amerika Fremde seien.

Das war es, was die Herzen leicht aufatmen machte, was festliche Stimmung schuf von Stadt zu Stadt, von Dorf zu Dorf bis in den entferntesten Hinterwald. Die Zeichen des Königtums wurden überall entfernt und unter dem Geläute der Glocken verbrannt. In New York warf ein Volkshaufe die Reiterstatue Georgs III. nieder und in Savannah wurde eine Prozession veranstaltet, um das Königtum für alle Zeiten ins Grab zu legen. — Aus seinem Lager bei New York schrieb Washington am 10. Juli an John Hancock, den Vorsitzenden des Kongresses: „Dem Befehle des Kongresses gemäß habe ich die Erklärung der unter meiner unmittelbaren Leitung stehenden Armee verkündet. Ich habe das Vergnügen, zu berichten, daß diese Maßregel sich der herzlichen Zustimmung der Offiziere und der Mannschaften erfreute."

Neben der Erklärung der Unabhängigkeit und durch sie war zugleich mit Notwendigkeit eine Art von Nationalregierung, von Zentralgewalt entstanden, allerdings eine sehr unvollkommene, eine Art von Regierung, wie sie eben hervorgehen konnte aus den beschränkten konstituierenden Befugnissen, welche jeder Staat seinen Deputierten beim Kongreß erteilte. Bis zu den äußersten Konsequenzen sah sich der Grundsatz durchgeführt, daß die wirtschaftliche, geistige und politische Selbstbestimmung des einzelnen die Blüte und Freiheit des Ganzen bedinge. Der Staatskunst kommender Jahre und der Tätigkeit aufrichtiger Patrioten blieb es vorbehalten, einen kräftigen nationalen Willen von augenblicklicher Durchschlagskraft zu schaffen und doch jenen Grundsatz der Selbstbestimmung zu schonen.

Und das alles vollzog sich in dem neuen Gemeinwesen der Vereinigten Staaten, während draußen und an den Grenzen sich die Lage so ernst als nur denkbar gestaltete. Der Donner von Fort Moultrie (S. 374. 375) steigerte freilich das nationale Bewußtsein und den Jubel nicht wenig. Aber die englische Streitmacht, welche dort mit unvergleichlichem Mut abgeschmettert war, hatte sich der Stadt Newport an der Küste von Rhode Island bemächtigt und hier eingenistet. In der

Bai von New York erschienen englische Kriegsschiffe; ja am 12. August hatten zwei Fregatten, ohne wesentlich Schaden zu nehmen, die amerikanischen Batterien passiert und waren eine Strecke den Hudsonfluß hinaufgefahren.

Auf Stadt und Staat New York schien es vor allem abgesehen zu sein. Während der ganzen Sommerzeit 1776 waren englische Truppen in Staten Island, also in nächster Nähe der Stadt New York, gelandet worden; in ihrem Lager traf am 12. August der kommandierende General der englischen Armee, William Howe, ein und erwartete nur noch die Transportschiffe, die, einer ganzen Wolke vergleichbar, übers Meer daherfuhren mit den gemieteten deutschen Soldknechten. Dann wollte er losschlagen.

So sah es auf der Seeseite von New York aus. Um nichts weniger bedrohlich auf der langen Binnenlandgrenze, welche diesen Staat gegen Norden umsäumt, gegen Kanada hin, am Champlainsee bei Ticonderoga, am oberen Hudson und am Mohawk.

Dort an der langgestreckten Grenze des Staates New York standen Carleton und Bourgoyne mit englischen Truppen, Riedesel mit seinen Braunschweigern, der Oberst Guy Johnson mit seinen Toryjägern und Indianern und endlich der Mohawk= häuptling Joseph Brant, mit seinem Indianernamen Thayen= danegea geheißen. Die einen trieb der Ehrgeiz an, weitere Erfolge über die „Rebellen" zu erfechten; die anderen aber, Guy Johnson und Joseph Brant, lechzten nach dem Blute der ihnen verhaßten Kolonisten, ihrer Weiber und Kinder.

In diesem Frühjahr 1776 war der Indianer Joseph Brant in London gewesen und hatte eine Unterredung mit dem Staatssekretär für die Kolonien, Lord Germain, gehabt. Der Vollblutmohawk aus dem Wolfstamm war eine außerordentlich wichtige Persönlichkeit, denn seinem Einfluß unterstanden die sogenannten „Sechs Nationen" und verwandte Stämme: die Mohawks selbst, die Ottawas, Chippeways, Wyandots, Shaw= nees, Senecas, Delawares und Potowatamies. Der seiner Macht bewußte Wilde sprach denn auch zu Lord Germain, als er von diesem empfangen wurde: „Bruder, wir hoffen diese

bösen Kinder, die Bewohner von Neuengland, gezüchtigt zu
sehen. Die Indianer sind stets bereit, dem König beizustehen."
Und der englische Staatssekretär antwortete: „Fahrt fort, An=
hänglichkeit an den König zu zeigen, und ihr könnt der Gunst
Sr. Majestät sicher sein."

König Georg und Germain setzten ihre ganze Hoffnung auf
die wilden Krieger. General Carleton, der Gouverneur von
Kanada, hatte bisher ihre Ausschreitungen gehemmt, indem er
sie unter die Kontrolle seiner eigenen Agenten gestellt. Carle=
tons Bedenken erregten Anstoß und alle seine milden Vorsichts=
maßregeln wurden beseitigt. „Jedes Mittel," so meinten der
König und wenigstens ein Teil seiner Minister, „jedes Mittel,
das durch die Vorsehung in die Hände Sr. Majestät gelegt ist,
muß zur Anwendung kommen, um die Rebellen zu bezwingen."
Von der Zusammenkunft mit dem englischen Minister kehrte
denn auch Joseph Brant in seine Wälder zurück, um seine blut=
gierigen Landsleute aufzustacheln und sie unter ihre eigenen
Führer zu stellen, welche geneigt waren, ihren Exzessen freien
Lauf zu lassen und ihre Züge dahin leiteten, wohin es sie ge=
lüstete. Es wird erzählt, menschlich gesinnte deutsche und eng=
lische Offiziere seien entsetzt gewesen, als sie diese Vorbereitungen
zu zügelloser und nutzloser Grausamkeit sahen, und hätten aus
der Beihilfe derartiger Verbündeter nichts Gutes prophezeit.

Das also waren die einleitenden Schritte für einen Kampf
im Staate New York und zwar an der Mündung wie an der
Quelle des Hudson, an der Küste wie an der kanadischen Grenze.

Bisher war der Krieg auf unter sich fern gelegenen Kriegs=
schauplätzen geführt worden; jetzt hatte er den großen mitt=
leren Kriegsschauplatz aufgesucht. Alle die Kräfte, so
weit zerstreut, konnten bisher nie zusammen arbeiten, sich nie
die Hände reichen, gegenseitig sich stützen und fördern. Dem
sollte abgeholfen werden: alle Massen des Angriffs am Hudson
konzentriert, die einen von der Küste her nach Norden und
vielleicht nach Westen stoßend, die anderen von Kanada her
nach dem Süden gerichtet.

Die Kolonien in Nordamerika bis zum Sommer 1776

www.ingramcontent.com/pod-product-compliance
Lightning Source LLC
Chambersburg PA
CBHW020604300426
44113CB00007B/506